中国律师实训经典

美国法律judicial的故事系列

证据故事

Evidence Stories

[美] 理察德·伦伯特 编
(Richard O. Lempert)

魏晓娜 译

中国人民大学出版社

霍英东教育基金会
第十二届高等院校青年教师基金基础性研究课题资助

前　言

理察德·伦伯特

　　我发现，我越是专注于一个研究课题，我的日常生活就越是与我的工作密不可分。于是，当我在牙科诊所的椅子上接受牙根管手术时，我看到了一个隐喻，关于我正在编辑的几篇证据法文章的一个隐喻——那几天，我正为此头疼不已。那个牙医用一个橡胶垫盖上了我的嘴巴和脸，然后在垫上打了个洞，这样，她就只能看见那颗她要动手术的牙。似乎嘴巴里其他的东西都不存在，或者，即使存在，也与手头的工作无关。证据法大判例也是这样。证据就是程序。在证据法大判例背后不需要有特别的故事——没有了不得的争议或为正义而作的抗争。对案件事实的刨根问底也不必然会揭示规则背后的原因，或者法院判决背后的动因。一个证据法大判例需要的只是就某项证据是否应当采纳而产生的争议——小到500页的笔录中的一句话或几个问题。法院的重点将会集中在这句话或者问题上。其他的案件事实也许会被引用来为这一争点提供一些背景知识，但它们的重要性对于法院如何解决这一可采性争点来说不一而足。有时即便不是决定性的，也非常重要，但是在另外一些时候它们根本无关紧要。而且，即使案件情况与证据性争点的解决有关，案件也不必特别有意思或值得关注；该案的事实情节可能根本不值得一提。

　　这并不意味着证据的故事不值得讲述。本卷的文章会说明证据的故事可以是多么精彩。这里只是说，证据的故事不仅形态各异，而且故事里的核心人物在产生案件的纠纷中可能不起任何作用。所以，在乔治·费雪（George Fisher）的故事，关于概率证据的经典判例人民诉柯林斯案（People v. Collins）中，最有意思的角色不是本案的两个被告珍妮特或马尔科姆·柯林斯——关于这两个人，人们知之甚少——也不是试图用统计证据撑起一个虽然脆弱但仍有胜算的案件的检察官，也不是那个回复电话留言、在那天下午当庭提供专家证言的教授，而是知名的哈佛法学院教授、最成功的最高法院律师、本科数学高手劳伦斯·崔波。此人曾担任加州最高法院托布里纳大法官的书记员，起草了大量使此案得以闻名的意见，之后撰写了他成为法学教授以来的第一篇、也是重量级论文《数学审判》，但没有提及他在柯林斯案中的作用。这篇文章，回应了迈克尔·芬克尔斯坦和威廉姆·费尔利鼓吹更为复杂的提出概率证据模式的一篇文章，将概率证明和贝叶斯定理在诉讼中的运用置于未来几代证据法学者的研究日程上。同样，在克利斯托佛·B·米勒的迈克逊诉美国案（Michelson v. United States）的讨论中——该案是最高法院在被告人的良好品格证据问题上最为明确的表述——无论是就趣味性，还是就该案产生的法理的相关性而言，被告人迈克逊的故事都比不上撰写使本案得以驰名的意见的杰克逊大法官先生的故事。在另外一个故事，理察德·弗里德曼叙述的克劳弗德诉美国案中（Crawford v. United

States），作者本人比其他任何人都更是故事的核心人物，因为弗里德曼教授发展了最高法院后来在该案中采纳的对质条款理论，而且他咨询了克劳弗德在整个诉讼中的上诉律师和参考了最高法院摘要。

　　本卷的大多数作者不仅是在讲故事。他们进而讨论案件是如何形成证据法的，而且，经常不满足于止步于此，他们还批评该案形成的规则。的确，在几篇文章中，最典型的是保罗·吉尔奈利对多伯特三部曲、规则沿革——在多伯特案中，关于科学证据可采性的规则——的处理，这是故事的主线。

　　虽然有些证据故事的性质特别，但本书并未实质上偏离"故事"集的精神。正如读者要看到的，让法学教授或法官当主角并不会妨碍一个好故事，而且即使是这样的人物成为主角，我们也能了解诉讼中最重要的人物和事件，经常还能了解到迄今不为人所知的事件真相。而且，并非每个证据故事都如我刚才所说的那样别具一格。实际上，本书中的多数文章并没有给思想盖上牙医的橡胶垫，因为在大多数情况下，案件故事是最重要的，而且是作出其他分析的钥匙。因此，彼得·提勒斯（Peter Tillers）在"年轻人与酒鬼之死案"中——这也许是本书中最不为人所知的案件——通过重建导致本案起诉的致命事件，深入刺探被告人的悲惨生活，来探索品格和习惯的边界。艾利诺·斯威夫特（Eleanor Swift）在"马兰蒂诉野生犬类动物生存研究中心案"（Mahlandt v. Wild Canid Survival & Research Center, Inc.）中，娴熟地讲述狼索菲以及儿童原告的伤口的故事时，也阐明了对传闻规则例外的采纳。玛丽安·威森（Marianne Wesson）选了证据法经典故事之一——互惠人寿保险公司诉希尔曼案（Mutual Life Insurance Co. v. Hillmon）——并对之翻案，认为最高法院借格雷大法官先生（Mr. Justice Gray）之口构建的似乎有力的结论——为了保险诈骗而谋杀——由此引发了对传闻规则的更广泛的意图陈述例外，很可能是弄错了。

　　当一个作者写书写文章，或者编纂一个集子的时候，即使没有明说，也有一个目标读者群。如果作者是法学教授，他的目标读者群通常要么是其他法学教授，他们会关注于作者分析的深度、严谨和精辟；要么是法官或立法者，如果他们有着公平之心，当他们放下手头的文章时，会信服作者已经勾勒出了既定规则的最佳解释，以及规则和其他法律发展的最佳道路。但是，本书中的文章有着不同的目标读者群。我认为多数读者是学生，主要是证据法课程，特别是问题导向（problem-oriented）课程的学生。

　　知道我是《证据法的现代方法》一书著者之一的读者会知道，很少有人比我更热衷于证据法教学的问题导向方法。但是，如果证据法教学只关注于联邦规则的含义和在一系列孤立的或捏造的问题情形中的应用，就失去了一些东西。当学生们阅读文本而不是判例时，他们不可能对证据规则的历史及适用并得以发展的事实情形有着同样的感受。确实，即使使用案例教学方法，他们经常也不会对背景获得丰富的认知，因为，在典型的证据法课程上，有这么多的规则需要讲授，案例教材的作者倾向于从大多数案例中提炼尽可能多的精髓。剩下的，并且一度鞭策我写一本问题导向的教科书的，是大多数案件中干巴巴的事实陈述，还有法官对规则及其原因的解释——和问题导向著者所做的差不了多少。所以，我视这本书为证据法课程中使用的主要文本的伙伴。它汇集的文章，使得学生们能够品味证据规则和联邦解释规则得以产生、适用的丰富背景。在这个过程中，这些文章突出了当事人、案件事实、法官、律师、社会批评家和法学教授在形成证据法的过程中可能发挥的独特作用，因为这些特征和角色至少在本书的部分文章中，都是重要组成部分。

我对本书目标读者群的理解解释了这些文章呈现的一些特征。

首先，作为法律文章，它们很短小，篇幅通常介于25到30页之间，或者更少。附属读物不能太冗长。为了达到这个目标，一些原始的意见被缩减多达50%。被删除的经常是对相关证据规则的详细解释，因为这些文章不在于教授学生法律是怎么规定的。钻研教科书或案例教材的教师会做这些工作。本书中的故事目的在于增进基本的理解，而不是代替它们。

其次，读者会注意到我称这些故事为文章而不是论文。我这么做是为了强调不应当把这些作品同多数法律学术评论混为一谈。它们和典型的法学论文最明显的区别在于我所使用的、在某种程度上也强加给一些作者的脚注习惯。读者也会发现有例外，但脚注大体上局限于那些放在正文里很尴尬的实质性信息、对第一次提到的具体案例和论文的引用，或者其他特别重要的引用，以及我习惯上会丢掉但对读者有用的信息。我假定学生们会把这些短文作者当成专家，不会觉得必须让作者们旁征博引地论证他们的观点或者罗列作者们断言的事实。被删除的还有多数页码的引注，只要引文来源很清楚，或者引文短小，来源不重要。此外，我还删掉了一些枝节性的东西，那些我和其他法学教授一样爱写的、膨胀文章篇幅的小短文，这些东西虽然很有可读性，但是与故事主线无关。我还删去了对所援引的资料进行附加性解释的判例和论文。大多数这样的工作都是不必要的，因为正文几乎都说得很清楚为什么要引用这些资料。总之，我的想法是尽量减少读者浏览额外信息的必要性，除非引注增加了对正文非常有意思的东西，或者援引了非常重要的来源、特别提到的判例或论文。

贯彻这些习惯的结果，是在一些文章中删除了原作中多达3/4的脚注。平心而论，不是所有的作者都乐意，也不是所有的读者，特别是那些教授型读者都满意。一些人会认为某个被坚决主张的观点并不像作者所说的那样广为接受，他们想知道这种主张的更多的根据。也有人想要检验一下某个引注的上下文，如果没有页码，或者更糟糕的没有来源，会让人感到很郁闷。一些人会认为法律评论引注标准应该适用于法学教授发表的所有严肃学术内容（本书中的文章也是严肃的学术内容）。一些读者可能会特别不高兴，如果他们自己的前沿性或者直接相关研究没有被提及，确实他们会感到有违反学术规范之嫌。对我所采用的学术习惯最友善的读者会说他们被误导了。读者们不要因遗漏了引注错怪了作者们，那都是我的问题。是我坚持把脚注压缩到最低限度。需要指出的是，这包括在很多地方删除了对我个人著作的援引，但是有一次，一位作者坚持要保留对我和另外著作的引注，在已经两次删除该引注之后，我终于让作者自便。①

假装同等地喜欢本书中的所有文章是愚蠢的，列举出我最喜爱的文章则更为愚蠢。虽然我点到了一些具体文章来说明我的观点或者本书中可以找到的例子，但我并不是因为认为这些文章特别有价值才提到它们。读者会发现很多我的导言中没有提到的精彩短文。但

---

① 这一习惯的运用有一个例外，就是玛丽安·威森关于希尔曼案（Hillmon）的文章。威森教授对学术史进行了原创性和重要的工作，不限于本书多数作者从事的历史挖掘工作。我认为非常重要，所以她的原始文献被充分列举。

是，我会说，我对收到的这些文章非常满意。我不认为这本集子里有差的，而且大量的文章我认为不是一般的好，而是特别好。我非常感激同意为本书撰写文章的作者们，他们忍受我编辑过程中的吹毛求疵，提交了根本无疵可求的好稿子。他们的智慧和学问根本上提高了我对我们讲授和学习的判例和规则的了解。对于被邀编辑这本集子我感到很幸运，我只能以一个词作结——"享受"。

EVIDENCE STORIES 目录 Contents

相关性

1 绿色丛林：人民诉柯林斯案（People v. Collins）的故事
乔治·费雪 ·· 3

2 年轻人与酒鬼之死：发生在新泽西的习惯和品格的离奇故事
彼得·提勒斯（Peter Tillers）···································· 19

3 美国诉伍兹案：传统取胜的故事
爱德华·J·伊姆温克里德 ·· 41

4 关于畸石与妥协：迈克逊案和现代品格证据法
克利斯托佛·B·米勒 ·· 52

5 联邦证据规则第410条的故事和美国诉麦哲纳图案：答辩陈述在审判中的使用
克利斯托佛·斯洛波琴 ··· 72

特权

6 斯威德勒和柏林诉美国的故事：死亡和特权
肯尼斯·S·布龙 ·· 91

7 厄普约翰公司诉美国案的故事：一个人扩张律师—委托人秘密交流权的历程，以及影响它的社会力量
保罗·罗斯坦 109

意见和专家证言

8 多伯特三部曲和专家证言法
保罗·吉安纳利 133

9 人民诉卡斯特罗：对法庭上使用 DNA 证据的质疑
詹妮弗·姆努金 154

传　闻

10 马兰蒂诉野生犬类动物生存研究中心案：三种遭遇
艾利诺·斯威夫特 179

11 互惠人寿保险公司诉希尔曼案
格雷大法官先生 201

12 希尔曼案，最高法院和麦古芬
玛丽安·威森 204

13 达拉斯县的智慧
戴尔·南斯 223

宪法问题

14 克劳弗德的故事
理察德·D·弗里德曼 245

15 钱伯斯诉密西西比：当新任大法官遇上老式的南方裁决
斯蒂芬·兰斯曼 261

相关性

1. 绿色丛林：人民诉柯林斯案（People v. Collins）的故事
2. 年轻人与酒鬼之死：发生在新泽西的习惯和品格的离奇故事
3. 美国诉伍兹案：传统取胜的故事
4. 关于畸石与妥协：迈克逊案和现代品格证据法
5. 联邦证据规则第410条的故事和美国诉麦哲纳图案：答辩陈述在审判中的使用

1

绿色丛林[*]：
人民诉柯林斯案（People v. Collins）的故事

乔治·费雪[**]

---

[*] "绿色丛林"一词借用了 1963 年 Ed Reid & Ovid Demaris 的书"The Green Felt Jungle"，该书描写拉斯维加斯赌场的早期黑暗历史，书中涉及黑帮、卖淫业和政治黑幕。本文以此为题，大概一是因为本文主要讨论概率证据，与赌场里骰子定胜负有相通之处；二是因为英文中"jungle"（丛林）一词有"尔虞我诈之地"、"凶险之地"之意，这里暗喻法庭不应当成为"绿色丛林"。——译者注

[**] 斯坦福大学约翰·克朗法官教席法学教授。我要感谢马特·巴克利在发现本案遗漏的角色方面所提供的非同寻常的帮助，还有凯蒂·塔法拉所提供的敏锐的编辑指导和研究支持。还感谢克朗法律图书馆的索尼亚·摩斯和凯特·威尔克（而且再一次感谢马特·巴克利）帮助收集非常分散的柯林斯案的文献。本书的编辑理察德·伦伯特，提出了有价值的修改建议。而且我深深感谢慷慨回应我的调查的几位参与者——检察官瑞·希尼塔、法庭辩护人当·艾勒森、证人丹·马丁内斯、书记员（现在已经是法学教授）劳伦斯·崔波，还有一位不愿具名的审判陪审员。最后非常感谢艾德·雷德和奥维德·德马里斯——正如我在后注 26 解释的，精心设计了本文的标题。

珍妮特和马尔科姆·柯林斯从历史中溜掉了。甚至当载着他们名字的判例在法律里程碑中占据一席之地时，它的两个头号主角也已经滑进了时间的深渊。在加州最高法院1968年裁定"方士"数学已经对审判造成致命污染之后的几周之内，珍妮特和马尔科姆·柯林斯离开了监狱——然后消失了。从此再没出现过珍妮特的踪迹。马尔科姆的名字又一次出现在官方记录上是在2000年8月，当时洛杉矶县归档了他的死亡声明，时年64岁。

自此，柯林斯夫妇融入历史，只留下本案给他们提供的身份：他们是跨种族的夫妻，住在一辆黄色轿车中，被指控在胡安尼塔·布鲁克斯（Juanita Brooks）从百货店步行回家时抢夺她购物箱中的手提袋。这种状况将一直持续。

生存线索也给他们的存在增加不了什么侧面。当他们1964年6月2日结婚时，她19岁，他28岁，就在他们得以成名的犯罪发生之前的16天。结婚当天他们只有12块钱，并且没有什么发财的希望。马尔科姆没有工作，珍妮特一周一次或两次的家政工作最多给他们赚12美元。他们蛋壳色的车顶、和困顿的景象如此格格不入的黄色林肯也非常糟糕——就在审判前，它在山路上熄火了，于是他们丢掉了它。案发不久之后的警方照片上，侧面的珍妮特梳着著名的马尾，强忍着笑。稍后拍摄的新闻照片上，马尔科姆·柯林斯少了他著名的小胡子，在监狱劳改场中砍树。两个人看起来都很清秀、年轻，即使在最糟糕的时候也似乎充满希望。在后来，在结案很久以后，他们的一位律师暗示他们从未结过婚。① 今天这些已经无从得知了。

这些柯林斯夫妇生活细节的线索在审判40年后已经消失了，只留下黄色轿车里一对种族不同的夫妇。他们作为教室里的假设还存在着——证据法课堂上的老生常谈。他们不是柯林斯夫妇，而是柯林斯夫妇案，和墓志铭差不多。

然而律师们还活着。无论该案给柯林斯夫妇带来怎样的不幸，也无论他们带着什么样的教训度完余生，他们在本案中的作用相当于律师竞技里的股票玩家。柯林斯案中的核心人物不是珍妮特和马尔科姆，而是两个为他们的命运而斗争的律师。这不是经典意义上的法庭斗争，因为本案中单枪匹马的律师们从未在法庭上或其他什么地方见过面。相反他们隔着时间、空间和智识环境在与假想的敌人争斗。

在一个角落中是瑞·希尼塔，一对犹太流亡夫妇的儿子，他的父母于20世纪20年代逃离匈牙利。希尼塔的法律之路可谓漫长。他的父亲卖掉了长岛的一家洗衣店的股份，举家迁往南加州之后，希尼塔在加州大学洛杉矶分校学习演讲，然后经历了毫无兴趣的尝试后从斯坦福法学院退学。当他在父

---

① 关于柯林斯夫妇的年纪，参见 Bob Schmidt, Justice by Computer, [long beach] Independent-Press-Telegram, Nov. 29, 1964, at A-1. 关于他们的财务和结婚当天的状况，参见 Brief for Respondent at 11-12, People v. Collins (Calif. Ct. App., Crim. No. 10819). 加州最高法院说过他们轿车的颜色，参见 People v. Collins, 68 Cal. 2d 319, 322 n. 2 (1968). 一审律师当·艾勒森在2005年7月19日的一次电话访问中告诉了我那辆车的命运。两张照片出现在 "Decisions: Trial by Mathematics", *Time*, Apr. 26, 1968, at 41. 马尔科姆·柯林斯的上诉律师 Rex DeGeorge 告诉 David McCord 教授："他记得发现……[柯林斯夫妇]的婚姻因为某种原因无效，什么原因他想不起来了。" David McCord, "A Primer for the Nonmathematically Inclined on Mathematical Evidence in Criminal Cases: People v. Collins and Beyond", 47 *WASH. & L. L. Rev.* 741, 766 n. 93 (1990).

亲的酒品商店里值班时，收到了选派通知，向北送他到奥德堡（Fort Ord），向东到利堡（Fort Lee）。后来，他回到加州大学洛杉矶分校，这一次他脚踏实地，最终以法学院第四名的成绩毕业。然后很快成为一名初审律师。1964年11月，当柯林斯夫妇面临审判时，希尼塔是一名驻长滩法庭（Long Beach Courthouse）的洛杉矶地区副检察官，那是一个有着冲浪景观的琉璃世界。但是，整天窝在遥远的、无窗的办公室里面对一大堆的案卷，那里的美景似乎跟希尼塔毫无关系。那个时候，他30岁，离开法学院两年，大大小小的陪审案件经手了上百件。②

所以，当11月中旬的一天，分案员打电话分派给希尼塔一起刚刚移交审判的二级抢劫案时，都看不出有什么不寻常之处。抢包案有两个目击证人显然已经足够。在陪审团面前希尼塔也不乏信心。他高6尺2寸，重190磅，瘦瘦的，有着拳击手一样的扭矩，穿着一套裁剪得体的西服，长着詹姆斯·迪恩的嘴巴和戴着角质架镜的蓝眼睛，他是柴油和蜜糖的引人注目的混合体。③而且他有充分的准备时间——至少以洛杉矶副检察官的标准来看——因为遴选陪审团至少要花半天时间。

1964年11月18日，星期三——此时，距那个梳着马尾的金发女人带着老布鲁克斯夫人的钱包逃进一个小胡子非洲裔美国人开的黄色轿车，已经过了5个月——柯林斯案的审判开始了。遴选陪审团用了第一天的整个下午。到星期四早晨，希尼塔已经掌握了案件事实，组织了证人。他谨慎地评估了一下案子。一方面，他有布鲁克斯夫人。检察官很难再找到比她更令人同情的被害人了。她当时71岁，一手拄着拐杖，正费劲儿地把买的东西拉回家，钱包就放在购物箱上，里面仅有35或40美元。在光天化日之下遭抢之后，她摔倒在地，肩膀脱臼，胳膊两处骨折。由于疼痛和惊吓，她大叫起来，但她还知道看了一眼袭击者，那是一个有着一头金发的女人。与此同时，66岁的约翰·谢里登·贝斯正站在不远处浇他的草坪。布鲁克斯夫人的叫声让他注意到那个开着黄色轿车的非洲裔美国男子，接上那个金色马尾的女人之后跑掉了，他们离开时，距贝斯不到六英尺。就算是在一个更差的检察官手里——希尼塔可不差——这个案子也不会有问题。④

但是，希尼塔知道这个案子还有缺点。而且在作证的第一天，当他构建自己的案件图式时，这些缺点就开始显现。布鲁克斯夫人只是说抢东西的人是金发、看起来很年轻、重约145磅，穿着"黑色的衣服"——也许是毛衣，也许是夹克，也许是裙子。她从没说过就是珍妮特·柯林斯，没有见到

---

② 瑞·希尼塔在2005年6月30日以及后来的电话采访中很友好地提供了他生活和工作中的这些和其他细节。
③ 希尼塔告诉我他是如何分到这个案件的以及他的身高和体重。其余的外貌描述是基于我在1968年的一个影片中看到的希尼塔。参见"Bill of Rights in Action: Freedom of Speech", BFA Educational Media 1968.
④ 审判的很多细节来源于洛杉矶高等法院会议记录。参见 People v. Janet L. Collins & Malcom [sic] R. Collins (Los Angeles Superior Court, Cr. 291449 (1964))。在此感谢刑事档案部的热内·德纳德帮助找到了这些文件。关于布鲁克斯夫人的年纪，参见 Schmidt, supra n. 1。在聆讯申请中提到了贝斯的年龄（Calif. Sup. Ct., 2d Cr. No. 10819 (Apr. 24, 1967), at 3）。袭击布鲁克斯夫人的情况、非法所得数额以及贝斯的证词，参见 Collins, 68 Cal. 2d at 321; Brief for Respondent, supra n. 1, at 5–8（引自审判笔录）。希尼塔在他的审判日志中记下了布鲁克斯夫人的伤害情况。我存档了一份摄影版的相关日志记录，希尼塔送给我的。审判律师当·艾勒森不吝赞美之词地把希尼塔形容为一位"非常棒的法律人——太棒了。"

5

黄色轿车或是它的司机。至于贝斯先生,他热切地指认出律师旁边的马尔科姆·柯林斯就是开车跑掉的那个司机。但是,贝斯只是在黄色轿车经过时看到那个司机一闪而过——而且还戴着他的近视眼睛。在犯罪发生之后仅几天的警察辨认中,他对选择马尔科姆·柯林斯"并不确定"。正如柯林斯的律师在上诉书中所说的,这"只是目击证人在看到被告席上的被告人之后变得越来越肯定的情形之一"[5]。

确实,希尼塔在第一天赢了几分。珍妮特·柯林斯说了犯罪发生当天她什么时候下班。当第一次被警探讯问时,她说直到下午1点,她一直都在玛丽·康纳家打扫卫生,所以不可能像布鲁克斯和贝斯说的那样在11点半到中午时分抢劫布鲁克斯夫人。但是希尼塔传唤康纳到庭,她作证说马尔科姆·柯林斯在大约11点半的时候开黄色轿车接走了他的妻子——这样就有足够的时间到达布鲁克斯夫人拉着她的购物箱蹒跚而行的地方。希尼塔知道,他可以说珍妮特·柯林斯说谎证明她意识到了罪行。她改变外观也是如此。一位警探作证说,在警察告诉柯林斯夫妇目击证人说抢劫的是一位金发、马尾的女人,珍妮特剪了短发,并把头发染黑了。警探还注意到马尔科姆·柯林斯刮了胡子。更妙的(从希尼塔的角度)是警察说的当警察回到这对夫妇的家里逮捕他们时马尔科姆·柯林斯的行为。当警察从前面接近房子时,另一位在后面等待和观望的警察看见马尔科姆穿过院子逃跑并躲在树后。警察最后还是在邻居的衣橱里找到了他。[6]

因此,希尼塔那天并非空手而归。但是,当夜晚躺在床上,他仍有种不安的感觉:他没有同陪审团建立默契。他明白,证明柯林斯夫妇有罪的最有力证据不是警察包围时他们可疑的举动,即使无辜的人在警察的强大攻势面前也会作出似乎有罪的举动。对他而言,牢牢地指向柯林斯夫妇有罪的是,这个区域的其他夫妇都不可能符合布鲁克斯和贝斯对抢劫者和车辆的描述。柯林斯夫妇就是因此归案的。在犯罪发生后不久,布鲁克斯夫人的儿子调查了附近的加油站,询问工作人员他们是否认识这样一对夫妇。根据当地报纸的报道,一个回答说:"当然,他们总是来这儿加油。"警察就是顺着工作人员的指点找到他们的。希尼塔躺在床上考虑,怎样才能让陪审团意识到他和布鲁克斯夫人的儿子很轻易地认识到的东西——柯林斯夫妇即使不是独一无二的,也是唯一符合这种描述的。[7]

然后,希尼塔制定了策略。他家有一位数学家——他的内弟爱德华·索普,其畅销书《击败庄家》教二十一点玩家如何运用概率论击败庄家。虽然上高中时"没有什么数学天分",但希尼塔意识到他可以运用概率理论证明

---

[5] 关于布鲁克斯和贝斯的证词,参见 Collins, 68 Cal. 2d at 324–25; Brief for Respondent, supra n. 1, at 6; Petition for Hearing, supra 4, at 29–30; Gene Blake, "State Supreme Court to Rule: Can Courts Apply Theory of Probability to Cases?", *Los Angeles Times*, Oct. 20, 1967, at A6。

[6] 所有这些事实都来自于 Collins, 68 Cal. 2d at 322–23 & nn. 3, 5, and from Brief for Respondent, supra n. 1, at 5–6, 8–10 & n.2, 12–13。

[7] 布鲁克斯夫人的儿子没有出庭作证,关于他所发挥的作用,参见 "Justice Invokes Science: Law of Probability Helps Convict Couple", *Los Angeles Times*, Dec. 11, 1964, at 1。在2005年6月30日的电话采访中,希尼塔向我讲述了他当时的考虑。David McCord 根据一次类似的采访,以前曾报道过希尼塔夜间的思考。参见 McCord, supra n. 1, at 766–77。

布鲁克斯抢劫案。⑧ 他需要一位数学家——也需要一些数据。

能够找到一位数学家的地方显然是加州州立大学长滩分校，离法庭也不远，就在城的另一端。希尼塔第二天早晨做的第一件事是给数学系打电话。那时还很早，办公室里还没有人，因此他给接电话的人留了个言。他告诉她，他正在出庭，需要一位证人——专攻概率论的数学家。然后希尼塔着手收集一些数据，把它们放入那位数学家的理论。他在秘书室前的长廊里踱步，找到他们的系主任——灰白的头发扣进硬硬发髻里的维维安·马克斯，请她估算：随机选一辆车正好是黄色的概率有多大？随机选一位女子正好是金发呢？随机选一对夫妇正好是跨种族的呢？其他秘书也都发表了意见，希尼塔都匆匆记下了。他的调查完成后，他制了一张表，向法庭走去。

那天早晨，在作证恢复后不久，一个年轻的、穿着随意的男子走进法庭站住了，有点犹豫不决地等着别人来招呼。"希尼塔先生？"他大声叫。"希尼塔先生？"希尼塔知道这个嚷嚷的文气的男子是来自加州大学长滩分校的他的专家证人。当时26岁的助理教授丹尼尔·马丁内斯刚刚走进他41年教学生涯的第二个月。那天他刚上班就听说一位当地的检察官打电话找一位概率专家——当时马丁内斯正在教这门课。他多年以后回忆道："我有了履行公民职责的机会，所以我直接去了法庭。"但是当他看见熙熙攘攘的法庭时，他顿了顿，"我有种感觉，我正在踏入一个我实在不应该纠缠其中的地方"⑨。

接下来的证词以及希尼塔就该证词的评论，成为4年后加州最高法院否定柯林斯案的导火索。遗憾的是，当时的审判笔录或者马丁内斯的证词没有保留下来。虽然也有多种线索帮助重建他的论证，但是还是有一些重要的关口无法弥合。可以确定的是，马丁内斯首先介绍了"乘法定律"的基本知识：如果抛一个骰子，2朝上的概率是1/6，抛两个骰子，2都朝上的概率则是1/36。也就是说，把每个事件发生的概率乘在一起，就得出它们同时发生的概率。可以肯定，马丁内斯然后又指出了"乘法定律"发生作用的条件：只有当两个事件彼此独立发生时，定律才发挥作用。如果一个骰子2朝上使得另一个骰子2朝上更可能或更不可能，那么定律就不发挥作用。还可以确定的是，希尼塔提供了一个概率清单——1/10、1/4、1/10、1/3、1/10、1/1 000——然后得到马丁内斯的认可：如果这六件事分别有这样的概率，那么所有这六件事同时发生的概率是一千二百万分之一。⑩

不清楚的是，希尼塔是否告诉马丁内斯他心里想的是哪六件事。加州最高法院表示——并不肯定地——他告诉了。而希尼塔说他没有——就这一

---

⑧ See Edward O. Thorp, *Beat the Dealer: A Winning Strategy for the Game of Twenty-one* (1962). 关于希尼塔和索普的关系，参见Schmidt, supra n. 1. 根据史密特在审判前几天之内写成的报道，"希尼塔后来解释说，由于他和索普的关系，他大概比很多人都更有概率的意识"。但希尼塔现在说Ward Edwards教授报道说索普"向他[希尼塔]建议运用概率曲线进行辩论"是不对的。See Ward Edwards, "Influence Diagrams, Bayesian Imperialism, and the Collins Case: An Appeal to Reason", *13 Cardozo L. Rev. 1025*, 1029 (1991). 希尼塔说他在审判很久之后才同索普讨论此案。

⑨ 上述三段来自2005年6月30日对希尼塔、7月6日对马丁内斯的电话采访。

⑩ Petition for Hearing, supra n. 4, at 4 - 5, 16; Schmidt, supra n. 1, at A - 1.

点，被告人的两个律师和当时的新闻报道的说法是一致的。相反，希尼塔只是给了马丁内斯一个标着字母 A 到 F 的表格。他给每个字母标了个概率，然后问马丁内斯所有六件事同时发生的概率是多少。只是在总结陈词的过程中，希尼塔才把表格的剩余部分填上，在每个字母旁加上了犯罪的夫妇和柯林斯夫妇的特点。这个表看起来是这样的⑪：

特点	单个概率
A. 黄色轿车	1/10
B. 小胡子男子	1/4
C. 梳马尾的女子	1/10
D. 金发女子	1/3
E. 有胡须的黑人男子	1/10
F. 轿车里的跨种族夫妇	1/1 000

如果这种报道是正确的——如果希尼塔只是在总结陈词的时候加上了这些特点——那么马丁内斯表态"乘法定律"可以适用于这些因素的责任是应当免除的。40 年来他一直都在后悔"错误地认为……这些因素都是独立的"。加州最高法院认为它们并非独立无关——例如，有胡须的男子比其他人更可能是小胡子，因此 B 项并不独立于 E 项。马丁内斯同意这种关系可能会造成问题。他只是想肯定"乘法定律"的大体作用，而不是对它在柯林斯案中的应用作评论。这种误解使得案件成为他的"尴尬之源"——40 年后，他还不得不去阅读法院的意见。"那里有一个适合每个人的警示故事"，他说，"没有做充分准备就走进去是我的错"⑫。

但是没有充分准备并不能免去马丁内斯在《洛杉矶时报》上轻率报道的责任。这家报纸报道该次审判的第 1 页宣布："［希尼塔和马丁内斯之间的］问答是这样进行的"——然后肆无忌惮地编造了一段法庭证词：

问：一个男子有小胡子的概率是多大……

答：三分之一。

问：一个年轻女子是金发的概率有多大？

答：四分之一……

问：看见一个高加索女子和一个黑人男子在一起的概率有多大？

答：千分之一。

问：那么请问，在一个特定的时间和地点，你看见一个留着小胡子的黑人男子开着黄色轿车载着一位留着马尾的金发女子的概率有多大？

答：把这六种情况的概率相乘，概率是一千二百万分之一。

这一报道，迅速引发了对马丁内斯分析的学术批评，以及对法庭记者鲍伯·史密斯（Bob Schmidt）的报道的质疑，后者在审判结束后 4 天，在长滩的《独立电讯报》刊发了对审判的报道——比《洛杉矶时报》上的报道几

---

⑪ 该表和加州最高法院对相关证词的言论参见 Collins, 68 Cal. 2d. at 325 & n. 10. 我会在后注 13 讨论该证词提出的关于该表格的相反证据。

⑫ Collins, 68 Cal. 2d. at 328-29 & n. 15. 马丁内斯在 2005 年 7 月 6 日的电话采访中反思了这个案子。

乎早了两周。史密特报道说，在询问马丁内斯的过程中，初审法官"防止希尼塔谈到具体的案件事实"。相反，这位检察官问，"假如情形 A 发生的概率是 1/4，情形 B 是 1/10……情形 F 是 1/1 000，那么有多大可能这些情形同时出现？"对于这一抽象的询问，马丁内斯回答："一千二百万分之一"。史密特写道，"后来，希尼塔在辩论中告诉陪审团，这种假设的情形在本案中可能就是事实。"⑬

但是，如果马丁内斯从未将"乘法定律"运用于柯林斯案的事实，那么希尼塔就是加州最高法院所说的"证明探险"的始作俑者。当然，希尼塔对"乘法定律"的运用勇气可嘉。他活跃地从信息库中收集统计数据，在总结陈词中演示这些数据时他表现得更为激情四射。他告诉陪审团，他已经"试图让〔统计数据〕更保守一些"——也就是说，任何其他夫妇实施本案犯罪的概率不仅是一千二百万分之一，而且"可能是十亿分之一"。他甚至邀请辩方"律师运用他的数据，或者〔陪审员〕运用你们自己的"。然后，在他的数学的力量的激励下，希尼塔开始向控方总结陈词的第三道坎儿进发：他宣布，合理怀疑标准是"非常陈腐、老套、过时的，误读了刑法上的概念"。除非陪审团愿意冒这个风险——"在某些罕见的场合……无辜者可能会被定罪"，否则，"柯林斯夫妇，以及那些……把老太太推倒、拿走她们钱包的人们就会永远躲在保护伞下……因为，我们怎么可能确定他们就是作案的人？"⑭

在希尼塔大胆证明的过程中，辩护律师当·艾勒森一直激烈反对。他认为马丁内斯的证言与本案无关，而且依赖于一些无根据的假设，侵犯了陪审团的权利。这些老套的投诉，无论多么有道理，在希尼塔灵光四射的午夜战略（指传唤马丁内斯出庭）面前，最后也是无疾而终。艾勒森知道他已经被抛到了后面。他本来以为这是一场简单的审判。在担任副公设辩护人 5 年的生涯中，他在几十起案件中和希尼塔或他的同事交过手，深知控方的花招。而且，他多次会见过柯林斯夫妇，认为自己知道应当从审判中期待些什么。他曾经设想在布鲁克斯夫人、贝斯先生以及他们对抢劫者模棱两可的描述和珍妮特、马尔科姆·柯林斯以及他们的不在犯罪现场证据之间会有一场简单的争论。马丁内斯的证词当然不在其中。"当然我自己不是数学家"，艾勒森今天用一种当年曾消除陪审员戒备心理的当地口音说，"而且我自己也有点迷惑……"。他曾对马丁内斯的证词提出抗议，但结果是徒劳的。在总结陈

---

⑬ 这一捏造的证词出现在 Cohen, supra n. 7, at 1, 12. 看起来，很可能史密特的报道（Schmidt, supra n. 1）是正确的。Charles R. Kingston 在 1966 年的一篇文章中照搬了 Cohen 的捏造版，并以此为根据批评控方的证明。在文章的结尾，Kingston 附了一封尴尬的辩解书，承认他此后同"辩方律师"谈过。Kingston 写道："专家证词显然没有涉及本文早些时候引用的问题和回答，但这些假设的问题是报纸记者根据检察官向陪审团的总结设计出来的。"专家的证词似乎只是针对独立概率的运用问题，例如掷骰子的情形，没有机会就具体案件中的因素作证，也没有就这些问题接受交叉询问。See Charles R. Kingston, "Probability and Legal Proceedings", 57 *J. Crim. L., Criminology & Police Sci.* 93, 93-94, 98 (1966).

⑭ Collins, 68 Cal. 2d at 326, 328, 331-332; Brief for Respondent, supra n. 1, at 47. 希尼塔后来发表了他对"滥调"——合理怀疑指示的反对意见。Raymond J. Sinetar, A Belated Look at CALJIC, 43 J. State Bar. Calif. 546, 554-55 (1968). Stanley Mosk 大法官在批评合理怀疑的成文法公式时吸收了很多希尼塔的观点。See People v. Brigham, 25 Cal. 3d 283, 295, 297, 298, 315 (1979) (Mosk, J., concurring).

词中，他还是回到了那个陈腐、老套、过时、被误读了的概念——请陪审团给予柯林斯夫妇合理怀疑的利益。⑮

陪审员在两天的时间里评议了8个小时。从外部迹象来看，曾经发生过激烈的争吵和摩擦。当团长报告说可能会出现僵局时，另一个陪审员在公开的法庭对着他说，"你说对了，大概是僵局了"，下颌绷得紧紧的。她的恼怒大概不是针对团长，而是针对那个固执己见的陪审员——因为陪审团从一开始就一边倒地投有罪票。第一轮投票分成了9对3，第二轮10对2——然后是一个陪审员对所有其他的陪审员，这个局面迫使大家第二天早上还得回来。最后，他也投了有罪票。

一名陪审员今天回忆说，她和大多数同事都认为希尼塔的证明非常有力。然而，她印象最深刻的不是希尼塔的证明，而是那起罪行："我记得当时想，她［珍妮特·柯林斯］从超市就跟着那个老太太……偷她的钱包……"至于那场捅了那么大娄子的审判，她却有点令人沮丧地漠不关心："我记得我们评议时没怎么谈那个教授。大概我们都被那些数字震住了。"⑯其他在审判后不久与记者鲍伯·史密斯交谈过的陪审员，也表现出同样的不关心。史密斯写道："陪审员们说他们没有把马丁内斯的证词当回事，而是根据其他证人提供的证据认定这对夫妇有罪……"

这一点，如果是真的，足以毁掉一个好故事。所以在史密斯对审判的第一次报道中提都没有提。相反，他剩下的报道引来了举世瞩目，该报道发表于1964年11月29日，柯林斯案作出裁决4天之后。史密斯以"计算机主导的正义"为题，宣布在那一个星期的长滩，法律中出现了一些新的东西。正如一位老检察官所言，"那种感觉，像是骏马见到第一辆福特汽车"⑰。

来自长滩的消息不胫而走，逐渐在全国范围内成为一个敏感话题。两周之后，它登上了《洛杉矶时报》的头条，标题为："科学唤醒正义：概率论将恶夫妇绳之以法"。不到一个月，消息传遍全国。《时代》杂志撰文介绍了这次对"概率论"的大胆运用，把它鼓吹为"对情况证据的全新的检验"。法学界甚至在加州最高法院作出裁定之前就开始讨论这个案件。大约每个好故事都需要英雄，希尼塔就成为新闻界笔下的英雄。《洛杉矶时报》谴责了曾认为柯林斯案难以取胜的"法庭闲人"。他们当时并不看好"担任地区副检察官只有9个月的30岁的瑞·希尼塔，还有希尼塔的概率学知识"。《时代》周刊报道说，"多亏30岁的检察官瑞·希尼塔巧妙地运用了统计概率学

---

⑮ 关于艾勒森的反对意见，参见 Collins, 68 Cal. 2d. at 326. 艾勒森在2005年7月19日的电话采访中提供了其他细节。

⑯ 一些文献可以帮助重建评议的经过。加州最高法院指出了评议的时间长度。Collins, 68 Cal. 2d at 332. 遗憾的是，柯林斯案的法庭记录已经遗失。Spencer Neth教授曾经在1980年查阅过记录，他寄给我一份当年他手写记录的副本。他引用记者手稿的第303页，写道："第一轮9对3。第二轮10对2。"一位不愿意披露姓名的陪审员在2005年8月15日的一次电话采访中告诉我，陪审员从一开始就一边倒地倾向于定罪。她记得当时有一个坚持己见的人把裁决拖延了一个晚上。希尼塔的个人审判日志也提到了这样一个持不同意见者。"每个人都抱怨那个'坚持己见的人'——不是［］夫人……而是［］先生……"希尼塔还记下了正文中提到的陪审员同伴在法庭上恼怒地喊叫。

⑰ Schmidt, supra n. 1.

知识",柯林斯夫妇才得以定罪。[18] 大概这样的名声已经注定了柯林斯案的裁判结果。上诉法院审查了此案,不声不响地肯定了原判,驳回了马尔科姆·柯林斯的主张,该意见没有发表。[19](珍妮特·柯林斯没有上诉)这个问题此时本来应该画上句号了。但是这时候马尔科姆·柯林斯的聆讯申请已经于1967年4月到达加州最高法院,也许这个案子太有名了,不容马虎,该法院批准了聆讯。这一决定非常重要,不仅对于柯林斯是如此,他当时正在监狱里打发时间,对于希尼塔而言也是,这一决定使得他在下级法院取得的胜利一下子又悬到了半空中。

希尼塔从未见过那个指出柯林斯案问题所在的人。令人惭愧的是,他们有一些共同的背景。两人都出生于纳粹时代逃避斯大林或希特勒的东欧犹太移民家庭,都在年轻时来到加州,都是在上中学的年纪——希尼塔的父亲拥有一家洗衣店和酒类专卖店,另一个人的父亲卖福特车。两人最后都上了法学院。

相似性大概到此为止。希尼塔的学业受累于年轻人的通病——弃学从戎,而劳伦斯·崔波则是跳跃式地完成了他的早期教育,16岁进入哈佛,24岁时在那里拿到了他的法学学位。当马尔科姆·柯林斯把聆讯申请递到加州最高法院时,崔波正在给马修·托布里纳大法官担任书记员,而且实习期已经过半——那时他只有25岁。[20]

崔波是作为数学天才进入哈佛的,以代数拓扑学的最优生毕业。一开始他申请读博士,但是发现数学是一种"孤独的探索",于是很快放弃了,转而学习法学。但是,代数拓扑学在法学院似乎就没有用武之地,所以他跌跌撞撞地完成了第一年的学业。后来,他的路越走越顺,最后赢得了给这个国家最负盛名的州法院的"自由之狮"担任书记员的机会。

当柯林斯案的卷宗来到托布里纳大法官案前的时候,崔波窥伺到这是一个表达对法庭误用数学证据的担忧的机会。他不仅担心追求胜诉的初审律师扭曲数学。即使律师们掌握了正确的数字,他也担心数学的魅力会遮蔽那些脆弱然而却有意义的无法量化解释的事实。他还担心,如果把有罪进行量化解释,检察官会说服陪审员把一定的无罪概率——虽然很小——当做可以接受的定罪风险。排除合理怀疑的定罪标准的魅力就在于我们可以把它简单地称作"道德确定性"——我们可以宣称我们的制度要求的是人类事务所允许的最充分的证明。在崔波看来,希尼塔在总结陈词中所宣称的,排除合理怀疑的证明是一个陈腐的概念,陪审员必须接受这样的风险:"在某些少见的场合……可以对无辜者定罪",这样的看法危及我们的审判制度最高贵的品

---

[18] Cohen, supra n. 7; "Trials: The Laws of Probability", *TIME*, Jan. 8, 1965, at 42. 关于该案的早期学术论著有 Kingston, supra n. 13; William B. Stoebuck, "Relevancy and the Theory of Probability", *51 Iowa L. Rev. 849*, 859-61 (1966); "Criminal Law: Mathematical Probabilities Misapplied to Circumstantial Evidence", *50 MINN. L. Rev. 745*, 745-52 (1966).

[19] People v. Collins (Calif. Ct. App., Crim. No. 10819 (Mar. 13, 1967)).

[20] 希尼塔在2005年6月30日的电话采访中提供了这些早年的生活细节。关于崔波的情况,参见 Fred Barbash, "Laurence Tribe Storms Supreme Court, Lets Lampooners Go Free", *WASH. POST*, Apr. 23, 1983, at A8; "Laurence H. Tribe", Newsmakers (Gale Research, 1988), reproduced in Biography Resource Center (Farmington Hills, Mich.: Thomson Gale 2005) (found at http://galenet.galegroup.com/servlet/BioRC).

质之一。㉑

但崔波没有必要重述他在给托布里纳大法官的备忘录中表达的对这些数学证据的顾虑,因为他觉得希尼塔弄拧了那些数字。他着手指出了他在希尼塔以概率为基础的有罪论证中看到的四个错误。首先,检察官没有以相关的研究作基础支持他的关于轿车颜色、发型或者婚姻模式的概率的说法。他请陪审员和辩方律师提供他们自己的数字,说明他根本就缺乏相关的数据。而且一个人怎么能弄出这些数据?该州的上诉律师,副总检察长尼古拉斯·约斯特曾试图为希尼塔的主张辩护,认为他估算的概率还是"保守的",也就是说,它的问题是对辩方太有利了。"看看窗外",约斯特写道,"我看到的黄色轿车只会比1/10少"。马尔科姆·柯林斯的上诉律师雷克斯·德乔治依样画葫芦,也提供了他自己的路边调查:"我们所做的只不过是站在大街上,看到几乎每个黑人都留着小胡子或胡须,或者两样都有。"但是无论是约斯特还是德乔治还是其他人,都无法调查有多少对夫妇到过胡安尼塔·布鲁克斯被抢的现场。㉒

其次,崔波指出,虽然马丁内斯教授警告说这一简单的"乘法定律"只有在各个事件都相互独立时才发挥作用,但希尼塔划分类别的方式势必有相互牵连的危险。几乎所有"留胡须的黑人男子"都被当成了"小胡子男子",崔波写道,希尼塔把这两个特点单独列举是错误的。

再次,希尼塔毋庸置疑地相信布鲁克斯夫人和贝斯先生对攻击者的描述是正确的。万一他们的车是米黄色而不是黄色,或者驾车人只是唇下有阴影而不是胡须呢?希尼塔当然可以证明柯林斯这样的夫妇非常少见——但却不能说明他们就是抢劫布鲁克斯夫人的人。我们如何能把布鲁克斯夫人和贝斯先生出错的概率给数量化呢?

最后,希尼塔对一千二百万分之一这个数字的意义发生了混淆。崔波写道,如果希尼塔的这些概率数字是正确的,如果我们忽视了它们之间的相互联系,如果这些目击证人的描述都是准确的,希尼塔也许已经证明了一千二百万分之一的夫妇具备抢劫犯的特点。但是,正如他向陪审团所宣称的,"存在其他符合柯林斯夫妇样子描述的夫妇的概率〔最多〕是一千二百万分之一。"希尼塔犯了威廉姆·汤普森和爱德华·舒曼所说的"检察官的谬误"㉓。他把一对随机挑选的夫妇具有抢劫犯特征的概率——一千二百万分之一——当成了柯林斯以外的夫妇是抢劫犯的概率。后一数字可能大得多。大多少取决于本案中的所有其他证据,这一点非常值得注意,在本地区有多少其他夫妇也具有抢劫犯的特征。

㉑ 崔波教授在2003年4月28日和2004年2月15日的电子邮件中介绍了他在柯林斯案件中的作用。本段中介绍的他的具体观点引用了他反思该案和相关证明问题的文章。See Laurence H. Tribe, "Trial by Mathematics: Precision and Ritual in the Legal Progress", 84 *Harv. L. Rev.* 1329 (1971).

㉒ Brief for Respondent, supra n. 1, at 46; Reply Brief, People v. Collins (Calif. Ct. App., Crim. No. 10819), at 30-31. 本段和下面几段根据法庭最终意见,分析、重建了崔波给托布里纳大法官的备忘录的主要内容。See Collins, 68 Cal. 2d at 327-31. 崔波回忆,法庭意见基本吸收了他最初的备忘录。

㉓ Brief for Respondent, supra n. 1, at 47 (quoting Sinetar's argument); William C. Thompson & Edward L. Schumann, "Interpretation of Statistical Evidence in Criminal Trials: The Prosecutor's Fallacy and the Defense Attorney's Fallacy", 11 *L. & Hum. Behav.* 167, 170-71, 175-76, 181-83 (1987).

崔波开始着手证明，至少另外有一对同时具备希尼塔所说的全部六个特征的夫妇当天可能在犯罪现场。他写道，如果有足够多的夫妇，在附近找到另外一对具备这六个特点的夫妇的概率还是很大的。例如，如果在事件发生时有一千两百万对夫妇在布鲁克斯被抢的现场附近，那么找到像柯林斯夫妇那样可能是抢劫犯的夫妇的概率就增加到41%。崔波没有陷入汤普森和舒曼所说的"辩护律师的谬误"，没有说任何一对这样的夫妇和柯林斯夫妇一样可能是有罪的。[24] 这样的错误可能会导致本案中的所有其他证据被忽略——柯林斯夫妇拮据的生活、珍妮特附近的工作和改变了的发型、马尔科姆看到警察后的狂奔。但崔波确实说过，希尼塔的六因素标准，如果单独来看，并不像他所宣称的那样能说明那么多问题。

让检察官一步步错下去的还有柯林斯夫妇的初审律师（也许还有陪审员），他们完全缺乏识破其间的数学问题的素养。崔波没有点明甚至上诉法院也被概率证据蒙蔽了。上诉法院驳回了马尔科姆·柯林斯提出的证据不具有相关性，同时具有不公正的偏见的主张，犯下了甚至比辩护律师的谬误还明显的错误。该法院透过厚厚的窥镜来看希尼塔的概率演示，认为抢劫犯的独特性就是柯林斯夫妇无罪的证据：

> 看起来证据对被告人比对［控方］要有利得多，由于这些假定的因素发生的可能性如此渺茫（一千二百万分之一），使得控方证人（关于实施抢劫的人的描述）的证言非常不可能。[25]

但是该法院搞错了概念。一对独特的夫妇确实抢了布鲁克斯夫人。没有证据表明布鲁克斯夫人和贝斯先生说谎或是搞错了。因此，与法庭的结论相反，作案夫妇的特征越是"不可能"，情况对柯林斯夫妇而言越是糟糕，因为他们正好具备这些特征。

崔波几乎没有从雷克斯·德乔治代表马尔科姆·柯林斯的要点摘录中获得更多的帮助。确实，德乔治贡献了本案最生动的辞藻，他询问我们的法院是否会像"绿色丛林，在那里，可以用骰子协助陪审团确定一个人有罪还是无罪"。而且他正确地指出了希尼塔的六个特点中有相互依存的风险。但是德乔治关于相互依存的性质的推测却愚蠢得天下无双：

> 本院应邀对以下事项进行司法认知：
>
> （1）黑人司机和黄色轿车之间存在依存关系。驾驶黄色轿车的黑人比高加索人多得多……
>
> （2）金发和跨种族婚姻之间存在依存关系。金发和红发的人一般更喜欢冒险，更敢于也更可能选择和黑人生活。
>
> （3）一个妇女通常的发型和去实施抢劫时如何处置头发之间存在依存关系。

如果让这些论断决定马尔科姆·柯林斯的命运，他可能一辈子都糊里糊涂地抢包。实际上加州最高法院投票否决了他的聆讯申请。柯林斯很幸运，

---

[24] 确定找到具备上述特点的其他夫妇的可能性的计算过程，参见 Collins, 68 Cal. 2d at 333-35（Appendix）。关于辩护律师的谬误，参见 Thompson & Schumann, supra n. 23, at 171。

[25] People v. Collins, supra n. 19, at 15.

因为德乔治的要点摘录来到了崔波的案前，崔波向托布里纳大法官解释宣布合理怀疑标准的非概率性质的重要性。托布里纳回过头来又说服首席大法官罗杰·特里纳和大法官雷蒙德·沙利文，后者被分派撰写法院意见。[26]

为了能够得到崔波的专业知识的帮助，沙利文请托布里纳帮助起草意见。托布里纳于是选派崔波参与进去，当时崔波已经离开，担任波特·斯图亚特大法官的书记员。最终，沙利文大法官的意见中较为偏重数学的那部分，特别是数学附录部分大量地摘用了崔波的著作。最后——1968年3月11日——加州最高法院推翻了马尔科姆·柯林斯的定罪，公布了希尼塔犯下的技术性错误，同时哀叹"方士"数学已经对审判陪审员们"施了魔法"。

一位陪审员立即表达异议。面对法院一厢情愿地认定希尼塔误导了陪审团——"陪审团无疑受到了数学演算光环的不当影响"——团长暴躁地回答。他写信给沙利文大法官，"数学和概率关系……并不是对柯林斯先生和太太定罪的主要根据……我们是在衡量了所有其他证据之后才得出定罪结论的……"。但是团长的反驳来得太迟了。此时已是法院作出裁定2天之后，关于判决的消息满天飞——团长的抗议被淹没在法院的案卷中，无人问津。[27]

判决之后的事。马尔科姆·柯林斯的定罪被推翻之后，他在1968年6月17日要接受一场新的审判——这个日子正好是胡安尼塔被抢四周年。希尼塔没有能够组织证人参加再审，初审法院驳回了案件，马尔科姆·柯林斯获释。至于珍妮特·柯林斯，就在马尔科姆·柯林斯的上诉一步步地穿越我们的制度体系时，她就已经从假释中潜逃。高等法院作出裁决之后，显然她又被抓获重新送进监狱。1968年5月29日之后，就没有出现过她的记录，当时初审法院批准马尔科姆·柯林斯与在加州妇女教养所（California Institution of Women）服刑的妻子联系。[28] 从那之后，也许是获释了，总之她就消失了。

然而，即便是柯林斯夫妇从现场溜走了，人民诉柯林斯案仍掀起了一场学术评论的风暴。数学家和统计学家竞相捍卫他们的学科，坚称任何证明都是概率性的，我们必须正视这一点，帮助陪审员理智地衡量概率。许多法学家都赞成这种观点。[29]

只有一个学术声音引人注目地而且是有力地为柯林斯案辩护。当时还是哈佛大学年轻的助理教授的劳伦斯·崔波"为了回应与日俱增和令人迷惑的

---

[26] 关于德乔治提到"绿色丛林"和关于相互依存的理由，参见 Petition for Hearing, supra n. 4, at 21-22, 28。德乔治这个表述大概是借用了1963年一本描写赌场的书名。See Ed Reid & Ovid Demaris, *The Green Felt Jungle* (1963)，崔波在前注21的那次邮件联系中描述了本段和下段中重述的他起的作用。

[27] 团长的信引自 Spencer Neth 教授就最高法院的柯林斯案所作的注释，我在前注16中已提到。

[28] 1968年4月26日，《时代》杂志报道说："珍妮特·柯林斯已经不在监狱，她逃脱假释，不知道逃到哪儿去了。"Decisions: Trial by Mathematics, supra n. 1, at 41. 本段中的其他事实，包括5月29日和6月17日的法庭命令，摘自洛杉矶高等法院记录，前引注4。

[29] 第一批开口反对该案的统计学家有 William Fairley，他同律师、法学教师 Michael Finkelstein 联袂撰文。他们1970年的文章引来了崔波1971年的反驳文章（前注21），该文又引起他们的回应。See Michael O. Finkelstein & William B. Fairley, "A Bayesian Approach to Identification Evidence", 83 *Harv. L. Rev.* 489 (1970); Michael O. Finkelstein & William B. Fairley, "A Comment on 'Trial by Mathematics'", 84 *Harv. L. Rev.* 1801 (1971). 第一批批判性地审查柯林斯案的法学教授有 Alan D. Cullison。See Alan D. Cullison, "Identification by Probabilities and Trial by Arithmetic (A Lesson for Beginners in How to be Wrong with Greater Precision)", 6 *Hous. L. Rev.* 471, 518 (1969).

鼓吹审判程序中数学精确性的文献"而撰文。崔波以"数学审判"为标题，援引实际上是他自己捉刀的判决意见，奋起捍卫他不具名的作品。在法院以另一位法官的名义签署判决的时候，崔波已经离开托布里纳大法官的办公室整整半年了，崔波为自己而辩护基本上没有受到怀疑。于是他将当初首先呈报给托布里纳大法官的理由公布于世——当我们在审判中以数学自娱时，我们同时也接过了糟糕数学的风险；没有受过数学专门训练的律师和陪审员经常无法识破糟糕的数学；量化的证据会武断地影响判断者，排挤一些微妙可变的因素；通过量化的证明，我们必然会将合理怀疑量化，并宣布我们对众所周知的错判无辜风险的容忍度。㉚

针对希尼塔所鼓吹的除非陪审员有勇气根据高概率定罪并且愿意冒这样的风险——"在某些少见的场合……无辜者可能会被定罪"，否则"生活不是不能包容的"，崔波回应道，"如果审判者意识到就被告人的罪责还有可以量化的疑点，在这种情况下，这个制度实际上并不允许科以刑罚。相反"，他写道，"这个制度强烈地坚持——如果不严密地说——要尽当时条件下人力可为地接近确定性"㉛。

崔波确定无疑地赢了人民诉柯林斯案这一回合。毕竟希尼塔在数学上犯了愚蠢的错误，崔波说的也很有道理。但是历史的裁决却是越来越疑云密布。因为柯林斯案的教育意义并非是说数学总是对事实审判者"施魔咒"。加州最高法院写道，数学也可以"协助审判者……寻找真相"㉜。柯林斯案批评了糟糕的数学，但几乎没有提到好的数学有何用处。

在柯林斯案之后几十年间，像希尼塔那样的错误经常会遭到上诉法院现成的批评，有时候是直接根据柯林斯案和崔波的"数学审判"。因此，当一位密歇根检察官重复了希尼塔的第一个错误，让一位牙科专家在没有任何支持数据的情况下说，只有一百万分之一的人的牙齿符合谋杀被害人身上的咬痕时，上诉法院批评道，没有"具备已知发生概率的某些咬痕特征"的证据。如同柯林斯案中"备受加州最高法院批评和怀疑"的主张一样，关于咬痕的证词"带着数学精确性的光环，压倒性地指出了有罪的统计概率，而该证据是不值得这样信任的"㉝。

同样，当一位华盛顿检察官重复希尼塔的第二个错误，请陪审团将几个不太可能的事件的概率一起相乘时，上诉法院不耐烦地提醒他"在适用乘法定律时……必须证明各个事件是相互独立的，本案笔录并没有证明这些事件相互独立的基础证据"。该法院说，更糟糕的是，检察官还犯下了希尼塔的第三个错误，因为他的演算预先假定了基础事实如目击证人所说的那样发生。"例如，这一论证假定了康妮·塔夫真的看见了一个黑白混血的男子，

㉚ Tribe, supra n. 21, at 1331, 1332, 1334, 1360-62, 1372-75. 此前，崔波未曾披露他在柯林斯案中的作用。

㉛ Id. at 1374. 就在崔波的文章发表两个月前——好像预料到它的发表一样——两位学者公布了一个调查结果，请法官、陪审员和大学生对排除合理怀疑的证明进行量化。各个群体的回答没有大的变化。法官大体是 0.88，陪审员是 0.86，大学生是 0.91。See Rita James Simon & Linda Mahan, "Quantifying Burdens of Proof: A View from the Bench, the Jury, and the Classroom", 5 *L. & Society Rev.* 319, 324 tbl. 4 (1971).

㉜ Collins, 68 Cal. 2d at 320.

㉝ Ege v. Yukins, 380 F. Supp. 2d 852, 870-71, 872, 876, 880 (E. D. Mich. 2005) (quoting state court opinion in this case).

而她可能是错的……"㉞

当一位明尼苏达的联邦检察官犯下了希尼塔的第四个错误——检察官的**谬误**——时，他受到了类似的批评。一位专家说，随机地符合相关毛发样本的概率是1/1 000。这位检察官娴熟地把这一声明转化为被告人有罪的证据。他向陪审团说，被告人的毛发与抢劫犯的滑雪面罩上的毛发吻合的证据是"超过99.44%"的证明。"它好过象牙肥皂……我请大家来判断……这根未知毛发跟那根已知毛发来自同一个脑袋的可能性太小了，构不成合理怀疑。"上诉法院抓住了这个错误："检察官'将辨认中的面罩的发生概率同辨认错误的发生概率混淆了'。"㉟ 也就是说，检察官把随机挑选的无辜者与抢劫犯的头发吻合的1/1 000的概率转换成了1/1 000的被告人无罪的概率。

所有这些案例都肯定了柯林斯案的主要教训——糟糕的数学可能成为撤销判决的根据。但是好的数学会怎么样呢？我们有时候听检察官说10亿——或者100亿或者500亿人中——才有1个人符合凶手和被告人的基因标记，这又当如何呢？说柯林斯案已永远地将"方士"数学从刑事法庭驱逐出去与今天的DNA证据发生了矛盾。

情况并非总是如此。当DNA模型在20世纪80年代进入法庭时，法官经常犹豫不决于天文数字般的有罪概率。对许多人来说，这项新技术看起来与希尼塔在柯林斯案中的表现非常相像。在一位专家的帮助下，一名检察官列举了罪犯的特征——不是他的轿车或面毛的颜色，而是由他留在犯罪现场毛发、血液或精液揭示的在具体染色体位置上的等位基因。这位专家然后表明被告人在同一位置上有相同的等位基因。该专家给出了这种匹配的概率。然后该专家运用乘法定律，把每个等位基因相匹配的概率相乘，得出了随机挑选的不同的人具有全部相同的等位基因的概率是几百万分之一。

早期的法院在这种新的证明探险中发现了导致希尼塔功亏一篑的同样的四个缺陷。首先是每一个匹配的概率缺乏根据。DNA模型要求有足够人数的数据库，足以揭示随机等位基因的出现频率。但是早期的DNA分析师只是用狭窄的、非随机的资料组工作。正如希尼塔在办公文秘库中杜撰出他的数据，FBI通过测试它的探员建立了早期的DNA数据库，然后它们就成为衡量罪犯匹配的标准。一位早期的辩方专家不动声色地说，这个数据库"对于人口总体来说可能是非典型的"。㊱

其次还是希尼塔的第二个问题——缺乏相互的独立性。如果某些等位基因一般同时出现，乘法定律就会放大一次匹配的意义。然而在使用DNA模型的早期，科学家们难以有把握地说样本匹配和群体聚合是否对基因混合造成了不当影响。上诉法院纠结于"连续平衡"（linkage equilibrium）和"哈迪—温伯格平衡"（Hardy-Weinberg equilibrium）的技术要求，以及保证等

㉞ State v. Copeland, 130 Wn. 2d 244, 292-93 (1996).

㉟ United States v. Massey, 594 F. 2d 676, 679-81 (8th Cir. 1979) (quoting McCormick on Evidence § 204, at (E. Cleary ed. 1972)).

㊱ People v. Mohit, 153 Misc. 2d 22, 35 (N. Y. County Ct., Westchester 1992) (paraphrasing defense expert); Richard Lempert, "Some Caveats Concerning DNA as Criminal Identification Evidence: With Thanks to the Reverend Bayes", 13 *Cardozo L. Rev.* 303, 320 n. 42 (1991) (noting the construction of FBI database).

位基因之间相互独立的捉摸不定的标准。

希尼塔的第三个错误是忽略了目击证人弄错抢劫犯外表特征的风险。在DNA模型中，人为错误可能会起到同样负面的作用。主张样本被污染或者被改变经常是被告人逃避有力的数字证明的最好遁词。正如一位对DNA模型持怀疑态度的学者指出的，"统计数据趋于零，不等于样本污染或贴错试管标签的概率也趋于零"㊲。

但是最诱惑人的错误还是检察官的谬误，随机匹配的抓人眼球的概率数字让这样的错误充满诱惑力。当随机匹配的概率是十亿分之一或者万亿分之一时，一些检察官就会忍不住把这样的数字标榜为无罪的概率。

起先一些法院在表述这些危险时顺着柯林斯案的思路：他们指出控方证明的缺陷，认为DNA模型和这些哗众取宠的数学是不可采的。另一些法院对这种新的基因测试方法态度更为友善，允许DNA配型作为证据，但不允许精准演算随机匹配概率的数学作为证据。还有一些法院放过了这样的数学，但是要求检察官在每次演算中都给被告人提供防止错误的保障。一名纽约的法官就曾在听完关于FBI数据库和DNA证据的其他缺陷的证言之后，重新粗略地估算了检察官所谓的随机匹配概率。他没有采纳FBI分析师提供的1/67 000 000的数据，他自己估算的数据只有1/1 000 000。㊳

这些案件代表着一个时代与日俱增的疼痛。随着DNA配型的发展，一些希尼塔式的错误已经不复存在，随之而去的还有法官对这种新证明和这种数学的戒心。到了20世纪90年代晚期，科学家们大体上对于不同种族、不同民族的群体之间的等位基因出现频率达成了共识，基本上消除了对于等位基因之间相互依存的担心。确实，第三种风险还是存在的：疏忽大意或贿赂警察仍可能会污染犯罪现场，化验师在实验室里仍可能拿错标本。虽然一些专家认为这些风险会使几百万分之一的随机匹配概率变得毫无意义，但法院已经越来越不认可这种观点。正如一位新罕布什尔的联邦地区法官作出的裁定，只要辩方专家指出认为错误的风险，陪审员们是能够对随机匹配的天文数字打上折扣的。㊴

还是同一位法官驳回了这样的说法：陪审员会重犯希尼塔的第四个错

㊲ Jonathan J. Koehler, "One in Millions, Billions, and Trillions: Lessons from People v. Collins (1968) for People v. Simpson (1995)", 47 *J. Leg. Ed.* 214, 222 (1997); accord Richard Lempert, "After the DNA Wars: Skirmishing with NRC II", 37 *Jurimetrics* 439, 444-54 (1997).

㊳ See, e.g., Commonwealth v. Lanigan, 413 Mass. 154, 162-63 (1992)（认定所提供的DNA证据是不可采的）; State v. Anderson, 115 N.M. 433, 444-45 (N.M. Ct. App. 1993)（同上）; State v. Schwartz, 447 N.W. 2d 422, 428-29 (Minn. 1989)（建议下级法院可以采纳DNA证据的专家解释，但不要采纳人口频率统计）; Rivera v. State, 840 P. 2d 933, 942 (Wyo. 1992)（认为"在引入DNA测试结果时，比较好的做法是不要提及重复的统计概率"）; Mohit, 153 Misc. 2d at 36-37（提高了估算的概率，从1/67 000 000提高到1/1 000 000）; Caldwell v. State, 260 Ga. 278, 289-90 (1990)（不采纳第一位专家1/24 000 000的概率估算，但采纳第二位专家1/250 000的数字）; State v. Vandebogart, 139 N.H. 145, 153-57 (1994)（批准初审法院使用"一个非常保守的对随机匹配的概率估算，该估算可以解开所有对被告人有利的不确定性"）。

㊴ United States v. Shea, 957 F. Supp. 331, 344-45 (D.N.H. 1997), aff'd, 159 F. 3d 37 (1st Cir. 1998); accord Copeland, 130 Wn. 2d at 270-71. 即使不聆讯辩方专家，有经验的陪审员对于实验室错误的可能性也有相当准确的直觉。See Dale A. Nance & Scott B. Morris, "Juror Understanding of DNA Evidence: An Empirical Assessment of Presentation Formats for Trace Evidence with a Relatively Small Random-Match Probability", 34 *J. Leg. Stud.* 395, 433 (2005).

误——检察官的谬误——把随机匹配的微小概率错当成被告人无辜的概率。这位法官宣布，他自己"确信，如果解释适当的话，混淆的风险是相当小的。而且"，他写道，继而表达了一种为越来越多的法院所接受的观点，"因为在帮助陪审团理解 DNA 配型的潜在意义方面，[随机匹配]估算非常有价值，不能单纯因为概念需要解释就把它排除出去"[40]。

那是 1997 年。今天检察官谬误的风险几乎是不存在了。通过在更多的地方比对更多的同位基因，DNA 分析师提供的随机匹配概率小得让检察官几乎不能从错译中得到什么好处。除非被告人有一个同卵双胞胎，随机匹配的概率和在任何地方找到另外一个匹配的个体的概率——近乎于零。

法庭数学距离希尼塔用文秘室调查结果手绘图表的时代已经走了很远。但是，柯林斯案的故事给 DNA 判例法穿上了一根告诫的主线。因为施魔法和启智慧之间是有区别的，其间的区别取决于数学的严谨和基础事实的准确。有柯林斯案作参考，法官们竭力运用他们贫乏的数学知识评估那些为 DNA 模型的可靠性打包票的专业人员。只要数学符合基本要求，即使是曾经困扰过崔波的精确无比的概率也能找到它们通向法庭的道路。

但是审判的一个方面仍然对诉诸概率论的努力紧闭大门，无论它多么值得信任。排除合理怀疑标准仍然是绝对地、坚决地不可量化。概率证据可以帮助陪审员越过这个障碍。但是绝对不允许一个法官对陪审员说，如果概率证据已经把他们内心的确信推过了某个数字标准，那么不用首先排除合理怀疑地确信被告人有罪，他们也可以定罪。

因为司法终究不是绿色丛林。

---

[40] Shea，957 F. Supp. at 345.

2

年轻人与酒鬼之死：
发生在新泽西的习惯和品格的离奇故事

彼得·提勒斯（Peter Tillers）*

---

* 耶什华大学卡多佐法学院法学教授。这里讲述和讨论的证据主要是由我在卡多佐法学院2004年秋季学期课堂上非常出色的学生通过实际调查收集的：Jay Bragga, Starr Brown, Thomas Donohoe, Christopher Fugarino, Thomas Gabriel, Oren Gelber, Meredith Heller, Jason Kadish, Elvira Marzano, Leonid Mikityanskiy, Alexander Paykin, Vincent Rao, and Louis Shapiro。我的前任研究助理 Danielle Muscatello 也对本文作出重要贡献。

在 1943 年的某个时间点上［裴特洛·拉齐维尔］可能向［波兰的］某个家庭伸出援助之手，为此，［纳粹］把他送到德国［此处应为奥斯威辛］的一个监狱工厂工作；发生于 1943 年的这件事，在本院看来，不构成减轻情节。

——约翰·里克西亚迪法官在新泽西州诉裴特洛·拉齐维尔案（1989 年 9 月 29 日）量刑聆讯中的话

1. 不寻常的事实和寻常案件中的问题

在很多方面都可以说这个案件是寻常的：恶性交通事故、醉驾，虽然是悲剧，但每天都在上演。但这个寻常的案件——新泽西州诉裴特洛·拉齐维尔（New Jersey v. Petro Radziwil）案，起诉状号 No.1257-8-86——确定无疑地，对于这个 17 岁男性死者的家庭来说，却是非常重要的；正是他的死，产生了这个案件。2004 年 11 月 25 日，《纽约时报》上刊登了一则悼念启事：

> 麦科马克—基思·G.（1967 年 2 月 5 日—1984 年 11 月 25 日），死于醉驾司机之手。你离开我们的生活已经 20 年，但在我们的心中，你从不曾离去。你的离去让我们难以承受，我们的心已经破碎。爱你的兄弟姐妹：布莱恩、艾米、艾丽、约翰、梅甘。

但是，个人悲剧的成分，并不会使新泽西州诉拉齐维尔案引起法学专家的特别关注。每年成千上万的刑事起诉都来源于个人悲剧——谋杀、强奸、儿童性虐，等等。

但拉齐维尔案却引人关注。之所以引人关注，首先是因为本案的事实非常清楚。现实案件中的证据一般都比较混乱，通常包含许多不确定性。这种混乱和不确定性造成的结果是，在上诉中，被提交上诉的争点是否实际上由该案证据引起，对于这一点，仍有相当大的不确定性。在这一点上，拉齐维尔案与众不同——拉齐维尔案的证据和事实异常明确。

拉齐维尔案之所以引人关注还因为它提出了证据法重要部分的重要问题：习惯证据和品格证据的关系。但是拉齐维尔案提出的问题又超出了证据法的范围。刑事司法系统严重失调地充满寡廉鲜耻的人、不如意的人、顽固的人和固执己见的人，还有许多证人——包括控方证人——都具有这样的品质。检察官和刑辩律师，虽然不好一概而论地说寡廉鲜耻，但通常都固执己见而且顽固，负责刑事案件的法官可能变得很冷酷，不仅是对被害人的遭遇，而且是对引发伤害的人的处境。这些性格特征结合在一起就会恶性发酵。所以有理由担心固执己见的人，比如警察和初审法官，在履行刑事司法体系中的日常工作时，对他们每天碰到的不如意的、寡廉鲜耻的人——刑事被告人和证人，是否有作出正确判决的能力。拉齐维尔的故事告诉人们，个人的好恶、刑事诉讼主体的好恶是如何影响刑事诉讼结果的。拉齐维尔的故事也提出了这样的问题：是否可以通过努力使刑事诉讼摆脱程序控制者偏见和感情的影响。

2. 行为和品格

一般认为，有罪还是无罪取决于一个人做了什么，而不取决于这个人是什么人。这种精神贯穿于以犯意和行为定义犯罪的整个刑事法。同样，在证据法上，特别是在我们通常所说的品格证据规则、品格规则、习性规则，以及——更具体地说——禁止将品格证据用作情况证据的规则方面，这一戒律也发挥作用。

品格规则宣布——宽泛地讲——关于一个人品格（或习性）的证据不能被用来证明一个人在特定场合下的行为。例如，检察官不能通过出示谋杀案件被告人愤世嫉俗的证据来证明被告人杀了她的祖父。审判必须集中于这样的问题，比如被告人的行为和她对祖父的情绪，而不是她对整个人类充满憎恨的心态。但是，这个例子并没有清楚地说明宽泛意义上的品格和特定场合下的行为之间的区别。法律规则从来都不会这么简单，品格规则当然也不会。

理解品格证据的一个办法是尽力理解那些限定它的法律规则和原则。这样的界限之一是习惯规则。这一规则允许使用习惯来证明具体场合下的行为。习惯规则有一个前提：习惯不同于品格。但是习惯和品格之间的区别并不明显。

查尔斯·麦考密克曾写过一本经典而颇具影响的证据法入门书，明确地区分了品格和习惯。他认为，习惯是对具体情况的反复的已近乎半自动的反应。不少法院在很多场合都曾引用和接受了麦考密克主任的解释。但是，威格莫尔在证据法方面具有里程碑意义的论文第一卷1983年修订版的著者发现这其中的区别并不容易识别。虽然习惯只是品格之一，但他仍然主张采纳习惯证据，因为他认为，习惯通常比塑造性格的几种习性证据更具有证明性。他还认为，如果习惯的证明价值是可采性的关键，那么具有充分意志性的反复行为应该可采，如果它能证明案件争点。[1]

如果习惯证据是一种品格证据（正如威格莫尔的论文修订者看上去所认为的那样），它就不是法律允许的证明行为与品格相符的唯一一种证据。刑事被告人可以提供证明他们相关品质的证据，以表明他们没有实施犯罪；证人在说真话和可信性方面坏的品质可以被采纳来证明他们在证人席上撒了谎，某些坏的行为可以被用来证明实施某些性犯罪的倾向。但是，本文并不考察这些允许的用途。我的重点在于习惯和品格的区别，而且我会追问是否法院表面上尊重这种区别，实际上却采纳并非半自动的举动来证明具体场合下的行为，以及将主要是意志性的举动用作情况证据——即使该举动揭示了负面的品格特征，从而将品格作为习惯来处理。我还会追问，在品格证据具有证明价值的具体案件中，品格证据的价值是否大于它具有的风险。新泽西州诉裴特洛·拉齐维尔案就提出了这些问题，当然还有其他的问题。

---

[1] 1A Wigmore on Evidence § 93 at 1628–1630 & § 98.1 at 1659–1662 (P. Tillers rev. 1983).

3. 午夜横祸

基思·G·麦科马克在1984年11月25日,星期日,约凌晨2点,死于第537号公路和新泽西州蒙默思郡弗雷候德镇品特岛清泉路交叉口的一场汽车相撞事故。基思当时乘坐他18岁的朋友戴尔斯顿·寇德驾驶的轿车。小戴尔斯顿·寇德正东北向地行驶在第537号公路上,这是一条有着狭窄路肩的两车道公路。戴尔斯顿已经停在了第537号公路和品特岛清泉路的交叉口,想要向左转。就在戴尔斯顿等待两辆正向西行驶的车通过时,他的车尾被另一辆车撞上了。

图 1

戴尔斯顿的车被撞出了第537号公路,跑到了西向的车道上,就在这个地方,一辆向西行驶的轿车撞上了它。基思·麦科马克在第二次碰撞后被抛了出去,然后死亡。他的尸体靠在了第537号公路向东行驶的车道旁边的路肩上。基思当时17岁。

那辆从后面撞上戴尔斯顿的车的轿车并没有停下。肇事车和它的司机都消失了。没有能够描述逃逸肇事车辆特征的目击证人。但是,根据警察在汽车碰撞现场收集的残骸,包括格板、褐紫色的顶板以及其他褐紫色的碎片,说明肇事后逃逸的司机驾驶的是一款褐紫色1979年的奥斯墨比·德尔塔88(Oldsmobile Delta 88)。这一证据缩小了范围,但是仍然留下了许多可能性:1984年在新泽西注册的1979年的奥斯墨比·德尔塔88有1 387辆，而且在人口稠密的附近几个州，可能已经登记注册的这种型号的车会有很多。

4. 表面上的机缘巧合和刑事侦查技术

1986年5月7日，一位记忆力超棒的、非常留心的弗雷候德镇警察——唐纳德·伯卢有一个有趣的发现。他在临近的杰克逊镇（新泽西州）看到了一辆1979年的奥斯墨比·德尔塔88，注意到这辆车有一个新的车前身，但不是这种车通常的前身部件。他记下了这部奥斯88的车牌号，查出来登记的车主是卡尔·霍布森。1986年5月9日，伯卢警官回到杰克逊镇，又看到了这辆车。他拦下了汽车，询问驾驶员，得知她是金吉尔·霍布森，卡尔·霍布森的妻子。虽然金吉尔·霍布森对伯卢警官说卡尔当时不在镇上，但她说卡尔从一家汽车配件商店得到了这部车。后来的调查表明，卡尔·霍布森于1985年1月从迪欧李欧汽车配件商店购买了这部奥斯88。迪欧李欧汽车配件商店于1984年11月29日从拉芬·雪佛兰那里买来，拉芬·雪佛兰于1984年11月28日从裴特洛·拉齐维尔那里得到。1984年，拉齐维尔生活在南河。第537号公路大约位于南河和罗瓦农场中间，这是一个在我们的故事里非常重要的地方。

伯卢的工作说明，拉齐维尔的车可能就是11月25日追尾撞上戴尔斯顿·寇德的车的那种车。但是，这一事实并没有排除其他的可能性：1 387辆1979年的奥斯墨比·德尔塔88之中的其他任何一辆，或州外的同款型车，都有可能是肇事后逃逸的轿车。但是，1986年5月13日与卡尔·霍布森的一次电话谈话又增加了一些关键信息。霍布森告诉伯卢，在1985年1月从迪欧李欧汽车配件商店得到那部奥斯88后，他曾修理了被撞坏的汽车前端，把换下来的部件扔到了他家后院的垃圾堆上。他还说他已经找到并取回了这些丢掉的部件，他很愿意第二天就把它们交给弗雷候德镇警察局。他作证说他第二天早晨8点确实这么做了。

警察说的卡尔·霍布森交给他们的东西之一是一小部分塑料格板的支架，曾被用在1979年奥斯墨比·德尔塔88的前端。这部分掉落的支架与弗雷候德镇警察于1984年11月25日在第537号公路和品特岛清泉路发现的残骸中的一片塑料格板相吻合。现在，1984年有1 387辆褐紫色1979年奥斯墨比·德尔塔88在新泽西州登记，或者有更多的这种型号的车在临近州登记都已经不重要了。霍布森交给弗雷候德镇警察局的掉落支架与弗雷候德镇警察在汽车相撞现场发现的塑料格板碎片之间的吻合——加上拉齐维尔在1984年11月25日是卡尔·霍布森的奥斯88的车主的证据——显然，实际上也是最终地说明，拉齐维尔曾经拥有的那部奥斯88就是与戴尔斯顿·寇德的车追尾的那辆车。当这辆奥斯88与戴尔斯顿·寇德的车相撞时驾驶奥斯88的正是拉齐维尔的判断，与拉齐维尔随后向警察陈述的他从未让其他人驾驶过他的车的说法正好相合。

但是这起指向拉齐维尔的案件并没有结束。检察官想要以加重的过失杀人罪指控拉齐维尔。[②] 为了让指控与警方合拍，检察官必须找到证明拉齐维尔在 1984 年 11 月 25 日夜具有放任的心理状态的证据。为了证明拉齐维尔在 1984 年 11 月 25 日凌晨 2 点具有这样的心理状态，控方申请并获准出示拉齐维尔平常喜欢喝酒的证据。

5. 根深蒂固的饮酒习惯

根据新泽西法律，加重的过失杀人的犯罪要素之一，是罪犯在实施行为或者导致他人死亡的行为的当时，实施者有"极端漠视人类生命"的犯意这样一种心理状态。新泽西的法律还规定——正如上诉法院在本案中重申的——如果事实审判者（排除合理怀疑地）认定，汽车驾驶员在他或她驾驶的车辆造成死亡结果时处于醉酒状态，那么审判者可以自由地推断出汽车驾驶员对造成他人死亡的这种漠视心态。

对拉齐维尔杀人罪的审判始于 1987 年 1 月 13 日。为了证明拉齐维尔当时醉酒，因此在事故发生当时对人类生命的漠视，检察官提供、审判法院也采纳了拉齐维尔总是在星期六夜晚在一个叫做罗瓦农场的地方喝醉的证据。在 1987 年对拉齐维尔的这场审判中，检察官还特地出示、审判法官也采纳了罗瓦农场的酒保伯尔尼·德苏拉的证言。新泽西最高法院上诉分院后来这样描述这位酒保的证言：

> 为了证明事故发生时被告人已经醉酒，检察官提供了从 1981 年至 1985 年年底在罗瓦农场担任酒保的伯尔尼·德苏拉的证言。根据该证言，在 1984 年 11 月底之前，被告人每个周末都会到罗瓦农场，而且他一到那里，不久就会喝醉。德苏拉还说被告人总是吵吵嚷嚷，非常讨厌，他不得不把他送出酒吧。

德苏拉并没有说 1984 年 11 月 24 日星期六或者 25 日星期日看到被告人喝得醉醺醺的。实际上，虽然一开始德苏拉拒绝下结论，但他最终还是说不记得 1984 年 11 月 24 日晚上在罗瓦农场看到拉齐维尔，不记得那个晚上拉齐维尔处于醉酒状态。也可能这个酒保担心根据新泽西的店铺限量规则[**]会承担个人责任。无论如何，酒保关于拉齐维尔经常饮酒的证言是提交审判的能够证明拉齐维尔在 1984 年 11 月 25 日汽车相撞时醉酒的唯一证据。

陪审团认定拉齐维尔加重的过失杀人罪成立。拉齐维尔提出上诉。在上诉审中，新泽西的上诉分院说，用于证明拉齐维尔在 1984 年 11 月 25 日凌晨 2 点的醉酒状态的证据相关的问题是上诉中"唯一真正的争点"，因为"被告人就是造成基思·麦科马克死亡的肇事逃逸机动车驾驶员的证据是压倒性的"。上诉分院又说："确实，辩护律师的总结陈词中实际上也承认这一

[②] 拉齐维尔还受到了"机动车致死"的指控。但他因该罪行的定罪被合并为加重的过失杀人的定罪，我们在本文中不考虑这一较轻的指控。

[**] 根据美国有些州的法律，售卖酒类饮料的酒吧、酒吧招待、餐馆、餐馆服务员、酒品零售商被要求拒绝向明显喝醉的人售卖酒品。在特定情形下，酒品供应者负有阻止显然醉酒的人驾车的法律责任，对于醉酒顾客造成的伤害，在特别情形下，他们也可能承担法律责任。

点。"上诉分院这样描述上诉中的核心问题：

> [拉齐维尔的]上诉提出的重要争点是，证明被告人通常每个周末都在某个酒吧喝醉的证据是否可以作为习惯被采纳为认定被告人在加重过失杀人和机动车致死的汽车碰撞事故发生时处于酒醉状态的证据。

上诉分院驳回了拉齐维尔提出的对定罪的异议。在一份后来被新泽西最高法院"实质上"采纳的意见中，上诉分院认定酒保关于拉齐维尔多年来一直都是在周六到罗瓦农场酒吧饮用过量酒品的证言构成了习惯证据，因此是可以采纳的。同初审法官一样，上诉分院也驳回了辩方提出的拉齐维尔的饮酒模式构成了倾向性或品格特征的主张。上诉法院进而认定酒保关于拉齐维尔在星期六和周末到罗瓦农场喝酒的证言——本身——足以支持陪审团暗含的判断：关于拉齐维尔在导致基思·麦科马克死亡的汽车碰撞发生时——1984年11月25日凌晨2点——处于醉酒状态这一点上没有合理疑点。

新泽西的法院还断然驳回了辩方提出的关于拉齐维尔的饮酒模式的证据带有不适当的偏见的主张。在对这一结论进行解释时，上诉分院强调说，它认为酒保的证言具有实质性的证明价值。上诉分院还从麦考密克的入门书引用了一段话，结尾是这样一句话：

> 总体来说，构成习惯的情形——具体举动的详细模式——不可能会引起扭曲证据评价过程的同情或厌恶情绪。③

拉齐维尔案的故事将检验这一命题。

6. 移民的生活

裴特洛·拉齐维尔出生于一个不幸的时代，1922年9月15日，欧洲大萧条开始前不久。拉齐维尔出生于他称作"白色俄罗斯国家"的波兰某地（今天我们知道拉齐维尔出生于白俄罗斯民族聚居的波兰某地）。斯大林和希特勒1940年根据莫洛托夫—李宾特洛普协定（Molotov-Ribbentrop Pact）瓜分波兰时，拉齐维尔只有17岁。拉齐维尔的母亲在这一年去世。1941年6月德国入侵苏联时他18岁。在欧洲胜利日他22岁，1945年5月的那一天，第二次世界大战在欧洲结束。他的父亲于1946年去世。

裴特洛·拉齐维尔1952年移民到美国。他当时30岁。拉齐维尔的母语是俄语。当拉齐维尔来到美国时，他几乎不懂英语。（他几乎没有受过正式教育，直到8岁才去上学。）来到美国后，拉齐维尔住在新泽西北部，那是东部海滨的一段，居住着大量的俄罗斯人、波兰人和其他的东欧移民。

罗瓦农场，就是拉齐维尔经常喝得烂醉的地方，是东欧移民风潮的结果。1926年，美国的俄罗斯社区移民聚集在费城开会，成立了"在美俄罗

---

③ C. McMormick, *Evidence* § 195 at 575 (3rd ed. 1984).

斯人团结互助社",简称 ROOVA。在 20 世纪 30 年代早期,ROOVA 的分支和成员设立了罗瓦农场度假村,这个股份公司迅速在新泽西的杰克逊取得 1 400 英亩的土地。罗瓦农场成为在美国的俄罗斯移民的文化和社交中心。20 世纪 40 年代一直到 60 年代早期是罗瓦农场的全盛期;它经营着大量的文化活动(例如托尔斯泰图书馆和一所儿童学校);对俄罗斯移民和他们的孩子们来说,它是一个很受欢迎的度假胜地,在成千上万的观众面前主办流行乐队和杂耍节目的表演。

所以,罗瓦农场成为拉齐维尔社交生活的核心并不奇怪。拉齐维尔的英语能力非常有限。他的母语是俄语。在罗瓦农场他可以找到其他说俄语的移民做伴。对于拉齐维尔从什么时候开始在罗瓦农场消磨时间,这一点不是很清楚,很可能是在他来到美国后不久。20 世纪 70 年代早期的一段时间,裴特洛·拉齐维尔甚至在罗瓦农场生活和工作。

随着俄罗斯移民和他们的孩子融入并移居到美国其他地区,罗瓦农场开始逐渐但无可挽回地进入颓势。今天的罗瓦农场只保留了它曾经拥有的 1 400 英亩土地中的 40 英亩。虽然罗瓦农场仍然被一些俄罗斯移民和他们的后代用作庆典场合,例如婚礼,但现在那里的主要活动由一家餐馆和酒吧组成。户外的区域被用作跳蚤市场之类的活动。

图 2　圣符拉基米尔教堂——毗邻罗瓦农场的俄罗斯东正教堂

虽然罗瓦农场在没落，但拉齐维尔仍然把多数的闲暇时间消耗在那里。他这么做是可以理解的。拉齐维尔过着一种完全可以说是孤苦的生活。他的父母都已经去世。他没有结婚，没有孩子。有一个姐姐在美国，但他很少或没有跟她联系过。拉齐维尔一个人生活在租来的公寓或房间里。他的工作也很难给他满足感。因为他几乎没有受过正式的教育，英文也很差，只能干些力气活儿。在他工作生涯的最后 21 年，他在一家线材厂担任电缆挤压机操作员。在那里，他操作一种机械设备——挤压机——把铜之类的金属挤压成电缆。拉齐维尔对他的工作引以为豪，但是工资很低，工作又累又危险。

图 3　2004 年罗瓦农场的户外区域

虽然拉齐维尔肯定是把罗瓦农场当成了感情家园，但他去那里不仅是为了看望朋友和同事。罗瓦农场有一家酒吧和一家餐馆（还有其他的设施）。从 1981 年到 1984 年，裴特洛·拉齐维尔都和一小群说俄语的朋友或同事在罗瓦农场喝很多酒。在此之前，他也很可能在罗瓦农场喝很多酒。

7. 令人讨厌、危险的酒鬼？

从 1952 年到 20 世纪 80 年代中期，拉齐维尔在美国的生活可以说是艰辛凄凉，但是，参加和旁听 1987 年对拉齐维尔的审判的人中很少会有人认为他是一个悲惨可怜的人。到审判结束时，大概大部分人都会觉得拉齐维尔是一个既可憎又危险的老家伙。

伯尔尼·德苏拉定了这样的调子。他是罗瓦农场的酒保，作证反对拉齐维尔。德苏拉提供了以下证词：

问：[检察官] 我问一个问题，他在酒吧里表现怎样？

27

答：他喝很多酒。我无数次见到他时他几乎都是醉醺醺的。

问：他在酒吧喝酒吗？

答：不，先生。因为我们不欢迎他。他喝得醉醺醺的，吵吵嚷嚷，我和顾客们都很讨厌他，我们不得不把他送到外面。

....

问：那么，我可以这么理解你的话吗？你记得［每次］他在那里时他都是醉醺醺的，或者是正要喝醉？

答：是的，因为每次他一在那里，多数时候都要和我吵架，您知道的。④

以上只是酒保关于拉齐维尔行为的证言的一小段样本，但已显然足以说服审判法官相信拉齐维尔的可憎和吵闹令人难忘。当审判中产生这样的问题：拉齐维尔喝酒是否规律得足以界定为习惯时，初审法官推论道，酒保关于拉齐维尔总是大声嚷嚷和爱吵闹的证言使得酒保提出的他记得拉齐维尔在4年的时间里几乎每个周末都喝醉的说法具有了可信性。法官说：

很有意思的是，当［酒保］说"我忘不了他"，那显然意味着他确实记得这位被告人，而且令这一事实更为可信。而且当我问他为什么你忘不了他时，他说拉齐维尔醉醺醺的，而且总是很可憎，等等，所以"我记得他"。他说"你不会忘记那样的人"。

确实，拉齐维尔自己的律师似乎也认为他是一个可恶的酒鬼。拉齐维尔的一位上诉律师在2004年11月25日的一次访谈中说，"你得知道，这是很早以前的事情了，我能记得的东西不多了。我只记得他是一个糟糕的酒鬼"。

参加过拉齐维尔审判的人不仅把他看作可憎的人或者长期的酒鬼；他们还把拉齐维尔看作危险分子。初审法官在正式的裁定和侧面评论中都做过这样的评价。

认为拉齐维尔是危险分子的看法并非没有证据支持。除了令他接受审判的事故，拉齐维尔也承认自己是个嗜酒狂，到1984年，拉齐维尔的驾照已经因酒后驾车被吊销了22年，这是六次因酒后驾车被定罪的结果，但是，无论是被吊销执照还是被定罪，都没能阻止他继续开车。

然而直到寇德的事故发生之前，拉齐维尔要么是非常有运气，要么是一个安全的驾驶员。在量刑聆讯中他对初审法官这样说：

---

④ 在裁决之后的量刑聆讯中，只有拉齐维尔的初审律师表达了对他的怜悯，虽然已经无从得知他的意思是否真的是他对主审法官说的那些话："法官，您知道，当我在1987年1月15日或16日走出这里时，我非常累，不只是身体上或精神上的疲倦……对我来说，有一种精疲力竭的感觉，因为，这个案件与其他任何一起刑事案件都不一样，拉齐维尔先生也不同于任何其他的刑事被告人，因为他的活动构成了犯罪，立法者也把它定义为犯罪。这种犯罪与其他类型的犯罪有质的不同。这个人显然是……生病了。社会选择严厉地惩罚本案被告人，因其实施了被认定的罪行……拉齐维尔先生是一个需要帮助的病人……当拉齐维尔先生告诉我现在他已经想不起这起事故了，我很真诚地相信他……他曾经是，现在还是一个受惊吓的、头脑混乱的、非常孤独的老人……"无论辩护律师是否真的相信自己说的话，检察官却不以为然："［拉齐维尔的先前定罪和违法记录］表明，这个家伙是有问题的，而且确实，他有病。这一点毫无疑问。我在这里不会说他没病……［但是］他很危险，这就是为什么我现在站在法庭面前寻求最高刑。不是因为他有病。我可能会为他感到遗憾，尽管我不会，但我有可能。但是他病得很危险……"检察官提到的记录包括两次妨碍治安行为的定罪，还有1953年一次偷窃的定罪。

28

我一生都没有发生过交通事故。我从1947年开始驾车。我从没有和其他车辆发生过一起事故，我保证。

这似乎曾经是事实。虽然政府方的审前调查表明拉齐维尔曾六次因酒后驾车被定罪，并被吊销驾照，但是政府方没有发现任何与拉齐维尔的说法——1984年11月25日之前他从未发生过任何汽车事故——相矛盾的证据。裴特洛·拉齐维尔，虽然滥用酒精，但显然有37年的机动车驾龄——其中32年是在美国，5年在战后的德国——没有发生过一起甚至是剐蹭的小事故。直到1984年11月25日的汽车碰撞事故之前，拉齐维尔似乎都是一个相当安全的司机。

但是在审判时，甚至没有一个人提起拉齐维尔无事故的驾驶记录，只有拉齐维尔在量刑聆讯中指出这一点。拉齐维尔曾经是一个危险的驾驶员，如果不关起来的话就一直是，根据他的饮酒史，这样的假设似乎被认为是自然而然的事。虽然拉齐维尔有不同意见，但似乎没有人考虑过他是否真的比普通的驾驶员更危险。关于酒后驾车和不安全驾驶之间的联想太强了，本案中的法官、律师和陪审员认为这是颠扑不破的真理。

8.「这个细节」中有「鬼」吗？

拉齐维尔的加重的过失杀人的定罪由于依赖于伯尔尼·德苏拉的证言，因此依赖于德苏拉的可信性。拉齐维尔的律师和德苏拉有过下列对话：

问：你知道1984年11月24日拉齐维尔先生跟谁在一起吗？
答：不知道，他来罗瓦时通常是一个人……
问：所以他没带朋友来？
答：他在附近晃悠，有一撮——我不知道怎么说，但是有一撮混混儿、酒鬼也在那儿晃悠。所以他是和那些混混儿一起在外面晃悠，我看见他们通常都在一起。
问：拉齐维尔是个混混儿，你是说他是个混混儿，对吧？
法根先生［检察官］：法官。
法庭：维持。

过了一会儿，又发生了下列谈话：

问：他是个令人讨厌的人，你说的？
答：是的，非常讨厌。
问：你不喜欢他？
答：我喜欢他。
问：你喜欢？
答：我对他没有成见。只是当你在那儿工作，事态严重起来的时候，你知道——
问：你曾经跟他说过话吗？那样事态也变得严重了吗？
答：没有，先生，没有严重。

陪审团应该对这个作何理解？德苏拉对拉齐维尔的反感很明显；确实，

从他对拉齐维尔行为的描述中看出来他似乎很讨厌他。他怎么能说他喜欢拉齐维尔？人们会觉得类似这样的矛盾将会摧毁德苏拉的可信性。

在德苏拉的证言中还有其他的不一致和模棱两可的地方，这些原本应该对德苏拉的可信性敲响警钟。围绕着德苏拉证词的矛盾和模糊的一个疑云是11月24日他什么时候关了酒吧的门，以及那一夜他什么时候离开罗瓦。例如，在1987年的审判中，德苏拉作证说，他不记得在1984年11月24日的晚上⑤看见过拉齐维尔，并且否认有拉齐维尔在11月24日晚处于醉酒状态的任何记忆。德苏拉又作证说，在11月24日——一个星期六——他在5：30到6：30之间关掉罗瓦农场酒吧（在星期六的晚上！），并且在6：30到7：30之间离开罗瓦农场。在交叉询问中，德苏拉在这最后一点上又出尔反尔，说他"九十点钟时"离开。但在后来的审判中他又修改了证言，说他离开"花了点儿时间，8点到8：30左右，大致那个时间"。

陪审团有充分的理由怀疑德苏拉的可信性。⑥但是陪审团拒绝考虑任何疑点。因为有德苏拉向陪审员讲的有关拉齐维尔"习惯"的那些话和饮酒行为给他们留下的关于拉齐维尔的印象，德苏拉证言中的矛盾和模糊之处也就不大重要了，虽然德苏拉的话是了解拉齐维尔那个晚上的行为的唯一证据。

9. 可憎的醉鬼和好孩子

戴尔斯顿·寇德和基思·麦科马克在基思遇难时分别为18岁和17岁；从表面上看，他们正处于生命中的黄金时期。而拉齐维尔在20世纪80年代的时候已经不是生命的黄金期了。当那致命的碰撞发生时他62岁，当他因杀人犯罪案件走上法庭时他64岁，1989年重新量刑时他66岁。拉齐维尔说着不流利的英文，患有黑肺病。他死于1994年7月10日。

审判时64岁的拉齐维尔和20岁的戴尔斯顿·寇德外表之间的反差很鲜明。拉齐维尔的形象和陪审团对死去的基思·麦科马克的印象之间的差别一定也非常大。在审判中，陪审团被告知，基思死时只有17岁。初审法官、检察官和一些证人反复提到基思，把他称作"年轻人"或"年轻的男孩"。审判中呈交的证据表明，基思在去世时高6英尺、重180磅。虽然拉齐维尔没有在审判时作证，但他给陪审团留下的印象一定差很多。到审判时，拉齐维尔几乎确定无疑地是一个和描述中一样的长期的酒鬼。显然他的喝酒让他吃了大亏。拉齐维尔的一位上诉律师在2004年11月回忆道，"你要知道，所有的人都认为拉齐维尔有罪，他是一个酒鬼。我记得他很穷，近乎流离失

---

⑤ 然而，显然令检察官意外的是，德苏拉作证说，确实记得白天在罗瓦农场见到过拉齐维尔；他说检察官提到感恩节后的周六"让它［那个周六］又回到我的记忆"。检察官回答道："我的意思是，你不能说在那一天拉齐维尔先生一定在那儿，对不对？"但是德苏拉回答道："我想他在那儿［罗瓦农场的酒吧］。"（但是，德苏拉作证说他不记得11月24日晚上在罗瓦农场见到过拉齐维尔。）

⑥ 鉴于德苏拉所做的关于酒吧关门时间的证言，如果陪审团认真考虑的话，完全可以想到拉齐维尔怎么可能在第二天凌晨2点，在罗瓦酒吧关门后整整8个小时还醉醺醺的。但是这个合理的问题和疑点也可能被德苏拉的证词澄清，德苏拉说，即使在罗瓦农场酒吧关门以后，酒品也可以在罗瓦农场的其他地方买到。但是，这证词的最后一句话留下的问题是，德苏拉说过（好几次）他是罗瓦农场唯一的酒品供应商，他这是什么意思呢？辩护律师从未探索过这一谜题。

所。每个人都想而且乐于看到他被认定有罪"。

虽然控方成功地将拉齐维尔描画成一个吵闹的、危险的酒鬼，拉齐维尔也不是没有一点优点。但是拉齐维尔大多数的正面品质都是在审判之后才显露出来。例如，在一次量刑聆讯中，有证据表明，无论是否酒鬼，拉齐维尔工作都很卖力，而且几十年来一直都是自己养活自己。甚至初审法官都承认拉齐维尔是一个很勤奋的工人。而且，拉齐维尔显然很尊敬他的父母。在第二次量刑聆讯中，拉齐维尔似乎认为媒体在抨击他的父母而为他的父母辩护，就像是为自己的行为辩护一样：

有些事情在法庭上没法说，我在监狱里待了两个月，［报？］纸上说我爸妈、所有的亲戚都是酒鬼。我也是。

我爸从不抽烟，一辈子都没喝过一杯酒，他1946年去世。我妈1940年走的。他们现在把你爸妈都说成了酒鬼……

报纸上登着。我爸——我说他活着的时候我跟他在一起生活的时候，我从来没有见过他喝过一杯酒。他从不抽烟，从不喝酒。是的。

拉齐维尔显然认为媒体在暗示他的父母曾经是酒鬼，他努力地维护他已去世多年的父母的名誉。（拉齐维尔的英语能力有限、不能清楚地沟通，在法庭这样陌生的场合，甚至在非正式的量刑聆讯中几乎没有自我辩护的能力，也是很显然的。）

甚至法庭上提交的证据表明，拉齐维尔并不是像罗瓦农场酒保想让人们相信的那么可恶。虽然酒保把拉齐维尔的酒伴叫做"混混儿"或"酒鬼"，拉齐维尔至少还有几个喝酒的伙伴。而且，拉齐维尔似乎还曾经有过一个"女朋友"：德苏拉——罗瓦农场的酒保——作证说，拉齐维尔的女朋友有时候和拉齐维尔整夜都待在罗瓦农场。

来自一个未必存在的来源的证据也表明，1987年描画的拉齐维尔不讨人喜欢的形象有点夸大其词。迈克尔·苏格兰，一位新泽西的初审律师，在基思·麦科马克的母亲伊丽莎白·麦科马克针对罗瓦农场提出的侵权死因诉讼中代理基思的母亲。在1991年东泽西监狱提取拉齐维尔的证词时，苏格兰和罗瓦农场的律师以及一位译员在场。在2005年7月6日的一次访谈中，苏格兰说，虽然拉齐维尔为坐牢而难过，他的举止却是令人愉快的"东欧风格"，甚至是"谦恭有礼"。苏格兰接着说，他认为初审法官，里克西亚迪法官给拉齐维尔判得太重了。

如果说1987年审判中射向拉齐维尔的箭太锋利了，也许更多的箭应该对准戴尔斯顿·寇德和基思·麦科马克。除去年轻的光环，戴尔斯顿·寇德和基思·麦科马克在1984年11月25日之夜的行为，在一个方面与拉齐维尔惯常在罗瓦农场从事的行为非常相像：在发生致命碰撞的那个夜晚——1984年11月25日凌晨——戴尔斯顿·寇德、基思·麦科马克和朋友们一起出去喝酒。

就在致命的碰撞发生之前，戴尔斯顿的车停在了第537号公路上，显然是准备左转弯，这是一个大约140°的急转弯（参见图1）。时间大约是凌晨2点。在夜里的这个时间，戴尔斯顿的车在第537号公路上干什么？戴尔斯顿和基思要去哪里？他们从哪里过来？这些问题的答案有些是知道的。戴尔斯顿作证说，当他的车从后面被撞上时，他和基思正要去基思的家中。他们于12：30离开了一个朋友，另一个年轻人艾里克·华莱士的家。戴尔斯顿说，离开华莱士的家后，他们曾去寻找快餐店。结果没有一家还在营业，他们去了另一位朋友达伦的家。没能找到达伦的家——或者是没有能够把达伦从梦中叫醒——戴尔斯顿和基思决定由戴尔斯顿送基思回家。当事故发生时，他们正在去基思家的路上。

戴尔斯顿还告诉陪审团，他和基思在他们的伙伴艾里克·华莱士家参加了一个晚上8点开始的小型派对，他还承认他们在那儿喝了酒。然而，在他最初对警察的陈述中，戴尔斯顿否认他去过华莱士的派对。后来——在1987年的审判中——他这样解释他向警察撒的谎，他说他不想连累他的朋友艾里克，特别是因为艾里克的父亲是一位牧师。戴尔斯顿后来还说，他不知道基思在艾里克·华莱士的派对上是否喝酒了，他自己没有喝酒。

戴尔斯顿否认喝过酒似乎并不可靠。在11月25日凌晨大约2：15到达汽车碰撞现场的警官作证说，当他在现场询问戴尔斯顿时，他闻到戴尔斯顿呼吸中有酒气。在戴尔斯顿被送到医院后，还是这位警官作证说采了戴尔斯顿的血样。做这些事情时大约是凌晨3：30。对血样的测试表明，戴尔斯顿血中的酒精含量（BAC）是0.035%。戴尔斯顿想要让陪审团相信他的BAC来源于他头天晚上7点喝的三杯7盎司装的百威酒，但是喝了21盎司的啤酒不可能在8个半小时后还有0.035%的BAC。戴尔斯顿在华莱士家喝了酒，然后又对喝酒一事撒谎的结论几乎是跑不掉的。基思·麦科马克也几乎可以肯定在艾里克·华莱士家喝酒了。病理学家在验尸过程中从基思尸体中提取了血样，根据其证言，化验后显示含有0.07%的BAC。戴尔斯顿、基思和主持派对的艾里克·华莱士当时都没有达到新泽西州的合法饮酒年龄，因为当时新泽西州的饮酒年龄是21岁。

如果戴尔斯顿对在朋友家的派对上的行为撒谎，作了伪证，他是否也会在事故情况问题上撒谎？例如，这样的伪证是否会引起对戴尔斯顿一直声称的，当他等待左转时，左转向灯一直亮着的怀疑？当然是会的。但是，虽然拉齐维尔初审律师没有提出戴尔斯顿·寇德关于在事故当晚饮酒问题的陈述的一两处矛盾，但他顺带地也提到了这些矛盾，他没有通过强调和深挖戴尔斯顿在他和基思饮酒问题上撒谎来对戴尔斯顿的可信性提出严肃的质疑。我们已经无从得知拉齐维尔的律师为什么这么处理这个案子。大概是那样的品格形象——戴尔斯顿·寇德、基思·麦科马克和裴特洛·拉齐维尔的品格形象——引导（或者误导）拉齐维尔的律师在交叉询问戴尔斯顿·寇德时没有穷追猛打。

在整个针对拉齐维尔的刑事诉讼中，显然都存在着不均衡的形象：一边是拉齐维尔的形象；另一边是寇德和麦科马克的形象。然而，拉齐维尔可能不是个没有价值的混混儿，戴尔斯顿·寇德和基思·麦科马克可能不是榜样性的年轻人。戴尔斯顿·寇德和基思·麦科马克的总体正面形象也许让裴特洛·拉齐维尔的负面形象更是雪上加霜。拉齐维尔全然的负面形象至少蒙蔽了在针对拉齐维尔的刑事诉讼中一个关键人物的心，也许也蒙蔽了至少另外一个重要人物的判断。

10. 初审法官和拉齐维尔先生

拉齐维尔的律师曾申请无陪审团审判没有成功，检察官在那次审前辩论中说：

> 但是，这个大理由，正如我现在听到的，不是［您］想象的那样，这个［要求无陪审团审判的］大理由使陪审团将会被激怒。我向法庭呈上意见说，本案和其他刑事案件一样，陪审团不会被本案的证明激怒，法庭当然也一样。谢谢。

检察官的话无意间预见了未来。

初审法官宣布奥斯威辛不具有相关性

在量刑过程中，大概在向准备量刑报告的缓刑官员陈述的过程中，拉齐维尔提出，他曾经因营救一个受纳粹迫害的家庭——可能是犹太家庭——未遂而被送到奥斯威辛。

对于拉齐维尔声称在纳粹镇压面前做过的英雄壮举，里克西亚迪法官的回答非常简短。他说：

> 在 1943 年的某个时间点上，［拉齐维尔］可能向某个家庭伸出援助之手，为此，［纳粹］把他送到德国［此处应为奥斯威辛］的一个监狱工厂工作。发生于 1943 年的这件事，在本院看来，不构成减轻情节。这是很久以前的事了，而且根本没有任何证据说明他所提供的帮助的程度，提供了什么样的帮助。

在刑事杀人的审判中，拉齐维尔被描绘成了一个吵闹的、没有价值的酒鬼。在第二次量刑聆讯中，他通过证明在他原本可能也是没有价值的生活中至少曾经有过一次壮举，去竭力扭转这种糟糕的品格形象。他的努力最终还是落空了。不光彩的品格形象是不容易恢复的。

初审法官和拉齐维尔沟通失败

正如上文说过的拉齐维尔竭力维护父母形象一样，显然拉齐维尔在理解英语方面存在困难，能让人听懂他的英语显然也不容易。看看另一个例子，摘自确定拉齐维尔向警察陈述的可采性的审前聆讯中。拉齐维尔这样作证：

> 问：［检察官］你还记得［在 1984 年之前的截停或逮捕中］警察曾告诉你你有一些与不接受呼吸测试有关的权利吗？
> 答：［拉齐维尔］是的，我接受了。
> 问：你曾经拒绝接受测试吗？你是否曾经拒绝接受呼吸测试器的测试？
> 答：在杰克逊［新泽西］，当我睡在那儿，大约 300 英尺，当这个人和妻子，我走向他，警察就在我旁边，我离开了，警察——他们走过来，站住，你喝酒了。我说没有。我就这样说的——
> 报告员：阁下，我听不懂证人的话。

33

法庭：我也不懂。
　　答：开了单子，我拒绝了。
　　问：拒绝接受呼吸测试。他们没有——在你拒绝接受呼吸测试之前，向你宣读你的权利了吗？
　　答：我从没说过我从不喝酒；我说我能一只脚站着。警察拒绝了。

　　虽然拉齐维尔显然在沟通方面有困难，但是，无论里克西亚迪法官还是拉齐维尔的辩护律师都不曾想过要给他提供一名译员。初审法官认为没有必要：有一次他说拉齐维尔只是假装听说英语有困难，拉齐维尔是在"装蒜"。律师没有申请译员是否是因为他也这么认为就不得而知了。当然，拉齐维尔在审前和量刑聆讯中的许多证言都表明他的语言障碍不是装的，因为看不出拉齐维尔会从中得到什么好处。后来在针对罗瓦农场提起的民事诉讼中，罗瓦农场的律师认为有必要有译员。可能在法官看来，拉齐维尔是个可恶的酒鬼，所以他的英语很糟糕，或者是拉齐维尔糟糕的英语强化了他的可恶酒鬼的形象；这两种猜想或许都对，或许都不对。无论怎样，拉齐维尔没有取得初审法官的同情，而且拉齐维尔大概也没有完全理解对他不利的证言，也没有说出自己知道的有利于他的东西。

初审法官惩罚拉齐维尔

　　在陪审团认定拉齐维尔加重的过失杀人罪名成立后，里克西亚迪法官判处拉齐维尔 20 年监禁，这是拉齐维尔被认定罪名的法律允许的最高刑。初审法官还命令拉齐维尔 10 年之内不准假释，这是当时新泽西州法律允许的最长的假释限制期限。判刑时是 1987 年，当时拉齐维尔已经 64 岁。虽然新泽西州最高法院上诉分院（以及此后的新泽西州最高法院）维持了对拉齐维尔加重的过失杀人的定罪，上诉分院取消了量刑，认定里克西亚迪法官在认定加重情节方面有问题。但是，在发回重审之后，里克西亚迪法官并没有接受上诉分院强烈的暗示——20 年的刑期对拉齐维尔来说太过分了：他又判处 20 年监禁，并作出 10 年内不准假释的命令。[7]

11. 民事诉讼

　　1986 年 11 月 14 日，伊丽莎白·麦科马克开启了她的儿子基思·麦科马克被侵权致死的民事诉讼。被列明的被告人是裴特洛·拉齐维尔、罗瓦农场、小戴尔斯顿·寇德、简·寇德，戴尔斯顿·寇德是在 1984 年 11 月 25 日驾驶轿车的车主；还有芭芭拉·卡斯特，撞上那个被肇事后逃逸的司机撞进她的车道的轿车的倒霉的司机。麦科马克的诉状声称：（1）拉齐维尔的过失和酒后驾车导致基思·麦科马克死亡；（2）罗瓦农场及其雇员在拉齐维尔显然喝醉后还向拉齐维尔供应酒精饮料，促成了基思的死亡；（3）小戴尔斯顿·寇德和简·寇德由于过失操作，没有及时维护戴尔斯顿当时驾驶的机动车，促成了基思的死亡。拉齐维尔对诉状的答辩否认了当时处于醉酒状态，

---

[7] 拉齐维尔在第二次量刑聆讯中得到了译员。

也否认卷入撞车事故。在1991年在东泽西监狱提取的证言中，拉齐维尔说他在1984年11月25日没有卷入撞车事故。在拉齐维尔和其他被告针对诉状的答辩中，他们提出基思·麦科马克的死部分地是由他自己的过失造成的。拉齐维尔的答辩包含一个反索赔主张，提出戴尔斯顿和简·寇德的疏忽大意也是造成基思·麦科马克死亡的诱因。拉齐维尔的保险公司在审判前与基思·麦科马克的母亲伊丽莎白·麦科马克以15 000美元达成和解。罗瓦农场与伊丽莎白·麦科马克以11万美元达成调解，在原告的律师迫使德苏拉，1984年罗瓦农场的酒保承认以下一系列事实之后：他不是像在刑事审判中作证时说的下午5：30到6：00之间关了罗瓦农场酒吧——而是在之后的某个时间；那个夜晚他确实记得在罗瓦农场见到过拉齐维尔；而且他确实记得拉齐维尔在罗瓦农场处于醉酒状态。但是，这位罗瓦农场的酒保依然坚持声称他那天晚上没有供应给拉齐维尔任何酒品。

在这起民事诉讼中，重要的东西不是提出的主张或者诉讼的结果，而是民事诉讼中呈现的证据和刑事案件中提交的证据之间的差别。人们想知道，拉齐维尔在发誓没有卷入撞车事故时是否作了伪证，他是否说了实话，或者他关于那场车祸的记忆是否已是空白。人们还想知道，如果拉齐维尔的律师更强烈地主张戴尔斯顿的饮酒和疏忽促成了车祸，陪审团会如何反应；而且人们想知道，德苏拉改变了的证言是否会对结局产生影响。人们还会想知道，在针对拉齐维尔的刑事诉讼中，当刑事诉讼发生在德苏拉根据新泽西州的限量酒品供应法原本会被起诉然而却没有被起诉时，以及发生在德苏拉已经和麦科马克夫人合作时，辩护律师弄到德苏拉的承认有多难。

12. 不是结局的结局

罗瓦农场的酒保在对拉齐维尔加重的过失杀人罪的审判中作证之后，很明显，实际上对所有人来说，裴特洛·拉齐维尔是一个危险的酒鬼，他酒后驾车杀死了一个年轻人。珍妮特·弗拉纳根，新泽西州的副总检察长，后来在新泽西州最高法院说，那个罗瓦农场的酒保看见拉齐维尔醉醺醺的不下200次。在针对拉齐维尔的刑事杀人的刑事诉讼中，各专业角色——检察官、初审法官和辩护律师——的脑力和精力都集中于拉齐维尔屡教不改的饮酒行为。也许这种对拉齐维尔长期饮酒和酒后驾车的先入为主，不仅让初审法官硬下了心肠，而且让法官、辩护律师和陪审团忽略了其他一些影响拉齐维尔刑事责任的问题。

在审判过程中，也有关于戴尔斯顿·寇德在第537号公路和品特岛清泉路交叉口等待左转时是否打开左转向灯的证据和讨论，而且还有戴尔斯顿·寇德驾驶车辆的头灯和尾灯当时是否开着的证据和讨论。但除了这些，没有人真正探讨一下这样一种可能性：就算是一个清醒的司机也会造成这样的事故。第537号公路和品特岛清泉路在一个危险的路口汇合。2004年卡多佐法学院的学生进行了一次调查，其中一位学生曾经有过交通和道路工程师的职业经历，这次调查表明，由于第537号公路在接近品特岛清泉路时的坡度变化，驾车的司机在从西边接近第537号公路和品特岛清泉路时，第一次看到第537号公路和品特岛清泉路交叉口的车辆的距离是200英尺多一点。

图4　从第537号公路和品特岛清泉路的交叉口向西南方向看第537号公路

　　1984年第537号公路上的速度限制是每小时50迈。如果卡多佐法学院的学生调查的视线数据大体正确的话，那么，即便是一个清醒的司机，以时速50迈在第537号公路上行驶，也很难作出足够快的反应，在不撞上停在品特岛清泉路与第537号公路东向行驶车道上的汽车的情况下，有力地踩住刹车，把车停住。如果天黑，如果在路口停的那辆车没有开灯的话，这几乎是确定无疑的。而且，图4中的照片显示——而且审判中出示的证据还有学生在2004年调查得到的数据也确认——第537号公路的路肩的宽度难以让一辆车从右边通过而不发生碰撞。

　　因此，肇事后逃逸的司机可能是清醒的。而且，值得商榷的是——虽然没有排除合理怀疑——无论司机是否清醒，事故和基思·麦科马克的死都会发生。从这个意义上说，即使肇事逃逸的司机处于醉酒状态，他的醉酒状态也不是造成基思·麦科马克死亡的原因。

拉齐维尔真的是肇事后逃逸的司机吗？

　　拉齐维尔的案件是在这样的前提基础上进行的：拉齐维尔当时驾驶着事故车辆。上诉分院说，有"压倒性"的证据表明拉齐维尔当时驾驶着撞车后逃逸的车辆，并指出，拉齐维尔的初审律师"实际上在总结陈词中承认"了拉齐维尔就是司机。确实，拉齐维尔的初审律师很早就放弃了这个问题。在审判开始之前，他就告诉初审法官，"我认为，很显然政府方能够证明是［拉齐维尔］的车发生了事故"。

　　但拉齐维尔坚决否认自己是那个肇事后逃逸的司机。拉齐维尔"不在那儿"的抗议显然让他自己的律师都很困惑，他的初审律师也不相信这一点。在拉齐维尔的第二次量刑聆讯中，发生了下列对话：

　　　　法庭：……在我对他［拉齐维尔先生］量刑之前，他是不是还有什么要说的……

　　　　译员：他说——他说他不知道您想让他说什么，他刚才说他不知道这起事故。而且之前说过，那不是他。

他刚才说他的律师告诉他要回答所有的问题，他得到的只能是缓刑。这是当时他的律师告诉他的话。

然后他说他的律师说是他在驾驶，还不允许他说话。

是否有可能拉齐维尔说的是真话，他不是那个驾车逃逸的司机？

乍看起来，这令人难以置信，因为对政府方来说，这个问题似乎已经钉死了，因为当卡尔·霍布森从车前身上取下的一部分（后交给警察）——"支架上的一小片"——与弗雷候德镇警察从事故现场取回的塑料挡板碎片完全吻合。然而，霍布森的说法，虽然不无道理，也提出了也许应该趁热打铁地展开调查的问题。例如，人们会奇怪，为什么卡尔·霍布森会留下这撞坏了的一片汽车部件，而这部件据说是从他的奥斯88上取下的。[8] 在2004年，卡多佐法学院的一位学生调查员对这个问题很感兴趣，打通了卡尔·霍布森在新泽西州的杰克逊登记的电话号码。接电话的人正是卡尔·霍布森。根据那个学生的说法，当问及那些部件时，他说他没有给弗雷候德镇警察任何奥斯88的部件。第二天当这个学生再打这个号码时，没人接电话，但是有一条电话公司的留言说该号码已停止使用。

还有一次，正在调查与本案有关的另一个问题的卡多佐法学院的另一位学生，接到一通自称是弗雷候德镇警察局的人的电话。打电话的人告诉这位学生调查员，"你最好停止寻找［警方报告］，否则你会有麻烦"。几个小时后，这个人又打电话为前一个电话道歉，说他以为这个学生正在调查另一件事。（这位勇敢的学生调查员还是没勇敢到问一问这个警察"另一件事"指的是什么。）

怎么回事？如果霍布森没有把奥斯88的部件给警察，唯一可能的解释似乎是：警察发现了支架碎片以及在事故现场和它吻合的那个碎片，警察说服霍布森作证说他把支架碎片交给了警察，于是在审判中，这些相吻合的碎片就成为拉齐维尔身涉车祸的最终证据。对检察官和警察这种严重不当行为的指控——伪证和教唆伪证——经常出现，但很少是真的。但是，如果警察或者检察官确信他们找对了人，但是证据不足，这样的行为还没有听说过。我们无从得知这次是否发生了这样的行为。但是无论是否发生了这样的行为，千真万确的是，初审法官和律师都太急于否定拉齐维尔提出的他不是肇事司机的主张了。当然，即使发生了构陷之类的事情，构陷的也可能是一个实际上有罪的人。而且，即使拉齐维尔真心地相信他没有在1984年11月25日身涉汽车相撞事故，那他也可能实际上还是有罪的：一个严重醉酒的人可以很容易地忘掉喝醉时发生的事情。

13. 习惯和品格[9]

麦考密克写道："品格是对一个人性情，或者总体品质的概括性描述，

---

[8] 2004年的一项调查显示，卡尔·霍布森的房产某处有个可容纳21辆车的车库。也许霍布森处理垃圾车，或者经营汽车修理业务，因此才保留旧的汽车部件。但是，这种关于霍布森在后院发现旧车车体部件的可能解释只是虚拟的——因为在审判中拉齐维尔的律师对于霍布森所谓的发现没有表示任何的怀疑。

[9] 我要感谢里克·兰伯特提出了很多有帮助的建议，但是我特别要感谢他对论文的本部分提出的广泛而深入的建议。

例如诚实、自制或平和。习惯……表示一个人对一种［具体］情形的常规反应。如果谈起谨慎的品格，我们说的是这个人在生活中的不同情形中都能审慎行事的倾向……另一方面，习惯是一个人用具体的行为类型对某种特定的情形作出反应的惯常实践……习惯的行为可能会变成半自动的，就像司机在变换车道前总是要发出信号一样。"⑩

人们所说的，拉齐维尔周末去罗瓦农场喝酒直到喝醉，这是对他的品格还是习惯的描述？实际上，似乎二者都不是。它没有描述一种一般的态度，或者个性的一个方面，它似乎也不是无论哪种情形都一般适用的拉齐维尔人格面貌的一个特征。但是把拉齐维尔的饮酒界定为习惯也一样不容易，至少在麦考密克使用这个术语的意义上是如此。没有理由认为拉齐维尔的饮酒是半自动的行为，这一行为很难像打开转向灯那样能够越过意识的门槛；同样，拉齐维尔去罗瓦农场时，那里的景色或伙伴之类的东西似乎也不会驱使他作出饮酒的反应，而如果他在别的地方，即使身边有酒也不会喝的。但是新泽西州法院必须作出选择，而且它们选择了把拉齐维尔的饮酒称作习惯。它们觉得必须作出选择，大概是因为主流的观点把嗜酒和毒品成瘾也作为品质处理了，就像品格特征一样，而且不允许事实认定者仅仅从成瘾的事实推断具体场合中有饮酒或者使用毒品的行为。毕竟，嗜酒者经常是清醒的；吸毒的人也只是间歇性地兴奋。只有把拉齐维尔星期六晚上饮酒的行为处理成习惯，周复一周地重复，而且认定那个变换车道的司机过去总是打转向灯，从而为那个夜晚的行为统统提供了保证，这样，法庭才能把这种看似有证明力的证据和过去的判例协调起来。

但是我们实在没有必要被这种旧的二分法禁锢起来，也没有必要非得把拉齐维尔的饮酒界定为品格或习惯。我们不如还其本来面目，即如果酒保的话值得信任——反映严重成瘾的常规化行为，常规到如果拉齐维尔在发生事故的夜晚是在罗瓦农场，他不可能不喝酒，就算我们怀疑拉齐维尔星期六的夜晚无论在什么地方都很可能喝酒，这都是真的。因此这一证据具有相关性，不仅仅是相关，而是十有八九对拉齐维尔的行为具有相当高的证明力，因此应当是可采的。在这个意义上，它最终还是和习惯殊途同归了。

但是，在一个重要的方面，关于拉齐维尔饮酒的证据和品格很相像。法律之所以对品格证据心存芥蒂，不仅仅是因为它经常只具有较低的证明力，而且是因为它产生的判决可能是根据不好的理由：吝啬鬼可能会因为吝啬而被认定犯有贪污罪，而不是因为他贪污了；暴徒可能会因为陪审团确信他肯定在某个时间袭击了某人而被认定袭击，而不是因为他袭击了被害人。拉齐维尔也可能会被认定犯有加重的过失杀人罪，不是因为当他撞上戴尔斯顿·寇德的车时他显然喝醉了——排除合理怀疑地，甚至也不是因为他肯定撞了寇德的车，而是因为很容易想见像他这样的人酒醉时撞上了某辆车，导致某人死亡。

另一方面，经典的习惯证据，很少会刺激情绪或干扰判断。总是打开转向灯，或者一次跨两个台阶，或者首先翻看讣闻报道，或者在性交后抽支烟，这些都可能会引起赞许或不赞许的评价，但是极少会导致对整个人的肯

---

⑩ McMormick *Evidence* § 195 (5th Ed. 1999 J. W. Strong, ed.).

定或否定的判断。相反，它们让人们把注意力集中在某行为如一方当事人所说的那样发生的可能性，在审判中，这才是应当加以关注的东西。通过把拉齐维尔星期六晚上在罗瓦农场饮酒称为习惯，法院把这种证据归入可采性不成问题的一类证据中，从而解决了它的可采性问题。

具有讽刺意味的是，恰恰是拉齐维尔饮酒行为的相关性，可能让它比具有一般的偏见性但是相关性不大的品格证据更具有偏见性。拉齐维尔星期六晚上惯常的饮酒行为的证明力要求是有意而为之；这是控方证明的核心，它在整个证明中的核心地位可能使它似乎也变成了拉齐维尔核心的人格。显然，没有人把拉齐维尔看成是一位谦和的欧洲绅士、一个勤劳的工人，也许还是一个大屠杀中的英雄，或者是一个热爱父母的人，即使在他们过世后还爱惜他们的名誉。初审法官对拉齐维尔说的话和对他判处的刑罚说明他只从拉齐维尔身上看到恶的东西，拉齐维尔的律师可能无视于控方证明的弱点，在他看来，他的当事人就是犯下指控罪行的那种人。审判终究是人类的审判。无论法律怎么规定，法官、陪审员和律师都会对他们面对的人的品质作出判断。证据法可以，而且确实努力让这些人的注意力重新集中到案件事实上。但是，如果具有高度证明力的证据同时又具有高度的偏见，把对事实的判断和对相关人物的判断区分开来经常是不可能完成的任务。

拉齐维尔案中实现了正义吗？就他受到的刑罚而言，也许答案是否定的。就他身涉撞车事故和他当时的醉酒状态而言，也许答案是肯定的，但我们永远都不可能知道了。由于拉齐维尔的身份，也许初审法官、检察官、陪审员和警察甚至根本就不在乎。

尾 声

裴特洛·拉齐维尔刑期未满就去世了。他死于 1994 年 7 月 10 日，时年 72 岁。

约翰·里克西亚迪法官于 2000 年 3 月 23 日去世。他的讣告是这样写的：

> 在《法律杂志》1993 年和 1999 年的调查中，曾在里克西亚迪法庭上执过业的律师在管理案件、法庭效率方面对他评价很高，但是在风度方面，也就是说，在如何对待律师和当事人方面，评价很低。在去年的调查中，在从 1 到 5 的范围内，对他风度的打分是 2.83——是蒙默思郡的最低分和本州所有法官的倒数第六名。[11]

第二位法官，那位在新泽西州最高法院作出对拉齐维尔不利判决的法官，也有自己的故事：

> 说是机缘巧合也好，天意弄人也好，但 10 月 23 日——距他一年内被取消审理醉酒驾车案件资格一年之后——州最高法院法官罗伯特·克里福德又回到驾驶座上。

---

[11] Maria Armental, "Ricciardi, Stern but Efficient Judge in Monmouth County, Dies at 61", *New Jersey Law Journal* (April 3, 2000).

克里福德审理了一起涉及被告人习惯性饮酒的证据是否可采的案件，[拉齐维尔案]……

去年 10 月，克里福德因在限速 35 迈/小时的区域开到时速 46 迈而被普林斯顿大道的警察拦下。在 1989 年 10 月 23 日举行的聆讯中，克里福德就醉酒驾车和拒绝接受呼吸测试而道歉，并自愿至少在他的驾照被吊销期间取消审理醉驾或相关指控的案件的资格。他还说他会尽量不饮酒。[12]

幸运的是，克里福德法官不曾致人死亡，关于他的饮酒是否可以被采纳为证据也从来不会成为问题。

---

[12] Suzanne Riss, "Boy that Year Went Fast", *New Jersey Law Journal*, p. 6 (November 1, 1990).

3

美国诉伍兹案:
传统取胜的故事

爱德华·J·伊姆温克里德

保罗·伍兹去世时刚满 8 个月。死的时候，他是玛莎·伍兹夫人，一位陆军中士的妻子的养子。伍兹在联邦军队保留地阿伯丁试验场的家是第二个养育他的地方。他生命的头 5 个月生活在另一个家庭，在那期间他没有遇到过任何呼吸问题。但是，就在他到伍兹家后不久，他很奇怪地开始出现呼吸困难。保罗最初在科克军队医院接受治疗，然后转到沃尔特·里德，但是后来去了约翰斯·霍普金斯医院，他最后死在那里。保罗患了致命的紫绀——他停止了呼吸。问题是他为什么停止呼吸。一种可能是有人——也许是玛莎——把他给捂死了。另一种可能性是，由于某种未知的疾病而导致呼吸困难。那一年是 1969 年，"婴儿猝死综合征"的说法刚刚被创造出来。① 无论是科克、沃尔特·里德，还是约翰斯·霍普金斯的医生们，都无法准确地找出死因。但是，即使是在 1969 年，医生们也知道，可能会发生无法解释的死亡，尤其是在非常年幼的人群当中。

但文森特·迪玛欧医生不认为保罗的死是意外。在研究完该案之后，迪玛欧很确定保罗是被谋杀了。迪玛欧医生可是一个要大书特书的人。在 1970 年，他的意见让联邦大陪审团以谋杀起诉玛莎·伍兹。② 迪玛欧的医学教育背景包括纽约州立大学医学中心的医学博士、杜克大学病理科的实习、在布鲁克林的金斯郡医疗中心的住院实习，以及马里兰首席医学检验员办公室的法庭病理研究员。在伍兹案调查的相当一段时间里，迪玛欧博士还是军队医疗团的上校，建制归华盛顿特区的军队病理研究所。到 1972 年伍兹案审判时，他已经有了 7 年的病理学方面的专业培训，而且已经成为国内首屈一指的法庭病理学家之一。他的证言在几起杀人案的审判中占有突出的地位，曾经把许多谋杀案的被告人送上被告席。

迪玛欧过去——而且现在还③——拥有很高的职业声誉。他不是检控方的鹰犬。虽然他相信保罗·伍兹是被谋杀的，但他在 1972 年审判中的证词却相当直率和诚实。迪玛欧博士承认他并不确定保罗的死是杀人事件。他还把他的不确定进行量化；他作证说，有人把保罗捂死的可能性是 75%，但仍有 25% 的可能性是某种未知的疾病导致了死亡。他甚至承认，只有医学证据无法排除合理怀疑地证明玛莎有罪。

鉴于他这么说，如果迪玛欧的证词是控方的唯一证据，玛莎·伍兹可能根本就站不到法庭上。即使他的证词就足以说服联邦大陪审团提出指控，但是到控方举证结束时，辩方十有八九能够成功地让法官驳回指控；作为法律问题，这一点会变得很清楚：任何一个理性的陪审团都不会排除合理怀疑地认定玛莎有罪。控方迫切地需要其他证据来补强迪玛欧的意见。被告人的背景似乎能够提供这种有说服力的证据。

---

① 根据 J. B. Beckwith, Defining Sudden Infant Death Syndrome, 157 Arch. Pediatr. Adolesc. Med. 286-90 (2003), "婴儿猝死综合征"的定义在 1969 年的第二次国际婴儿死因研讨会上首次被采纳。See also Candus Thomson, Perspective, The Baltimore Sun, Aug. 8, 1999, at 1C ("The term SIDS was coined in 1969...").

② United States v. Woods, 484 F. 2d 127 (4th Cir. 1973), cert. denied, 415 U. S. 979 (1974).

③ 迪玛欧博士目前是得克萨斯州圣安东尼奥地区贝尔县的首席医学检验员。巧合的是，伍兹夫人后来作为联邦服刑人员被转到了联邦监狱，她 2002 年在得克萨斯州沃思堡的卡斯韦尔联邦医学中心去世。

玛莎·伍兹作为军人家属住在阿伯丁试验场。根据马里兰州法律，她具备做养父母的资格。保罗不是玛莎照顾的第一个孩子。25年来，她照顾过不少孩子，有她自己的，也有亲戚朋友的。控方的一系列证人都指出，在这25年间，有9个孩子——茱迪·伍兹、查尔斯·斯图亚特、玛丽·休斯顿、卡罗尔·休斯顿、约翰·卫斯、丽丽·斯图亚特、艾迪·托马斯、马兰·拉许和保罗·萨德勒——在玛莎的照料下，都曾经历过至少20次的紫绀发作。其中的7个孩子已经去世。令玛莎的案子变得越来越诡异的是：这些孩子离开玛莎，待在医院里的时候，没有一个孩子紫绀发作，而且没有一个主治大夫能够确切地指出这致命的紫绀发作的医学原因。有太多次的发作都被当做纯粹的意外，而且常识告诉人们，如果是有人捂死了这些孩子的话，那这个人就是玛莎。玛莎像是一个连环杀手，她因为某种原因——也许对他们的哭闹感到恼怒——一个接一个地捂死了她照料中的孩子。考虑到这些事实，普通人可能会很肯定她有罪；唯一的问题是，为什么会允许杀人行为持续这么久。在聆听了迪玛欧的证词后，即使陪审团有一丁点儿怀疑，这另一项证据显然将会把玛莎盖棺定论。

总之，伍兹案对控方来说原本是一个轻松的案件——对吗？不对！问题是，根据1972年的益格鲁—美国法，关于另外20起事件的证词是否可以用来反对玛莎，这一点并不清楚。即使玛莎后来对定罪的上诉发生于1973年，在联邦证据规则生效的两年之前，普通法也是这么规定的。在联邦普通法中，伍兹案提出的问题是个第一印象的问题。要理解伍兹案，以及为什么它在普通法中是一个困难的案件，我们需要追溯一下关于未被指控的不当行为的普通法规则是如何出现的，以及美国法院之后对这一规则的发展。

1. 为伍兹案搭建平台：规范未被指控不当行为之可采性的美国法中的混乱

早期的英国法判例，例如1810年国王诉科尔案[④]，对使用被告人未被指控的不当行为施加了一个限制：控方不得提供被告人恶行的证词来证明被告人坏的品格，因此，不能够将被告人坏的品格当做他很可能实施指控罪行的情况证据。[⑤] 该规则据说用来防止一系列危险。这两个推理步骤都具有很大的风险。首先，如果让陪审团来决定是否从先前的不当行为中推论罪行的存

---

④ See Julius Stone, "The Rule of Exclusion of Similar Fact Evidence: England", 46 *Harv. L. Rev.* 954, 959, 961 (1933). （"证明争议事实和案件争点以外问题点的证据不得采纳，菲力普斯1914年在阐明这一规则时……引用了Rex v. Cole案，在该案中，显然所有的法官都认为'在对恶劣犯罪的追诉中，犯人供认他在另一时间、同另一个人实施过这样的犯罪，而且他具有这种行为的倾向，这样的供认不应当被采纳为证据'。整个报告就是菲力普斯这一小段话……1810年的Rex v. Cole案确立了这个原则：单纯表明被告人有实施指控行为的倾向的证据不可采纳。这是一个非常狭窄的排除原则。"）

⑤ See Norman Krivosha, Thomas Lansworth & Pennie Pirsch, "Relevance: The Necessary Element in Using Evidence of Other Crimes, Wrongs, or Bad Acts to Convict", 60 *Neb. L. Rev.* 657, 664 (1981); Julius Stone, "Propensity Evidence in Trials for Unnatural Offenses", 15 *Aust. L. J.* 131, 132 (1941).

在,那么,先前的行为不仅会让陪审团的注意力离开目前的指控罪行,而且从先前行为中产生的反感可能会引导陪审团朝着不利于被告人的方向解决疑点。⑥ 在对被告人的恶劣品格作出推断后,陪审团一定会在指控场合使用被告人的品格来证明行为的存在。在这第二步,陪审团会过高地倚重证言。虽然目前这一问题方面的心理学研究还不甚明朗,但还是有相当有力的观点认为,一个人的总体气质和品格并不能预先决定一个人在具体场合中的行为。但是,如果控方有一套替代性的、与品格无关的逻辑相关性的理由,那么这些危险就另当别论了。因此,按照原始的、正宗的英国规则,虽然不允许控方把被告人未被提出指控的犯罪作为犯下指控罪行的情况证据,但确实允许控方基于相关的、非品格性的目的出示不当行为的证据。如果控方能够说出一套合法的、非品格方面的逻辑相关性的理由,则不适用品格证据规则。

在 1840 年之前,美国涉及未被指控行为的证据的判例遵循的是英国的收纳路线。例如,如果未被指控的不当行为根据非品格的理由而具有逻辑相关性,能够证明被告人的有罪认知,美国法院一般会接受这样的证据。只有在表明被告人恶劣品格的证据是用来证明恶劣的品格(或倾向)时,恶劣的品格才是自动不可采的;非品格的理由则推定是可采的。在这个意义上,可以说这个规则是"收纳性"的。但是,在美国,到了 19 世纪中期,这一关于品格证据的路线开始瓦解。美国的法院开始把品格证据规则表述为有少数例外的一般排除性规则。

美国法在未被指控的不当行为方面的分水岭之一是纽约上诉法院 1901 年在人民诉莫利诺案(People v. Molineux)中的判决。⑦ 沃纳法官(Judge Werner)执笔撰写了颇具影响的该案的主导意见。这位法官认为未被指控的不当行为的"例外""很难精确地界定"⑧,但之后又开列了一个约定俗成的"例外清单":动机、意图、缺乏过错或意外、身份、总体方案或计划。如果仔细阅读沃纳法官的意见,会发现他并没有要求必须走排除的路线。但是,他的意见确实给美国排除路线的发展提供了强大的推动力。通过把具有逻辑相关性的其他理由统统说成是"例外",他强化了把该规则理解成有着有限例外的排除性规则的观念,养成思维定式,该规则很快上升为纽约和其他州的法律,于是有了不可采的一般性规则。

在某种程度上可以说莫利诺案非常有影响,因为沃纳法官的意见涵盖了一系列公开发表的全国的法官都有机会参考和引用的精彩意见。莫利诺案对法官们有吸引力的另外一个原因是,它把原本艰涩的法律分析归结为简单的运算法则,创造了在未被指控行为方面被广泛应用的 MIMIC 记忆

---

⑥ 关于这些理由、相关判例和其他文献的概括性评述,参见 1 Edward J. Imwinkelried, Uncharged Misconduct Evidence(§ 2:19 (rev. 2003))。

⑦ 168 N. Y. 264 (1901); Thomas J. Reed, "Reading Gaol Revisited: Admission of Uncharged Misconduct Evidence in Sex Offender Cases", 21 *Am. J. Crim. L.* 127, 174 n. 265 (1992). ("在美国的多数司法区,法院千百次地援引莫利诺案以支持未被指控行为的规则。在它发布 88 年后的今天,它仍然经常被法院引用。")

⑧ 168 N. Y. at 293, 61 N. E. at 294.

法：只有在证明 M（motive，动机）、I（intent，意图）、M（mistake or accident，过错或意外）、I（identity，身份）、C（common scheme or plan，**总体方案或计划**）的情况下，证据才能被采用。而且，这一路线还在致力于"宽大"政策——要求严格构建刑事法——的美国司法区引起了回应。**作**为自由主义理念的一部分，许多美国法院都宣布，刑事法方面的任何不明确之处都要作对被告人有利的解释。同样，这一姿态也促使法院朝着有利于被告人的方向解决判例法中不明确的地方，拒绝独立的逻辑相关性的新说法。

但是，即使在排除路线全盛时期的美国，仍有 18 个州保持了正统的英国的收纳路线。例如，新墨西哥州最高法院在 1924 年州诉巴西特（State v. Bassett）案[9]中，就捍卫了收纳主义的立场。该法院宣布：

> 对一般规则所谓的例外的各种各样的说法只不过是说，任何倾向于证明受审的人有罪的证据都是可采的，而不考虑它可以证明被告人的其他罪行。[10]

像威格莫尔和朱利叶斯·斯通这样的学者，他们在 1938 年撰写了后来被公认为这一主题的巅峰之作的文章，猛烈地抨击这一路线。[11] 他们将**排除主义路线**批评为错误的观念和异端邪说。但是，排除主义路线平安地挺受住了这些批评，仍然是美国的主流观点。这种法律状态成为伍兹案的幕后背景。

2. 伍兹案引出的多条战线

伍兹案法律交战的核心就是品格证据的禁令。在审判中，辩方坚**持认**为，引入关于其他孩子的证言是对这一禁令的公然违反。[12] 在上诉中，**玛莎**由精明强干的罗伯特·卡希尔代理，后者现在已经是巴尔的摩县巡回法官，他非常坚决地提出品格证据的主张。相反，控方提出，证言在否定是意外事件和证明犯意方面具有逻辑相关性。但是辩方也相当准确地指出，并不**存在**直接的联邦判例来肯定合法、非品格性地使用未被指控的行为的可采性理由。

我们只能想象在审判前夕检察官脑中的构想。根据品格证据禁令，**检察**官知道他不能站在法庭上要求初审法官采纳证明被告人是什么样的一类人**的**证据。那样就正中辩方的下怀，几乎可以肯定法官将会援引上述禁令排除证词。但是，检察官肯定也想到被告人是个魔鬼，如果不阻止她，她肯定**还要**

---

[9] 26 N. M. 476, 194 P. 876.
[10] 194 P. at 868.
[11] Julius Stone, "The Rule of Exclusion of Similar Fact Evidence: America", 51 *Harv. L. Rev.* 988, 1027 (1938).
[12] 当事人双方在审判中和第四巡回区法院面前提出的主张，摘自当事人的主诉摘要和答辩摘要。具体的**引文如**有需要可联系作者。See generally 4th Cir. 72-2217 (1973).

杀人。⑬ 为了阻止这一系列杀人行为，控方必须成功地借用两个脆弱的美国法律传统。

普通法推理的伟大传统

粗略地浏览一下伍兹案中呈交的要点摘录，就会发现，双方都在努力敦促法庭采用两种截然不同的普通法推理方式。

在辩方这一边，他们主张伍兹案中的事实类型不属于不可采的一般规则的任何"约定俗成的""例外"。辩方笼统地把当时存在的例外归纳为"限定的"和"有限的"。伍兹的律师承认，约定俗成的例外包括对意外事件主张的否定性证明，但是，可想而知，辩方的摘要是狭义地解读认可例外的判例：

> 如果辩方依赖于被告人这样的说法：即使他实施了指控的行为，那也纯属意外，或者他这样做时缺乏构成犯罪所必要的犯意，那么在这种情况下，该例外是适当的（引文略）。当前案件的被告人坚决否认导致保罗·伍兹死亡的任何行为，无论是意外还是其他，因此，政府方没有证明她的行为并非偶然的必要。⑭

为了支持这种主张，辩方指出，经过调查，他们发现美国没有允许为了确立刑事犯意的具体目的而出示未指控的不当行为的判例法。

辩方强调，控方是在请求法庭认可一种"新的"、"以前没有过的"例外。毫不奇怪的是，在辩方看来，控方理由的新颖性恰恰是驳回这一理由、推翻初审法官裁定的充分根据。允许使用的未指控不当行为的证据有一张清单；而且无论控方多么巧妙地"塑造事实"，控方的证言都不会被"放入"清单上列举的例外情形中。

控方的要点摘录则正好相反，在法庭上提出了多方面的理由。一个理由是，如果有一个带有例外的不可采的一般规则，而且如果没有一个可以适用，那么伍兹案就需要认可一个新的"例外"。当前的证据具有非常高的证

---

⑬ Richard Boller，笔者的老朋友和师长，曾面对过同样的情形。他在 United States v. Flesher, 37 C. M. R. 669 (A. C. M. R. 1967) 案中担任控方的初审律师。在该案中，被告人被指控对未成年人实施鸡奸。被害人没有作证。关键证据是一些被告人为一个成年男子实施口交的照片。这些照片是在对被告人的住处进行的一次合法搜查中发现的。但是，照片并没有显示成年人的脸。Boller 必须出示这些照片才可能使被告人定罪。但是，被害人不愿作证鉴别；而且被告人援引了反对自我归罪特权，Boller 也不能引出被告人的基础性证言。Boller 非常天才地整理出鉴别物证的情况证据。首先，他传唤了一名摄影专家：这名专家对所有的照片和相机进行了 40 个小时的详细检查，断定它们是真实的照片 (R. 106)，不是合成的；在他看来，没有涂抹或者剪裁的痕迹，因此照片是图像记录。Id. At 671. 其次，Boller 证明照片中显示的房屋就是 Flesher 的住宅。Id. 一张照片上有 Flesher 家墙上破了的墙纸。Id. at 672. 再次，虽然照片并没有显示成年人的脸，该成年人的右手上却有一块淤青或瘢点。Id. 被告人身上也有吻合的淤青。最后，照片中的成年人胸毛很稀疏，腿毛却非常浓密。Id. At 673. 被告人身体上的毛发也有同样的分布特征。Id. 由于该案非常独特，Boller 无法援引任何直接的判例来确保类似的证词足以认定一张照片。但是，他认为，对证词已经逐步地提供了充分的情况证明。Id. At 672-74. 这一主张获得法庭的支持。笔者还清楚地记得 1971 年在弗吉尼亚大学美军法律顾问学院的基础课上 Boller 对 Flesher 案的课堂讨论。当时 Boller 少校是笔者的军事证据法导师之一。当 Boller 描述他感到必须将被告人绳之以法——管束一个恶魔、防止他祸害其他的孩子——时非常紧张。伍兹案中的检察官无疑也有同样的感受。Boller 说他当时绞尽脑汁地想办法出示这些重要的照片，正像伍兹案中的检察官想方设法地打破明显的品格证据禁令，出示关于其他紫绀被害人的证言。

⑭ Reply Brief of Appellant at 9, United States v. Woods (4th Cir. No. 72-2217 May 1, 1973).

明力，将它排除就等于无视常识，因为该证据足以产生一个"不可抗拒的"推理：本案被害人的死不是偶然事件。被告人看护下的这么多的孩子都偶然地紫绀发作是"非常不可能的"和"不现实的"。辩方正在竭力使法庭相信，发生了一个真正的"不寻常的"巧合。

更重要的是，控方对出现于美国的普通法的排除主义路线进行了直接的抨击。政府方认为，强迫控方把证据切割"塞进"例外的"条条框框"中是削足适履，并呼吁法庭放弃把品格证据禁令当做带有有限的"技术上"可以适用的例外的、牢不可破的排除性规则的观念。

虽然辩方指出没有支持控方理由的判例法，但控方还是发现了一个9年前的第一巡回区判例[15]，这让他们略感安慰。虽然承认"这一主题经常是从约定俗成的例外的角度来考虑，比如与身份、外观或意图相关的例外……"，但控方也认为把注意力集中于这些"例外"之下的一般"规则"更为合理。简单地说，控方不能一开始就出示关于被告人以前罪行的证言，来证明被告人主观上具有恶劣的品格，然后把被告人的个人品格当做被告人实施了指控罪行的情况证据。为任何其他目的而提供的品格证据是可以采纳的。那张"例外"的清单不仅不全面，而且也不"详尽"；更重要的是，各种"例外"只是"枚举性"地说明允许非品格的逻辑相关性的一般原则。如果原始的英国普通法就是这样的，那么就并非巧合。因此也难怪相关性的英国判例本身会成为上诉中的争点。

来自外国判例的传统

控方的要点摘录强烈主张要依赖英国判例的智慧，并两次承认它依赖的是英国的"老"判例，例如19世纪晚期梅金诉总检察长案[16]和20世纪早期的国王诉史密斯案。[17] 史密斯案是著名的"浴缸新娘"案。史密斯的妻子被发现淹死在自己的浴缸中。她的生命被投保，受益人是史密斯。法庭允许控方出示其他两个曾和史密斯一起生活过的女人也被发现死于各自的浴缸中的证据。梅金案的事实情况与伍兹案极其相似。在那个案件中被告人是一对夫妇，被指控谋杀了他们照顾的一个孩子。孩子的尸体被发现埋在他们的花园里。被告人承认埋葬孩子的行为是不规范、不合法的，但他们说孩子是自然死亡。法庭允许控方出示另外12个梅金夫妇监护下的孩子的尸体被发现埋在梅金夫妇房产不同地点的证据。

伍兹案中的检控方指出，不仅早期的美国判决认可性地援引了梅金案和史密斯案，而且这些英国判例实现了更合理的结果。一方面，它们尊重品格证据禁令背后的政策，禁止控方将被告人未被指控的不当行为仅仅作为证明被告人具有恶劣品格的证据。另一方面，它们允许出示那些在死亡是偶然事件还是犯意支配下的结果的关键问题上具有高度证明性的证据。正如雷丁（Redding）勋爵在史密斯案中总结的那样，初审法官"正确地采纳"了关于未被指控的不当行为的证言，控方认为伍兹案中的初审法官"适宜地许可"

---

[15] Dirring v. United States, 328 F. 2d 512 (1 st Cir.), cert. denied, 377 U. S. 1003 (1964).

[16] Makin v. Attorney General, [1891—94] All E. R. Rep. 24.

[17] R. v. Smith (1914—15) All E. R. Rep. 262.

了关于其他紫绀发作的证据。

辩方在答辩摘要中的回应是敦促法庭撇开英国判例,将英国判例说成"不靠谱儿"。辩方写道,"很久以前"的英国法庭就采取了一种给被告人提供"更少"保护的姿态。辩方断言:

> 体现英国规则的问题的最典型的例子是"浴缸新娘"案,R. v. Smith (1914—15) All E. R. Rep. 262……这是一个关于总体方案(common scheme)的案件,被告人以假装结婚为手段娶了几名女子,让她们留下遗嘱把财产留给他,然后把她们溺死在浴缸中。

在辩方看来,史密斯案本应该只关注一个问题:该案事实是否符合总体方案的既有例外的要素;该案的问题出在试图超越这些例外而主张有一个更为一般的原则,允许控方转向非品格的理由。然后辩方援引了一系列的美国判例,认为它们"直接"拒绝了英国的立场。

3. 第四巡回区在伍兹案中的判决

温特、菲尔德和怀德纳三名法官组成了第四巡回区上诉法院的合议庭,负责审理伍兹案。温特和菲尔德法官在怀德纳法官的强烈异议下投票认可。[18]

异见

怀德纳法官的异见虽然没有提及英国判例,但仍含蓄地否认它们的相关性,虽然控方的要点摘录中满篇援引的都是这些判例和讨论这些判例的多数派意见。怀德纳还采纳了辩方关于如何理解未被指控的不当行为的规则意见。控方必须将它的证据"安放"于"一系列列举的例外之一",才能击败辩方的异议。美国法院以前"承认了"合法的例外。在阐明伍兹案中的控方证言没有满足任何现有例外的要求之后,怀德纳法官认定,"完全缺乏根据"地支持犯意证明的例外对控方的立场来说是致命的。

多数派意见

多数派意见迥然不同。执笔撰写该意见的温特法官,援引了包括史密斯案和梅金案在内的三个英国判例[19],而且有一个地方,他完全依赖英国的文献(判例)支持他的立场。[20]

根据美国的排除主义路线,温特法官本应该作出对控方有利的认定,因为他对意外事件的理由作出了比辩方或怀德纳法官更宽泛的解释:

> 根据否定意外事件的例外,证据原本是可采的,虽然通常在被告人承认实施了指控的行为但同时又否认具备构成犯罪必备的意图,或者他

---

[18] United States v. Woods, 484 F. 2d 127 (4th Cir. 1973), cert. denied, 415 U. S. 979 (1974). 引用的伍兹案意见的正文在此。援引理由的具体页码可向作者索取。

[19] Makin v. Attorney General of New South Wales, [1894] A. C. 57 (P. C. 1893), Regina v. Roden, 12 Cox Cr. 630 (1874), and Rex v. George Joseph Smith, [1914—15] All E. R. Rep. 262.

[20] 梅金案和罗登(Roden)案(前注19),是温特在这一问题上引用的仅有的两个判例。温特在他的意见中的注释7中援引了这些文献。

实施该行为是出于意外时才援引该例外。在州诉拉佩奇案中（State v. Lapage, 57 N. H. 245, 294 (1876)), 有这样的意见：在同一位母亲的几个孩子都死亡的特定情形下，以前孩子死亡的证据应该可采，因为这些死亡不可能纯属意外。[21]

但是，温特法官的分析没有到此止步。他很快补充道："但是，当我们要作出该证据根据意外事件的例外可以采纳时，我们宁愿将我们的判决置于一个更广泛的基础之上。"

他意见中的其余部分发展了两个更宽泛的根据。一个是例外的清单是"不完全的"。与怀德纳法官不同，温特法官不肯把未被指控行为的规则当成封闭的系统。但是，更重要的是，温特法官质疑"例外"这一术语是否适合至少某些非品格的逻辑相关性的理由。对这一术语的使用可能具有误导性。司法的任务"不仅是切切割割……"，"简单地把具有这种属性的证据放到迄今已经获得承认的例外中，在我们看来，是一种过于机械的方法"。然后温特法官给初审法官规划了一个方法。首先，法官必须确保未被指控的不当行为根据非品格的理由具有真正的相关性；证据必须是"基于单纯证明被告人有实施犯罪的倾向或气质以外的其他目的"而"具有相关性……"，如果证据如此相关，那么法官就不必纠结于非品格的理由是否与现有的"例外"相吻合。相反，法官的下一步是"根据争议点和控方掌握的现有证据"评估控方的"对［基于这一理由的］该其他犯罪证据的实际需要……"。在评估了未被指控的不当行为的证明价值之后，初审法官必须反向"权衡"该品格证据的不利影响。更确切地说，法官应当衡量"该证据会在多大程度上引起陪审团无法克服的敌意"。"如果该证据的采纳对被告人产生不适当偏见的实质性风险超出了它的证明价值，初审法官就应当排除该证据"，即使未被指控的不当行为在逻辑上具有相关性。

4. 向过去致意：多数派意见，传统的胜利

伍兹案的判决在几个方面具有重大意义。最明显的是，在多数派的帮助下，规范未被指控不当行为的可采性的美国法发生了变化，而且，虽然没有使用这一术语，但为可采性提供了新的根据——"客观可能性规则"[22]。如果其他的行为证据能够证明：不幸事件源于无罪的事由或者被告人与事件的牵连纯属偶然，这在客观上是不可能的，那么该证据就是相关的和可采的。不要求有正式的统计学证据来表明这一点，至少通常的情况下不要求。但是，法律允许陪审员根据事件正常发展过程的知识来评估当事人就争议事件提出的相反主张的客观可能性。（的确，在许多司法区，法官的样本式法律要点说明指示陪审团运用的，正是这种推理类型。[23]）该证据是可采的，因为可能

---

[21] Woods, supra, note 18, at 134.
[22] 对于这一规则的更深入的讨论，参见 Imwinkelried, 前注6。
[23] E. g., 2 Kevin F. O'Malley, Jay E. Grenig & William C. Lee, Federal Jury Practice and Instructions: Criminal § 12.02, 5th ed., 2000. （"希望你们运用你们良好的判断来考虑和评价本案证据。按照你们对自然规律和人类本性的知识，以证据为基础合理地、公正地构建事实。"）

性规则不要求陪审团作出被告人具有恶劣品格或个性的推论，也不要求推论这个恶劣品格或个性引导被告人实施了指控罪行。可能性规则已经成为引入被告人未被指控不当行为的证据的主要根据，其适用情形从虐童案件到毒品诉讼。

为了支持可能性规则的思路，伍兹案中的多数派得出了一个联邦法中前所未有的结论。正如辩方的要点摘录和该案的异见正确地指出的，当时还没有明确地认定可能性规则足以击败品格证据异议的美国判例。吊诡的是，伍兹案的多数派之所以决定驳回辩方的意见，得出这一新的结论，恰恰是因为多数派忠实于美国法中最古老的传统。

在伍兹案的要点摘录中，辩方提出内向省视的方法（an inward looking approach）来评估这些争点，敦促法庭不要考虑英国判例，在某种程度上表现出对外国权威的漠视、近乎蔑视的态度。[24] 在逻辑和正义似乎都强烈要求扩张可采性的情形下，辩方还要求美国判例故步自封。伍兹案的多数派拒绝了辩方提出的方法，维持了美国法中两个由来已久的传统。一个是偶尔也会全心全意地考虑外国判例，至少可以在脚注中讨论它们，并把它们当做某种权威来源。如果没有对英国判例的洞察，多数派也完全有可能得出同样的结果。但是，与完全不考虑英国判例的异见不同，多数派表现出聆听和尊重其他法院话语的意愿。

另一个传统是普通法思维的伟大传统。多数派拒绝"机械地"理解未被指控不当行为的规则。在其要点摘录中，控方明确地请求法庭将注意力集中于该规则背后的原则，而且多数派确实这么做了。温特法官以阐述这一核心原则开始他的法律分析："证明被告人是个坏人，因此很可能实施了指控犯罪的其他犯罪的证据是不可采的。"在指出这一原则后，多数派根据卢埃林（Llewellyn）每个"规则"都是原则或理性的体现以及"理性停止的地方，规则也停止"[25] 的观点——卢埃林称之为"伟大的传统"，以经典的普通法风格开始推理。

多数派走出了现存法律。多数派之所以这么做是因为，鉴于品格证据禁令背后的原则性质，正如控方所说的，只有在当事人能够将证言"塞进"以前认可的例外的时候才采纳未被指控的不当行为的证言，这是没有意义的。相反，未被指控的恶劣行为的证据应该推定为可采，如果它是"基于证明被告人具有实施犯罪的倾向或天性以外的目的"，那么它在逻辑上具有相关性。这一伟大传统之下的思维决定了这样的结论：收纳性地理解未被指控不当行为的规则与品格证据禁令完全是一致的。正如温特法官的评论，"［品格］禁令之外的相关性的范围几乎是无限的"。如果这样的话，把规则理解为一个附有合法的、非品格的相关性理由的完备清单的封闭体系是愚蠢的。规则必然是不断完善的；而且，正如伍兹案一样，法庭必须时刻准备好确认是否一个前所未有的理由具有真正的非品格的相关性，并且因此超出了品格证据禁令的范围。伍兹案中的多数派做好了这么做的准备，并正确地认定客观可能

---

[24] 辩方嘲笑"误入歧途的英国规则"，并断言英国判例已经在这一法律问题上造成了"灾难"。

[25] Karl Llewellyn, The Bramble Bush 157 - 58 (1951); See also Paul J. Mishkin & Clarence Morris, *On Law in Courts: An Introduction to Judicial Development of Case and Statute Law* 89 (1965).

性的理论通过了检验。

伍兹案多数派对这两个传统的确认非常及时。多数派的判决刚好与美国法两个重大发展的起步阶段不期而遇。一个发展是法律实践不断增长的全球化。随着全球化的发展，美国法院很难再对外国判例持蔑视的态度。在越来越国际化的法律环境中，这种态度是落伍的和不可接受的。

另一个发展是当时很迫切的联邦证据规则的通过。伍兹案的多数派于1973年9月作出判决。当时建议的规则草案仍然处于国会讨论阶段。令多数派感到安慰的是，建议的第404条的用语支持了它们的立场。伍兹案的多数派对普通法思维伟大传统的援引，向其他联邦法院传递了一个理解证据法的重要信息。多数派对联邦规则的参考是敏锐的，因为伟大传统下的普通法思维对判例法和对成文法具有同样的解释性。伟大传统中的法庭推理超越了先前判例的狭隘的事实参数，努力寻找促使以往法院作出判决的原则或政策理由。同样，一项有法庭解释的立法有意识地超越了成文法的字面条文，努力识别激发立法行为的政策性考虑。作为总体态度，对判例的狭隘解读和对成文法的字面解释都不必然促进原本应当引起司法决定和立法干预的政策。因此，通过在普通法环境中重新确认这一伟大传统，伍兹案的判决对于很快将要身负解释联邦规则重任的法院系统充当了一个有用的提示，即通过解释联邦规则所促进的政策，与以前的普通法证据判例背后的政策，即使不是完全一样，也是类似的。

总之，伍兹案的故事是一个关于司法推理传统的故事。伍兹案这一部分是我们关于政府第三个分支的更宏大叙事的一部分。这个大故事描绘了一个致力于追求公共利益的司法体系，它非常开明，知道自己并不总是拥有关于公共利益问题的所有答案。因此，解决特定公共政策问题的并不总是政府机构。但是，一旦在具体的案件中涉及证据法和正义问题，没有任何政府分支能够比我们的法院更适于作出明智的决定。因此，伍兹案是一个在个案中实现正义的故事。在对伍兹夫人进行的为期6个月的冗长审判期间，一个美国法中没有的新理论，被称作可能性规则，被应用来采纳证据，在揭示案件真相的意义上，可以说它是非常独特的。审判陪审团发现这一证据很有说服力。用检察官——时任联邦助理检察官的查尔斯·伯恩斯坦的话来说，"事实完胜了"。

陪审团以虐待未成年人、侵犯人身、谋杀未遂和一级谋杀等8项诉因认定伍兹夫人有罪。她的刑罚包括根据谋杀诉因被判处的终身监禁。第四巡回区维持了初审法院的证据性裁定和初审的裁决，最高法院后来拒绝签发调卷令。正义得以实现，美国证据法也得以完善。最重要的是，玛莎·伍兹案不会再有被害人了。到底挽救了多少生命？现实地说，可能一个也没有，因为，即使她的审判以无罪判决告终，她也不会再有机会被委托照顾、养育孩子了。但人是会动的；而且在电子记录变得无处不在之前的时代，社会工作机构甚至没有想过追踪那些寻找养父母的人们。所以我们不好确定。但是，在她1972年接受审判之前的25年间，玛莎·伍兹可能要对8起死亡事件负责。她又活了30年，2002年在德州沃思堡的卡斯韦尔联邦医疗中心去世。㉖

㉖ 2005年6月14日，伊姆温克里德教授致电给得州布莱恩联邦监狱的档案室获知，电话（979）823-1879。

4

关于畸石与妥协：
迈克逊案和现代品格证据法

克利斯托佛·B·米勒*

---

* Henry S. Lindsley，教席诉讼法和控辩学教授，科罗拉多大学法学院。我要感谢科罗拉多大学法学院为本项目提供的研究支持，还要感谢2005级的Laura Sturges为本项目做的研究工作。最后，我还要感谢David Kaye就本文中所讨论的贝耶斯问题和我进行的探讨，还有Roger Park及我长期以来的同事和合作伙伴Laird Kirkpatrick阅读了本文的初稿并提出了有价值的建议，还有Richard Lempert认真的编辑工作和实质性的建议。当然，本文中的错讹由我本人负完全责任。

引言

迈克逊诉美国案（Michelson v. United States）[1]因它对品格证据规则的详尽解释和结尾那段话而著名。在这段话里，杰克逊大法官将品格证据规则描述为"陈旧的"和"自相矛盾的"，但却认为修改不慎只能是得不偿失。因此，他不主张从那个"奇怪的框架"中去除那块"畸形"的石头，相反，他主张原封未动地保留一个给一方"不合理利益"、给另一方"逻辑牵强的特权予以补偿"的规则，认为这是一个"虽然笨拙，但还算行得通的"方案。

杰克逊法官深入浅出的写作风格，使这份意见读起来很轻松，他使用的语言既像是对两代人以前的与他同时代的人说的，也像是对现代人说的。也许它最吸引人的地方是坦率地承认法律中的紧张和"如果没有失灵就不要修理"的现实主义态度，还有承认法律某个方面的改变可能会带来意想不到的后果的论断。而且，杰克逊大法官在迈克逊案中勾画了品格证据规则发展的总体蓝图，不仅是意见出台的1948年，而且今天在很多方面仍是如此。虽然迈克逊案是在一个联邦法院在证据法问题上基本追随各州的时代作出的判决，但是这份意见作为权威文献对于规则的含义具有重大而持久的影响。[2]

迈克逊案涉及的不是一个而是三个故事，一个比一个有意思，也一个比一个重要。第一个是本案被告人所罗门·迈克逊还有明显是他实施的犯罪的故事。我们对他所知甚少，但似乎他的罪行只是小菜一碟，而且要不是这个写着他名字的案子，大概他早就被忘掉了。第二个是罗伯特·杰克逊法官的故事，他是最后一位没有法律学位而被任命到最高法院的人和有着非凡的能力、影响力的法学家。他行文非常清晰，措辞能力无与伦比。第三个是杰克逊法官的意见中所把握和总结的，并且仍然很有争议的品格证据规则的故事。本文从这起案件和它的主角出发开始讲述这三个故事。

迈克逊案的判决

迈克逊案的判决来源于对一名58岁、名叫所罗门·迈克逊的二手珠宝商的审判。他住在布鲁克林[3]布莱顿海滨区，在曼哈顿下城的包厘街[4]工作，

---

[1] Michelson v. U.S., 335 U.S. 469 (1948).
[2] 根据Westlaw的统计，到2005年9月，迈克逊案被援引超过2 600次。
[3] 他的地址是布莱顿第六大街3152号，坐落于布莱顿海滨区的沿海木板路边。这个地址上现在是Winter Garden俱乐部，供应俄罗斯食品，有一个精致的舞台表演歌舞，"歌舞中芬芳的烟圈喷进亢奋的人群"（一客饭含两份伏特加）。
[4] 迈克逊的工作地址包厘街74号，现在是纽约珠宝交易中心。今天珍妮特的钻石广告就是这个地方的业务。

在那里，他和其他的珠宝商都是租用柜台。⑤迈克逊被指控贿赂正在调查迈克逊1942年和1943年的纳税申报单的国内税务署官员莫里斯·克拉特（Maurice Kratter）。二人在迈克逊的营业地点见过几次面，克拉特认为迈克逊欠了25 000美元的税，这表明他至少有28 409美元的未申报收入，他的总收入则要高得多。⑥虽然实际上可能没有这么富有，但按照当时的标准，迈克逊也算过得相当好了。

几次会面之后，检察官的证据表明，迈克逊和克拉特通过几次电话，最终同意于1946年7月17日在布鲁克林的圣乔治酒店的会客室见面。⑦ 案件的分歧点转向是否如迈克逊声称的那样，是克拉特主动提出，还是控方所说的，全都是迈克逊一个人的主意——这可构成了贿赂。显然迈克逊是中了圈套了，因为这个房间被监听了，但是记录谈话的速记员对很多内容都听不清楚。克拉特作证说迈克逊敲了门，一进门就把一个装着5 000美元现金的包裹放在梳妆台上。在当时，这笔钱足够买一辆克莱斯勒豪华轿车。

这么简单的案情，证人算是很多了，关键问题也没有定论，因为头一场持续两天的审判以悬案陪审团告终。第二场审判的结果是有罪，迈克逊被罚3 500美元，同时被判处一年半监禁。在政府方有国内税务署的雇员扬，克拉特就是被招募来协助他处理迈克逊的档案的（克拉特是国内税务署的新人）。在被告方一边有迈克逊的会计亚伯拉罕·奥斯特菲尔德。迈克逊还传唤了5名品格证人证明自己的良好品格（苏珊·科克、大卫·奥本海姆，还有其他一些人，意见中只提到他们的姓：格斯坦、史密斯和威茨曼）。

迈克逊作证为自己辩护，鉴于案件的性质，他几乎是不得不这么做。他在直接询问中承认，19年前他曾因持有假冒的手表表盘被定罪，他的5名品格证人以各自的方式证明迈克逊在诚实、真诚和守法方面拥有良好的名声。检察官申请对他们其中的3位进行交叉询问，问他们是否听说过迈克逊在26年前曾因收买赃物被逮捕过（那时他大概32岁），其用意明显是为了弹劾证人。辩方提出异议，并质疑迈克逊是否曾被逮捕过。⑧ 法庭最初维持了异议，但后来又改变了主意，告诉陪审团说这一问题要接受"关于被告人名誉的意见的标准"的检验，但陪审团"不要假定"该事件"是实际发生的"。在调

---

⑤ 这里描述的事实情况大多数来自最高法院意见或第二巡回区对本案的意见，本文通篇都在引用。有一些事实情况来自当时的新闻报道。参见 "5 000 dollar Tax Bribe Charged", *New York Times*, July 30, 1946. （报道说，Maurice Kratter "对迈克逊的业务记录作了一次常规检查，发现有巨额的未申报的收入，可能会导致"超过25 000美元的纳税义务；迈克逊交纳了5 000美元的保释金后被释放。）

⑥ 因为在1942年，最高的边际税率是88%，如果迈克逊欠了那么多税，而且也属于这一等级的话，那么他的未申报收入就会是上文列举的数字。最低的边际税率是19%，但是他肯定不在这一等级（2 000美元封顶）。

⑦ 当时这家大酒店坐落于布鲁克林高地的亨利街100号，圣乔治酒店俯瞰曼哈顿和布鲁克林桥，号称拥有室内海水游泳池。它1995年被推倒，现在这个地址上是学生宿舍楼。在克拉克街附近的现在的（也小得多）圣乔治酒店是一个精品酒店。学生宿舍的网页上说老酒店是"社会名流汇集之地"，电影《教父》中有些场景就在那里录制，即卢卡·布拉西在酒吧里被所罗佐杀死那一幕。

⑧ 在上诉中，辩方提出，没有证据表明被告人曾因接受赃物而被逮捕过，但是控方的要点摘录上说有一项逮捕记录。比较调卷令申请第24页（说被告人在直接询问中作证说除了一次定罪外，"他没有过其他的麻烦"，"因为他已经在美国了"，记录中其他部分没有显示"被告人由于收买赃物被逮捕过"）（1948年2月16日）和联邦的要点摘录第10页（说检察官"提交了一份1930年的许可证申请，包含有1920年被逮捕的提示"）（1948年10月），这两份文件都在迈克逊诉美国案中提交，335 U. S. 469 (1948)。

卷令申请中，迈克逊的律师指出："大概没有任何商品被盗之后更可能被二手珠宝商这样的无辜商人收买。"

在向第二巡回区的上诉中，迈克逊提出初审法庭不应当允许提出关于逮捕的问题。在最高法院判决迈克逊案的 5 年前去世的威格莫尔，曾严厉批评就被告人的先前行为交叉询问品格证人的做法，第二巡回区人才济济的合议庭（弗兰克、斯万和卡里法官）赞许地引用了威格莫尔的话，并且说，它希望最高法院采纳所谓的伊利诺伊规则，只许可提出"与被告人受审的罪行相同的罪行"的问题。⑨ 但是，第二巡回区感到必须服从允许更广泛的交叉询问的原有传统。

当案件到达最高法院时，迈克逊的律师并没有提出关于伊利诺伊规则真实含义（一概地禁止对先前行为的交叉询问）的主张，也没有申请适用上诉法院限制交叉询问可能对当前指控产生影响的被告人行为的意见。相反，根据经典的辩护原则，迈克逊的律师申请了能让他的当事人成功的最小的改正措施。他提出不应当允许交叉询问人询问关于逮捕的问题，并强调那次逮捕太久了，不具有相关性。作为最后的倚靠，他提出初审法官认为自己在这一方面缺乏自由裁量权是错误的。

在著名的迈克逊案的意见中，最高法院拒绝了辩方和第二巡回区的要求。即使"你是否曾听说过"这样的问题向品格证人询问了传闻（"传言和报告"），即使这些"不影响他的结论"，即使交叉询问中提到的那次逮捕发生在 26 年前，即使造成逮捕的指控与目前的指控不同，关于逮捕的询问仍然是有意义的，因为，最高法院认为，关于诚实与守法的品格证言本身就"比指控犯罪广泛"，并且，"收买赃物"和"行贿"一样，与诚实和守法是"不相容的"。因此，即使与指控犯罪无关的问题也能检验被告人的名声是否真的像证人说的那么好。

该案确立的规则甚至更难以克服：迈克逊案认为，即使半辈子之前发生的事，甚至在至少一个品格证人认识被告人之前大约 12 年发生的，也是公平的——但是，因为还有指示法庭有权禁止询问"遥远的事件，除非有最近的不当行为与此相关"这样的话，这一点稍稍得到缓和。由于迈克逊的两个品格证人在他第一次被逮捕时已经认识他 6 年了，在最高法院看来，允许这样的提问不构成滥用自由裁量权。在异见中，拉特利齐（Rutledge）法官和摩菲（Murphy）法官说他们宁愿采纳伊利诺伊规则，意思是他们不会允许询问证人是否"曾听说"过其他的行为，也不会允许关于逮捕的问题，因为他们对名誉没有"实质性影响"。

迈克逊案来源于理性主义传统。它假定疑难法律问题的答案可以来自认真的思考和对经验的重视，它散发着探索揭示真理和今天的答案很可能也是明天的答案的自信。它不是一种认为法律源于法官头脑（因此明天就会改变）的"现实主义"观念，也不是一种"神谕"观念，它认为，规则之所以是有效的，只是因为必须有人决定法律是怎样的，而最高法院就是这样的机

---

⑨ U. S. v. Michelson, 165 F. 2d 732, 735 n. 8 (2d Cir. 1948), citing Wigmore and Aiken v. People, 55 N. E. 695 (Ill. 1899). 实际上，Aiken 案中解释的伊利诺伊规则禁止了（现在依然禁止）向辩方的品格证人提出被告人的任何先前不当行为的问题，无论与指控的罪行相同与否。

构。它既是现实的，也是保守的，因为它视现存法律为一种动态平衡的一部分，如果法律的任何一部分发生变化，这种动态平衡就要被打破。谨慎的现实主义和一定的保守主义是杰克逊大法官司法信条的组成部分。[10] 因此迈克逊案叙述并拒绝打翻一套在百年以前就在英语文献中表述过的规则体系。[11]

迈克逊案的执笔人：罗伯特·H·杰克逊大法官

杰克逊大法官是最后一位被任命到最高法院而没有法律学位的大法官。[12] 他是来到最高法院时以前没有过司法经验的大约 40 位大法官之一（其他的例子包括布兰德斯、道格拉斯、沃伦、怀特和伦奎斯特大法官）。杰克逊在一个律师事务所的实习项目中和律所里一位有经验的顾问那里学到了这一行业的知识。在他短暂的法学院（在纽约州的阿尔巴尼）学习期间，他喜欢看课堂上举行的上诉法院的口头辩论，也喜欢阅读案例教材。然后杰克逊在纽约州的詹姆斯镇成立了自己的小型事务所，靠着为散户提供服务，获得了相当大的成功（他在大萧条中期一年赚了 3 万美元）。

杰克逊终生都是民主党人，他参与过伍德罗·威尔逊的总统竞选，并且因负责纽约的赞助职位而获得回报，但是他对进入公共机构心存疑虑。虽然他和当时在威尔逊政府任职的富兰克林·罗斯福是朋友，当罗斯福担任纽约州州长时，杰克逊拒绝了一个州政府职位。后来罗斯福成了总统，杰克逊又拒绝了另一个进入公共机构的机会，拒绝了工程进度管理署（Works Progress Administration）总法律顾问的职位。虽然认为在理念上毫无吸引力（"什么都不用做就可以获得回报"），但是大萧条让他相信，资本集中于大财团手中对于民主构成严重的威胁，因此，1934 年，他接受了一个在国内税务署担任助理法律顾问的职位。两年后，他调到司法部反托拉斯署，他想在那里致力于他所信奉的、恢复鼓励自由竞争和小型经济单位的传统原则。

对于他认为是新政哲学的、根据国家复兴法进行的工作——在最高法院判决违宪后不复存在——他感到并不轻松。迫于罗斯福提出的支持最高法院

---

[10] Robert H. Jackson, The Struggle for Judicial Supremacy: A Study of A Crisis in *American* Power Politics 315 (1941). （最高法院"几乎从来不是一个真正当代的制度"，因为法官的终身任职让最高法院的"通常观点"离国会的观点有一代之远；因此，司法系统"是上一代人对当前这一代人的制衡；是保守的法哲学对有创造力的人们的制衡；而且几乎总是过时的制度对目前制度的制衡"）。

[11] 这一规则已经在英国和美国的文献中讨论了几乎 200 年。See, e.g. 2 Thomas Starkie, *Evidence* (2nd ed. 1828); Burrill, On the Nature, Principles and Rules of Circumstantial *Evidence* 524 - 525, 531 (1859); 2 Simon Greenleaf, *Evidence* § 25 (2nd ed. 1844); Stephen's Digest of the Law of *Evidence* 111 - 112 (1867); James Thayer, *A Preliminary Treatise on Evidence at the Common Law* 525 (1898).

[12] 接下来的描述来自 The Supreme Court Justices Illustrated Biographies (1789—1993) 406 - 410 (Clare Cushman, ed., Supreme Court Historical Society 1993); Eugene C. Gerhart, America's Advocate: Robert H. Jackson (1958); Jeffrey D. Hockett, New Deal Justice, The Constitutional Jurisprudence of Hugo L. Black, Felix Frankfurter, and Robert H. Jackson (1996); Mr. Justice Jackson, Four Lectures in His Honor (1969). For a list of Jackson's opinion, see Bibliography, The Judicial Opinions of Justice Robert H. Jackson in the Supreme Court of the United States, October 6, 1941 - October 9, 1954, 8 *Stan. L. Rev.* 60 (1955).

压缩方案的要求，杰克逊提出了一个不甚激烈的辩护意见（强调他希望立法和司法两大体系能够找到合作的道路），他并不赞成说最高法院是一个无效率的机构的"政党路线"，因为它的法官太少了。但是，1938年，罗斯福仍然任命杰克逊担任副总检察长，后来又任命他担任总检察长，而且他很明确地告诉杰克逊，他想让他担任首席大法官。但是后来没有实现。后来的情况是，当首席大法官休斯退休时，斯通大法官接班成为首席大法官，杰克逊接受了大法官的职位。

在最高法院的13年间（1941年～1954年），他在纽伦堡战犯法庭担任检察官的一年半时间除外，杰克逊大法官执笔撰写了148份判决意见，还有46份附议和115份异见。他在最高法院的工作最值得历史学家和学者铭记的是他在四个案件中发挥的作用：在任职的早期，杰克逊大法官执笔撰写了最高法院对威卡德诉弗尔本案的判决意见，该案之所以重要，在于它排除了大萧条时期最高法院给新政立法摆放的路障。[13] 1943年他撰写了巴尼特案的判决意见，该案抛弃了法兰克福特大法官刚刚在三年前撰写的判决理由，相反，它认定不能强迫学生背诵向国旗效忠的誓词。[14]此时第二次世界大战战事正酣，这一判决不仅是杰克逊大法官，而且是整个最高法院的勇气之举。就在第二年，杰克逊大法官在日裔人拘禁案中提出异见，这又是一次勇气之举，他写道："如果说我们的制度有什么基本假设的话，那就是罪责是个人的，而不是可继承的。"[15]在他任职的末期，1952年，杰克逊大法官在钢材扣押案中提出了著名的附议，在该案中，他对界定总统权力的问题提出了一个系统的解决方案，直到今天，这一方案还备受推崇。[16]

杰克逊大法官执笔的另外两个意见对审判实践有重大影响，成为成千上万的学生阅读的案例教科书中的标准教学模本。一个是杰克逊在迈克逊案中的意见，也是本文的主题。另一个是在希克曼诉泰勒案中的附议，该附议承认了劳动成果保护的存在，虽然民事规则中没有规定这种保护。在希克曼案中，杰克逊大法官从诉讼律师的立场陈述了这一问题，他写道：他能"感受到，对律师行业而言，没有什么做法比要求律师向对手写出并移交证人所说的话更令人沮丧的了"[17]。

杰克逊还因为一些精辟、中肯的语言令人铭记。看看下面的话："如果是州际贸易感受到了这种限制，那么施加这种限制的做法多么具有地方性就无关紧要了。"[18] "并不是因为我们不会犯错误，我们才是终审，而是因为我

---

[13] Wickard v. Filburn, 317 U. S. 111, 63 S. Ct. 82, 87 L. Ed. 122 (1942).

[14] West Virginia State Board of Education v. Barnette, 319 U. S. 624 (1943); Minersville School District v. Gobitis, 310 U. S. 586 (1940).

[15] Korematsu v. U. S., 323 U. S. 214 (1944) (dissent).

[16] Youngstown Sheet & Tube Co. v. Sawyer, 343 U. S. 579 (1952). （当根据国会"明示或者默示"的授权行动时，总统享有"最大限度的"权力，但是，如果国会既没有授予、也没有拒绝授权时，总统"只能依赖自身的独立权力"，虽然有一个国会和总统共同享有权限的"模糊地带"，如果总统采取违背国会意志的措施时，他的权力处于"最低点"，因为他享有的是他的宪法权力"减去国会的宪法权力"。）

[17] Hickman v. Taylor, 329 U. S. 495 (1947) (concurring opinion).

[18] U. S. v. Women's Sportswear Mfg. Association, 336 U. S. 460, 464 (1949).

们是终审,所以我们不会犯错误。"[19] "即使在征税中,强权也不能产生正义。"[20] "有一种危险,如果最高法院再不用一点现实主义的智慧冲淡教条主义的逻辑,那么我们宪法权利法案将会变成自杀条款。"[21] "我找不到今天有意识犯错误的理由,因为昨天我在无意识地犯错误。"[22] "所有的从业律师都知道,可以通过向陪审团下指令消除负面效果的天真想法是一个不折不扣的幻想。"[23]

但是,杰克逊大法官,不是因为他在最高法院任职期间写下了什么而闻名遐迩,而是因为他为了担任纽伦堡战犯法庭首席检察官而作出了离开最高法院的富有争议的决定,这一决定让他从1945年6月到1946年10月待在了德国。[24] 他不仅成功地追诉了20个纳粹战犯,其中许多都被判处绞刑或终身监禁,而且他还主导了关于创设法庭、确立要遵循的程序的协商。在这一角色上,杰克逊敏锐地意识到胜利者在制定规则,他呼吁,虽然国际法"首先用于惩罚侵略者",它也必须谴责"其他任何国家的侵略,包括坐在这里作判决的"。他在审判中的开场陈述极其精当地总结了适用特别诉讼程序的原因:

> 开启人类历史上第一场危及世界和平犯罪的审判,这是一种特权,同时也背负了严重的责任。我们要谴责和惩罚的罪行是蓄谋已久的、恶劣的和令人震惊的,人类文明不容我们忽略这一点,因为如果再次发生此类行为,人类文明将会遭受毁灭。这四个伟大的国家,充满着胜利的喜悦和战争的伤痛,停下了复仇之手,自愿将它们抓获的敌人交给法律审判,这是强权向理性致以的最伟大的敬意。[25]

杰克逊在纽伦堡的经历在他返回最高法院后使他更倾向于狭义地解释权利法案,至少是可能如此。一位学者曾经说过,杰克逊是从没有充分镇压激进主义的角度来看魏玛共和国的失败和纳粹主义的崛起的。[26]

杰克逊大法官还因与布莱克大法官的争执而闻名,这不仅是观念上的,有时候也是个人的,而且在特定的权利法案的保护是否应当合并到第十四修正案正当程序条款的问题上,他还因为在一边是布莱克和道格拉斯大法官,另一边是法兰克福特大法官的斗争中,没有采取坚定的立场而闻名。杰克逊法官从来没有被任何一方的真知灼见完全说服,因此在这个问题上他采取的是一种不明确的中间立场。

1954年杰克逊心脏病发作,被强烈要求减少活动,但是6个星期后他又

---

[19] Brown v. Allen, 344 U. S. 443, 540 (1953).
[20] International Harvester Co. v. Wisconsin Department of Taxation, 322 U. S. 435, 450 (1944).
[21] Terminiello v. Chicago, 337 U. S. 1, 37 (1958).
[22] Massachusetts v. U. S., 333 U. S. 611, 639-640 (1948).
[23] Krulewitch v. U. S., 336 U. S. 440, 453 (1949) (concurring opinion).
[24] 但是,在电影《纽伦堡审判》(1961)中,没有出现杰克逊大法官的角色。这部电影是德国法官和医生对审判德国军官之后——杰克逊法官在这里担任首席检察官——纽伦堡发生的故事的虚构陈述。由Spencer Tracy扮演的美国法官形象Dan Heywood,其原型是俄勒冈最高法院大法官James Brand,他主持了之前的审判。
[25] Telford Taylor, The Anatomy of the Nuremberg Trials: A Personal Memoir 161 (1992).
[26] Henry J. Abraham, *Justices and Presidents: A Political History of Appointments to the Supreme Court* 178 (new and revised ed. 1999).

返回法院出庭，那一次，最高法院宣布了在布朗学校种族隔离案中的一致判决。5个月后，他溘然辞世。

迈克逊和现代美国品格证据规则

在1975年联邦证据规则通过之前，除了刑事诉讼领域的法理和一些涉及对质问题的第六修正案判例之外，最高法院在发展证据法方面发挥着微乎其微的作用。除了少数例外，直到20世纪60年代，最高法院才开始将对质条款适用于与传闻相关的问题，在20世纪60年代和70年代，最高法院才解决了证明责任和刑事案件中不利于被告人的推定中最重要的问题。㉗

虽然联邦法院在联邦刑事案件中确实发展出它们自己的普通法传统，但在1975年之前，联邦法院在各种案件中要么适用州的，要么适用联邦的证据法，并被指令在发生冲突的时候要适用倾向于采纳证据的规则。在杰克逊的时代，最高法院曾几次处理过共谋的例外、配偶特权和国家秘密，在杰克逊退休前的那一年，最高法院处理了商业记录的例外。㉘ 大体如此。

正如杰克逊在迈克逊案中所说的，与证明品格有关的证据法"几乎完全是在州法院的手中得以发展"，最高法院自身对证据法"这一或任何阶段的发展贡献寥寥"㉙。同样的论断也可以全盘适用于整个证据法。因此迈克逊案是最高法院判决的第一个重要的证据法判例，当时杰克逊还在最高法院，撰写判决意见的任务就落在了他的头上。

1. 迈克逊案勾画了正确的框架吗？

在很多方面，迈克逊案都没有做对，这一判例经常被援引，不是因为它狭义的判决理由，而是因为更宽泛的论断——品格证据一般不可采纳为不利于被告人的证据，正常情况下只能由辩方打开这一主题。

㉗ 1965年，最高法院第一次将对质条款适用于各州。See Pointer v. Texas, 380 U.S. 400 (1965). 在此之前，最高法院认可一些传闻的例外，但是在一个案件中裹足不前。See Mattox v. U.S., 146 U.S. 140 (1892) (临终声明); Mattox v. U.S., 156 U.S. 237, 244-250 (1895) (先前的审判证言); Kirby v. U.S., 174 U.S. 47 (1899) (不能使用对第三方的定罪来证明财物是被盗的); Snyder v. Massachusetts, 291 U.S. 97 (1934) (临终声明和档案证据). 判决对质条款限制使用传闻的第一个现代判例是California v. Green, 399 U.S. 149 (1970). 关于刑事案件证明责任的判例出现于20世纪70年代。See In re Winship, 397 U.S. 358 (1970); Mullaney v. Wilbur, 421 U.S. 684 (1975); Patterson v. New York, 432 U.S. 197 (1977). 刑事推定方面的大判例出现于1979年。See Sandstrom v. Montana, 442 U.S. 510 (1979); County of Ulster v. Allen, 442 U.S. 140 (1979).

㉘ See Krulewitch v. U.S., 336 U.S. 440 (1949) (拒绝将共谋例外延伸适用于共谋后言论；杰克逊附议，但是抱怨共谋规则无法控制); Lutwak v. U.S. 604 (1953) (因认定如果被告人为了阻止证人作证而与之结婚，那么不适用配偶证言特权；杰克逊和法兰克福特大法官认为婚姻有效，应该适用特权的"战争新娘"案). Reynolds v. U.S., 345 U.S. 1 (1953) (维持了政府方主张的特权覆盖军用飞机碰撞的报告；杰克逊、布莱克和法兰克福特认为政府方应该出示基本报告供秘密审查); Palmer v. Hoffman, 318 U.S. 109 (1943) (拒绝将商业记录例外适用于铁路提供的作为针对《联邦雇主义务法》主张的抗辩而提出事故报告).

㉙ Michelson v. U.S., 335 U.S. 469, 486 (1948).

迈克逊案重述的法律的很多方面今天还是白纸黑字的法律。它们包括：（1）禁止检察官提供被告人恶劣品格的证据来证明他作出了相应的行为；（2）允许被告人通过能够证明他良好品行的证人证明自己无辜，包括守法的总体品质；（3）允许检察官就可能抵触品格证人描述的情况的传言交叉询问品格证人，包括谈及逮捕，但是只有在交叉询问人对这些问题有着真诚根据的情况下才允许这么做；（4）在辩方作相应申请时，要求法庭告诉陪审团，这种交叉询问中揭示的任何信息只能用来评估品格证人，不能被用作证明被告人有罪的证据。联邦证据规则第404条和405条大体吸收了这些原则，但是它们允许品格证人不仅提供名誉证据，而且可以提出个人意见（在这种情况下，交叉询问可以深入到对于恶劣行为的知情）。

但是，在另一种意义上，迈克逊案勾画的大框架也具有误导性。实际上，检察官在主诉过程中经常可以证明被告人方方面面的品格。正如证据法学生很快就会了解到的，检察官可以证明具体的行为情形，如果它们的相关性不仅仅是能够证明品格，正如它们也能证明意图、计划、惯用手法或身份一样。同样重要的是，在案件中作证的被告人——无论他是否提到自己的品格——可以就与可信性相关的具体行为接受交叉询问。在这一方面，可以肯定，被告人受到的待遇既不比别的证人好，也不比别的证人糟，除了当陪审员误用先前的行为，把它当做有罪的证据时，被告人有被定罪的风险，或者他们因对这些行为感到愤怒而作出有罪判决外，这是显而易见的事实。而且，被告人当然可以就先前的恶劣行为接受交叉询问，如果他们在直接询问中所说的关于他们生活的话与这些先前的行为相矛盾。特别危险的是描述一种无辜式过往的地毯式证言（如"我以前从来没有遇到（法律方面的）麻烦"），这就开启了有关各种恶劣行径的提问和外部证据的大门。

2. 迈克逊案漏掉了什么？

有关品格证据的三个基本点在迈克逊案中没有被提到。首先是关于过往行为的证明标准，如果检察官打算出于许可的目的——如意图——来使用它们。直到迈克逊案审结40年后，最高法院才在赫德尔斯顿案中作出判决，在联邦诉讼中，其他的恶劣行为必须证明到优势证据——而不是排除合理怀疑，甚至也不是清楚和有说服力的证据（许多法院采用的标准）。[30] 其次，法官或者陪审团是否应当就被告人以前是否实施了某种犯罪或者其他的恶劣行为作出认定。在赫德尔斯顿案中，最高法院认定陪审团应当对这一点作出决定，但赋予法官驳回证据的权力，如果证据如此虚弱，难以合理地成为实施了行为这一结论的基础。最后，迈克逊案没有考虑这样的问题：先前的无罪判决是否阻止政府方证明背后的犯罪行为。42年后，最高法院认定不阻止，但该意见还是只约束联邦法院。[31]

---

[30] U. S. v. Huddleston, 485 U. S. 681 (1988).
[31] Dowling v. U. S., 493 U. S. 342 (1990).

3. 就它下判决的这有限的一点而言，迈克逊案是正确的吗？

认真解读就会发现，迈克逊案实际上只是判决检察官可以通过询问辩方品格证人是否听说过被告人的恶劣行为来交叉询问提供被告人守法的宽泛证词的辩方品格证人，即使这些行为对导致被告人实施指控罪行的品格倾向没有任何影响。

我认为在这些问题上迈克逊案犯了错误。首先，该判决理由更为严格——交叉询问可以挖掘与指控罪行紧密联系的品格倾向无关的行为。理论上说，交叉询问仍然在两个方面具有相关性。第一，它可以检验证人对他所描述的名誉或（今天）提供的意见的了解。如果该名誉证人没有听说过该行为，那么该名誉证言所反映的社区判断背后的基础信息可能是不全面的。如果意见证人不知道这些行为，那么他的信息可能是不全面的。第二，交叉询问检验了社区或者证人的判断。如果这些行为"被提及"，或者该证人"知道"它们，那么正面的名誉或者意见证言就带来了问题：如果已经知道他的不当行为，该社区或证人怎么能说被告人守法呢？

但是，更明智的回答是，即使对品格的宽泛肯定也是有用的，只不过是在它揭示了被告人没有实施指控罪行这一点上。因此，社区或者证人在某个与品格倾向相关的点上的错误或者遗漏是缺乏意义的——在评价被告人的品格方面，它实际上无论如何都与该名誉或意见是否正确无关。

其次，在允许对"逮捕"进行交叉询问问题上，迈克逊案似乎也犯了错误，即使引起逮捕的行为对与指控罪行相关的品格倾向有影响。如果所罗门·迈克逊在所谓的贿赂执法人员之前5年曾因试图"修改"交通罚单被逮捕过，对这次逮捕的知情会影响名誉（或意见）证言可信性的想法则具有误导性。部分是因为这次逮捕并不代表行为本身。更重要的是，在现代社区生活的人们要知道一个人曾被逮捕过，即使信息全面，也是可疑的。今天的大多数人都不是生活在这类消息可以一下子传遍全城的小城镇。在迈克逊案中，事发地点是纽约市，在这样的地方，甚至在案件判决的当天，关于迈克逊过去生活的点点滴滴，他的朋友们也不可能都知道。如果不是特殊情况，即便是定罪（公开度比逮捕更高）也不可能周知。所以，如果该社区没有提到逮捕，正面的名誉就应该打上折扣，或者如果证人不知道逮捕，正面的意见就应该打上折扣的想法是可疑的。

同样，在与遥远的过去发生的事件相关的问题上，迈克逊案过于慷慨了。当然，没有把一件事考虑进去也许表示相关的信息被忽略了，而且如果即使有这样的消极事件还坚持这样的评价，那么这个积极的评价是值得质疑的，但是，如果26年前，或者5年前的事件（除非是谋杀或者虐待儿童这样的事）仍然是一个知情问题或者话题，那就令人震惊了，而且认为这些事会对品格评价产生重大影响是具有误导性的。

现代判例强调初审法官可以控制就先前的行为询问辩方品格证人的范围，这一点迈克逊案是承认的。一些判例认为这个限制交叉询问的口子似乎有点滥用权力、适得其反。各法院确立了至少一个硬性的规则，就是检察官不应当提出"假定有罪"的问题。他们不应当询问品格证人，如果他们知道被告人实施了指控罪行，他们的正面意见是否发生变化。这一规则无条件地

61

受到欢迎：允许这类提问有点强词夺理，损害了证明良好品格的总体初衷。实际上，这样的问题是要求陪审员假定与品格证据要证明的相反的情况成立，然后问他们做了问题中假设的事情的那种人是否还具有这种品格。没有什么技巧比这个更处心积虑地毁掉无罪推定了。

另一个建设性的原则会阻止提问证人不可能知道的事件，包括大多数以前的逮捕记录。而且一些法院曾经认定，对于提供与某一具体品质——例如平和（peacefulness）——相关的具体证词的品格证人，不得就被告人实施的与此无关的行为进行交叉询问。在我看来他们做得很对。

4. 现代美国法中有什么不同？

自迈克逊案后，品格证据方面的美国法在几个方面发生了变化。一个显著变化是，除了12个州外，其余的州现在都允许以意见证言证明被告人的品格，而不仅仅是名誉。这一变化是有意义的，因为名誉证言通常是无法掩饰的意见。除非特别的案件中，我们中的大多数人，如果被问及我们认识的某个人的名誉，马上想起的不仅是一些我们听到该人言谈的一些谈话，我们自己的判断通常依赖于个人观察和留心他与其他人的交往。这些判断直接表现为意见。允许采纳名誉证言的唯一原因是，有时候，我们的意见是受我们的所见所闻影响的，因此这些意见传达了个人知识和别人言谈的回忆的混合信息。但是，即使在这里，促成证言的更可能是证人的意见，而不是所谓的"名誉"。因此，联邦规则和大多数州法典的立法者认为名誉和意见之间的区别是牵强的，而宁愿两种都采纳。

意见证言所发生的变化没有让法院采纳品格方面的专家证言，虽然一些学者倡导向这个方向发展。但是，法院确实采纳描述"症候群"和"社会结构"的专家证言，这些能够作出关于品格的推论，唯一真正的差异是症候群和社会结构是普遍的，而非个人的。因此许多法院采纳被殴打的妇女离开配偶就感到无助的证言，表明没有离开丈夫的妇女也可能被殴打，虽然她没有逃走。这样的证言和这样的一种意见相去不远：该妇女的品格倾向是她不会离开殴打她的男人，当然正因为如此该证言被采纳。

也许迈克逊案之后最大的法律变化与性侵害或儿童骚扰案的审判相关。在联邦系统和有些州，对这些犯罪的关注已经催生出仅适用于对这些犯罪的追诉的品格证据规则。这些规则在普通法中是不存在的，最初也没有吸收进联邦规则或州立法，它允许检察官为了表明被告人实施过指控的罪行而证明被告人先前的性侵害或骚扰行为，即使该证据仅仅是通过倾向性推断而支持这一结论——他以前干过，因此这一次也很可能是他干的。对这种证据唯一的限制是，如果它造成的偏见大大超出了它的证明价值，初审法官保留有排除这种证据的权力。

5. 我们现在是正确的吗？

A. 对品格证据法的现代评论

毫不奇怪，既然迈克逊案一边宣布非理性，一边又保持现状，品格证据法就会继续招来支持者和批评者。值得考虑的是在某些细节上批评的主要观点和主要的辩护理由。

主要的批评分成两个方向。第一个强调我们的规则依赖于这样的信念是错误的：品格证据（特别是以前的行为）对行为具有高度的证明力。批评者援引心理学文献指出，我们通常所理解的"品格"对特定场合的行为说服力很有限。据称，情况性的因素比品格对于决策和行为有着更大的影响。但是，一旦涉及构建完满的证据政策，因为帕克（Park）教授所说的原因，支持这些主张的实验就很成问题了。帕克教授指出大多数实证性证据涉及的是非暴力和非犯罪的行为，因为研究者主要把注意力集中于例如诚实这样的东西，在像贩毒或者性侵犯这样的活动中是不涉及这样的东西的。[32]

暂时把这种反对意见放在一边，心理学研究的意义之一是，根据联邦证据规则第 404（b）条采纳先前行为的证据来证明计划或意图之类的东西可能完全是错误的，根据联邦证据规则第 608 条允许使用先前恶劣行为或者第 609 条允许使用先前定罪来证明不诚实的品性可能也是错误的。理由是，一个人曾贩过毒对于他是否，比如，在某一特定场合意图贩卖毒品影响很小。一个人夸大学历、在工作申请中撒谎，对于他是否如实作证也不会有什么影响。

其他的研究表明，在依赖品格（或品性）的理论和依赖状况性因素的理论之间还有中间道路。这条中间道路接受这样的观念：人们都有一个多多少少基本稳定的天性（或品格），而且品格形成观点和态度，在一些重要方面影响着行为。但是它也认为这些品性和特征在形成行为方面是与状况性因素交互作用的，意思是说在一种情形下展示的品格对于另一种情形下的可能行为具有很少的说服力。这些关于品格和行为之间关系的中间理论建议在证明品格方面确立中间规则——像只有存在特别的理由认为品格证据具有相关性的时候才应当采纳品格证据。例如，如果意见证言的基础是对此人广泛而深入的了解，那么我们就应该采纳该意见证言；如果情形与眼前案件的情况高度类似，我们就应该采纳先前行为的证明，更少地关注有形的或机械的相似性，而更多地关注心理学上的相似性。

这种批评的第二个方向认为，我们对品格之于行为的影响的直觉和理解本质上是不可靠的。这种看法认为，外行的观察者容易犯心理学家所说的"归因错误"，意思主要是说，在评价他人行为方面赋予品格过高的价值是我们人类的天性（虽然我们认为自己的不当行为是由当时的状况决定的，而非我们固有的缺点）。这种观点又一次对联邦证据规则第 404（b）条允许采纳先前行为、第 608 条允许将恶劣行为、第 609 条允许将有罪记录用作弹劾性证据这些做法是否明智提出质疑。例如，如果我们听说被告人打孩子，而且如果问题是，是否是被告人挑起了酒吧殴斗，我们作为旁观者可能过于草率地把这两件事联系起来，并得出结论说被告人是一个容易头脑发热的人，所以很可能是他挑起了酒吧殴斗。但是，从这位父亲打孩子的事实得出他头脑发热的结论也可以反映出我们对背景缺乏了解。如果我们知道他打孩子时正经受着经济和工作压力的折磨，或者在因儿子吸毒问题发生争吵时被叛逆的

---

[32] See Roger C. Park, "Character at the Crossroads", 49 *Hastings L. J.* 717, 728 - 736 (1998).

儿子辱骂，我们就会对这位父亲形成不同的看法。同样，如果我们听说被告人伪造支票，我们可能会急于认为他在证人席上会撒谎，把伪造行为归因于不诚实的品格，而不是经济上的压力和无助。总之，我们旁观者太急于把行为归结为品格，而不考虑状况性因素。但是，一些学者不同意这些看法，并认为没有理由认为陪审员不能对品格证据作出适当的评价。

与这种观点多多少少有点关联的是塔斯利兹、奥伦斯坦教授和其他人采用的方法。[33] 这些学者不太主张我们的品格证据法需要改变，而是认为我们真正需要的是让陪审团知晓社会背景、行为模型的含义和某个人的经验和心理的专家证言。他们认为，如果我们在评价行为时有更丰富的背景，我们会评价得更好。我们应当利用心理学家和其他社会科学家的知识，他们能够解释，例如，为什么强奸犯会实施强奸，我们也应该倾听精神病专家的意见，他会解释为什么被指控盗窃福利支票的人具有一种"特别高度的消极和依赖性"人格，这可以通过"重述她的部分人生经历、访谈、测试和其他资料"来解释，这些反过来也可以概括于专业诊断中。例如，一个心理学家可以作证说，这个人是"顺从的，一般会避免威胁到她情绪稳定的冲突"，造成"异常轻信"，这可以解释原本令人迷惑的行为。这种观点认为，朝着采纳这种证据的方向的当代发展就目前的情况来看是好的，但是法院应该再向前走一步，允许专家陈述他们的研究成果和与手头的案件特别具有相关性的案件，而现在大多数法院是不允许的。同样重要的是，我们应该更多地聆听心理学专家的意见，他们能够帮助我们理解我们心灵和心理状态方面的倾向和特征，会在多大程度上影响被指控犯罪的人的态度、目的和决定。

对于品格证据法，还有一种完全不同但同样严厉的批评。这种批评沿着两条战线进行。首先，我们应当更多地注意关于再犯的资料。例如，伊姆温克里德教授曾指出，性犯罪的再犯率要比其他犯罪的再犯率低得多，因此联邦证据规则第413条包含的，允许检察官在审判中出示先前的性犯罪记录来证明后来的性犯罪的原则，是没有意义的。[34] 里德（Reed）教授引用较早的表明性犯罪的再犯率与其他犯罪基本持平的统计数据，得出了相反的结论，认为我们应该更大方地、普遍地承认刑事案件中先前犯罪记录的相关性。[35]

帕克教授在这场争论中打开了第二条战线。他认为，再犯率在评价其他犯罪的证明价值时具有相关性，但是他强调说，我们真正想知道的稍微有些不同，而且他对评价再犯率方面的问题提出警告。他指出，在像纵火、盗窃、入室盗窃和贩毒这样的犯罪中，再犯的可能性比性侵犯要高，但是他建

---

[33] See especially Andrew E. Taslitz, "Myself Alone: Individualizing Justice through Psychological Character Evidence", 52 *Maryland L. Rev.* 1 (1993); Aviva Orenstein, "No Bad Men!: A Feminist of Character Evidence in Rape Trials", 49 *Hastings L. J.* 663 (1998).

[34] See Edward J. Imwinkelried, "Undertaking the Task of Reforming the American Character Evidence Prohibition: the Importance of Getting the Experiment Off on the Right Foot", 22 *fordham Urb. L. J.* 285 (1995). （强奸犯的再犯率是7.7%；在暴力犯罪中，只有杀人有更低的再犯率；对于性犯罪而言，放松禁止先前行为的规则是放错了地方。）

[35] See Thomas J. Reed, "Reading Gaol Revisited: Admission of Uncharged Misconduct in Sex Offender Cases", 21 *Am. J. Crim. L.* 127 (1993). （与再一次强奸相比，强奸犯"因其他暴力犯罪被再次逮捕的可能性是一样的"，他们实施性犯罪的比率比我们想象的要"更接近严重犯罪平均再犯率"；我们应该更广泛地采纳此种行为。）

议我们不应该这么注重再犯率,而应当关注他所谓的"比较性倾向"。他关注的焦点不在于特定类型的罪犯再次实施同样犯罪的可能性,而是抓获的罪犯以前曾实施犯罪的比率,这不是同一回事。例如,在强奸犯的情况中,我们可以把以前实施过强奸此后又实施强奸的人的百分比,同一般人口中实施强奸的百分比相比较。他指出,强奸相对低的再犯率(根据一次研究是7.7%)掩盖了这样的事实:因强奸而被逮捕的人以前实施过强奸的可能性比因其他犯罪而被逮捕的人高10倍,比没有犯罪记录的人高163倍。[36] 帕克的结论是,先前犯罪的证明,即使再犯率很低,也具有高度的证明价值。

如果我们不仅考虑再犯率,而且考虑首犯相对于再次实施同样罪行的再犯的相对比率,在数学上计算被告人实施先前的类似犯罪的比率的证据的证明价值就是可能的。为了说明这一点,假定我们知道以前实施过入室盗窃的人再次实施入室盗窃的比率相当高,而且我们也知道在普通人群中实施入室盗窃的比率很低。在一个陪审团评价完本案的其他证据后,认为被告人有罪的概率大约是50%的案件中,运用贝耶斯定律,我们就可以从数字上来评估被告人先前入室盗窃行为的证据会有什么样的影响。在这个例子中假如25%的入室盗窃的人以前实施过入室盗窃,这是一个与再犯率(根据最近的资料大约是40%)有关的数字,但是也与第一次入室盗窃"进入这一领域"的人的数量有关。还假设总人口中只有1/1 000的人以前实施过入室盗窃,这个比率接近没有受过犯罪指控的人实施入室盗窃的概率。

根据这些假设,贝耶斯定律表明,被告人以前实施过入室盗窃的证据会把有罪的新评估提高到250∶1(一个超过99%的有罪概率)。同样,如果没有其他可信的证据(例如,没有指纹,也没有可信的目击证人的证言),在了解到被告人以往的入室盗窃记录之前,可想而知,陪审团会认为他有罪的概率只有1∶1 000。然后先前的入室盗窃的证据会把有罪的概率评估提高到1∶4,这代表着有罪的概率评估提高了,但是显然没有达到排除合理怀疑地证明有罪的程度,而且事实上得到无罪判决的可能性高于有罪。[37] 但是,如果陪审员认为先前的行为对于犯罪比实际上更具有证明性,那么陪审员可以投票决定根据这种过度的评价定罪。

这种批评的另外一个方向也重视社会科学的重要性,但是强调了对基础比率进行臆断的风险。伦伯特教授和他的同事认为,适当的对比不是和一般人口,甚至也不是和被逮捕群体中的入室盗窃比率进行比较,而是和接受审判的无罪被告人的先前入室盗窃比率相比较。假如警察在侦查犯罪过程中经常"把通常的嫌疑人聚拢在一起",而且如果检察官手中要是有法庭会采纳的先前行为证据,他们更可能追诉相对薄弱的案件的话,伦伯特和他的合著者认为,有犯罪记录的被实际指控了入室盗窃这样罪行的人的比率比总人口中以前实施过入室盗窃的人的比率要高得多。如果25%的有罪的入室盗窃被告人以前实施过入室盗窃罪行,12.5%的无罪入室盗窃被告人有这样的记

---

[36] See Roger C. Park, "Character at the Crossroads", 49 *Hastings L. J.* 717, 738–741 (1998).

[37] 贝耶斯定律导致了这样的结果。关于对该定律的介绍,see Mueller an Kirkpatrick, Evidence § 7.18 (3d ed. 2003); Richard R. Lempert, Samuel R. Gross, James S. Liebman, A Modern Approach to Evidence 228–229 (3d ed. 2000). 更多的细节,see David H. Kaye, "Quantifying Probative Value", 66 *Boston U. L. Rev.* 761 (1986).

录,而且如果以前的有罪概率(在采纳先前入室盗窃的证据之前)是均衡的(1∶1),那么对先前入室盗窃的证明应该把有罪的概率提高到2∶1(67%的概率)的水平,这意味着有罪的可能性大于无罪的可能性,但是显然没有排除合理怀疑地证明有罪。但是想想一般人口,而不是实际受指控和审判的无罪被告人中的入室盗窃比率,要乘以250倍而不是2倍,表明有罪概率超过99%的结论则是错误的。伦伯特和他的同事们认为,由于辩诉交易要处理掉的有罪被告人比无罪被告人多,因此复杂性进一步提高,那么这些实际上接受审判的被告人甚至比2∶1这个数字所显示的更可能是无罪的。

一位学者曾试图回应这样的说法:选择性偏见扭曲了先前行为的证明价值。比起没有犯罪记录的人,如果警察更可能逮捕、检察官更可能指控具有犯罪记录的人,那么只有在有犯罪记录的无罪的人更可能被逮捕和起诉时,这一事实才扭曲了和一般人口的对比。但是这可能是不正确的。如果警察和检察官根据有罪证据进行逮捕和指控,他们只是在做他们应该做的事情。而且正如桑奇瑞可(Sanchirico)教授所言,检察官会起诉几乎没有独立证据的嫌疑人,这一点是非常可疑的。总之,基础比率问题可能并不存在,或者比想象的要小。[38]

最后,对品格证据法还有来自不同理论视角的其他批评。一些人认为我们珍视的基本规则——品格证据不可采纳来证明行为——至少是具有误导性的,也许更糟,因为先前的恶劣行为经常出于各种各样的目的而具有证明性,比如证明意图、身份或者惯用手法。这些观点在更大的一点上很少有分歧:所有的人都承认无论是出于何种目的,采纳先前的犯罪必然会引起一种倾向性推断。但是从这一基本的洞见出发,这些观点却走向了完全不同的方向。一些人主张我们应该修订该规则以更忠实地反映实际发生的事件,这可能会导致更经常地采纳具体行为事例。其他人说我们应该修订该规则,禁止提及先前行为,如果它们的相关性取决于某种形式的倾向性推断。

一种在学术上引起广泛赞誉的批评,其焦点在于,根据联邦证据规则第608条和第609条使用其他行为质疑可信性。学者们年复一年地主张,其他行为,即使会有欺骗行为(像作伪证或者在工作申请中撒谎),对于证人是否会提供虚假证言这一问题影响也很小。对于这种批评,至少还是有一些研究结论支持的。

理由是,撒谎是一个高度依情形而定的事情,这一理由诉诸经验常识。特别是,如果被告人有罪,他在作证为自己辩护时具有强烈的撒谎动机。正如弗里德曼教授(Friedman)在呼吁停止这种情况下使用定罪记录和恶劣行为攻击可信性时所指出的,被告人作证时撒谎的可能性与他过去的行为几乎没有关系。[39] 虽然你可以说过去的行为对于任何证人是否如实作证影响都不大(因为撒谎更多是情形而不是品格作用的结果),但这里真正的关注点是

---

[38] See Chris W. Sanchirico, "Character Evidence and the Object of Trial", 101 *Colum. L. Rev.* 1227, 1257 – 1258 (2001). (还回应了只有有犯罪记录的无辜被告人才会走上审判之途的说法,指出,有罪被告人可能会被监禁刑吓阻,或者只有在交易和可能的刑罚之间的差别足够小的情况下才会觉得值得冒一下险,接受审判。)

[39] See Richard D. Friedman, "Character Impeachment Evidence: Psycho-Bayesian [!?] nalysis and a Proposed Overhaul", 38 *U. C. L. A. L. Rev.* 637, 638 (1991).

刑事被告人。他们最易于受到不公正偏见的伤害，因为他们独自承担着被定罪和判刑的风险。

例如，在迈克逊案中，所罗门·迈克逊被问及他是否在执照申请中漏掉了以前曾因收买赃物而被逮捕的事实，因此这次逮捕进入案件不仅是为了弹劾他的品格证人，而且还为了弹劾迈克逊本人。在这种情况下，其根据不是该次逮捕表明他撒谎了，而是没有在申请中提到它表明了这一点。但是，这一证据对我们评价迈克逊的诚实性几乎没有帮助。他在为自己作证辩护时很可能撒谎了，但是很难令人信服的是，他在多年以前的执照申请中没有提到定罪记录会对这种可能性有多少证明作用。

B. 这个法律真的那么糟糕吗？

让我们首先考虑一下要求排除品格证据，特别是被告人的恶劣行为的基本规则是否有根据。这一规则的根据主要有三点：第一，我们担心陪审团会因为被告人以前的恶劣行径或令人厌恶的人品而误用品格证据对"坏人"定罪。第二，我们认为陪审团会过度评价品格证据，当它指向有罪时会赋予它过多的分量。第三，我们认为加重被告人的负担是不公平的，他们因为具体的犯罪接受审判，却不得不承担起为其他指控辩护的任务，或者因此而为他的人生辩护。

这些原因站不住脚或者不充分吗？从门外汉的角度来看，前面两个原因运用了这样的思想：普通的男女很可能会犯"归因"错误，这是上文讨论过的一种有着强有力支持的心理学概念。第二个原因也表达了这样的思想：采纳恶劣品格的证据会让任何人（不只是陪审团）都较少地关注对被告人的错误定罪，如果有证据表明他有恶劣的品格或者在其他场合曾有过恶行。这一理由是很难反驳的。

第三个理由，认为不应该要求被告人为他的整个人生辩护，反映了由现实主义和我们的正义感而产生的关切。即使不唤起纠问主义司法的幽灵，我们也能发现，如果一个检察官像加缪的《局外人》（L'Etranger）中所描述的那种行为方式，为了证明被指控在海滩上射杀人的被告人是有意而为之，举出被告人在母亲的葬礼上没有哭作为证据，那么这就太令人震惊了。⑩ 难道我们真的想请陪审团从这一证据得出被告人冷漠无情的结论，或者迫使他作证，详细地审查他与自己母亲的关系，还有他在她死去时为什么没有哭？

确实，正如格罗斯教授所说的，检察官经常在总结陈词中严厉地对被告人进行品格归类，例如，说该证据表明"被告人是一个冷血的杀手"。但是，说"因为被告人过去杀过人，所以他是一个冷血的杀手，所以你们应当在本案中认定他杀人了"，和说该证据表明"被告人在本案中杀人了，这让他成了一个冷血杀手"之间存在着巨大的区别。如果检察官的措辞太具有贬损性

---

⑩ See Renee Lettow Lerner, "The Interaction of Two System: An American on Trial for An American Murder in the French Cour D'Assises", 2001 *Univ. Ill. L. Rev.* 791, 822 (2001). （巡回法院第一阶段的审判反映了"被告人的心理和个人状况方面的利益"，"在一到两天的审判进程中，一直都在探讨被告人的生活经历和个性"，因为法国人"并不认同美国人对于品格证据和污染井水的关切，宁愿"尽可能透彻地理解受审人"，）（这一信息不是走向"完全为门外汉的陪审团，而是走向包含职业法官的混合法庭"，他们会就这种危险向陪审员提出警告。）

或者偏离证据太远,就需要我们的法官们阻止检察官在这个方向上继续走下去,如果法官们没有这么做,就要小心判决被撤销。[41]

如果这些传统的理由不足以为排除被告人恶劣行为的规则提供充分根据的话,我们考虑一下对这样的主张——再犯率为采纳更多的恶劣行为证据提供支持根据——作出的一些回应。如果伦伯特和他的同事做的相关对比是正确的,这些理由就不那么有说服力了,但是假定我们赞成同一般人口的基础比率的对比是看待这些证据的正确方法。在生父确认诉讼中每天都要提出同一个类似的理由,在这种诉讼中"父权指数"可以证明被告人可能是生物学意义上的父亲。这一指数是建立在这样的差异基础上的:被告人把父性的基因传给孩子的概率和一个从人群中"随机挑选的男子"传给孩子的概率。同样,流行病学证据(接触毒素案件中的"黄金标准")也依赖于未接触人群患病的比率和接触人群患病的比率之间的差异。[42]

在证明其他行为证据的证明价值时,为什么这些例子不能说明统计分析的价值?原因之一是在毒素侵权和父权案件中,我们不担心排除合理怀疑的问题。更重要的原因是,侵权案件和流行病学研究中的数字甚至根本不准备告诉我们关于有意识行为的任何信息。根据社会学上的对比,给一个有前科的人再次抢劫或者杀人或者强奸的概率配上一个数字,这似乎完全是另外一回事,正因为这是一个选择的问题,所以似乎是一个完全不同的问题:特定的个人选择怎么做?正如门德斯(Mendez)教授所说的,在刑事案件中我们想知道这个被告人先前的定罪记录会对被告人这次的行为产生什么样的影响,但这些数字甚至不准备回答这一问题。[43] 无疑这些数字告诉了我们一些东西,至少在假如我们能够克服基础比率问题的情况下(一个非常大的假设),但是它们不能回答,甚至都没有提出刑事审判必须要回答的问题,即(以前做过这种事的)这个人这次是否决定去做。

为了为品格证据的美国法辩护,并要采纳更多这种证据的改革,学者们提出了另外的四个理由。一个强调,心理学和社会科学文献表明,我们采纳的甚至于已经太多了。门德斯教授曾指出,先前行为和以名誉或者意见的形式对品格作出的评价对行为的预测是不可靠的。[44] 这些社会科学家在这一课题上的对话和争论并没有终结,所以提出警告是有道理的。品格是什么,以及它在具体情形中预示了什么的问题,这是关于人类本性的核心问题,哲学家、心理学家和精神病学家已经讨论了几百年,提出一系列的理论,著作家

---

[41] See Samuel R. Gross, "Make-Believe: The Rules Excluding Evidence of Character and Liability Insurance", 49 *Hast. L. J.* 843 (1998); Albert W. Alschuler, "Courtroom Misconduct by Prosecutors and Trial Judges", 50 *Tex. L. Rev.* 629, 642 (1972). (描述了容忍将被告人描述为"善性"和"虫类"的用语,但是却撤销了检察官把被告人称为"一钱不值的、皮肤干燥的、谄媚的骗子"或者"瘾君子、卑鄙小人和带刀的雕刻家"的案件。)

[42] See Christopher B. Mueller and Laird C. Kirkpatrick, Evidence § 7.19 (3d ed. 2003) (介绍父权指数), and see Christopher B. Mueller, "Daubert Asks the Right Questions: Now Appellate Courts should Help Find the Right Answers", 2003 *Seton Hall L. Rev.* 987, 1010-1018 (2003) (探讨流行病学证据的统计学意义).

[43] See Miguel A. Mendez, "Character Evidence Reconsidered: 'People do not seem to be Characters'", 49 *Hastings L. J.* 871, 874 (1998).

[44] See Miguel A. Mendez, "The Law of Evidence and the Search for a Stable Personality", 45 *Emory L. J.* 221 (1996).

和剧作家就更不用提了。现代的对话似乎表明，我们所说的品格实际上是在某种程度上"控制"我们的某种内在的力量（弗洛伊德的思想），但是像亚里士多德和萨特这样迥然不同的哲学家却都认为品格只不过是个人选择作用的结果，是有意识培养的结果。正如提勒教授所言，这些截然不同的观点的存在有助于解释为什么我们没有（也许是不能）在品格证据证明行为的价值方面达成经得起追问的结论。[45]

支持排除被告人品格证据的规则的第二个理由强调，我们需要这一规则来支持我们的无罪推定理念。按照这种说法，甚至在一个排除品格证据的体制下，该推定也会与被提出指控并处于防御地位这一单纯的情形发生紧张。从陪审员的立场来看，刑事案件中的被告人已经被孤立：他是唯一受到指控的人，除了削弱和反驳对他不利的证据，他在案件中是无能为力的。强化反对品格证据的规则据说是贯彻无罪推定的一个必然要求。

第三个理由激烈地维护我们的现有制度，由伦纳德教授提出。他指出，证据法关注的不仅是取得准确的结果（它的主要目标），而且还有其他目标。他认为，审判必须给当事人一次"宣泄"，意思是一次变相的感情冲击。因为我们所理解的人性的条件包括相信品格形成了行为，所以排除所有品格证据的体制是不可接受的，采纳所有通过了最低限度的相关性标准检验的品格证据的体制也是不明智的，因为心理学家们已经提出质疑，而且大概也是违宪的。伦纳德教授提出一种中间道路的主张，在不具体指明这种证据应当采取何种形式方面，而且在让检察官只能通过弹劾品格证人或者反驳他们勾画的品格图景的方式对辩方的良好品格证明作出反应方面，它不同于现行法律。[46] 无论宣泄是不是一个最好的表述方式，多数人都同意被告人应当从攸关生命或自由的可怕的审判经历中摆脱出来，感受到他们已经被倾听并得到公正的对待。此外，审判应该至少看起来是公正的，并且对于一般公民都是公平的。按照这种说法，我们的品格规则就服务于这个目的。

最后，一种大体上为现行的品格证据法辩护的雄心勃勃的理论认为，应该仿效侵权法和刑法通过创造激励机制来影响法庭外的行为。桑其瑞可教授区分了"追踪性证据"（不仅是有形线索，还有证人陈述）和"预测性证据"（先前行为和品格特征），并认为，采纳追踪性证据、禁止预测性证据——这是我们法律的两个特点——强化了刑法的激励功能。禁止预测性证据（包括品格证据）的理由是，如果一个想要实施犯罪的人知道，一旦被错误逮捕，他以前的所作所为不会用来反对他，比起会用来反对他，对此人会起到更大的震慑作用。在后一种情形中，"规规矩矩做人"的决定较不具有吸引力，犯罪变得更有吸引力。令人不解的是，桑其瑞可教授的结论是，让被告人证明良好品格并不具有强大激励的效果，因为它会让不需要良好品格证据的有"感人的朋友和干净记录"的人受益，而且，总体而言，允许用先前的犯罪弹劾被告人和其他证人确实有激励效果，因为它会使"追踪性"证据得到更

---

[45] See Peter Tillers, "What's Wrong with Character Evidence?", 49 *Hast. L. J.* 781, 812-830 (1998).（反驳了这样的主张：我们必须禁止品格证据以维持人性自治的理念；将品格描述为自组织原则。）

[46] See David P. Leonard, "The Use of Character to Prove Conduct: Rationality and Catharsis in the Law of Evidence", 58 *U. Colo. L. Rev.* 1, 39 and 56-57 (1987).

好的评估。[47]

C. 我们能改变什么？

有这么多激烈的批评和改变现状的建议，人们会觉得改革不久就会到来。但是，因为以下几个原因，改革似乎是不可能的。第一，帮助刑事被告人的改变看起来是不可能的，只要"对犯罪手软"看起来没有政治上的收益，产生联邦证据规则第413～415条的看得见的推动力恰恰是朝着相反方向发生作用的。第二，证据规则委员会没有释放任何信号，说它要着手处理像品格规则这样对刑事案件至关重要而且如此冲突的事情。第三，还有迈克逊案。该意见持续存在了接近60年而没有重大变化，杰克逊大法官把它称为"笨拙但还基本上行得通的机制"，并不愿意"打翻现有的平衡"，这么多年来一直是来自最高法院的警醒性忠告，它选择不去重新光顾该案中描述的这么大规模的法律规则。

但是，仍然有一些改革者希求发生的变化：

即使不动联邦证据规则中的一个字，拒绝迈克逊案中检察官可以就逮捕交叉询问辩方品格证人的判决理由仍然是可能的，禁止就被告人的不影响证人所说的特定品质（一些法院已经采用这种观点）或者不影响与指控罪行相关的品质的行为提问也是可能的。忠实于联邦证据规则第404条和第405条的文本和立法宗旨的法院可以很容易地得出结论：逮捕不是第405（a）条意义上的"具体行为情形"，而且上述条款的规定在这些问题上取代了迈克逊案。忠实于联邦证据规则第404条和第405条字面和立法宗旨的法院会得出结论，不允许交叉询问与证言中描述的品质无关的行为。

原本我们应该走得更远。就像伊利诺伊州已经做到的，禁止就先前的恶劣行为交叉询问辩方品格证人，在我看来，是朝着正确的方向走出的另一步。[48] 将交叉询问限制于询问证人对被告人的了解程度的问题，是亲自了解还是听说的，就足以检验品格证人。但是这一方向上的任何变化都要求对第404条和第405条进行修订。

更重要的是，我们应当修正第608条和第609条，以阻止用关于先前恶劣行为和定罪记录的问题来弹劾被告人。这些规定在这一领域已经面临风险。联邦证据规则第608条已经赋予法官在确定允许什么样的提问方面更大的自由裁量权，并把交叉询问限制于"对于可信或不可信具有证明性"的行为，而且在检察官想要询问被告人先前的重罪记录时（涉"不诚实或虚假陈述"的罪名除外），第609条适用了一个"推翻第403条"的权衡标准。很不幸，这些保护是不充分的。

从这些问题中获得的东西远远不及在采纳有偏见的证据和阻止被告人作

---

[47] See Chris W. Sanchirico, "Character Evidence and the Object of Trial", 101 *Colum. L. Rev.* 1227, 1263 (2001).
[48] See People v. Roberts, 479 N. E. 2d 386, 390 (Ill. 1985)（不能"就具体的不当行为提问证人"）；People v. Hannon, 44 N. E. 2d 923, 924 (Ill. 1942)（不能交叉询问品格证人关于先前行为的传言）；Aiken v. People, 55 N. E. 695 (Ill. 1899)（不能询问作证说被告人有"平和、守法"名誉的证人是否听说过他"触犯过刑法"，因为具体的行为不可被采纳来反驳品格证明）；People v. West, 617 N. E. 2d 147, 151 (Ill. App. 1993)（不能询问品格证人关于先前的行为）；People v. Hunt, 270 N. E. 2d 243, 247 (Ill. App. 1971)（不能"用特定行为的证据弹劾"名誉）。

证方面失去的东西多。如果人们担心有着多个犯罪记录的被告人会假装为被不公正地抓获的无辜者，他们作证但隐瞒了过去的记录，告知陪审团不要对被告人过去的生活作出这样或那样的推断仍然是可能的，如果被告人提出他的生活没有瑕疵，或者声称对毒品一无所知，而他的犯罪记录能够直接反驳的话，那么关于他以前的犯罪记录的证据仍然是可采的。

我认为，学者们建议对我们的制度进行微调，这个方向是正确的。而且，还是不修改联邦证据规则第404条和第405条的情况下，如果先前的犯罪记录被出示来证明意图或计划这样的东西，或者其相关性依赖于倾向性推断，我们可以告诉初审法官先前的犯罪和指控罪行之间要有情形上的相似性。阻止将这些老掉牙的犯罪用于弹劾或其他用途时也要加倍谨慎。

最后，联邦证据规则第413～415条应该被这样的规则取代：可以采纳先前的性侵犯或虐待儿童行为的证据，但只有当它们与指控罪行具有明显的相似性，让人们可以合理地确信先前的行为本身就提供了实质性的理由，让人们相信被告人犯有指控罪行时才可以这么做。

结论

在重要的证据法判例的"万神庙"中，迈克逊案仍然是一个经典判例。它粗略勾勒出品格证据的普通法规则，其背后的理由非常有影响。迈克逊案支撑起这些规则，充当了联邦规则的模型，后者只是与迈克逊案稍稍不同。在现代的法庭意见中，迈克逊案在接近60年的时间里都备受推崇，只有少数的其他几个判例可以与之相提并论。虽然迈克逊案在细节上有问题，包括它实际的判决理由，但是，越是从更广泛的视角看，这个意见越经得起检验，甚至现代学术的探照灯也没有发现足够多的缺陷去驱逐它。它所勾画的这些轮廓是否应该保留现在的地位，在以后很多年的时间里很可能还要继续占据学术议题。

无论是所罗门·迈克逊这个人，还是他的犯罪或他的故事，都不是非常有意义。但是，本案中所展现、该判例中重述的美国品格证据法的故事，在美国证据法中却占据核心的地位。在评价品格证据时，我们必须求助心理学、更一般意义上的社会科学、政治学，甚至哲学。就这些规则发生的争论涉及先例、逻辑、正式的模型、心理学实验和理论、刑事司法统计、立法和司法政治学，我们关于警察、检察官、被告人和陪审团如何行为的信念和理解，还包含有相当大分量的现实主义。最终，这场争论迫使我们作为人类来面对人道是什么的问题。

与所罗门·迈克逊不同，杰克逊法官是一个高耸入云的形象——一个未曾毕业于法学院却进入最高法院的人，他实际上创立了现代战犯法和现代战犯审判法，他用他的才华、警醒和现实主义影响了美国的品格证据法。他对这一领域的法律的经典描述是"陈旧的"和"矛盾的"，表明他知道它的紊乱。但他不知道关于这一法律的争论竟然变得这么紊乱。

5

联邦证据规则第410条的故事和美国诉麦哲纳图案：答辩陈述在审判中的使用

克利斯托佛·斯洛波琴*

---

* 佛罗里达大学列文法学院斯蒂芬·C·奥康内尔法学教授。作者感谢 Amy Fletcher 和 Toby Olvera 为本文提供的研究支持。

1975年，国会同时通过联邦证据规则的第410条和联邦刑事诉讼规则的第11（e）（6）条，这两个条款用实际上一模一样的措辞，禁止将撤销的认罪答辩和失败的答辩协商过程中作出的陈述作为证据使用。[①] 20年后，在美国诉麦哲纳图案中[②]，美国最高法院认定，刑事被告人可以放弃这些规则提供的保护。下面就是这些规则和这个案件的故事。

　　第410条和刑事诉讼规则中的它的姊妹条款的通过是一个错综复杂的故事，它之所以值得讲述是因为，它是国会运用证据规则促进公共政策的一个鲜活的例证，这一次是一个导致辩诉交易蓬勃发展的政策。直到1958年其合法性还尚有疑问的用降格的指控或者量刑建议换取认罪答辩的实践具有非常强的适应能力。到了1971年，最高法院在桑托贝洛诉纽约案中，认为必须把辩诉交易作为刑事诉讼的"必要组成部分"，"由于多种原因，这是众望所归"[③]，这些原因包括，它可以有效地避免审判（今天超过90%的刑事案件是通过辩诉交易解决的）和它可以产生关于其他罪犯的信息（占大约40%的联邦系统的交易）。显然出于同样的考虑，国会还想鼓励辩诉交易，向辩护律师承诺他们当事人在谈判过程中的认罪不会回过头来再去伤害他们，如果同检察官的协商没有成功的话。所以就有了第410条和第11（e）（6）条（现在是第11（f）条，本文的文献参考简化为第410条）。

　　麦哲纳图案背后的故事也很有意思，因为它的判决理由后来证明对于辩诉交易实践和证据规则而言非常重要，该判决理由认定：检察官可以以放弃第410条和第11条规定的排除规则为条件进行答辩协商。必须承认，在该判决作出之时以及几年之后的时间里，麦哲纳图案是一个相对"沉寂"的案件。在证据法年鉴中，该判决没有被大量引用，也许是因为它看起来更像是关于辩诉交易的规则，而不太像是证据法规则。甚至对于刑事诉讼的行家里手来说，它也没有在法律的天空中占据耀眼的位置；只有少数写论文的人，他们中的多数都是学生，将注意力集中于它身上。

　　但是，虽然缓慢然而却是确定不移地，麦哲纳图案正在变成一个大判例。各低级法院纷纷以麦哲纳图案为跳板，大大地削弱了第410条的劲道，现在，放弃其保护已经成为常规，在协商失败后走向审判的辩护律师的选择权受到严重限制。今天确实可以说，麦哲纳图案是继桑托贝洛案之后，辩诉交易方面最重要的判例。

　　该案的意见在证据规则方面的意义几乎同样深远，因为它通过两种方式

[①] 今天联邦证据规则第410条规定："本规则另有规定的除外，在任何民事和刑事诉讼中，下列证据不得采纳来用作对作出答辩的被告人或者参与答辩协商的被告人不利的证据：（1）后来撤销的认罪答辩；（2）不争辩的答辩；（3）根据联邦刑事诉讼规则第11条在任何诉讼过程中作出的陈述，或者相应的州程序中作出的任何上述答辩；或者（4）在同起诉方律师进行答辩讨论过程中作出的任何陈述，如果该讨论没有导致认罪答辩，或者先作出认罪答辩后来又被撤销。但是，下列陈述具有可采性：（1）在同一次答辩或者答辩讨论中作出的另外陈述已经被出示，公平起见该陈述应当与之同时考虑；（2）在伪证或虚假陈述的刑事诉讼中，如果该陈述由被告人宣誓作出，记入笔录并由律师在场。"最初的规则并不包括"同起诉方的律师"的用语和例外（1），这两个变化都增补于1979年。联邦刑事诉讼规则第11（e）（6）条经历了同样的变化。Compare Pub. L. 94-149, § 1 (9) (1975) with 89 Stat. 371, 372 (1979). 2002年，后一规则被吸收进第11（f）条，该条只是简单地规定："答辩、答辩讨论以及任何相关陈述的可采性、不可采性受联邦证据规则第410条规范。"See Adv. Comm. Notes, Fed. R. Crim. Proc. 11.

[②] United States v. Mezzanatto, 513 U. S. 196 (1995).

[③] Santobello v. New York, 404 U. S. 257, 261 (1971).

对它们产生影响。首先，在解释联邦证据规定方面，麦哲纳图案通过澄清它们的字面意思帮助确立了新的基础性规则。其次，这是第一次，最高法院明确承认，具体的当事人可以放弃证据规则，包括用以促进社会性目标的证据规则，这是一个对刑事和民事法律实践都有着深远影响的先例。

■ 国会鼓励辩诉交易的努力——第 410 条和第 11（e)(6) 条

阻止审判中使用达成认罪答辩过程中的交流信息的思想并非起源于 1975 年第 410 条通过之时。从 19 世纪晚期开始，许多州的大量案件都禁止使用在后来的诉讼中撤销了的认罪答辩。虽然也有几乎同样多的案件作出了相反的判决——理由是，允许被告人逃脱他先前认罪的法律后果"放纵了犯罪"——在 1927 年科奇瓦诉美国（Kercheval v. United States）案中④，最高法院和第一批法院站在了同样的立场上。在这个案件中，被告人在发现他会受到比检察官在协商中承诺的更高的刑期时要求撤销认罪答辩；初审法院批准了申请，但是之后又允许作出答辩的事实在审判中出示。巴特勒大法官代表作出一致判决的最高法院撰写判词，他的结论是，这样的做法不应当发生在联邦法院。巴特勒大法官援引一个较早的下级法院判例，指出："如果，即便是在撤销之后，认罪答辩还可以被用作无罪答辩之下的证据，那么撤销认罪答辩就称不上是特权。"⑤

当然，撤销了的认罪答辩和答辩协商过程中作出的陈述不同。答辩或者答辩要约可能会出于各种各样的原因而被撤销，它们对于罪责问题只有间接的意义，这些原因包括像科奇瓦案中那样，被告人意识到法官不准备采纳检察官的量刑建议。而且，作出认罪答辩并不必然意味着承认犯罪；坚持自己无辜的被告人仍然被允许作出认罪答辩。相比之下，支持答辩的陈述经常明显地具有归罪性。

但是，随着辩诉交易变得越来越普遍，许多法院并不认为这其间的区别很重要。有相当多的判决禁止在审判中使用答辩和协商过程中作出的或者向采纳答辩的法院作出的任何陈述。同时，还有相当多的州法院拒绝排除答辩或答辩陈述，或者只愿意排除撤销了的答辩和答辩要约，这是一些对这一问题有明确表态的州法典遵循的路线。

就是在这种背景下国会开始了它起草第 410 条的努力。这样的努力并不顺利。正如温赖特教授和格拉汉姆教授在他们的论文中指出的，"在所有的证据规则中，第 410 条显然有着最为错综复杂的立法史"⑥。由于这篇论文已经详细地介绍了这段历史，这里仅讲述介绍麦哲纳图案所必要的内容。⑦

1969 年证据规则咨询委员会发布的第 410 条的初稿模仿当时的州立法，

---

④ 274 U. S. 220 (1927).

⑤ Id. at 224 (quoting White v. State, 51 Ga. 284, 289 (Ga. 1874)).

⑥ Charles Alan Wright & Kenneth W. Graham, 23 *Federal Practice & Procedure* § 5341 (1977).

⑦ 以下的叙述大部分来自 Wright & Graham, ibid.

只禁止撤销了的答辩或答辩要约。但是，到了1971年，来自反托拉斯辩护协会——不是通常的刑事辩护协会，这个协会很少能得到它想得到的东西——的游说者强烈要求将该规则扩充，禁止使用答辩陈述和答辩。结果，咨询委员会在规则建议稿中增加了一句话，很简单地规定"与以前的答辩或要约相关的陈述证据不可采纳"，这意味着这样的陈述甚至不可以在以后的伪证诉讼中使用。[8]

这一动向立即引发了司法部和有影响力的约翰·麦克莱伦（John McClellan）参议员的强烈反应。麦克莱伦非常讨厌这一新的表述，他威胁如果不删除这句话的话，要削减最高法院的规则制定权。但是第三巡回区上诉法院法官阿尔伯特·B·马里斯（Albert B. Maris）担任主席的咨询委员会立场坚定，很快把修改版的第410条交给最高法院考虑。这个时候，副总检察长克兰丁斯特（Kleindienst）开始行动，致信首席大法官沃伦·伯格（Warren Burger），强烈要求把答辩陈述从第410条的禁令中取消。但是，咨询委员会再次作出强烈回应，1973年，最高法院批准了该委员会的版本。

然后该规则被提交给众议院司法委员会刑事司法分会。这时司法部又展开新一轮的进攻。在意识到删除所有提及答辩陈述的情况大概是徒劳之后，它又提出，该规则至少应该允许在之后的伪证诉讼中或者为了弹劾出庭作证但却作出相矛盾的证词的被告人的目的而使用这种陈述。但是司法部又一次失败了。不仅众议院该分会拒绝采纳司法部的建议，而且在1974年早期，整个司法委员会和众议院都批准了最高法院的措辞。

但是司法部没有放弃。参议院尚未对这一规则表态，这个不屈不挠的部门在这新一轮的回合中重新提出了弹劾的例外。这时，在麦克莱伦参议员的帮助下，它最终取得了胜利：参议院司法委员会增加的句子允许出于弹劾目的和在虚假陈述和伪证诉讼中出示"在法庭上记入笔录的自愿可靠的陈述"，整个参议院都支持这样的措辞。

但是，司法部的胜利并不彻底。由于大多数有用的归罪性陈述都是在被告人的认罪答辩进入笔录之前的答辩协商期间作出的，所以参议院的版本并没有如司法部所愿地全面跟进它的想法。而且，在参众联席会议委员会（the House-Senate Conference Committee），众议院成员拒绝向参议院的用语看齐。面对这种抵制，联席会议委员会达成的妥协是，采纳参议院版的第410条，但把生效日期推迟到1975年8月1日，到那时，它会被联邦刑事诉讼规则第11（e）（6）条取代，后者会有不一样的措辞。

因此，一切都取决于第11（e）（6）条怎么规定，对于该条款，最高法院于1974年4月22日已经公布并提交国会，与该条款一起提交的，还有对联邦刑事诉讼规则的其他修正建议。与众议院原始版的第410条有着一模一样措辞的条款正在国会的春季和秋季会期被刑事司法分会讨论时，司法部再次提出了使用公开法庭上的陈述的弹劾和伪证的例外。为什么司法部在这个问题上如此固执还不是完全清楚；正如Wright和Graham在论文中指出的，司法部在全国范围内对自己雇员的调查表明，"联邦检察官对于答辩陈述问题关注得相对较少"。但是这种坚持还是奏效了。1975年6月，众议院司法

---

[8] 51 F. R. D. 315, 355 (1971).

委员会勉强同意增加虚假陈述和伪证诉讼的例外。虽然警告说这样的例外"会妨碍被告人在答辩协商过程中的完全坦诚和放开,甚至会妨碍达成协议",但是它仍然承认,这一例外"对于保护司法程序的完整性免受有意的欺骗和蒙蔽"是必要的。⑨

然而,甚至这样的妥协也是不足道的。只有那些在法庭上宣誓后作出的陈述才可以使用,而且只能在伪证和虚假陈述的追诉中使用。委员会还是拒绝了弹劾的例外,甚至是司法部提出的主要关注当庭陈述的有限例外也被拒绝了。整个众议院最后采纳了这个版本的第11(e)(6)条。

对司法部来说,还有最后一次机会——参议院。这一次,司法部的朋友,麦克莱伦参议员试图对众议院版的条款来个釜底抽薪,建议第11(e)(6)条应该完全取消,其效果是用允许使用(至少不禁止使用)答辩陈述的参议院版的第410条取而代之。麦克莱伦提出,用较早的一个参议院报告中的话说,众议院的方案是"没有道理的",因为等于允许被告人有"撒谎的豁免权"。这个说法大概很有说服力,因为参议院全体一致毫无悬念地通过了麦克莱伦的建议。麦克莱伦和司法部取得了最后的胜利。

但这只是暂时的。联席会议委员会拒绝了参议院版的第11(e)(6)条。在那里,它采用的是众议院的版本,只承认虚假陈述/伪证例外,而且只有当答辩陈述在公开的法庭上、经宣誓、律师在场的情况下作出,其用语国会最终全体通过。鉴于联席会议委员会较早时候将第410条和第11(e)(6)条等量齐观,而无论后者作出什么样的规定,都意味着要以同样的方式解读第410条。4年后,1979年,国会增加了另一个非常有限的例外,允许被告人出示答辩陈述,以及在答辩讨论中作出的为"公正起见应当与之一并考虑的"任何其他陈述。⑩ 从那时起,第410条的相关用语就没有变化过。

因此,虽然司法部和它的国会盟友作出了大量的努力,国会还是明确地拒绝了甚至非常有限的弹劾例外。因此,顺理成章,它还拒绝将答辩陈述用做一般性的反驳证据或者用于控方的主诉证明中。但是很快变得很明朗的是,这一问题并没有尘埃落定。司法部知道,要达到目的可以有很多办法。

■ 政府鼓励说真话的努力——麦哲纳图案及其结局

国会纠缠不已的问题并没有消失。正如参议院司法委员会指出的,被告人可以利用第410条,在协商中说一套(通常是归罪性的),如果谈判不成,在审判中还可以站到证人席上说上另一套(通常是开罪性的)。控方对这种场面的自然反应是要求想要进行交易的被告人放弃第410条的保护,有时候只是在他们作证的情况下,有时候也可能会出于任何目的。在一些司法区,

---

⑨ H. R. Report No. 94-247, 94 th Cong., 1 st Sess., 1, 23 (June 3, 1975).

⑩ See 77 F. R. D. 507, 610-11 (1978). 1979年作出的第二次修改将第410/11(e)(6)条的范围限制于对起诉方律师作出的陈述,努力避免用该规则排除询问期间向警察作出的自白。Id. 这一重要的变化产生了一些问题,但已超出了本文的讨论范围。See generally United States v. Herman, 544 F. 2d 791 (5th Cir. 1977).

前一种做法已经成为标准做法，包括第九巡回区，1991年在该巡回区，麦哲纳图被指控持有一磅的脱氧麻黄碱意图派送。该是转向他的故事的时候了。⑪

1. 逮捕

麦哲纳图是加州圣博纳蒂诺的当地人。高中毕业后不久，他参了军并完成了在越南的兵役，在那里他还被授予了战斗奖章。他1973年复员，两年后和利蒂西亚·罗萨斯（Leticia Rosas）结婚，生了三个孩子。在他离开部队后超过15年的时间里，他的工作都是电工助理，先是在凯瑟钢铁公司（Kaiser Steel）工作，后来在圣达菲铁路公司（Santa Fe Railroad）工作。但是在他被逮捕时，他已经从后一个工作岗位上被解雇一年多，当时他唯一的雇佣机会是给一名叫做高登·舒斯特（Gordon Shuster）的男子做事，一个最终让麦哲纳图走上不归路的有趣的人。

麦哲纳图通过一位"共同的朋友"认识了舒斯特，一个名叫布兰特·文森特的流浪者，他是去造访"鲍伯叔叔"。鲍伯叔叔自己也是一个不幸的人，没有固定的工作和住址，麦哲纳图在丢掉了在铁路公司的工作，和妻子分手的时候认识了他。虽然在审判时麦哲纳图不承认鲍伯叔叔和脱氧麻黄碱交易有关系，但在其他场合，他承认他这个朋友靠毒品交易过活。麦哲纳图还承认，部分是因为他和鲍伯叔叔的关系，他开始使用脱氧麻黄碱，并开始进行少量交易。正如他所说，"那时候，每个人都抽点什么——大麻、甲安菲他明，叫什么都行。我顺便卖一点儿，就是这样"。他直到1991年才被逮捕。

但是他给舒斯特工作了大约六七个月，在旁人来看，在那种情况下，这似乎意味着他对毒品交易有着更深入的参与。舒斯特过得不错，一半是因为麦哲纳图，他住在只有一条泥路可通的遥远乡间的一辆居住车中。在这块地盘上到处都是房子，房子里放着各种各样的东西，还有装着化学物品的容器。政府方后来在麦哲纳图的审判中指出，这些化学药品是制造脱氧麻黄碱必需的材料。

圣地亚哥毒品稽查队在1991年7月瞄上了舒斯特。一连几个星期他们都在监控他的房产。到了8月1日，他们做好了进入的准备。逮捕由约翰·姆基（John McKee）为首的几个执法人员实施，包括塔里斯坦·莫兰（Tristan Moreland），他经常为稽查署卧底工作。

麦哲纳图当时不在舒斯特那儿。但是，当稽查队还在舒斯特的地产上时，莫兰告诉舒斯特，如果合作，政府会手下留情，于是舒斯特立刻向莫兰供出了麦哲纳图的名字，并且同意把他引进警方的埋伏。舒斯特用传呼机

---

⑪ 除非另有注明，下文的叙述来自与下列人士的电话访谈：2005年6月27日、28日和7月25日同加里·麦哲纳图；2005年7月1日和24日同Shane Harrigan（麦哲纳图案中的检察官）；2005年7月1日同Merle Schneidewind（答辩协商中的辩护律师）；2005年6月10日同Mark Lippman（麦哲纳图的上诉律师）。联系Richard Chier（麦哲纳图的初审律师）和Tristan Moreland（该案中的便衣）的努力没有成功。关于审判中的陈述还有其他的事实，来自Transcript of Proceedings in United States of America, Plaintiff v. Gary Craig Mezzanatto, Defendant, No. 91-0739-G-Criminal, U. S. Dist. Ct., So. Dist. Calif. 173-75 (Dec. 17, 1991) (hereafter Mezzanatto Transcript)。

（用假名登记的）跟麦哲纳图联系时，莫兰就坐在一旁。那天总共有七到八次谈话，一共持续了约 40 分钟，但是到最后一次谈话时麦哲纳图已经同意把一个包裹寄给舒斯特的一个想以 13 000 美元的价钱买下它的"朋友"[12]。

晚间，在一个叫做"彩虹俱乐部"的地方见面失败之后，他们三个人（舒斯特、莫兰和麦哲纳图）在 Sizzler 餐馆联系上。舒斯特把麦哲纳图介绍给他的"朋友"，麦哲纳图问："你想在哪儿做这件事？"莫兰安慰他说附近没有警察，这时他们一起走到麦哲纳图停放在停车场的汽车那儿。莫兰坐在客座上，舒斯特和他并排，麦哲纳图坐在驾驶座上。

然后麦哲纳图指着汽车地板上的一个包裹。莫兰打开，剥下了好几层包装，他闻了闻气味，确定里面装的是脱氧麻黄碱。按照莫兰的说法，他还对麦哲纳图说这包东西看起来真"干净"，还问他再给他弄一磅需要多久。按照莫兰的说法，麦哲纳图回答道，大约 6 个小时，2 个小时回家，2 个小时取东西，再有 2 个小时开车回来。但是，麦哲纳图那边却说，关于包裹里的东西，他们没有说什么具体的事，他只是愿意去拿更多的"东西"，没有具体地说开车的时间。但是双方都一致地说，然后麦哲纳图从托盘里拿出一个玻璃管（后来发现有遗留的脱氧麻黄碱），问莫兰是否想吸上"一口"。莫兰拒绝，走开了，假装取钱完成交易的样子。他扯下黄色的大手帕，这是一个预先安排好的信号，让附近埋伏的警察进来逮捕麦哲纳图。当警察扭住舒斯特（显然这是努力想迷惑麦哲纳图他的告密身份）时，麦哲纳图被铐上手铐，送进警察巡逻车。

2. 答辩协商

3 个月后，在 1991 年 10 月 17 日，麦哲纳图和他的律师摩尔·施奈德温特（Merle N. Schneidewind）与起诉该案件的联邦助理检察官沙恩·哈里根（Shane Harrigan）会见，姆基和莫兰陪同。这次会见发生于毗邻圣地亚哥联邦法院的联邦检察官办公室。这次会面是施奈德温特要求的，他想为他的当事人砍下价码。做过 8 年律师和 4 年检察官的哈里根则希望搞到参与脱氧麻黄碱交易的其他人员的信息。按照第九巡回区联邦检察官办公室的惯例，哈里根首先强调了协商过程中讲真话的重要性，并指出，一旦协商不成，政府方可以使用麦哲纳图的答辩陈述在审判中弹劾他，也可以在之后的伪证罪诉讼中使用它（但是不能在毒品指控的主诉证明中使用）。正如哈里根所解释的，他认为在像这样一种"送上门"的情形中，这样的安排是很重要的；"没有悬起来的一把剑，就没有说真话的动力"，我们就无从知道还有谁参与了犯罪以及相关的证据。

施奈德温特说他也向麦哲纳图解释了弃权的安排。但是，按照麦哲纳图的说法，没有什么解释。麦哲纳图记得他对协商程序和其中的陷阱"一无所

---

[12] 关于舒斯特在电话里说什么，Harrigan 没有作证（因为可能是传闻），而是询问莫兰他向舒斯特作出了什么样的"指示"。虽然莫兰说他指示舒斯特订购价值 13 000 美元的脱氧麻黄碱，麦哲纳图却说舒斯特只是告诉他把"包裹"带过来，他会为此赚上"13 个大数儿"。Id. At 31（对莫兰的直接询问）；92-93（对莫兰的交叉询问）；197-98（对麦哲纳图的直接询问）。

知"。他的主要印象是，如果他放弃抵抗，他会从检察官那里得到好处。

即使是这样，开口讲话的决定对他来说也是相当不易的，这是由于几个方面的原因。首先，他考虑到他的罪行的法定最低刑是5年才进入协商的。他从哈里根那儿学到的第一件事是，实际的法定最低刑是10年。他还担心同当局的合作会引起舒斯特的伙伴们的反应。虽然他说他从没见到过舒斯特的朋友们，因为他们一出现，他就总是被要求离开，但是他觉得他们大概也知道他是谁。

但是，施奈德温特让他相信，上法庭是错误的。因此，虽然麦哲纳图在答辩讨论的一开始说他担心自己和家人的人身安全，但他后来还是承认自己曾给舒斯特当过微不足道的毒品经纪人，还说他也跟着"鲍伯叔叔"做过类似的事，被逮捕那天的那个包裹就是从他那儿弄到的。他还承认他知道舒斯特在自己的家里经营着一个毒品加工厂，他还曾经操作过那些用于制造脱氧麻黄碱的玻璃工具，这两件事他一开始都是矢口否认的。

到这里为止，一切都进行得很不错。但这事儿突然就黄了。为了把他和舒斯特的联系说得尽量少一点，麦哲纳图后面说的一件事是在被逮捕前的一周内，他都没有去过舒斯特的家。姆基迅速反驳道，就在被逮捕前一天他们还在舒斯特的家里看见麦哲纳图的车。这时，哈里根指责麦哲纳图撒谎，然后终止了会见。

麦哲纳图的失误只是结束这场原本可以有更大收获的会见的次要原因。姆基确实对哈里根很不满意，他认为麦哲纳图应该提供一些关于毒品供应人的有价值的信息。但是哈里根作出终止协商的决定是基于一系列的考虑。首先，他已经封死了麦哲纳图的权利。不利于他的证据很有力，对他定罪已经不需要认罪答辩了。更重要的是，出于某些原因，他不信任麦哲纳图。第一，辩方在审判开始前几天的"11点钟"找来协商，这经常是一种无计可施的信号，为了避免陪审团作出有罪裁决后被判处长期的刑罚，被告人很可能会编造一些故事。第二，麦哲纳图在各种犯罪细节上摇摆不定，这对于要从他那儿搞到准确信息来说，不是个好兆头。似乎只有在他编造的故事明显前后不一或者自相矛盾时他才愿意承认自己撒谎。第三，哈里根不相信麦哲纳图坚持声称的，自己是毒品行业的新人，一般人不会在那么快的时间内搞到一磅甲安菲他明。最后，麦哲纳图提供的其他涉案人的信息也是模棱两可的；有一次，哈里根也表示，面对麦哲纳图提供的这么微不足道的收获，他对不得不放弃英雄与海盗的最后决战也感到很失望。所有这些，都让人们对麦哲纳图能否提供重要的侦查线索或者针对其他人的可靠证言倍感疑虑。所以他对逮捕前与舒斯特接触撒的谎只是一根象征性的稻草。

麦哲纳图承认，除了他自己的认罪，他没有什么可给控方的；当然，控方已经有舒斯特了，似乎他们也知道鲍伯叔叔的事。正如麦哲纳图所说的，"政府打算跟先开口的人合作"，意思是说，他运气不好，没有什么有价值的东西提供给政府方。当他走进协商室时，他说："我是个坏家伙，我甚至都不知道这一点。"他说哈里根不停地问"成磅地卖，而不是一盎司一盎司地卖"的人，但是他，麦哲纳图除了舒斯特，谁也不认识。"哈里根的工作就是扫大街。要是我提供不出什么大人物，我就要至少坐10年牢。"

麦哲纳图还马后炮地说，即使他现在知道是舒斯特带着警察找上他，即使他没有什么好提供给警察的,除了他自己当过毒贩小喽啰的事,检察官对这件事也不感兴趣,他还是会和检察官谈的。当被问及现在是否理解放弃第410条的保护意味着什么时,他回答道,它允许政府方使用像他这样的人的答辩陈述,如果"他们能够证明了我说的话"——换句话说,如果有其他的证据补强被告人的协商陈述。当纠正他对放弃第410条的误解时,他这样想:"那么我就应该站在证人席上打开这扇门。"后来,15年后,他实现了。

3. 审判

当麦哲纳图要上法庭这一点变得很明确时,他蹬掉了他的律师。虽然施奈德温特是一位有着二十多年经验的优秀律师,但他是一位州政府付费的公设辩护人,麦哲纳图的狱友给他出主意,要他从私人开业的律所中搞到一位"真正的"律师。除此之外,他对施奈德温特也失去了信任,后者告诉他说,他在审判中根本赢不了,还说,即使在没有交易的情况下认罪,也很可能比陪审团定罪后法官判的刑要轻。但是麦哲纳图就是难以接受要为自己做过的事坐上10年牢。"那很荒唐。"他现在也承认施奈德温特给他的是不错的建议,他本来应该听从他的意见答辩认罪。但是那个时候他只想要一个新律师。

他选择了在洛杉矶之外的威尔希尔大道(Wilshire)、星座大街办公的理察德·奇尔(Richard Chier)。虽然地址很复杂,但是奇尔在刑事业务方面却是个只有4年工作经历的新手。他在审判中作出的很多决定都是值得商榷的,但是平心而论,他碰到的确实是个难缠的案子。

审判在进行答辩协商的地方的隔壁的联邦法院举行。这场持续3天的审判由1957年起担任法官的厄尔·B·吉列姆(Earl B. Gilliam)主持。哈里根的证据包括三个证人:莫兰和姆基,他们介绍了逮捕和引起逮捕的事情,还有一位化学家,作证说麦哲纳图交给莫兰的包裹里的物质是脱氧麻黄碱。⑬ 审判的第二天早晨,奇尔暂停了政府方的主诉证明。奇尔的第一个也是唯一的证人是麦哲纳图,他的作证占用了第二天剩下的大部分时间。

奇尔无疑知道原来的辩护律师的观点,除非被告人真的无辜,或者魅力四射,让他出庭作证不是个好主意。当被告人在答辩协商过程中作出归罪性陈述并放弃第410条不受弹劾的保护时,这个规则似乎就已经被封死了。但是奇尔还是让麦哲纳图出庭作证,可以想见会有什么后果。现在知道有监控记录后,麦哲纳图承认在逮捕的前一天他还在舒斯特家。但是他后面的说法就令人难以下咽了。

他这样开始了他的直接证词,说他在被解雇后如何通过一个"共同的朋友"(他没有提鲍伯叔叔的名字)认识了舒斯特。舒斯特很快请他去他在福尔布鲁克(Fallbrook)的房产(舒斯特后来被逮捕的地方)那里帮忙。一开始的工作是架设电线,因为那块土地上没有。但是后来,麦哲纳图说,他成了"干零活儿的人",在那块地面上干着各种各样的杂活儿,像打扫卫生、

---

⑬ 有意思的是,姆基,那位警察,而不是这位化学家断定在舒斯特那里发现的化学药剂可以用来制造脱氧麻黄碱。

修理家具，有时候只干几个小时，有时候干的时间比较长。他说舒斯特一天付给他 100 美元，一周 300 美元。

这些活儿跟制造毒品没有关系，或者至少麦哲纳图作证说他认为没有关系。舒斯特先是告诉他，他是一个造船人（并带他去看圣马克斯一处有着 70 英尺长的船的地方），他后来对麦哲纳图说他是中央情报局（CIA）的特工，参与制造橡胶炸药。后来，麦哲纳图说舒斯特说服他为一项从海水中提取黄金的项目工作，并让麦哲纳图把 3 000 美元的积蓄都投入到这个项目中。所有这些都用来说明，麦哲纳图不是抽屉里最快的那把刀。正如奇尔在总结陈词中会说的：“[麦哲纳图]不是一个很聪明的人，也没有受过良好的教育。他也不是一个玩世不恭的人……他基本上只是一个工具。一个轻易上当受骗的家伙。"

这就是麦哲纳图的直接证词所描绘的场景：麦哲纳图不知道舒斯特制造毒品，只知道他是一个炸药专家。当舒斯特在被逮捕前一天给麦哲纳图一个包裹，让他按照上面的地址带到那个地方时，麦哲纳图之所以这么做只是因为他是一个雇员，他做的是老板让他做的事，而且还因为他认为舒斯特让他把炸药带出这个地方肯定是出于某种原因。第二天舒斯特打电话给他让他把"包裹"交给他的朋友时，麦哲纳图以为他送的是炸药。他承认在逮捕当天莫兰说他在车里说的那些话，但是解释说他只是出于友好让莫兰吸"一口"，而不是包裹里的样品（他以为包裹里是炸药），而他对莫兰说的再取一些东西的话仅仅是"参与舒斯特的交易，那跟他一点关系都没有"⑭。

在交叉询问中，哈里根逐个对这些主张进行批驳。为了反驳麦哲纳图所说的不知道舒斯特的毒品活动，哈里根指出了在舒斯特那里出现的化学物质、麦哲纳图用假名登记传呼机，还有麦哲纳图在舒斯特的吩咐下购买了制造脱氧麻黄碱所必需的那种可以用做真空泵的设备。他质问麦哲纳图为什么把自己家的地址写在炸药包上，如果这个包裹没有投递成功，会被送到有他的妻子、孩子的家中。哈里根还质问麦哲纳图为什么建议莫兰吸一口，这一行为会直接导致在包裹上方点燃火柴，那个包裹可是就放在莫兰的膝盖上，按照麦哲纳图的说法那可是装满了炸药啊。在总结陈词中，他强调，包裹的包装材料中有一个袋子，来自麦哲纳图家附近的一个商店，而不是舒斯特家。陪审团肯定还会疑惑，为什么舒斯特第一天给了麦哲纳图炸药，第二天又把它们要回去，当麦哲纳图看到包裹里的白色粉末时为什么还认为交易的是炸药呢，还有，当舒斯特这个所谓的制造炸药的人就站在莫兰身边，为什么麦哲纳图还说他能搞到更多的"货"呢？

根据这么多的信息，大概哈里根根本就没有必要提到 10 月 17 日的答辩协商。但是他这么做了。在交叉询问麦哲纳图的过程中，哈里根请麦哲纳图注意那次答辩会议，让他不得不承认在那次会面中他说过他从鲍伯叔叔那儿拿到包裹，并指出，麦哲纳图还说过他知道包裹里装的是脱氧麻黄碱（对此，麦哲纳图回答说他的意思是他从那时起才发现包裹里的东西是什么），对此，奇尔没有提出任何异议。⑮ 在后来的交叉询问中，奇尔提出了几次异

---

⑭ 麦哲纳图在交叉询问中重申了这一主张："这是高登的生意。我只是参与。我甚至不知道发生了什么事。"
⑮ 此时，在交叉询问麦哲纳图的最一开始，奇尔的注意力似乎只在考虑麦哲纳图在会议上的陈述是否是传闻。

议，但没有一个提到第410条⑯，哈里根迫使麦哲纳图承认，他在10月17日那次会面中没有提到中央情报局或者炸药的事，并指出（麦哲纳图对此坚决否认），麦哲纳图已经承认知道舒斯特制造脱氧麻黄碱。

然后，在麦哲纳图走下证人席之后，哈里根又一次传唤莫兰出庭，这一次莫兰是作为更详细地介绍10月17日会议的反驳证人。莫兰作证说，麦哲纳图已经"决定想要跟政府方合作"，也已经告诉他，他的陈述可以在虚假陈述诉讼中使用，也可以用作弹劾的目的，他知道被逮捕那天扣押的那个包裹装的是脱氧麻黄碱，他在毒品制作过程中还帮助操作过一些玻璃仪器，还有他对被逮捕前一天还出现在舒斯特家撒过谎。在交叉询问过程中，奇尔指出，莫兰当天对10月17日的会议没有作详细的记录，他的记录是12月5日（一个半月以后）作的，还有，当麦哲纳图发现法定最低刑是他想象的两倍时，深陷"痛苦"，因此根本不在状态，无法完整地叙述整个过程，奇尔试图以此亡羊补牢。他还迫使莫兰承认，联邦探员最初也以为舒斯特是在制作炸药；当被问及是否"最初"是因为这个原因对舒斯特那儿感兴趣时，莫兰相当具有嘲讽意味地回答说："我会说，是的。"⑰ 但是这些努力只不过是蚍蜉撼树。

既然有如此毁灭性的弹劾性证言，奇尔为什么还让麦哲纳图作证呢？可以想见，答案比上诉意见中所说的复杂得多。奇尔的调查员，曼尼·洛佩兹（Manny Lopez）曾找到了舒斯特居住的地产的所有人，两位分别叫做伯纳德和劳林·库克（Bernard and Lorene Cook）的老人。根据奇尔提供的证据，这两位原本都要作证说他们也被舒斯特的中央情报局和炸药的故事骗住了。用奇尔的话来说，这个想法是要把舒斯特描述成一个相当有"魅力、说服力、商人风度和人格魅力"的人。⑱ 所有这些（加上莫兰也承认政府方也在炸药的事情上受了迷惑）也许会让陪审团觉得麦哲纳图的证言不那么荒唐。奇尔希望，把舒斯特的狡猾和麦哲纳图的厚道结合起来，将会给麦哲纳图的说法一定的可信性。很不幸，吉列姆法官认定库克夫妇的证词不具有相关性，因为他们从来没有把他们对于舒斯特的看法告诉过麦哲纳图。⑲

库克夫妇大概最终也没有帮上什么忙。陪审团在不到一个小时的时间里就作出了有罪裁决。这让吉列姆法官不得不说，这是"我遇到过的动作最快

---

⑯ 虽然没有援引第410条，但奇尔正确地指出，"作为案件调解解决组成部分的讨论根据有关证据应当排除作为证据的资格"（Mezzanatto transcript, supra note 14, at 235)，但是出于相关性的理由，又具体提到了第408条（关于民事调解协商中的陈述的使用）和"Kastigar"案（后一异议援引了这样的规则：如果证据看起来源于享有豁免权或者不可采的证据，政府方必须证明证据有独立的来源)。Id. At 236. 在奇尔提到第408条之后，吉列姆法官显然是被这夹枪带棒、驴唇不对马嘴的异议弄懵了，因此驳回了奇尔的异议，还说"你好好想一想，不要把注意力集中于我们正在做的事"。Id. 很明显，奇尔不知道如何处理协商会议中的证据，在对莫兰进行交叉询问的过程中，奇尔自己竟然问起答辩会议的情况？! 幸亏哈里根在一旁提醒他说："我不想干涉你的证明，但这么干对你没有什么好处"，奇尔这才打住。Id. at 99. 在审判快结束时，奇尔似乎承认他对这个问题一头雾水。Id. At 303. （"我刚刚发现……我都不知道这一切都是怎么发生的。在今天哈里根先生提醒我之前，我觉得非常难受。")

⑰ 你会奇怪为什么奇尔在总结陈词中没有提到莫兰的话。这可是麦哲纳图看起来荒诞不经的炸药故事的唯一外援，至少是唯一可以成为证据的东西。

⑱ 奇尔在论证库克夫妇的证言的相关性时指出了这几点，但没有成功地说服法庭。

⑲ 你可能会问，为什么奇尔不申请舒斯特出庭作证？他可能觉得舒斯特已经和政府方合作，他会否认麦哲纳图说的每一件事，而且，由于他的"魅力"，在矢口否认方面肯定比麦哲纳图要做得好。

的陪审团，我做这一行已经28年了……我觉得我没有碰到过这么快就回到法庭上的陪审团"。然后他判处麦哲纳图170个月——超过14年——监禁。由于麦哲纳图在审判过程中让人一眼识破的谎言（也是不出庭作证的另一个原因），这个刑期大大超过了成文法最低刑。当然，麦哲纳图本来还可能受到伪证罪的审判，但是这个诉讼没有发生；这么高的刑期，这个诉讼也就不必要了。

4. 向第九巡回区和联邦最高法院的上诉

麦哲纳图上诉到第九巡回区，案件由三位法官组成的合议庭审理，包括首席法官J·克里福德·华莱士（J. Clifford Wallace）、辛西亚·H·豪（Cynthia H. Hall）法官和约瑟夫·T·斯尼德（Joseph T. Sneed）法官——但斯尼德法官没有出庭；他当时在病中，用案上的一个音箱代表（在整个辩论的过程中，音箱里没有发出任何声音）。哈里根代表州政府出庭，而麦哲纳图已经有了第三个律师马克·李普曼（Mark Lippman），一个只有几年初审和上诉业务经验的律师，他被分配来承担辩护任务——奇尔已经不愿意受理上诉业务了。要点摘录中的焦点是，第410条的保护是否可以放弃。

但是，在口头辩论中，李普曼并不确定他是不是找到了问题的关键。首先，奇尔的异议太漫无目标，法庭可以根据明显错误（plain error）规则处理本案，在只违反成文法，而不涉及违宪的情况下，这是一个很难达到的标准。[20] 虽然李普曼能够很技巧地处理这个问题，但他确实有一系列的疑问：如果采纳答辩陈述是错误的，而这个错误又是无害的——这是一个比明显错误更容易克服的标准，但是这个标准一旦具备，将仍会允许法庭作出不利于麦哲纳图的判决，因为即使没有这个弹劾证据，罪责也是很明显的。但是，法官们最终放弃了这个方向上的探讨。深信即使没有弹劾证据也可以让麦哲纳图定罪的哈里根，根本就没有强烈地提出无害错误这一问题。[21]

但是，首席法官华莱士对于李普曼在这些问题上提出的主张要坚定得多。有一次，他生气地盯着李普曼，只说了一句："他弃权了！"这种情绪渗透在他对本案的最终意见之中，他认为，既然被告人可以放弃像第四修正案这样的宪法权利，当然他们也可以放弃第410条规定的权利。正如华莱士所言："例如，很难得出结论说，迅速而廉价地解决刑事案件的政策比保障我们的'人身、住宅、文件和财产'安全的政策更重要。"[22] 另一方面，哈里根回忆说，法官对他的质问只是"软球"。虽然豪法官坚持要把麦哲纳图弃权的条件和显失公平的合同作个比较，但是这些质问的总体效果是，之后，哈里根向李普曼打赌政府方会赢，赌注是一顿午饭。

因此，当合议庭作出有利于麦哲纳图的认定时，2比1，华莱士持异议，哈里根"震惊"了（但哈里根还是说话很算数地马上给李普曼买了午餐）。音箱里的斯尼德法官撰写了法庭意见，指出："允许放弃这些规则的保护将

---

[20] FED. R. CR. P. 52（b）（只有在涉及"重要权利"时才允许审查没有提出异议的错误）。

[21] 而且法庭的意见是，这个错误不是无害的。United States v. Mezzanatto, 998 F. 2d 1452, 1456 (9th Cir. 1993).

[22] Id. At 1457 (Wallace, J., dissenting).

会与国会意图实现的目的背道而驰。如果这些规则可以放弃，坦诚的、有效的答辩协商将会受到严重损害。"斯尼德把华莱士将宪法规则与第410条相等同称作"虚假的平等"。虽然允许放弃宪法权利是"通过界定权利解释宪法的法院不可避免的特性"，但联邦证据规则由最高法院和国会公布。"鉴于这些规则在措辞上的精确性，它们相对晚近的公布日期，以及它们修正时相对的简便性，法院在给这样一个原本运作良好的规则附加重要特性方面谨慎行事，这没有什么不对。"最后，斯尼德指出，像在麦哲纳图这样处境中的被告人"脆弱的交易地位"，表明他弃权的有效性是值得怀疑的。㉓

本来到这里事情就该结束了；麦哲纳图打算认罪；指望着他能坐上8年牢。但是，这时候司法部认为第九巡回区的判决是一个上诉到最高法院的好案例，因为被告人提出要约、联邦检察官附加弃权条件的案件数量越来越多。而且在第九巡回区作出麦哲纳图案的判决后，第七巡回区发布了涉及弃权问题的有利于政府方的判决意见，在两大巡回区之间产生了冲突。㉔ 虽然大多数调卷令申请都遭到拒绝，但这一个却获得了批准。

李普曼从来没有在最高法院辩论过，他承认准备这样的辩论有点紧张。他提前一周到达华盛顿，并且和美国公民自由联盟（ACLU）模拟了好几次，该联盟认为这个案件非常重要，虽说它通常不介入非宪法诉讼。作为被上诉方，他在米格儿·埃斯特拉达，副总检察长办公室（通常在这种案件中代表联邦政府的组织）的检察官之后发言。在李普曼的记忆中，从他一走上发言席，首席大法官伦奎斯特（Rehnquist）很明显地不以麦哲纳图一方为然；李普曼每谈一个问题他就摇一次头，通常还会反驳一句。斯卡利亚（Scalia）、肯尼迪（Kennedy）和金斯伯格（Ginsberg）大法官也和李普曼交上了火，舒特（Souter）和斯蒂文（Stevens）大法官则是更为积极地支持埃斯特拉达。要撰写多数派意见的托马斯（Thomas）大法官和平时一样沉默。

埃斯特拉达后来名气很大，他后来被布什总统提名到联邦哥伦比亚特区上诉法院，后来在民主党的一致反对达两年后被撤销。面对法庭急风暴雨似的提问，他显得泰然自若、条理清晰。他的核心观点是，第410条是用来保护被告人的，因此，像沉默权、陪审团审判权、律师权和其他权利一样，应该是可以放弃的。他还有效地区分了"指控交易"和"合作交易"。在前一种情形中，被告人想要以答辩有罪换取降格指控。在这种情况下，埃斯特拉达指出，检察官只需要和律师会见，不必见被告人，因此在这种情况下不涉及第410条的问题。但是在合作的情形中，被告人被设想持有对政府有用的信息；由于卧底和其他的人依赖于这些信息可能会遭受损害，政府需要保证这些消息的准确性，第410条的弃权可以提供这样的帮助。㉕

㉓ Id. at 1455-56（多数派意见）. 另一方面，华莱士提出，麦哲纳图的弃权是知情的和自愿的。Id. At 1456.

㉔ United States v. Dortch, 5 F. 3d 1056, 1067-1068 (7th Cir. 1993). 另外两个巡回区的上诉法院与第九巡回区一致。United States v. Acosta-Ballardo, 8 F. 3d 1532, 1536 (10 th Cir. 1993); United States v. Lawson, 683 F. 2d 688, 692-94 (2nd Cir. 1982).

㉕ 但是，第410条如何能够实现这个目标并不完全清楚。大部分被告人大概会觉得，要么协商成功，要是不成功，他们也不会作证；因此，按照他们的想法，即使他们撒谎，放弃这种权利也不会对他们造成损害。

李普曼的发言分三个方面。第一，麦哲纳图的弃权不应该被认可，因为第410条的目的是创造一个"公平的"程序，所以应当认为它是不可放弃的。这实际上是他和法庭的全部交流的焦点，因为大多数大法官都表示当事人总是被允许放弃证据规则的保护（禁止传闻是大法官们最喜欢举的例子），李普曼不挠不屈地试图说服他们，更像第11条的其余部分（要求法官确保被告人的认罪答辩是知情的和自愿的）。在要点摘录中，他还指出，允许检察官要求放弃第410/11（e）（6）条将会把被告人从谈判桌上吓走，因此会损害辩诉交易，同时它又允许根本无意于同被告人解决案件的检察官从被告人那里弄到可采的归罪性陈述，而他们清楚地知道他们根本不可能从量刑上得到认罪答辩带来的利益。

托马斯大法官代表7人的多数派，对每一个质疑都作出了回答。首先，他指出大多数权利，甚至是宪法性权利，都是可以放弃的，只有在他们对于"事实认定程序的可靠性而言具有根本意义时"，才应当被认为是神圣的，这是一个不太让人能够联想到排除自愿作出的归罪性陈述的规则的特性。[26] 其次，托马斯指出，第九巡回区的辩诉交易，也就是麦哲纳图案的发源地，遵循弃权政策有一阵子了，得到答辩的数量至少和其他巡回区一样多，这排除了弃权会限制检察官走向谈判桌的说法。最后，托马斯指出，恶意追诉和欺诈性追诉的情况应该以个案为基础进行处理，而不能通过笼统地禁止弃权来处理。他还指出，最高法院从未发现过仅仅因为赋予被告人合法的选择权而导致强迫的发生。

虽然托马斯的意见可以被解读为可以为任何目的放弃第410条，但多数派中的三位大法官（金斯伯格、奥康纳和布莱耶）释放信号说，在允许被告人放弃在弹劾场合之外使用这些陈述的禁令保护方面，像麦哲纳图案中的争点那样，他们会更加审慎。他们担心允许广泛地弃权更可能把被告人从协商中吓走。舒特大法官执笔撰写的异见更加现实地承认，正如埃斯特拉达在口头辩论中承认的那样，由于认罪答辩之后的量刑和审判之后的量刑之间存在着巨大差异，被告人通常难以拒绝答辩要约。[27] 舒特还指出，同时暗示麦哲纳图案限制于弹劾情形是不合逻辑的；一旦弃权被承认为合法，舒特断言，检察官在审判的任何时候都可以坚持答辩陈述是可采的，"对此，本院几乎没有什么合法的手段去应付"。最后，他预计，这种弃权要求将会变得非常广泛，最终会等同于放弃审判，因为同意这么做的律师将不可能在不引发使用答辩陈述的情况下主张他们的当事人无罪。

后一个预测已经变成现实。考虑这一问题的大多数法院已经认可允许使用任何陈述的弃权协议，甚至包括初期的"意向"，用来反驳辩方的证明，包括弹劾被告人以外的辩方证人，还有辩护律师的陈述。还有一些法院明确

---

[26] 513 U.S. 196, 204.

[27] 认罪答辩和审判量刑之间的巨大差异众所周知。Michael M. O'Hear, "Remorse, Cooperation, and 'Acceptance of Responsibility', The structure, Implementation, and Reform of Section 3E1.1 of the Federal Sentencing Guidelines", 91 *Nw. U. L. Rev.* 1507, 1513-15 (1997). （指出，联邦量刑指南出台以前的资料显示，作出认罪答辩的被告人受到的刑罚比审判之后低30%~40%，并描述了指南如何通过第3E1.1条贯彻这种"答辩折扣"。）

地允许答辩陈述用于控方的主诉证明中。[28] 和舒特大法官的预测一样,麦哲纳图案正在使第410条和第11(f)条变成"形同虚设的规定"。在国会失意的司法部,在法院系统占了上风。

麦哲纳图案在证据法方面的遗留问题

麦哲纳图案对辩诉交易产生的影响掩盖了它在证据法方面的意义,这一方面更加微妙。为了理解这些影响,需要更仔细研究一下多数派是如何得出它的结论的。第410条的字面措辞并没有允许麦哲纳图案中的那种弃权。但是托马斯大法官认为,以前的判例法已经确定,大多数证据规则都是"推定可以放弃的",即使它们没有明确谈到弃权的问题。他的结论是:"由于答辩陈述规则是根据一个背景性推定制定,即一般来说法律权利,具体来说证据性规定,都可以通过当事人之间的自愿协议放弃,我们不会把国会的沉默解释为拒绝可放弃性。"[29]

总之,麦哲纳图案允许法院超出联邦规则的字面意思。这是最高法院第一次将一个不存在的规定解读进证据规则。正如乔纳凯(Jonakait)教授所言:"麦哲纳图案在解释证据规则方面的一个重要教训就是……麦哲纳图案令人信服地向我们说明,如果这一点以前并不明确的话,联邦证据规则不能被当做一个文本本身就包含了所有证据性问题的答案的自足的法典。有时候我们必须超出规则的字面意思来理解证据规则。"[30]

虽然有托马斯大法官所说的先例,麦哲纳图案的重要性还来源于它是最高法院明确承认证据规则的保护可以被放弃的第一个判例。现在的问题是,那些证据规则可以被"麦哲纳图"。大概最有这种可能的规定是第408条,即民事方面类似于第410条的规定。[31] 以放弃该规则的保护为条件的协商谈判可以说为审判中的讲真话提供了同样的激励,这是麦哲纳图案之于放弃第

---

[28] 至少5个巡回区支持宽泛的第410条弃权。United States v. Barrow, 400 F. 3d 109 (2nd Cir. 2005)(支持使用要约陈述,即使它们没有直接和律师的说法相冲突,即使在开场陈述和交叉询问过程中都没有反驳辩护律师的说法);U. S. v. Rebbe, 314 F. 3d 402, 406-07 (9th Cir. 2002)(要约陈述在控方的反驳举证中可以采纳,即使被告人不作证,如果被告人"出示了或者作出了与他的要约陈述不一致的任何证据、主张和/或陈述");United States v. Young, 223 F. 3d 905 (8th Cir. 2000)(被告人在答辩协商中作出的书面证言在政府方的主诉证明中是可采的);United States v. Krilich, 159 F. 3d 1020 (7th Cir. 1998)(支持出示引入要约陈述弹劾辩方证人并反驳辩护律师在交叉询问政府方证人过程中提出的理由);United States v. Burch, 156 F. 3d 1315, 1321-23 (D. C. Cir. 1998)(在主诉证明中可以采纳答辩陈述)。

[29] 513 U. S. 196, AT 203-04. 当然,国会在这一问题上并没有完全沉默。第410(i)条明确允许一种形式的弃权:如果被告人决定在审判中使用答辩陈述时不适用。根据成文法解释的通常规则,从允许弃权的角度来看,这一规定可以被解释为"占据了这一领域"。麦哲纳图案的多数派自己也指出"明确的弃权条款可以说明国会意图占据这一领域,并排除在其他未明确指出的情形下的弃权"。(citing Crosby v. United States, 506 U. S. 255 (1993) and Smith v. United States, 360 U. S. 1 (1959).)

[30] Randolph, N. Jonakait, "Texts, or Ad Hoc Determinations: Interpretation of the Federal Rules of Evidence", 71 *Ind. L. J.* 551 (1996).

[31] 第408条规定:"在和解协商中作出的陈述是……不可采的。"

410条保护的意义。但是也有迹象表明，即使在牺牲可靠性的情况下，最高法院甚至也允许弃权。确实，麦哲纳图案中的全体法官，不仅仅是多数派，都承认传闻的禁令可以被当事人放弃，甚至在传闻显然不可靠的情况下。

也许大法官们不担心后一种局面，因为他们认为当事人一般不会弃权，除非证据对双方相对都无害。但是，麦哲纳图案显然允许这样的弃权：允许出示显然对一方没有好处的证据。由于麦哲纳图案显然认可这种做法，孜孜以求的检察官总是能够创造出各种各样的弃权机会。例如，按照麦哲纳图案的逻辑，检察官可以以放弃第404条反对用先前的犯罪记录证明品格为条件进行答辩协商。或者检察官可以使当事人放弃第608、609和610条作出的限制弹劾的规定。你可能会说，这些规则背后的保护是不可以放弃的，因为用托马斯大法官的话来说，它们对于"事实认定程序的可靠性而言是不可缺少的"。但是，它们真的是必不可少的吗？因为至少在一些司法区，它们已经全部或者部分地被抛弃。[32] 至少，麦哲纳图案为这些争论打开了一扇门，而且，在检察官们把创造这样的机会形成为惯例之前，这只是个时机问题。

后记

这时候，加里·麦哲纳图怎么样了？他于2003年3月14日从联邦监狱释放，时年53岁。他开卡车，尽量不惹麻烦。他没有再去做电工，他说，他想"逐渐而轻松地"从监狱生活中转变过来。他又开始和利蒂西亚见面，几乎每个周末都带着他的三个孩子去找她，他们都二十多岁了。

关于他的犯罪，他发誓说他在审判时说的话实际上都是他被逮捕当时所想的。他说他是一个很容易被迷惑、上当受骗的小人物，上了城府深厚的舒斯特的当。他还解释了他最糟糕的显示有罪的行为——在肯定地知道包裹里装的是毒品之后还继续进行交易，还对莫兰说他能搞到更多的"货"——是因为他只是逐渐意识到他卷入了一大宗毒品交易，他认清了事实后，觉得"夹在"莫兰和舒斯特中间，于是决定"演下去"。对于包裹上的一层包装纸为什么来自他家附近他没有解释，他甚至愿意说他不是真的相信舒斯特是一个炸药专家。但他坚持说他一直都只不过是一个送东西的人，既不是制作人也不是大手笔的贩子。因为舒斯特先跑到了警察那儿，为了救自己把麦哲纳图说得像是一条比他自己更大的鱼，所以他吃了大亏（后来证明，舒斯特因为在本案和其他案件[33]中和警察合作，获得大幅度的减刑，根本没有被判处监禁）。

---

[32] See *McCormick on Evidence* 54，§ 190 (4th ed. 1992)（指出，"虽然多数法院限制就不当行为进行交叉询问，以攻击与证人的可信性密切相关的品格"［如联邦证据规则第608（b）条所规定］，但"一些法院允许通过较为广泛的对与道德上的恶劣品格有关、但与可信性关系不那么紧密的不当行为进行交叉询问，以攻击其品格"）& *id.* At 55，§ 191（指出，"对于可以成为弹劾基础的犯罪的界定在没有通过联邦证据规则第609条的各州之间差别很大"）。

[33] 但是，根据联邦监狱署的消息，舒斯特于2000年3月17日又因为制造脱氧麻黄碱被逮捕，现在他要服的刑期到2017年才结束。Phone conversation with records office, Lompoc Prison, 3600 Guard Rd., Lompoc, Calif. 93436, on July 22, 2005; see also, Federal Prison Bureau website, at www.bop.gov/iloc2/Inmatefinder, last visit July 22, 2005.

另一方面，哈里根确信麦哲纳图不会是一个微不足道的小角色。他说，任何可以在短时间内拿出一磅的甲安菲他明的人，"都必须是在这个行当干过一阵子的"。他还说，麦哲纳图在答辩协商时没有向警察供出其他人的决定是"犯傻"，因为和警察合作可以大大地减轻他的刑期。

麦哲纳图的故事有一些警世的意义。试举一二：

1. 如果你和别人一同参与了犯罪活动，尽量多了解你的同伴在犯罪过程中的情况，但是不要让他们知道你的任何事。如果事情败露，开始和政府谈判，这些信息上的差异就可以让你坐上驾驶员的位置。（具有讽刺意味的是，犯罪集团的头目最有可能成功地实现这一点；因此麦哲纳图被判了14年，而舒斯特实际上逍遥法外）。㉞

2. 如果你是代表想要用情报换取降格的指控或者量刑的当事人的辩护律师，不要让你的当事人和检察官谈话，除非政府方给你明确的信号，它认为你的当事人的信息很重要，足以确保控方提出正式的宽缓申请（在联邦量刑指南规定可以因为当局提供重大帮助而给予量刑上的折扣之后，这在联邦法院被称作"5K1.1信件"）。如果信息足够有用，政府方甚至会愿意在你放弃第410条保护之前得到它。如果不够重要（一定要记住这个判断是政府方作出的），不要让你的当事人和控方谈。根据所谓的"一日女王"的安排，甚至在"提出"会见的阶段也适用这一禁令，因为这个标签很具有误导性；今天许多检察官为了看看被告人都知道些什么，甚至在这些初期的尝试中都要求宽泛地放弃第410条保护。㉟最好的结果是，这种情况下的协商达到的只是简单认罪的效果，双方在没有当事人的任何帮助下沟通。最差的结果是，如果检察官以放弃现在的第410条为交易条件，你的当事人作出的任何包含有罪信息的陈述都会在日后将你在审判中的胜算实际上降低到零。

3. 因此，如果你是代表放弃第410条保护后作出归罪性陈述的当事人的辩护律师，一定要做成这笔交易。考虑到审判定罪后判刑和认罪后量刑之间的差异，你就不要再考虑上法庭了。问问加里·麦哲纳图就知道了。

㉞ But see Linda D. Maxfield & John H. Kramer, "Two Sentencing Commission Staff Reports on Substantial Assistance", 11 *Fed. Sent. Rep.* 1, 10 (July/August, 1998). （"经常被援引的'真相'是，在犯罪组织顶端的毒品共谋犯更有可能获得量刑折扣，因为他们比处于这一组织底层的成员更能够提供实质性的帮助，但是这些数据不支持这样的结论。"）

㉟ 例如，纽约南区的联邦检察官办公室提供的标准的要约协议规定："在刑事诉讼的任何阶段（包括保释、审判和量刑的所有阶段），政府方还可以使用当事人在会见中的陈述来反驳当事人提供或者代表当事人提供的任何证据和主张。" Reproduced in Benjamin A. Naftalis, "'Queen for a Day' Agreements and the Proper Scope of Permissible Waiver of the Federal Plea-Statement Rules", 37 *Colum. J. L. & Soc. Probs.* 1, 7–8 (2003).

特　权

- 6. 斯威德勒和柏林诉美国的故事：死亡和特权
- 7. 厄普约翰公司诉美国案的故事：一个人扩张律师—委托人秘密交流权的历程，以及影响它的社会力量

6

斯威德勒和柏林诉美国的故事：死亡和特权

肯尼斯·S·布龙

白宫助理法律顾问文森特·W·福斯特的尸体于1993年7月20日在弗吉尼亚北郊的福特·马西公园被发现。联邦公园警察正式认定其死亡为自杀,而且这一结论最终也在两份独立检察官的报告中获得确认。但是,福斯特先生到底发生了什么事,书籍、文章和网站上依然众说纷纭。① 这些报刊网络的切入点从相对客观的描述到各种稀奇古怪的阴谋论,不一而足。可以说,围绕着福斯特之死所产生的神秘氛围,大概只有林肯和肯尼迪总统遇刺事件能出其右。

福斯特先生死后,除了经年积累的丰富的历史素材,这一事件还留下了一个重要的遗产:委托人死后申请律师—委托人特权的最高法院判例——斯威德勒和柏林诉美国案。② 斯威德勒和柏林案的重要性不仅是由于它关于委托人死后特权仍存在的判决理由,而且还在于申请特权的意义,即使委托人还活着。

文森特·福斯特之死

关于文森特·福斯特之死,唯一可以绝对确定的事是福斯特先生死了,还有他的尸体在福特·马西公园被发现。关于他的死的其他所有细节实际上都是有疑问的,包括在公园的哪个地方发现了他的尸体,死后尸体的姿势,现场发现有多少血,身边有没有公文包,死亡当天他的情绪如何,还有其他的一系列事实。③

福斯特先生是克林顿总统和夫人在阿肯色州长期的朋友,一位著名且广受尊重的律师,他曾经是克林顿夫人在阿肯色州的热泉市的罗斯律师事务所的合伙人。福斯特先生曾为他们二位担任涉及各种交易,包括一些后来演变成白水事件的交易的法律顾问。他在1992年总统竞选期间曾非常活跃,也

---

① 有三本书赢得了相当大的发行量:Dan E. Moldea, *A Washington Tragedy* (1998)(发现了调查中的错误和问题,但显然也得出自杀的结论);James B. Stewart, *Blood Sport* (1996)(也认为是自杀;该书主要集中于克林顿总统和夫人卷入白水发展公司的调查和有关的问题);Christopher Ruddy, *The Strange Death of Vincent Foster* (1997)(《纽约邮报》前任记者著,他质疑自杀这个几乎从一开始就得出的结论的可信性;作者认为有一个巨大的黑幕掩盖着事实真相)。

② Swidler & Berlin v. United States, 524 U. S. 399 (1998). 还有一个最高法院判例与福斯特先生之死有关,这个判例不涉及律师—委托人特权,因此不是这个故事的主题。在 National Archives and Records Admin v. Favish, 541 U. S. 157 (2004) 案中,最高法院宣布,根据《信息自由法》,文森特·福斯特先生的家庭成员对于福斯特先生死亡现场的场面享有个人隐私权,大于公开的公共利益。

③ 这里描述的斯威德勒和柏林案的事实背景来自大量的文献,基本上没有事实争议。所使用的文献包括:Hearings Relating to Madison Guaranty S & L and the Whitewater Development Corporation-Washington, DC Phase; Hearings on the Death of Vincent W. Foster, Jr. before the Senate Comm. On Banking, Hous., and Urban Affairs, 105th Cong. (1994) (Report of the Independent Counsel Robert B. Fiske, Jr., In re Vincent W. Foster, Jr. (1997) [hereinafter FISKE REPORT]); Office of Independent Counsel in re: Madison Guaranty Savings & Loan Assn., Report on the Death of Vincent W. Foster, Jr. (1997) [hereinafter STARR REPORT]; Moldea, *A Washington Tragedy*, supra note 1; Stewart, *Blood Sport*, supra note 1; Ruddy, *The Strange Death of Vincent Foster*, supra note 1. 部分讨论还来自2005年7月21日同吉姆斯·汉密尔顿先生访谈中得知的信息,他是福斯特咨询过的律师,同时也是在最高法院反对公开的律师。

曾经是总统最初的法律团队的一员。

没有发现任何自杀遗言。一张撕碎了，大概是在福斯特先生生命中的最后几周的某个时间写下的便条，留给我们关于他的思想状态的一些线索，最后一句话是说他"不喜欢这份工作，也不喜欢华盛顿公共生活的聚光灯。在这里，毁掉人被视为一项技能"④。虽然关于福斯特先生精神状态的实际状况有着相反的意见，但显然，他已经被白宫的工作压得喘不过气来。根据很多人的说法，他由于所谓的"旅行门"问题承受着极大的痛苦，在那次事件中，白宫旅行办公室的长期雇员被指控行为不当，最终被解雇。他在这次事件中以及其他方面的工作受到了批评，最著名的是《华尔街时报》社论中的批评。

即使赞同他死于自杀的许多人也承认调查中犯了严重的错误。在这些错误中有他死后警察立即进入他办公室的问题。进行最初调查的联邦公园警察直到福斯特先生死后第二天才命令查封他的办公室。白宫雇员在他死亡的当晚就转移了他办公室的文件，这样显然不对的谣言在到处传播。无论如何，在福斯特先生的尸体被发现两天之后，白宫首席法律顾问伯纳德·努斯鲍姆（Bernard Nussbaum）当着执法人员的面，取走了福斯特办公室的档案文件。后来白宫披露说，至少有一些文件涉及白水发展公司和相关问题。

在历史上变得很有名的"白水事件"，最简单地说，涉及克林顿总统和夫人在担任阿肯色州州长和罗斯律师事务所合伙人期间做的一些投资。⑤ 在1992年总统竞选期间，关于克林顿夫妇参与这些问题的合法性和道德性的问题被提了出来。虽然克林顿的一些政敌竭尽全力要让这些事情持续成为新闻的主题，但是，媒体的注意力在福斯特死的时候基本上转移了。他的死以及他办公室相关文件被克林顿的人转移，又高调地把关于白水事件的争论带回到全国的聚光灯下。

媒体、公众和国会的压力最终导致1994年1月小罗伯特·B·菲斯克被任命为独立检察官来调查白水事件。菲斯克重启了对福斯特之死的调查。6月30日，菲斯克发布了报告，肯定了福斯特死于自杀。

但是在一些媒体和一些国会议员的眼中，菲斯克的报告提出的问题甚至比它回答的问题还多。"参议院银行业、住房和城市事务委员会"自己进行了关于公园警察对福斯特之死的调查的调查。参院委员会的调查还得出了一个基于"压倒性证据"的发现，福斯特死于自己造成的枪击伤。但是，疑问仍没有消除。确实，大火似乎被浇上了油；到处都是猜测。肯尼斯·W·斯塔尔代替菲斯克担任独立检察官，他被授权继续对更广泛的白水事件进行调查。正如斯塔尔先生在他关于福斯特之死的报告中所指出的，他的调查包括了死亡的各种情形：

---

④ Starr Report, supra note 3, at 107. 詹姆斯·汉密尔顿，在福斯特死前9天与他会面的律师，他的笔记成为斯威德勒和柏林案的主题，他相信这张便条写于福斯特先生和他谈话的当晚。作者与詹姆斯·汉密尔顿2005年7月21日的访谈。

⑤ 本故事中所使用的"白水"一词包括对于克林顿总统和夫人有关的一系列问题的彻底调查，包括Whitewater Development Corporation, Madison Guaranty Savings & Loan Association and Capital Management Services。有一些对这一问题充分叙述的文献，包括 *The Starr Report*, supra note 3 and Stewart, *Blood Sport*, supra note 1.

由于福斯特先生之死的持续疑问,福斯特之死与他死后福斯特办公室文件被处理之间的关系,福斯特先生在其他事件中的作用和参与都属于独立检察官办公室的调查范围,独立检察官办公室审查和分析了之前对福斯特先生之死的调查中收集的证据,并开展了进一步的调查。⑥

斯塔尔调查的福斯特死亡事件之一是福斯特先生和詹姆斯·汉密尔顿在1993年7月11日星期六早晨——在他死前9天——的会见,后者当时是华盛顿斯威德勒和柏林律师事务所的合伙人,克林顿夫妇的朋友,曾在筛选可能的联邦最高法院提名人的过程中同福斯特一起工作过。在与福斯特先生会见之前,汉密尔顿先生阅读了白宫发布的关于旅行办公室问题的报告,并在报告上作了标注。在他与福斯特先生会见的过程中,汉密尔顿先生做了三页手写的笔记。1995年12月4日,联邦大陪审团在独立检察官的请求下,向汉密尔顿先生和斯威德勒和柏林律师事务所签发了强制令,寻找汉密尔顿先生做的他与福斯特先生会见情况的笔记,还有他在死后代理福斯特家人的文件。汉密尔顿先生和该事务所申请撤销或变更该强制令,理由是移交这些资料会侵犯律师—委托人以及劳动—成果特权。

对这一问题后续历史发展的评价,包括联邦最高法院的意见,必须从独立检察官和白水事件所处的独特情形出发才能作出正确的评估。反对克林顿夫妇的情绪以及担心克林顿,在他的批评者看来,不仅是一个坏总统,而且还是一个坏人的想法,至少和克林顿夫妇是极右翼阴谋实施的猎巫受害人的感觉一样强烈。他们信任的密友,文森特·福斯特口中的陈述,对于说明第一家庭在一系列所谓的不当行为中清白与否大有帮助。特别检察官愿意相信,这些陈述至少有助于他对克林顿夫妇的调查。克林顿夫妇的辩护人无疑对此深信不疑:如果肯尼斯·斯塔尔拿到这些资料,肯定会尽力拿它丑化总统夫妇。

法律背景

律师—委托人特权——规定委托人可以禁止披露与他或他的律师的秘密交流——在所有的证据性特权中是最脆弱的一个。它在英国普通法和早期的美国判例中有很深的渊源。虽然遭到了来自各个方面,始于几乎两个世纪之前功利主义哲学家杰里米·边沁的严厉指责和批评⑦,但是直到今天,这一特权仍然保持了它的保护性的力量。提供这种保护的理由通常是功利主义的:保护委托人与律师的秘密交流可以促进律师与委托人之间的自由交流。⑧更为晚近,其他一些更具有人文主义色彩的保护律师—委托人特权的理由被提出。一些学者试图从隐私权和促进个人重要决策过程中的个体自治方面的

---

⑥ *Starr Report*, supra note 3, pp. 8–9.

⑦ Bentham, *Rationale of Judicial Evidence* (1827), 7 The Works of Jeremy Bentham 473, 474, 477, 479 (Bowring ed. 1842).

⑧ 边沁对这一特权的主要批评也是功利主义的。他认为无辜者对于披露他们和律师的谈话没有什么可担心的,因此这个特权只是在帮助罪犯。

相关考虑出发为特权提供根据。还有一些学者带着平等主义诉求，强调特权和自由社会中个体权利的关系，以"抵制国家在特定的情形中强制获取信息的权力"[9]。

判例和成文法几乎是一致地将该特权绝对化，这就是说，一旦适用特权且没有被放弃，委托人和他或他的律师的交流就获得保护，而不必考虑在具体案件中对该信息的需要。关于律师——委托人特权，美国联邦最高法院曾认为"一个不确定的特权……比根本没有特权，好不了多少"[10]。虽然一旦正确诉诸就具有绝对的力量，但该特权既不确定，也不持久。大量的例外——最突出的是在促进犯罪或欺诈的情况下拒绝交流特权——会阻止它的适用。而且，如果不在合适的时机行使，也会失去特权。

虽然更多地出现在学者的想象中，而不是在法庭上，但在委托人死后特权是否存在的问题多年来一直都是在猜测。在委托人死亡的一种情况下，各法院一直适用一个阻止特权适用的例外。该特权被认定不适用于涉及遗嘱的有效性和解释的情形，或者主张在委托人死后有继承权的当事人之间发生的其他争议。这一例外背后的理由之一是，披露交流信息最有可能反映委托人的真实意愿。另一个理由只是说，所有在世的人都是通过委托人提出主张，所以一方当事人不应该能够通过主张特权而反对另一方。但是，这种情况下设置这种例外的必要性，据说又隐含了该特权在其他情形下存在的必要性。一些州的法院已经认定，在其他情形下，死亡并不终止特权。在上诉法院作出斯威德勒和柏林案判决之前，只有一个判例作出了相反的判决。[11] 一个法院甚至在死者曾告诉律师另一人正在受审的犯罪实际上是他所为的情形下还判定适用该特权。[12] 有相当多的州，接近一半，在法典中规定，委托人的个人代表可以主张特权，以此来处理特权的存在问题。为了让这样的规定有意义，该特权必须在委托人死后持续存在。有一个州，加利福尼亚州，特别规定，特权持续存在，直到遗产最终分配完毕、个人代表被解职。[13]

斯威德勒和柏林案给联邦最高法院提供了解决，至少是在联邦法院系统律师——委托人特权的后续存在这个有意思的问题的机会。但是该案的意义并不限于这么深奥的一点。该案还给最高法院提供了就保护律师——委托人之间交流的力度——面对司法程序中对信息的迫切需要，保护究竟是出于功利主义还是出于人文主义的理由——表明立场的机会。

联邦证据规则第 501 条规定："在联邦法院可能会从理性和经验的角度

---

[9] Charles Alan Wright and Kenneth W. Graham, Jr., *Federal Practice and Procedure* § 5422, at 675 – 676 (1986).

[10] Upjohn v. United States, 449 U.S. 383, 393 (1981).

[11] Cohen v. Jenkintown Cab Co., 357 A. 2d 689 (Pa. Super. 1976)（用于判断委托人死后是否适用特权的权衡标准）.

[12] State v. Macumber, 544 P. 2d 1084 (Ariz. 1976). 该有罪判决因其他理由被撤销。在发回重审的过程中，死亡的委托人的母亲放弃了特权，但是律师的证言作为传闻被排除。State v. Macumber, 582 P. 2d 162, 166 – 67 (Ariz. 1978).

[13] Calif. Evid. Code, § 954. 虽然该法典条款本身并不明确，但法律修正委员会评论指出："该特权可以由第 954 条列举的人员主张……只要存在特权的持有人。因此，当该委托人的遗产被分配完毕、他的个人代表被解职，特权停止存在。根据现行法，委托人死后特权无限期存在，以及没有人有权放弃特权的情况似乎是可能的。"

作出解释时,特权应当受到普通法原则的规范。"⑭ 斯威德勒和柏林案提供了这样的情形,最高法院对普通法的解释不仅对于诉讼当事人或者刑事诉讼的辩护而言有意义,而且对于美国共和制的基础而言也有意义。如果文森特·福斯特向詹姆斯·汉密尔顿的陈述会让总统夫妇卷入犯罪活动,那么就攸关联邦政府的廉洁性。涉及总统特权的美国诉尼克松案⑮,允许在总统职位的利益和调查总统及其顾问的利益发生冲突时进行权衡。可以说,虽然涉及的是不同的特权,斯威德勒案提供的也无非是在需要信息和特权力量之间进行权衡的政策理由。从最有利于独立检察官的角度来看这个问题:保护律师—委托人秘密的利益是否足以支撑对死亡的委托人向律师的陈述保密,如果披露这样的陈述不仅可以有助于调查犯罪,而且有助于保护共和体制免受官员腐败的侵蚀?如果最高法院要把普通法解释为以绝对的形式规定了特权的适用和存在,那么,独立检察官所认为的对于我们政府的持续廉洁性而言至关重要的信息就会丧失。

另一方面,在委托人死后终止特权保护,或者在特权与未来法院对于信息的需要——总体上或者只在刑事案件中——之间进行权衡的判决,则会弱化特权,以至于功利主义者出于现实考虑担心会限制律师和委托人之间的交流,坚持人文主义路线的人会看到我们法制史上私权绿洲受到前所未有的侵蚀。

■ 低级法院诉讼

哥伦比亚特区联邦地区法院首席法官约翰·加勒特·佩恩,1979年由卡特总统任命到哥伦比亚特区联邦地区法院,接手了这一涉及汉密尔顿先生的深思熟虑的特权主张的问题,并被要求私下里看一看汉密尔顿先生的记录。在审查这些记录之后,佩恩法官裁定,这些记录受律师—委托人特权和劳动—成果特权的双重保护。他简洁的意见强调,对于劳动—成果特权的援用,适用了权衡标准,认为大陪审团没有限制"特权"的必要。独立检察官对佩恩法官的裁定上诉到哥伦比亚巡回区上诉法院。⑯

上诉法院合议庭以2比1的票数,推翻了地区法院的裁定,并把该问题发回,按照多数派的意见重新审查。⑰ 多数派的意见由里根任命的斯蒂芬·F·威廉姆斯法官执笔撰写,帕特里夏·M·沃尔德法官加入,这是该巡回法院最具自由主义倾向的成员之一,在佩恩法官进入地区法院的同一年,由卡特总统任命到该法院。克林顿任命的大卫·S·塔特尔法官持异议。

---

⑭ Fed. R. Evid. 501.
⑮ 418 U. S. 683 (1974).
⑯ 初审法庭批准了就独立检察官寻求的所有文件取消强制令的申请,包括与会见有关的记录和在福斯特先生死后汉密尔顿先生代理他的家人的相关文件。独立检察官仅就与福斯特先生会谈有关的记录对裁定提出上诉。作者于2005年7月21日与詹姆斯·汉密尔顿先生的访谈。
⑰ In re Sealed Case, 124 F. 3rd 230 (D. C. Cir. 1997).

和许多学者和法院一样，多数派认定，特权的理由是工具主义或者功利主义的，他们指出，关于法律帮助的规定"只有在没有公开的担心和疑虑的情况下才能被安全地和方便地利用"[18]。多数派还指出了各法院之间关于特权在委托人死后仍存在的共识。但是，该法院指出，大多数委托人死后的案件涉及特权的例外，在双方都对委托人的遗产提出主张的情况下。对多数派而言特别有意思的是，许多学者，包括《律师法声明》的起草者，都曾建议在委托人死后对特权进行限制。例如，该法院指出，在赖特和格雷恩论文中倾向于特权持续存在的理由要求"把法老式的关切赋予"委托人。虽然指出这样的观点"有点夸张"，该法院还是认定，如果权衡仅限于刑事诉讼领域，"我们应该期待尽量降低该限制的负面效应"。

该法院回忆了厄普约翰案中关于不确定的特权"等于没有特权"的说法。但是，它仍然把权衡标准适用于它面前这个案件中的特权适用问题：

> 虽然没有证人本身不能为限制特权提供根据，但我们认为因为死亡而不存在，加上在死后不存在委托人对于刑事责任的担忧，产生了一个独特的领域（委托人死后在刑事诉讼中使用），在这里，特权不应该自动适用。我们拒绝在所有案件中适用一个概括性的权衡标准，但这一有限情形除外。[19]

多数派指出，创造一个死后刑事问题的例外，不会"产生让厄普约翰案和雅菲（Jaffee）案拒绝这里所说的限制的阴影"。

权衡维持特权保护的需要和对信息的需要的指导方针是模糊的：该保护只有在刑事诉讼中才停止，而且仅对于"具有实质性的重要意义"的交流。该陈述"必须对争议犯罪行为的实质方面有影响，而且在这一方面缺少可靠证据"。该法院指出，在有无利害关系的无损感知、记忆机会的大量证人的"正常情况下"，不存在侵犯秘密交流的根据。

该法院还拒绝适用绝对意义上的劳动成果特权，认定不存在对律师记录的这种概括性保护。在作出裁定的过程中，该法院区分了作为与诉讼相关的调查的一部分而进行的律师会见和像詹姆斯·汉密尔顿进行的这种最初的与委托人的会见。在后一种情形中，多数派相信，本案的纠纷表明"该律师没有严格集中于这些材料"，因此，联邦民事诉讼规则第26（3）条"思维印象"条款所保留的那种"超级保护"不应当适用，但是没有援引判例直接支持这种立场。

异见由塔特尔法官撰写，认为应当适用绝对意义上的律师—委托人特权。像多数派那样，塔特尔法官也根据特权的工具主义理由，他指出，鼓励个人向他们的律师坦诚地、完全地披露问题"使得帮助个人的法律职业理解他们的法律义务，促进了对它们的自愿服从"。异见指出，除了在遗嘱诉讼的情形下，关于委托人死后特权的适用问题实际上存在一致的看法。与多数派的看法相反，死后适用特权承认人们对死后判决的深切关注。塔特尔举出一连串的例子说明像安德鲁·卡内基和亨利·福特这样的人很在乎后世如何

---

[18] Id. At 233, quoting Hunt v. Blackburn, 128 U. S. 464, 470 (1888).
[19] In re Sealed Case, 124 F. 3rd at 234.

看待他们。这一问题根据调卷令到达最高法院面前,他提到对死后名誉的关切,被申请人从不同角度一字不落、激情澎湃地重述。塔特尔法官大概提到文森特·福斯特在 1993 年 5 月阿肯色州立大学法学院开学典礼上的讲话[20],还有在他的公文包里发现的撕碎的便条来证明他对自身名誉的关注,他指出,"本案看起来是废除普通法上的保护死者的律师——委托人特权的特别不适当的例子"。

对于要求全体法官出庭重审的申请,塔特尔法官,现在有道格拉斯·H·金斯伯格法官加入,他是里根提名的、巡回法院较为保守的成员之一,继续坚持异见,指出,在刑事案件以外,哥伦比亚特区的权衡标准原本是有意义的。塔特尔法官表达了这样的看法:这个国家任何地方的委托人都"无从知道他和律师之间的交流信息在哪一天会和华盛顿特区的刑事犯罪调查发生关联"。塔特尔和金斯伯格法官还反驳了独立检察官提出的,在委托人死后废止特权会损害委托人自由交流的说法是缺少实证根据的主张。在一个后来得到最高法院回应的问题点上,他们的意见认为,根据普通法在这个问题上的一贯立场,就不影响委托人的自由交流这一点,独立检察官承担着"出示证据的责任"。"如果没有可信服的证据说明废止特权不会损害委托人的自由交流,本院就不应该放弃几个世纪以来的普通法"。虽然承认在这种情况下,和其他适用特权的情况一样,会造成信息损失,这份异见还是认为,普通法"在很久以前就确定了这一点,在任何具体的案件中,承认死后特权赢得的利益要大于因向事实审判者拒绝信息而造成的损害"。

在早期的异见中,塔特尔法官没有就劳动——成果特权发表意见,在他看来,该案完全是一个律师——委托人特权的问题。但是,在他拒绝全体法官出庭重审的意见中,他明确拒绝了多数派在与诉讼相关的会见和本案涉及的最初会见之间划定的区别。该意见认为,如果该法院的判决意见站得住脚,"律师只需要停留在早期的关键会见中记个笔记就可以了"。虽说法官没有审理这个诉讼可能是没有意识到这个案件浓重的政治背景,但民主党提名人和共和党提名人,著名的自由主义者和著名的保守主义者,均分列这一争议的两种不同立场上。法官之间的不同意见似乎没有反映出对克林顿政府的情绪,但是却反映了在特权应该延伸多远的问题上,以及主张绝对特权的实证理由的有效性问题上的深刻分歧,也反映了在学术方面的类似分歧。

斯塔尔报告

上诉法院于 1997 年 6 月 20 日作出判决。早在 1996 年 12 月,斯塔尔就签署了一份公开声明,预测他对福斯特之死的调查结论将会和以前调查的结论一致——文森特·福斯特于 1993 年 7 月 20 日在福特·马西公园自杀。直到

---

[20] 在这次演讲中,福斯特表达了对于律师名誉的深刻看法:"再怎么强调这一点也不过分,没有任何胜利、任何利益、任何费用、任何好处值得你在智识和人格完整性方面名誉的哪怕一个污点。说一个律师不行,没有什么比这样的批评传播得更快……法律职业名誉上的污点是无法修复的。" Stewart, *Blood Sport*, supra note 1, at 255 - 256.

1997年10月10日，哥伦比亚特区上诉法院才公布了斯塔尔关于福斯特之死的正式报告，但是这最终的公布只不过确认了斯塔尔以前公布过的结论。

斯塔尔的报告试图涉及媒体、形形色色的阴谋论者和国会议员提出的所有问题。该结论建立在对证人的广泛询问和对案件的各个方面的专家分析基础上。虽然有些人还有激愤言论，但是再争辩这一结论已经很难了。此次调查不仅看起来是尽可能地全面和透彻，也很难想象这位独立检察官有什么理由不去揭露总统、他们身边的人或者其他人的不当行为。

从斯塔尔公布关于福斯特之死的调查报告的时机来看，很显然最高法院不再是对关于福斯特自杀事件的调查下判决。这个问题已经让斯塔尔颇为满意地解决了。从政治意义上说，它是关于"白水事件"或"旅行门"问题的，还有福斯特就这些问题可能向汉密尔顿披露的信息。从法律意义上说，它是关于律师—委托人特权在今天的力度的。

■ 调卷令申请

詹姆斯·汉密尔顿和斯威德勒和柏林事务所在两个争点上申请调卷令：律师—委托人特权是否接受权衡标准的检验，以及在与委托人初次会见过程中记下的手写的笔记是否应当接受原本对律师的思维印象提供的实际上是绝对的劳动成果保护。

像塔特尔法官就律师—委托人特权发表的意见一样，调卷令申请强调了对关心自己命运的委托人和他们的律师之间的交流自由的关切："由于向……人们［包括老人、自杀者、具有危险生活方式的人和其他关注州际命运的人］拒绝了律师—委托人特权的全面保护，该判决对老人、病人和心神错乱的人——对这个社会最为弱势群体形成歧视。"[21] 这份申请认为，该判决造成的损害不会通过该法院试图将公开限于刑事诉讼中而得到改善——"一个委托人对家人、朋友和同僚的关切肯定应当扩大到他们可能承担的刑事和民事责任中"。

这份申请援引了大量的排除死者与律师之间的交流信息作为证据的刑事和民事判例，强调了上诉法院判决和州主流判例之间的冲突。申请指出，唯一相反的文献来自一个中级的州上诉法院。

申请中强调的重点在于关于律师—委托人交流的权衡标准的影响——像下文的多数派和异见一样——参考了厄普约翰案中的语句"不确定的特权等于没有特权"。这份申请又补充道："上诉法院采用的权衡方法特别有损于律师—委托人特权，因为可能触犯了法律的行为（包括那些在委托人死后还活着的人）是律师—委托人谈话的一个经常的主题。"

至于劳动成果，申请强调，在最初的会见和诉讼过程中的会见之间没有真正的区别。申请认为，"采纳一个最初的会见记录不反映律师思维印象的

---

[21] Petition for Writ of Certiorari at 7 – 8, In re Sealed Case, 327 U. S. App. D. C. 145, (1997). rev'd sub nom. Swidler & Berlin v. United States, cert. granted, 66 U. S. L. W. 3639 (U. S. March 30, 1998) (No. 97 – 1192).

终局性推定既忽视了法律实践的实际状况，也忽视了本案的事实情况。"

全国刑辩律师协会、美国公司法律师协会和全国临终关怀协会也作为法庭之友提交了意见，这份意见特别强调了"生者对于他们死后名誉的重视"。意见援引了圣经[22]、朗费罗（Longfellow）[23]和莎士比亚[24]等文献，并提到阿尔弗莱德·诺贝尔，炸药的发明人和诺贝尔奖的创立人，还有前大法官胡果·布莱克，以及他们对于死后名誉的关切。[25]

美国初审律师协会和美国律协提交的支持申请的意见中虽然没有援引传记性和文学作品，但也包含着同样的情绪。所有这些法庭之友的意见要点，特别是后两个，都表达了对上诉法院就劳动成果和律师——委托人特权作出的判决的关切。

独立检察官反对申请的要点摘录强调了在"重要的、触动公众关切的重要问题的大陪审团调查中"避免延误的需要。[26]答辩人的摘录认为，委托人对于自己名誉和保护朋友或同僚方面的利益不能成为死后掩盖信息的根据。该主张部分是根据这样的观念：委托人可以被要求透露基本事实，如果他还活着的话。委托人必须如实作证，虽然他有反对自证其罪的特权，但该特权只涵盖他本人的犯罪行为，而不包括其他人的犯罪，或者仅仅是有损他名声的事实。该摘录还指出，在遗嘱案件中，对名誉的敏感从来不构成对废止特权的限制。

此外，在最终由最高法院多数派回答了的一些问题上，答辩摘录还强调，不存在实证根据支持死后适用特权所具有的利益，还有对排除陈述可能会放纵罪犯的担心。

与申请持相反意见的要点摘录只有一小段话谈到了劳动成果问题。

调卷令于1998年3月30日获得批准。

▋联邦最高法院的要点摘录[27]

在关于实质问题的意见摘要中，申请人和法庭之友们继续集中于委托人

---

[22] 全国刑辩律师协会、美国公司法律师协会和全国临终关怀协会支持申请人的法庭之友意见摘要，参见 Swidler & Berlin v. United States, 524 U. S. 399 (1998) (No. 97-1192), at 11. "所有这些人都会受到他们同时代人的尊敬，也是他们时代的光荣。" Apocrypha 44: 7.

[23] Id. At 12. "伟大的人的生活都在提醒我们/我们能够让我们的生命伟大起来/而且，即使离去/也会在时间的沙滩上留下足迹。"（A Psalm of Life st. 7.）

[24] Id. At 12. King Richard the second, act 1, sc. i, l. 182. "我的荣誉是我的生命；它们合二为一；带走我的荣誉，我的生命也就完结了。"

[25] Id. At 13. 诺贝尔被批评为"死亡商人"，他非常关切自己死后的名誉，他在最后的遗嘱中写道，将他的大多数遗产捐赠给"让以后的讣告撰写人无法诽谤的事业"。Kenn Fant, *Alfred Nobel*, 207 (Ruuth trans. 1993). 布莱克，在他去世前夕，以"运作挫败历史学家"为题，指示人们毁掉他在最高法院撰写的论文。Roger K. Newman, *Hugo Black*, 621-622 (1994).

[26] Brief for the United States in Opposition at 7, Swidler & Berlin v. United States, 524 U. S. 399 (1998) (No. 97-1192).

[27] 申请人在实质问题上得到了当初曾支持调卷令申请的那些组织的法庭之友意见的支持。全国刑辩律师协会、美国公司法律师协会和美国临终关怀协会提交了关于实质问题的意见摘录，公共司法初审律师协会和美国精神病协会加入。

很可能具有的对于自己名誉和朋友、家人幸福的关切,以及如果维持上诉法院判决,这种关切会对律师和当事人之间的交流产生的损害效果。文森特·福斯特对自己名誉的关切表现在他死后发现的便条中,还有他就他们谈话的特权性质向詹姆斯·汉密尔顿征询意见。人们,特别是文森特·福斯特,非常在乎死后的隐私权。

至于劳动—成果特权,申请人以及实际上所有的法庭之友都继续了同样的论调——律师的笔记应当受到特权的绝对保护,无论是在与诉讼相关的会见中记下的,还是像福斯特先生和汉密尔顿先生这样的初次会见中记下的。申请人的要点摘录以这样一句话结束:

> 正如塔特尔法官在异见中正确指出的,上诉法院的两个新裁定——一个阻碍委托人自由披露情况,一个阻碍律师做记录——将会对法律代理的质量造成损害,而不会对事实认定程序带来任何相称的利益。[28]

独立检察官提交的就实质问题的要点摘录非常明确地指出,他来答辩不仅仅是为了得到对上诉法院判决的确认。他直率地指出:"律师—委托人特权在委托人死后不适用于联邦刑事诉讼中。"[29] 上诉法院表述的权衡标准不是答辩人就调卷令的立场。相反,答辩人理由的要义是,在对现在已经死亡的一类委托人可能产生的损害后果,这一点被认为是微不足道的,与大陪审团对相关证据的概括性需要之间进行权衡的结果,应该导致该特权被废止。

除了这一重要的例外,答辩人的摘录紧紧追随多数派的以下推理。虽然有案件承认特权的存在,但大多数学者对此持反对态度。多数死后判例是遗嘱诉讼,在这样的案件中,由于遗嘱例外,不存在对信息交流的保护。

> 在衡量刑事案件的适当规则方面,遗嘱规则即使不是决定性的,也是非常重要的。公众在确定是否发生犯罪方面的需要(而且如果是,由谁实施),确保了至少要和准确解决遗嘱诉讼中所赋予的利益同样对待。[30]

申请人试图把遗嘱案件的例外区别开来,认为它只是为了反映遗嘱人的意图,而不考虑令人尴尬的公开。答辩人反驳说,如果在这种情况下可以推定意图,那么推定委托人原本愿意向大陪审团提供相关的信息也是公平的。

独立检察官提出一个"深刻"的问题:如果一个现在已经死亡的委托人向律师的陈述可能会使另一个遭受犯罪指控的人洗脱责任,那该怎么处理。答辩人驳斥了一个狭窄的宪法上的例外仅适用于刑事被告人的可能性。"赋予刑事被告人在否定证人的普通法特权方面比大陪审团更大的力量"是没有根据的。[31]

独立检察官还指出,特别是对于死去的委托人,承认特权只是帮助了可能会实施伪证的委托人。实际上,想要讲真话的委托人不会被他和律师的谈

---

[28] Brief for Petitioners, Swidler & Berlin v. United States, 524 U. S. 399 (1998) (97-1192), at 38.
[29] Brief for the United States, Swidler & Berlin v. United States, 524 U. S. 399 (1998) (97-1192), at 9.
[30] Brief for the United States, supra note 84, at 17.
[31] Id. At 25. 独立检察官援引了美国诉尼克松案中的话,supra note 15, at 709, "为了确保实现正义,迫切需要法院发挥作用,确保强制程序在出示证据方面既可以为控方,也可以为辩方所用"。

话阻碍，因为他要作证的正是同样的事情。

答辩人承认，大约有一半的州规定了遗产的私人代表可以主张特权，因此同意特权在委托人死后还存在的观点。但是，要点摘录中还指出，将主张特权的权利赋予私人代表意味着该特权仅存在到遗产分配完毕。

独立检察官的要点摘录中只有两页多一点针对劳动—成果的问题。它从可能丧失潜在证人的角度强调了对信息的需要。

口头辩论

申请人方面的辩论由詹姆斯·汉密尔顿作出——这幕戏中的主要律师/演员。他的辩论始于，根据个人知识以书面证词的形式确认了出现于记录中的事实：福斯特先生和汉密尔顿先生只谈了两个小时。汉密尔顿对谈话作了记录。"在我们开始之前，福斯特先生问我谈话是否受特权保护，我毫不犹豫地告诉他说是的。"

汉密尔顿先生的主要论点是，任何让律师—委托人特权在死后的存在留下疑问的权衡标准都会影响到委托人，特别是估计到自己很快就要离世的人的坦诚性。人们关心自己的名誉和家人、朋友在自己去世后的命运。

汉密尔顿先生口头辩论的重要部分被州成文法关于特权目的——特别是州将主张特权的权利赋予委托人的个人代表的规定所占据。肯尼迪大法官以加州为例指出，这样的成文法规定意味着特权终结于遗嘱执行完毕。最高法院的其他成员也认为，关于特权由个人代表主张的规定，从其法律意义上看是一种限制性规定，当遗产执行完毕，特权就终止。汉密尔顿先生的回答提到了成文法关于律师以及个人代表主张特权的规定。他还指出，加州是唯一一个明确规定特权在遗产分配结束后终止的司法区，并补充道，即使本案在加州受审，执行人还是能够因遗产分配尚未落幕而主张特权。

奥康纳大法官提出了在证据用来证明第三人没有实施犯罪的情况下披露信息的问题。汉密尔顿回答道，在这种情况下可能会有宪法性考虑，斯卡利亚大法官这时候插嘴道："这样你的绝对规则就没有了。"

独立检察官的辩论由布雷特·M·卡瓦诺（Brett M. Kavanaugh）进行。卡瓦诺先生的辩论始于援引学者们的意见，他们表达了这样的观点：永远屏蔽掉某一类重要证据可能会导致极端的司法不公。他强调了奥康纳法官向汉密尔顿先生指出的一点——委托人向律师的供述可以证明一个人无辜的情况下造成的伤害。斯蒂文斯大法官指出，即使申请人也不必然会把特权的存续推到极致。

卡瓦诺先生指出，死后申请特权最可能出现的情况是遗嘱诉讼，这已经成为特权的例外。舒特大法官指出，遗嘱例外是建立在委托人可能的真实意图基础上的。卡瓦诺先生回答道，委托人也可能想把信息披露给大陪审团。

关于在死后情形中谁承担证明适用特权或不适用特权的责任的问题就产生了。检察官方面回应道，因为特权损害了对信息的需要，所以责任应当属于寻求确立特权的一方。他补充道，他愿意把权衡限制于刑事案件，但拒绝上诉法院判决中所说的权衡。正如在答辩人摘要中所指出的，卡瓦诺先生认为上诉法院已经作出权衡——大陪审团的需要超出了特权提供保护的利益。

双方都是极其简短地提到劳动成果特权这一问题。在这一点上，双方都把所有的鸡蛋统统放在了律师—委托人特权这一个篮子里。最高法院随后公布了意见。

最高法院意见

联邦最高法院以 6 比 3 的票数作出判决，回避了涉及劳动成果特权的问题，或者本案是否需要进一步权衡的问题。多数派意见认定，文森特·福斯特死后，特权以绝对形式存在。[32]

代表多数派撰写意见的首席大法官伦奎斯特对特权采取了和上诉法院相同的工具主义立场，援引厄普约翰案说明特权用于鼓励"律师和委托人之间充分和坦诚的交流，因此促进了更广泛意义上的守法和执法方面的公共利益"。

意见将现存的判例法分析为规定了特权在像本案一样的情形下继续存在。最高法院面前的这个案件显然不属于遗嘱例外，这一例外背后的理由是促进对真实意图的了解。多数派的意见既注意到了承认特权在遗嘱以外的情形中继续存在的学术观点，也注意了对这种观点的批评。但是，首席大法官很大程度上采纳了申请人和法庭之友的观点，认为倾向于死后适用特权的理由是很有分量的。他指出，委托人可能很关注自己的名誉、民事责任或者对朋友或家人可能造成的伤害。"死后披露这些交流信息可能和委托人生前披露这些信息一样令人担心"。

首席大法官驳回了独立检察官提出的特权的持续存在只能鼓励委托人作伪证的说法。该意见指出，独立检察官的理由假定了该特权与第五修正案反对自我归罪特权提供的保护相似。伦奎斯特首席大法官指出，该特权服务的目标要广泛得多。委托人可能基于很多无关乎刑事责任的理由咨询律师，"这种信任不能等同于承认实施了犯罪行为，但仍然是委托人不希望泄露的事情"。

该意见认为损失证据的可能性有点夸大其词。它指出，在本案中，"也许已经考虑自杀的"文森特·福斯特"如果不能确信谈话是受特权保护的，可能就不会寻求汉密尔顿先生的法律建议了。"

多数派拒绝了上诉法院试图确立的，刑事案件中甚至是有限的权衡标准，指出"事后权衡信息对委托人利益的重要性，即使是限于刑事案件，也会对特权的适用引入相当大的不确定性"。它认为特权的既有例外，例如犯罪—欺诈和遗嘱例外，是与特权在鼓励律师和委托人之间交流方面的目的一致的。

---

[32] Swidler & Berlin v. United States, 524 U. S. 399 (1998)（判决结果是 6 比 3，奥康纳、斯卡利亚和托马斯大法官持异议）.

也许最重要的是，最高法院和它早期的判例划清了界线，它曾呼吁，应该严格解释特权，因为它们"和司法发现真相的崇高目标是不一致的"[33]。早期判例涉及的是普通法上没有的特权。在本案中，最高法院不是简单地被要求解释特权，而是"限制它，其方向与现存的判例法相反"。首席大法官伦奎斯特的意见将证明对委托人坦诚交流的意愿没有影响的责任置于主张限制特权效力的一方，指出：

> 获得一般，如果不是普遍承认的是，在超过一个世纪的时间里，律师—委托人特权在像本案中这样的委托人死后都持续存在。虽然反对特权存在的理由无论如何都不能说是没有根据，但是它们在相当大的程度上是基于猜测——对于死后终止特权是否会损害委托人信任律师的自愿性的猜测，虽然是猜测，但也是一种深思熟虑后的猜测。在一个实证信息可能会很有用的领域，这一说法是苍白的，也是非结论性的。[34]

首席大法官承认，联邦证据规则第501条所说的"从理性和经验的角度……参考普通法原则"并不意味着一个规则应该永远存在。但是，在本案中，独立检察官"只是没有充分证据足以推翻现行判例法中包含的普通法规则"。

奥康纳大法官持异议，斯卡利亚大法官和托马斯大法官加入。异见对特权采取了同样的功利主义观点，但是在死后情况下得出了截然不同的结论，认为对律师和委托人之间自由交流的影响，至少在某些情况下，可以被一些更为迫切的需要所超越。该异见认为，刑事被告人获取无罪证据的权利或者急迫的执法需要，在否则就得不到证言的情况下，足以超越委托人在死后保密性方面的利益。律师—委托人特权的存在是为了推动法律服务，因此只应该存在于为实现这些目标所必要的情况下。虽然去世的委托人对于保密仍然可能存有利益，但是这种利益在死后已经大大缩水。正如在本案中一样，在这种情况下，就存在一种提高了对特权应当放弃的信息的迫切需要。

奥康纳大法官总结了异见的立场：

> 在攸关无辜被告人洗脱罪责或迫切的执法利益的情况下，排除通过其他手段无法获得的关键证据造成的损害超出了对坦诚交流可能造成的妨碍。在我看来，沉默的成本需要对律师—委托人特权在委托人死后持续存在这一规则设置一个狭窄的例外。[35]

后续发展

要不是希拉里·克林顿参议员竞选总统，"白水"和"旅行门"事件现在已经成为历史了。但争论最终都草草收尾。后来对克林顿总统的弹劾和审

---

[33] Id. At 410, citing United States v. Nixon supra note 39（executive privilege）and Branzburg v. Hayes, 408 U. S. 665 (1972)（journalist's privilege）.

[34] Id.

[35] Id. At 416.

判涉及的问题与这些事件无关，而且不管怎样，都是福斯特先生死后很长时间才发生的。只有对那些人数无法确知的网上聊天的阴谋论者，文森特·福斯特的死因还是争论的主题。两位独立检察官的报告排除合理怀疑地认定他死于自杀的结论已经为大多数公众和主流媒体解决了这个问题。1993年7月11日上午文森特·福斯特到底对他的律师说了什么只有他的律师和秘密审查了笔记的法官们知道。我们不知道福斯特和汉密尔顿之间的秘密是否会拖延或者改变关于"白水"、"旅行门"事件或者福斯特之死发生的争论的结果，但是认为它们会改变结果纯属猜测。如果它们会，那么就如同最高法院最后认定的那样，其代价是影响产生我们最脆弱的证据法特权的政策。

虽然围绕着斯威德勒和柏林案的事实争论在法律上终结了，这一判决对于律师—委托人特权的影响仍然存在。最高法院在本案中的意见重申了绝对意义上的特权，而且又一次支持了它的功利主义根据。在这些方面，它为以后的判决申明了律师—委托人特权的现状。证明责任在于想要限制其范围和适用的一方。

多数律师大概是欢迎斯威德勒和柏林案中的裁判结果和它的功利主义根据的。虽然没有强有力的实证证据强化特权鼓励律师和委托人之间的自由交流的观念，但是律师们凭直觉也会觉得确实是这样。正如斯威德勒和柏林案中的申请人和法庭之友所指出的，许多委托人对死后公开的关切和以前一样，特别是那些考虑自杀的人。但是我们真的无从知道。

律师们，特别是当事人，面对不存在刑事诉讼中对信息的需要的权衡标准的裁判结果，无疑长长地出了一口气。[36] 厄普约翰案和雅菲案中宣布的"不确定的特权等于没有特权"的观点是大多数原本认为必须和不轻松的委托人分担不确定性的律师们的观点。不会有很多的刑辩律师想要把确保委托人交流信息秘密性的责任委托给法官，如果法官有选择不这么做的裁量权的话。鉴于斯威德勒和柏林案作出判决时的政治气候，对于法官而言，在公开方面犯错误的诱惑是相当巨大的。但是鉴于最高法院接受了特权的功利主义根据，它在斯威德勒和柏林案中的绝对适用似乎也只是一个回顾性的、过去的结论。

在斯威德勒和柏林案之后判决的州判例遵循了最高法院的路线。但是在米勒案中，这是一个法院本来要追随最高法院的北卡的判例，就部分地废止死后特权的适用而言，它实际上得出了不同的结论。米勒案涉及砒霜谋杀的指控[37]，被害人的妻子和她的情人是主要的嫌疑人。妻子的情人在咨询了律师之后自杀了。检察官试图强制律师交出一份有着他和死者详细谈话记录的书面证言。死者的孀妇，大概是在丈夫死后才知道丈夫不忠，愿意放弃特权。法院判决不仅特权仍然存在，而且根据北卡的遗嘱法，执行遗产的个人代表也不能放弃特权。但是，法院认定，只有在谈话涉及委托人的法律权利，而不是其他人的权利，而且只有在需要保护委托人对其刑事责任或民事责任或对其名誉和其深爱的人的关切的情况下，特权才适用。该法院认为，

---

[36] 詹姆斯·汉密尔顿将他在斯威德勒和柏林案中提出调卷令申请视做"原则问题"，特别是对于废止上诉法院确立的权衡标准而言。作者于2005年7月21日对詹姆斯·汉密尔顿的访谈。

[37] 584 S. E. 2d 772 (N.C. 2003).

在斯威德勒和柏林案中，最高法院将保护死者这些利益不受伤害的需要作为承认特权存在的理由。该法院发回了原判，以使初审法院能够根据这些原则考虑这份详细记录律师关于与他的委托人谈话的书面证言。㊳

米勒案的理论是有问题的。法院将为促进自由交流的目的保护律师和委托人之间的自由交流与第五修正案特权混为一谈，后者只有在信息实际上是归罪证据时才适用。至少在现有判例中，北卡目前是要审查律师和委托人之间交流的内容的，而不是交流情形的奇特立场上。但是，我们可以理解米勒案法院的挣扎，正如首席大法官伦奎斯特很理解斯威德勒和柏林案中检察官的处境，认为他的理由"无论如何也不能说没有根据"一样。承认绝对的特权完全可能导致丧失法院对有罪的人定罪所必要的证据。而且，与委托人活着的情形不同，该法院对州遗嘱法禁止个人代表弃权的解释，将阻止任何委托人关注正义的诉求。那么，证据的丧失就是永久的。

斯威德勒和柏林案不是没有批评者，一篇文章说它是"匆忙之中下的判决"，说它有意"误导性地和错误地解读州法"㊴。其他学者也表达了在律师交流信息可能会保护无辜被告人或者信息对于执法而言至关重要的情况下将特权绝对化而不是限制特权的关切。大概最具有创造力的批评来自迈克尔·斯托克斯·鲍尔森教授，他指出，应该有一种特别的例外：委托人自杀以防止交流信息泄露。㊵

如果我们拒绝律师—委托人特权的主要根据是功利主义的，那么绝对特权的情形就会弱化。从功利主义视角来看，特权鼓励律师与委托人之间的自由交流，不确定的特权等于没有特权。但是，如果我们把特权的目的看成是保护隐私或者是保护个人在接受专业建议后作出决策的自主性，那么，死后对特权的绝对保护就没有这么确定了。个人的隐私或自治可以在很大程度上获得保护，但是也可以在不废止基本原则的前提下让位于其他更迫切的需要。

未来

虽然也有一些关于特权的隐私或自治理论，但是在斯威德勒和柏林案之后，特权促进律师和委托人之间的自由交流的功利主义观点很可能会占上风。在一些方面，特权肯定会被削弱。例如，有人指出，在刑事法背景下，

㊳ Id. At 787-790. 发回重审后，初审法官确认，律师的书面证言中的一段话披露了对死者情人行为的关切更胜于对自身行为的关切，因此不属于特权的涵盖范围。初审法官的裁定在上诉中被维持。In re Miller, (2) 595 S. E. 2d 120 (N. C. 2004).

㊴ Charles Alan Wright & Kenneth W. Graham, Jr., *Federal Practice and Procedure*, §5498 (Supp. 2005). 这里所说的"误导性地和错误地"解读使最高法院声称它的观点有"大量判例法"为根据。524 U. S. at 404. 作者因为陈述具有"误导性，因为这项普通法特权有限的范围，而且在裁判结果而不是理由中宣布它是永久特权的判例很少"。Id. At note 16.2. 参见上诉法院参考赖特和格雷姆教授在正文和注45和注46中关于特权存续的观点的讨论。

㊵ See Michael Stokes Paulsen, "Dead Man's Privilege: Vince Foster and the Demise of Legal Ethics", 68 *Ford. L. Rev.* 807 (1999).

对犯罪—欺诈特权的使用和适用几乎没有意义。但是，在大多数情形下，绝对特权仍持续存在，在委托人死前和死后都是这样，虽然在死亡委托人的信息可能帮助无辜被告人洗脱罪责的情况下可能会出现例外。首席大法官伦奎斯特提出的在这种情况下获得证据的宪法权利的理由，还有奥康纳大法官明确表达的关切，都为这样的例外提供了坚实的基础。但是除了证据可能为无辜被告人洗脱罪名的情况外，斯威德勒和柏林案似乎创造了一个永恒的特权——除非弃权规则更积极地发挥作用。

在斯威德勒和柏林案双方律师的口头辩论中，弃权的问题占有相当大的分量。在申请人的辩论中，斯卡利亚大法官指出，在这里，除非委托人活着的时候放弃特权，否则没有人能够采取行动，然后他评论道：

> 但是，这里超乎寻常的地方是，没有人——无论有多么严重的公共利益在另一边，没有人可以说，够了，在这些情况下应当披露信息。即使你自己认为信息对你而言至关重要，你也不得不说，无人可以泄露它。这是超乎寻常的。[41]

汉密尔顿先生回应道："斯卡利亚大法官，在这种特定的情况下，我确实相信福斯特先生的个人代表可以放弃特权。"

双方当事人都被问及有弃权规则的州。大约 20 个州规定，死者的个人代表可以主张，因而也可以放弃特权。律师和法庭也讨论了主张特权的权利是否终于遗产分配完毕的问题。虽然独立检察官认为州成文法对此作出明确规定，但对方律师却没有这么肯定，指出律师也可以代表委托人提出特权。只有加州明确规定特权终于遗产分配完毕。

各州、也许还有联邦法院，或者国会可能会考虑这一问题，并对弃权作出更为明确的规定。加州的解决也是一种路径，虽然它是基于对民事责任的关切，而不是关注其他的在与律师交流之前可能会困扰委托人的事项。另一种方案把主张或放弃特权的权利赋予个人代表，无论遗产是否正式分配完毕。如果问题产生于遗产分配完毕，可以任命特别的个人代表。至少有人来代表死者，他可以根据对委托人意图的猜测来行使权利。这不是一个妥善的解决方案，但可能是比较接近特权目的的方案。

结论

如果阴谋论者咨询了詹姆斯·汉密尔顿，他们了解到困扰文森特·福斯特的东西，也许他们会感到满意，但也许不会。如果福斯特的秘密不获尊重的话，也许会揭晓更多关于"白水"和"旅行门"事件的谣言，但也许不会。更可能的是，披露信息只是给两把火都浇了一点油。但至少，调查案件的人对于涉及这些争论的复杂和令人困惑的问题会有更深入的了解。

但是，即使考虑到这些利益，保护委托人信任背后的原则，无论是出于

---

[41] Swidler & Berlin v. United States, No. 97-1192, 1998 WL 309279 (U. S.), at 15-16.

功利主义的目的，还是出于隐私和自治的考虑，似乎还是更好地在斯威德勒和柏林案的判决中实现，而不是任何相反的结果中实现。通过适用弃权规则在死后适用特权的问题上是否还有更多的修饰语，这只能有待于未来的发展。

7

厄普约翰公司诉美国案的故事：一个人扩张律师—委托人秘密交流权的历程，以及影响它的社会力量

保罗·罗斯坦[*]

---

[*] 乔治敦大学法律中心，法学教授。

律师—委托人特权保护委托人以寻求法律建议为目的向律师秘密提供的信息。但是假如委托人不是一个人，而是一个公司，它只能通过它的代理人或者雇员来陈述。这时特权会怎样？如果公司的律师向雇员询问与正在进行的诉讼或者其他的法律问题相关的信息，谈话是否受特权保护？有些法院认为，与公司律师的交流信息不受特权保护，除非他们来自公司控制集团，大体上指那些有权在法律相关事务方面指挥律师的活动的人。另外一些法院认为，信息传递人的身份没有交流的主题事项重要，即使是较低级别的雇员与公司律师的交流信息也受保护，如果他们是在履行职务的话，如果这种职务与公司需要的法律帮助有关，而且该雇员已经获得适当的公司授权就这些事项与律师谈话。

假如你是一家大公司的律师，你想要调查一件可能对公司产生严重法律后果的事项，而许多事实都掌握在低级别的雇员手中。你会怎么办？你希望什么样的交流信息获得保护？如果低级别的法院命令你向国内税务署（IRS）披露你和这些雇员的秘密交流记录，你会努力抗争到最高法院吗？杰拉德·托马斯极其谨慎地构建了一个可能主张该特权的非常强有力的案件，而且当两个低级别法院拒绝了这一主张时，他提出上诉——成功地——至联邦最高法院，永久地改变了什么样的公司交流信息受保护以及实践公司法的方式。这个案子就是厄普约翰公司诉美国案。

案情和其中的主要角色

杰拉德·托马斯今天已经80多岁了。他身高6英尺2英寸，外表依然俊朗，头顶白发，令人印象深刻。[①] 托马斯不到5年前从他在密歇根的卡拉马祖的私人律师事务所正式退休，但仍能相当规律地在一些会议上看见他。他这么多年来一直和同一个女人保持婚姻关系，她和他办公室的朋友们一样，叫他"格里"。他深爱他两个已经成年的女儿和一个儿子——他们没有一个做律师——还有八个孙子，其中的两个刚刚大学毕业。

托马斯有点克拉克·肯特的味道。一个真正的绅士，他彬彬有礼、言语温和。很难相信20多年前他执著地战胜国内税务署，在这个过程中赢得了律师—委托人特权戏剧性的扩张，即便是今天他也是法律界公认的英雄。

确实，根据他的举止，国内税务署大概会认为他是一个随风倒的人。他们错了。如果你仔细聆听他的谈话，就会发现一些铮铮铁骨之类的东西。这位退伍的二战步兵下士可不是白白赢得战斗之星和紫心勋章的。

在与国内税务署作斗争之时，托马斯担任美国大制药企业厄普约翰公司的总法律顾问、副总裁和秘书长，他还是一些子公司的董事会成员。公司总部在克拉马祖，也是托马斯居住的地方。厄普约翰公司在超过150个国家有

[①] 我对杰拉德·托马斯的描述、他如何参与该案，以及其他与本案有关的事项，是基于我本人对托马斯和其他与案件有关人员的访谈、法庭记录、新闻报道、公司文件和政府档案信息，有一些通过信息自由法获得，还有一些通过传统的法律和网络文献。我的学生和研究助手大卫·辛克曼从很多方面给我提供帮助，在这里表示对他的感谢。

跨国公司,要求托马斯经常到各分公司与雇员会谈——这是国内税务署非常想弄到的交流信息,以便于确定厄普约翰公司的税务责任。

该案中的准确争点是,公司的律师—委托人特权是否涵盖托马斯和低级别的厄普约翰公司雇员——世界各地的现场销售人员,他们不像某些工作人员和主管,不属于公司的"控制集团"——的书面和口头交流信息。因为有先例存在,律师与控制集团成员的交流信息,与个人委托人与律师在非企业场合中的情况最为相似,假如其他的特权要求获得满足,受特权保护是毫无疑问的。

托马斯在最高法院占了上风。低级别的交流信息被认定为神圣不可侵犯,因此开创了一个律师深受商业社会信任和依赖的时代。至于律师是"自家的",还是公司从外面雇来的,则无关宏旨。

厄普约翰案的判决在今天看来特别能够引起反响,今天,公司欺诈以及律师在推动或预防这一现象中的作用已经成了一个非常重要的问题。最近发生的掌管像安然、泰科、美国世通公司和南方保健这样庞然大物的公司高层滥权事件,已经造成大量公司破产,对公司雇员、股东和投资人造成巨额经济损失。个人、机构和政府的退休基金大规模缩水。全国的经济遭受重创。仅安然一家据估算就花费投资人超过630亿美元。扩大了的公司律师—委托人特权是否妨碍了欺诈的查处,使律师得以协助规避法律?还是它鼓励公司及其雇员充分地向律师披露事实,使律师能够建议他们在法律界线内行事?厄普约翰案中的最高法院认为后者会是更重要的效果,指出:

> 下级法院赋予律师—委托人特权的狭窄范围不仅让公司律师很难在他们的委托人遇到具体的法律问题时提出完善的建议,而且还可能会限制公司律师确保他们的委托人遵守法律的可贵努力。与大多数涉及个人的情况不同,现代企业面对的是数目庞大而复杂的规范性立法,它们总是求助律师如何遵守法律,特别是在这一领域遵守法律很难是一种本能反应。只举一个例子,[反托拉斯法]规定的行为经常很难和社会所接受、经济上有根据的商业行为的灰色地带区别开来。[②]

政府的执法和规范部门看待律师可没有这么宽厚,它们最近采取了一些反制措施。我们稍后回到这一主题。

托马斯介入产生了厄普约翰案的事件是从1976年开始。进行例行核算的独立会计警告厄普约翰公司,说厄普约翰公司的一些海外分公司或它们的雇员为了保证或便于厄普约翰公司开展业务,可能向外国官员或政府支付款项。由于厄普约翰公司的外国子公司在很多方面都是独立的实体,厄普约翰公司国际部在没有托马斯直接参与的情况下首先调查了这一事件。但是这次调查没有发现什么。由于在某些方面这会对厄普约翰公司产生更广泛的影响,所以托马斯更密切地参与进来。

他不能确切地想起这如何首先引起他个人的注意,或者他怎么会最先有感觉:厄普约翰公司的子公司可能与可疑款项有关。很可能是公司的首席财务官走到大厅饮水机旁,到他的身边告诉他的,或者是在餐厅用午餐时说

---

② Upjohn, 449 U. S. at 392.

的。应该会有更正式些的记录。无疑很多事情闪过托马斯的大脑。美国公司和它们的子公司支付这样的款项并不是什么新闻。这种做法一开始在商业圈和新闻界是被极其鄙夷地谈论的。国会正在考虑立法限制这样的款项,所谓的外国腐败法最终获得通过,但是对本案来说,已经太晚了。不过,当时已经有书本上的法律可能会使这样的款项在国内和海外都不合法。

  托马斯显然知道这种情况。外国政府机构经常为它们的人民购买美国的产品,或者要求取得正式的授权通过其他渠道销售。正式或非正式的费用、合法授权与否,经常会成为做这种业务的必要前提。对于这种能带来巨额利润的销售机会,国际竞争异常激烈。许多公司或它们的雇员相信,支付非正式的"费用"对美国公司保持竞争力而言是必要的。在有些情况下,这些款项到底是非法的贿赂,还是"习惯法"的一种形式——也就是说,是在这个国家做生意的约定俗成的非正式的许可费的一部分。正如正式规定的许可费能够被合法支付一样,这样的款项也可以这样支付,特别是在很少有正规法律或者正式法律和惯例之间的界线很模糊的国家——确实有这样的论调。这些非正式款项有些似乎被理解为支付给收入原本很低或者没有收入的官员的"薪水",就像理论上是自愿性的,但实际上总是被期待地给餐厅侍者付的小费。还有其他一些模糊之处:请官员在一家高级餐馆吃饭,或者给他或者他的家人小礼物,是不是正当?不这么做是不是被认为是不礼貌?一顿饭或者一个礼物必须有多大或者多奢华才被认为是不适当的?但是并不是什么都处于灰色地带。显然,有一些情形下谁都清楚,一笔款项由于它的数额、期待利益或者接受人,绝对是有问题的。

  托马斯还知道这是直接的后—水门时代。一名叫吉米·卡特的总统候选人正在奔走呼号"回归道德",但是他是否会赢却不得而知。美国的政客和公司高层正面对公众对于秘密政治献金和国内外的企业贿赂的愤怒情绪。媒体、公众和政府调查部门对于揭露更多的水门事件一样的丑闻异常敏感。例如,"香蕉门"事件,揭露了联合水果公司,世界上主要的香蕉供应商贿赂种植香蕉的热带国家官员。联合水果公司和其他一些公司都被发现保留有解释不清的"贿赂"基金——如同尼克松总统资助水门入室事件的贿赂基金。这些公司的贿赂基金被用于贿赂和向国内外的政客秘密提供政治献金。很多公司都正在国内税务署和证券交易委员会那里遇到麻烦,这可能是因为没有按照美国法律的要求向监管机构披露这笔款项或它们的真实性质,或者是因为从营业收入中扣除这笔款项,以及因为没有向调查机构报告或者指明这样的款项(或者它们可能负有国外或国内的民事或刑事责任),也违背了货币规范和外国法。如果厄普约翰公司向外国官员支付了款项,至少也会为人所不齿。

  托马斯召集了有小瑞·巴非特——厄普约翰公司董事会主席和公司其他人参加的会议。在一场避开可能的法律麻烦和公共关系噩梦的行动中,他们发起了对这些可疑款项的内部调查。调查范围从几年前到现在。他由三四名作为内部员工的律师、一名秘书和几位兼职的律师助手协助。因为外国款项可能会影响厄普约翰公司的联邦证券和纳税义务,托马斯致电历史悠久的华盛顿特区的科温顿和伯灵律师事务所,那里的专家多年来都在协助厄普约翰公司的法律部处理涉及联邦的事务。他们现在可以协助开展调查,并帮助准备询问外国雇员的口头和书面问题。

托马斯说这些问题并不完全是为了日后提出律师—委托人特权而准备的，更多的是为了了解实际情况，以使厄普约翰公司和它的子公司能够遵守国内和国外的法律要求。

调查包括书面的问卷和致"所有的外国总经理和区域经理"的信。它们都附有巴非特的签名。这些问卷询问了"向外国官员支付的可能非法的款项"，并收集了与这些款项相关的信息。致信告知经理们托马斯在实施调查中的主要角色，并指示，所有的回复都应该直接送给托马斯。由于调查是"高度机密的"，经理们被告知将消息局限在少数必要的员工范围内。通过强调托马斯的作用、他作为唯一的回复接收人的地位、调查的法律目的、交流信息的保密性，以及公司向雇员作出的与它们的律师谈话的授权，托马斯和科温顿提高了在日后的纠纷中交流信息受特权保护的可能性，以及雇员披露大量信息的可能性。

调查的另一部分包括对外国经理和33名其他雇员的现场访谈，多数由托马斯亲自进行。他到过大约15个或20个不同的发达和欠发达国家——墨西哥、中南美洲、欧洲、亚洲和非洲的不同地方——与作出过支付或者了解这些事情的雇员谈话。旅途经常是非常辛苦的，持续几周、甚至几个月。一次在埃及，托马斯因为没有接种正确的疫苗被关了一夜。来自一个制造它们的企业，他本来应该更了解情况的。但是他忽略了，因为他在去埃及前在肯尼亚停留作访谈，他比直接从美国去需要更多的疫苗。他被告知要被带到假日酒店，但后来却发现那是监狱。那里和酒店的唯一相似之处是守卫的绿色制服，托马斯说。因为他们的机枪，还有同监号的埃塞俄比亚人说他因为同样的原因已经被关了几天，他受了不小的惊吓。

托马斯想要亲自进行大部分的口头访谈。这当然会提高未来提出的律师—委托人特权主张的可信性，但他说这不是他唯一的目的。正如书面问卷一样，他想要让雇员们觉得可以对他坦诚相待，就算披露了对他们自己不利的信息，公司也会尽力保护他们。他后来为保密而进行的持续奋战，历尽艰难诉诸最高法院，说明他不是空头许诺。

托马斯在访谈中运用的方法强调，公司珍视它的雇员，一如既往地公平对待，在很多方面像对待家人那样对待他们，也会忠实于他们。他告诉他们，他知道他们的本意是想帮助公司，但是现在公司需要他们协助调查。他今天说，总体而言，雇员们还是信任公司的。该公司于本世纪初由卡拉马祖社区的精英威廉姆·伊拉斯塔斯·厄普约翰博士创立，他曾因发明可分散药丸——通往现代制药学的钥匙而赢得财富。[③] 厄普约翰博士本人也是当地一位受尊敬的医生的儿子，后来他又成为这个国家伟大的慈善家之一。厄普约翰家族一直保持着公司的所有权，并参与公司的经营，继承并发扬光大了厄普约翰博士伟大的慈善传统。托马斯说，公司极为重视廉洁，雇员们都知道

---

③ 可分散药丸由压实的粉末制成，可以溶解。以往，药丸非常硬，通过身体系统之后还没有溶化。药物只好被制成液态形式。厄普约翰博士的营销策略包括给医生们送去一把锤子和放在案板上的两个药丸——一个是可分散的，一个不是——并请医生用锤子砸它们。一个碎成了粉末，一个却把案板砸凹了。厄普约翰公司多年来的标志描述的就是这个锤子和案板的试验。

这一点。所以他们合作了。无疑，这与"格里"托马斯极佳的风度也有很大关系。

许多海外雇员告诉他，如果你要在他们的国家做生意，你必须给某些人钱，特别是在社会服务和卫生领域。他们说打交道的经常不是真正的政府。有些人会不允许你在那儿做生意，除非把他的"手掌上涂满了油"。他了解到，在很多情况下，很难区分寻求款项和可以阻碍商业活动的人是政府的公务员还是私人组织。但是，根据国外和美国的法律，款项的合法性却取决于这种区分。

他了解到，有些款项看起来是相当微不足道的。例如，在墨西哥，对公司雇员的"政府方"司机如果不在收费之外私下里再额外给他们加上从2美元到20美元不等的钱，他们就会失踪或者拖延时间。他了解到，在有些国家，你必须得小心，"小费"不要给多了，否则"你看起来就像个冤大头"。数额经常还得足够多，可以让收款人和其他人一起分。有时候，付款也是"友好性的"。例如，公司员工必须去看望某个处于关键位置上的人，这样才可能在自己的家里装上电话。

但是他听到的很多陈述无疑也涉及更大的支付款项，从产业链上较低的采购代表，到政府主要部门的领导，在更为可疑的情形中甚至会更高。谈论这些，托马斯并不感到轻松。但是他告诉雇员们，这些可疑的支付必须停止。

与托马斯会谈的有些雇员觉得他们应该不会因为为方便做生意而支付的这些款项而给雇主惹麻烦。他们觉得他们是在保护厄普约翰公司。要是说了，公司很可能叫停这种做法，以公司业绩作代价，并在竞争中处于不利地位。但是很多这样的雇员在公司发现而且想了解更多情况以后，似乎也感到出了一口气。

对于托马斯访谈的一些人来说，有一种"所有人都这么做的感觉——这是该国文化的一部分——对此的惩罚并没有真正贯彻，你很难在这里贯彻美国的标准"。而且，至少有些雇员自己也从中获得了好处：作为雇员，增加了销售业绩、佣金、升职，等等。但是，几乎没有什么凭据可以说，每个雇员都得到了直接的回扣。

一回到美国，托马斯和他的助手就整理了关于款项支付的临时材料，主要是基于他对访谈作的记录和书面问卷的回答。（就是这些记录和回答的特权保护地位随后成为厄普约翰案的主要问题。但是我们现在先不谈这个。）

证券交易委员会正在对外国款项进行一般性调查，而且可能得到风声：厄普约翰公司可能牵涉其中。根据证券交易委员会的信息披露规范，这样的款项以及可能与此有关的法律责任，必须在有关的股东和其他文件中作出清楚的报告和指明。很少有公司这么做，包括厄普约翰公司，它们经常对款项或它们的真实性质一无所知。但是，也有一些公司有意地进行掩盖。

托马斯及科温顿和伯灵事务所商议后决定，尽早地向证券交易委员会披露厄普约翰公司的调查结果会减轻证券交易委员会因近几年违反这些报告要求而最终判处的处罚。斯坦利·斯波金——后来中央情报局的总法律顾问和华盛顿特区联邦地区法院的法官——是当时证券交易委员会的执法首脑。他发起了一项鼓励公司及早，甚至在证券交易委员会开启调查之前与证券交委员会合作和披露可能的违法行为的政策。他用减轻或者免除公司最终面临的处罚的措施来奖励自我举报。他认为这会弥补他自身的资源,大规模地扩大证券交易委员会可能发现和调查的违法数字,并降低成本。除了概括性地公布他的政策,他甚至还致信给他怀疑有违法情况的公司,敦促它们自我调查和举报。以"华盛顿神童"而著称的斯波金,这第一次大规模的鼓励自我调查和自我检举政策颇有成效。其他的机构也开始模仿和发展这种政策。今天,斯波金———一个热情洋溢、不知疲倦、充满活力的人——已经从法官的职位上退休,在华盛顿特区的一家律师事务所执业,而且颇具讽刺意味的是,他正在处理安然公司破产案。

在科温顿和伯灵事务所进行汇总,厄普约翰公司进行补充之后,一份根据托马斯的记录和一些调查问卷回答制作的关于托马斯部分调查结果的总结报告,以适当的官方格式,被呈送给证券交易委员会,并抄送给国内税务署。这份报告只包含了厄普约翰公司的律师们认为有关的一些交易的总结。该公司披露这些信息的动机,部分是因为斯波金承诺对自愿合作的宽大处理,也是因为托马斯自己确信,及早披露是最好的。

在补充了一些材料后,证券交易委员会最后似乎对这样的材料很满意。

但是,国内税务署采取了更为强硬的姿态,很快对这些可疑款项开启了税务后果调查。例如,相关款项是否从厄普约翰公司的收入中扣除?它们原本是不应该扣除的。作为调查的一部分,国内税务署要求出示"杰拉德·托马斯领导下实施的,旨在发现厄普约翰公司或它的附属机构支付给外国政府雇员的款项和政治献金的调查,与此相关的文件"。国内税务署还明确地要求提供对书面问卷的回答和托马斯访谈的所有备忘和记录。起先这些要求只是在信件以及与托马斯及科温顿和伯灵事务所的讨论中提出。厄普约翰公司拒绝提供问卷答案和访谈材料,提出它们受律师—委托人特权保护,但是公司承诺让他们访谈过的人就他们知道的事实接受讯问(而不是他们对律师说的那些话),这不是一个很大的让步,因为这样的信息根本不受律师—委托人特权的保护。

国内税务署于是提高了要求,对这些被拒绝了的信息签发了"传票"。特别法和相应的规章赋予国内税务署使用这种传唤程序的权力。只有少数机构可以签发这种传票。这种传票一般只在与民事调查有关的情况下签发(迄今为止,本案还属于这种情况),但是,如果收集的信息可以在之后的刑事诉讼中使用,就像本案中一样,也不违法。

技术上说,国内税务署的传票由负责调查的特派员签字。在本案中,特派员是大卫·诺瓦克,一个少言寡语、绝不手软、令人闻风丧胆的铁腕人物,他对厄普约翰公司自愿披露的信息并不满意。他把具名的传票送到了托马斯和厄普约翰公司那里。他们拒绝遵守。根据成文法,在这种情况下特派员可以到联邦地区法院申请命令,强制执行传票,如果违背命令,是可以进行处罚的。

1977年8月31日,诺瓦克特派员申请密歇根西区的联邦地方法院执行传票并强制交出文件。作为惯例,案件的标题会出现申请执行的一方当事人特派员诺瓦克的名字,和反对执行的一方杰拉德·托马斯和厄普约翰公司的名字。这就是最终走上最高法院的案件。

在地区法院，这种案件通常一开始是由治安法官——地区法官的助手——聆讯这个案件。治安法官聆讯证人、审查书面证据、考虑双方提出的法律要点，然后向地区法官提出判决建议，并对于是否执行传票提供详细的论证过程。地区法官可以采纳、拒绝或修改判决建议。有时候法官还会接受额外的证据，或者把案件发回治安法官聆讯更多证据，或者作出进一步的认定和澄清。在地区法官作出判决后，不服的一方可以上诉到上诉法院，然后可以上诉到最高法院，如果最高法院认为问题足够重要的话。

在治安法官面前，厄普约翰公司和托马斯分别由密歇根当地律师与科温顿和伯灵事务所代理，因为厄普约翰公司的内部律师不参加出庭。但是，一些参与过战略会议的担任托马斯助手的内部律师也出现在律师席和文件中。律师们主张律师—委托人特权、劳动—成果，还有一些成文法和规章中不太重要的问题。没有援引反对自我归罪特权，因为公司和公司职员不享有涵盖公司文件的这种特权。

诺瓦克特派员以证言的形式向治安法院解释了为什么他对厄普约翰公司自愿向国内税务署披露的信息并不满意（基本上属于对厄普约翰公司呈递给证券交易委员会的调查发现的总结）。同任何铁腕的执法人员一样，诺瓦克并不想全盘接受厄普约翰公司所说的相关交易和细节以及他们的意图：

> 问：[政府方律师]：为什么你认为你应该得到这些文件……而不接受厄普约翰公司对于这些文件的相关性作出的保证？
>
> 答：[诺瓦克]：是的，我觉得这些文件可能包含有显示这些款项实际上涉及税务方面的问题的证据，而该公司声称没有联邦税务问题。这些文件可能包含有与该公司承认有联邦税务问题的款项有关的线索或其他证据。我相信这——如果没有其他用处的话——可以帮助我强化对该公司没有税务问题的理解，如果我对文件的调查可以让真相水落石出的话。

托马斯本人作为另一位主要证人出庭。他就实施调查的情况作证，包括他的调查之旅和发放问卷的情况。他这样描述他的访谈记录：

> 我的笔记包含了我认为重要的问题、对这些问题回答的大意、我对它们的重要性的看法、它们如何与调查有关的看法，以及它们如何与其他问题相关的看法。在有些情况下，它们甚至还指出了我要问的其他问题线索，或者我需要在其他地方找到的东西。它们不只是我的谈话的书面报告——在访谈中的对话的报告。

他重申，厄普约翰公司将自愿让当前的雇员接受国内税务署的询问，除非厄普约翰公司认为完全与事件无关。但厄普约翰公司拒绝承担国内税务署在这样的询问中引起的差旅费。而且，有些卷入其中的人已经是以前的雇员，对于这些人，厄普约翰公司无法提供。但是这些都不必然会阻止国内税务署使用自己的资源和赞助进行询问。询问证人当然会比审查文件更困难、成本更高，对于证人是否会像他们在托马斯的调查中那么坦率，国内税务署并没有把握。

治安法官作出了有利于政府方的裁决，理由如下：特权仅适用于控制集团的交流信息，而且无论如何，向证券交易委员会和国内税务署的有限披露具有对几乎全部交流信息放弃特权的效果，无论是否存在这样的意图。④ 地区法官总体上采纳了治安法官的意见，并命令出示那些所谓的受保护的资料。

在托马斯与科温顿和伯灵事务所的建议下，厄普约翰公司上诉到第六巡回区上诉法院。上诉法院否决了下级法院对于弃权的裁判结果，认定弃权仅针对实际上提供给国内税务署和证券交易委员会的信息发生作用——这是一个听起来像是对厄普约翰公司的好消息的非常狭窄的弃权。

但是上诉法院同意下级法官的观点："这些交流信息由不负责指导厄普约翰公司行动的官员和人员作出，在这个意义上"，特权不适用——这实际上包括本案争议的所有信息——因为这些交流信息都是不处于公司"控制集团"的人作出的，所以就不是在律师—委托人关系下作出的。上诉法院担心，像一些上诉法院那样扩大特权，会鼓励上层管理层故意忽略令人不快的信息，并会造成一个宽广的"沉默地带"⑤。因此，虽然厄普约翰公司没有放弃特权，但是对于大多数材料，根本就不受特权保护，所以也就无所谓放弃特权。这真是灭顶之灾。

厄普约翰公司已经被正面击败两次了：先是在初审法院，然后又在上诉法院。换一个人可能就已经屈服了。但是托马斯知道，对他收集的信息保守秘密，他还有最后一次机会，于是他说服公司最后一搏。这最后的机会是要说服最高法院，第一，受理这个案件，第二，陈述该案的实质性要点并推翻上诉法院的判决。

在受理案件方面，托马斯最有力的理由是，关于在公司里的哪些人可以向公司的律师作出受特权保护的交流的问题，下级法院之间存在着立场冲突。在提出这一理由时，厄普约翰公司强调，法律职业的迫切需要是了解在公司背景下律师—委托人特权的确切范围。

当最高法院"批准调卷令"——也就是说，同意受理该案时，托马斯与科温顿和伯灵事务所很高兴，但并不是很意外——因为大家都知道，大法官们喜欢解决联邦巡回法院之间的法律冲突。解决这样的冲突是最高法院最重要的职能之一，也是最高法院审查下级法院判决的主要原因。

削弱古老的特权

为了理解最高法院在案件实质问题上的最终判决，我们需要首先回顾一

---

④ 治安法官还裁定，劳动—成果规则不适用于国内税务署传票中申请的资料，而且即便它适用，也被国内税务署对信息的需要所克服。

⑤ 上诉法院还同意下级法院不适用劳动—成果特权的意见。判决没有直接说明厄普约翰公司最高领导层以外的人是否会被认为是属于控制集团——例如，有权在自己负责的区域内根据法律建议采取行动的区域经理。这种情况已经有一些判决承认。判决也没有讨论，对外国款项的调查是一种商业职能，还是专业法律职能，与之相关的交流信息会被剥夺律师—委托人特权的保护。这种情况在另外一些无关的案件中有过讨论，特别是在律师像托马斯那样具有双重身份时；也就是说，在公司里有法律职位和商业职位。本案中的调查是以一种最能促进法律问题优先的主张的方式组织的。

下该特权的基本知识。

律师—委托人特权规定，律师和他的委托人之间的秘密交流信息不得被接受为司法或者类似诉讼中的证据，除非在特定的例外情况下。特权最初的根据是一种律师信誉的观念（一位绅士不会揭露别人的私密信息），今天的特权有一些其他的理由。在特权涵盖范围以外，与不披露委托人诉讼信息大体相同的律师道德义务相结合，特权被认为能鼓励委托人如实向律师披露委托人知道的可能会对委托人寻求的法律建议有影响的任何信息，无论该建议是为诉讼做准备还是出于其他的法律目的。律师能够提供完善法律建议被认为具有多方面的社会利益，不仅可以弥补证据方面的损失——其中，并非最无关紧要的是，律师能够避免委托人从事违法活动。人们还认为，如果法院和其他的公共机构面对的是有充分信息根据的法律理由，而且委托人对律师披露一切，它们会作出更好的判决，也会产生更完善的法律文件和结果。

至少从19世纪早期开始，就有学者想要废除或者限制特权，包括著名的哲学家杰里米·边沁，他在《司法证据原理》（1827）一书中，对特权进行了严厉的批评。但是，特权经受住了大多数批评。它有很深的根基。这些根基至少可以追溯到伊丽莎白一世统治时期，有些学者认为特权可以追溯至罗马帝国时期，当时，律师不能成为不利于委托人的证人的观念就已经成为广为接受的原则。

各级法院发展了针对个人委托人的律师—委托人特权。现代公司的崛起使得在认定特权意义上的委托人方面产生了大量的问题。与个人不同，公司是一个缺乏特权致力于保护的人格尊严和人身权利的虚拟组织。律师一般依靠个人委托人作为案件信息的唯一来源，但是，公司有很多单个的工人，从工厂工人到入户的销售人员到首席执行官，每个人都有自己要说的话。随着20世纪公司规模和复杂程度的提高，信息和责任也分散于全球。因此产生了个体委托人情况下不存在的问题。于是，美国法院，特别是从20世纪60年代开始，努力界定公司享有特权的范围。虽然一般都认为，在大多数情况下，只有经营公司的人可以主张（或放弃）特权，但是在受保护的交流信息的范围方面，却很少有一致看法。在厄普约翰案之前，法院和学者经常会追问："特权保护每个雇员和公司律师之间的交流信息吗？或者特权只保护管理层和公司律师之间的交流信息？或者答案介于两者之间？"

在里程碑式的被称作辐射燃烧器案（Radiant Burners）的公共工程反垄断案中，负责伊利诺伊北区的联邦地方法院首席法官坎贝尔裁决，公司职员和雇员发给公司律师的信件不受特权保护，必须在开示程序中出示。坎贝尔法官的理由是，律师—当事人特权（1）历史上和基本上是个人性质的，而且（2）公司领导层固有的秘密性的缺乏削弱了特权的力量。因此，他作出了不将特权延伸适用于公司的裁判。在坎贝尔法官作出判决以前，各法院在适用特权时没有区分个人和公司。诉诸特权只要求，职员和雇员提供给律师的信息必须是秘密提供，而且没有在第三人在场的情况下提供。

坎贝尔法官的判决迅速引起法律上的反弹。第七巡回区上诉法院推翻了这一裁定（Radiant Burners, Inc. v. American Gas Assn., 320 F.2d 314 (1963)）。该法院全体法官共同审理，援引了一系列早期的美国和英国判例，最后认定公司有权得到与其他委托人同等的对待。该法院强调了鼓励委托人向他们的律师充分披露信息的需要，理由是这样的交流信息对于律师工作的有效性而言是至关重要的。虽然坎贝尔法官的判决被推翻了，多数法院和立法机构都不认可他的判决，但是他的意见在许多学者那里引起了共鸣，并引起激烈的法律争论。

面对坎贝尔法官的推理带来的挑战，各法院被迫转而求助于特权的功利主义理由，就像第七巡回区上诉法院在辐射燃烧器案中明确表述的那样，为特权延伸适用于公司寻找根据。但是坎贝尔法官警告它们，有一些严肃的反对公司特权的理由。对此的回应是妥协：就在坎贝尔法官作出判决几个月后，费城诉西宫电气公司案（City of Philadelphia v. Westinghouse Electric Corp., 210 F. Supp. 483（E. D. Pa. 1962））首先发展了控制集团标准。正如费城案所说的那样，控制集团标准使得法院能够将特权适用于公司，但是以一种非常有限的形式。根据这一标准，如果说或写的人"对于根据律师建议采取行动的决策"而言是处于"控制，甚或实质性参与的地位"，那么这种交流受特权保护。这个控制集团标准很快在全国范围内被接受。事实上，联邦证据规则的起草者在最初的建议稿中也推荐了控制集团标准。

控制集团标准的产生出于几种考虑。首先，将特权扩大到所有证人的陈述似乎与最高法院在希克曼诉泰勒案（Hickman v. Taylor, 329 U.S. 495（1947））中的判决相矛盾。根据希克曼案，律师的思维印象及委托人和律师之间的自由交流受到保护，但是证人对争议事件的知识不受保护，他们必须提供所有的相关信息。由于现代公司的结构，许多了解相关或者归罪信息的雇员并非公司的管理层，所以按照这种说法，他们更类似于证人而不是委托人。控制集团标准可以将特权限制于最像"委托人"的人，即，可以根据律师的建议采取行动的人——高级管理层——而不保护所有了解不利信息的工人（据说更像"证人"。）

控制集团标准的第二种考虑是公司为了保护不利或归罪性信息而运用扩大了的律师—委托人特权的能力。与个人不同，为了获得特权保护，公司委托人可以通过将与日常交易相关的文件信息告知律师来构建程序。但是，学者们指出，律师—委托人特权的其他特性可以部分地缓解这个问题。例如，交流信息和文件要得到特权的保护，必须表现为与法律服务相关的形式，而不是表现为商业或犯罪用途。但是，公司宽泛的律师—委托人特权也是出于正当的考虑，因为它会使法院丧失大量的信息。

第三，控制集团标准考虑到对泾渭分明的规则的需要。在特权边界方面的不确定性会损害委托人和他们律师之间的充分交流，因为他们会担心谈话最终会被披露。通过将特权限制于控制决策的小范围的高级管理人员，控制集团标准意在使公司轻松地识别哪些人的交流信息受特权保护。但是，一些学者指出，关于谁处于控制集团的不确定性仍不可避免。一个更为宽泛的包括所有雇员的标准也许更为明确。留下这一问题，不要任何标准仍会产生不确定性。

控制集团标准受到广泛的认可，并在所有的联邦法院适用，直到1970年第七巡回区上诉法院在哈珀和罗出版公司诉德克尔案（Haper v. Row Publishers, Inc. v. Decker, 423 F. 2d 487）中对这一路线提出质疑。显然又沉浸在对公司的律师—委托人特权的偏爱中——辐射燃烧器案中已经表现了这一点——的第七巡回区上诉法院，在确定公司的律师—委托人特权方面采纳了更宽泛的标准。它关注于雇员交流的主题，而不是进行信息交流的雇员的地位。根据主题标准，如果交流是在上级的授意下作出，而且寻求律师建议的主题事项关系到该雇员的职责，那么该雇员与公司律师的交流受特权保护。

这种更宽泛解释背后的理由很清楚。控制集团标准的反对者认为，只有通过将特权扩大到低层级的雇员，律师才可以对他们的公司委托人提供充分的建议。将特权限制于高级别的管理层等于是忽略了公司生活的实际情况，因为管理层经常缺乏律师提出完善的法律建议所必要的信息。

主题标准将重点放在保证有效的法律建议上，这为它赢得了很多支持者，当最高法院批准了哈珀和罗案中的调卷令申请时，人们认为它会在控制集团和主题标准中作出选择。但是，由于一位成员的退缩，最高法院在这个问题上形成了4比4的僵局，最终是简单地维持了第七巡回区的判决，没有发表意见。(Haper v. Row Publishers, Inc. v. Decker, 400 U.S. 955 (1971)，重审被拒绝，401 U.S. 950 (1971).) 在法律上，一个平分秋色的判决不能充当有指导意义的判例。但是，它却使联邦证据规则的起草者放弃了将控制集团标准加入规则的建议，留下了这一问题。随后，国会决定不在联邦证据规则中加入具体的特权规则，其结果是，将进一步澄清联邦的公司律师—委托人特权范围的任务（以及一般的联邦特权）留给各法院在个案基础上发展。

20世纪70年代的联邦法院通常要么采纳控制集团标准，要么采纳主题标准，虽然一些法院在适用上有变化，甚至将两个标准结合在一起。对主题标准的细化最著名的是多种产业公司诉梅雷迪斯案（Diversified Industries, Inc. v. Meredith, 572 F. 2d 596 (1978)），在该案中，第八巡回区上诉法院要求，低层级的公司雇员的交流信息要获得特权保护，必须在该雇员的主管指令下作出，而且该信息属于该雇员的职责范围。此外，法院还要求，交流信息是出于为公司征求法律建议的目的而作出，而且在公司必须是保密的。该法院的理由是，这些要求把特权限制于法律方面的律师—委托人交流信息，而不是常规的商业行为，因此照顾到了引导法院采纳控制集团路线的考虑。

这把我们带到第六巡回区上诉法院在厄普约翰案中的判决，这是一个适用控制集团标准的经典范例。该法院谈到了将律师—委托人特权扩大到厄普约翰公司低层级雇员的困难，因为特权的保护是基于个人和他的律师之间的"密切关系"。该法院还质疑了主题标准的有效性，表达了对公司律师会变成有罪事实的垃圾倾倒场的关切，以及对公司管理层从可能违法的交易信息中获得掩护的关切。具体到厄普约翰案，该法院还指出，询问大量外国公民的重大负担将会落到国内税务署头上。该法院认为适用主题标准可能会产生一个宽泛的"沉默地带"，所以它适用了较为狭窄的控制集团标准，并认定，厄普约翰公司的这些问卷答案、信件和访谈不符合这一标准。

该法院的"掩护"或"倾倒"观点值得仔细审查，因为它是拒绝主题标准的案件中的主要依据。它担心的是，如果户外雇员的交流信息受特权保护，将会鼓励公司这样做事：可以由低层级的雇员规划和实施违法行为，然后再由他们和公司律师讨论——他们可以提供帮助，或者至少对此保持沉默。信息可以通过这种渠道到达律师并到此为止，或者经由律师到达其他需要该方案的低层级雇员,不用告知,因而就屏蔽了高级管理层。局外人很难发现。他们也无法发现律师是否告诉过高级管理层。高级管理人员因此可以置身事外,还可以合情合理地把责任撇个一干二净。他们可以闭上眼睛不受惩罚,也几乎没有什么采取纠正措施的激励机制。

但是,你可能会问,律师—委托人特权的犯罪—欺诈例外在这种糟糕的景象中是否可以限制特权?要求低层级雇员必须得到合法的授权才能与律师交流不是会缓解管理层无责任的问题吗?这样的要求不是主题标准的有机组成部分吗?例如,就在厄普约翰案中,董事会主席授权托马斯调查,并指令雇员在这一问题上与托马斯进行信息交流。托马斯肯定会向管理层汇报调查结果。这样,就很难看出管理层如何掩护自己了。但是,该法院还关注一件事。这是一个多么严重的问题,以及它应该多么具有限定性,这就是厄普约翰案所求助的下一个阶段的争论主题:最高法院判决。

最高法院在厄普约翰案中的判决

在最高法院辩论过程中,托马斯坐在观众席上。他很喜欢这一点:观众席上没有人知道他曾经是或者他是他们正在观看的辩论背后的核心人物。他和观众看到的是这个国家的两个顶级的最高法院律师在唇枪舌剑。大法官们很清楚他们都是优秀的律师,已经无数次出现在他们的面前。因此这两位律师与最高法院也是老交道了。

代表政府方辩论的是劳伦斯·华莱士,联邦副总检察长办公室的资深业务律师。这个办公室号称"政府的法律事务所",实际上处理联邦政府在最高法院的所有事务,还有许多其他重要的政府上诉案件。副总检察长号称"第十位大法官",因为在最高法院法官的眼中,这个办公室有着特别的信誉。具有讽刺意味的是,华莱士在刚从法学院毕业时曾在科温顿和伯灵事务所工作过。几年后,他进入副总检察长办公室,本来打算只待个两三年,结果在十位副总检察长的助理的位置上,一待就是 35 年,从林顿·约翰逊总统开始经历了八位总统。他有稳定的最高法院案件数量。他高 6 英尺,重 200 磅,说起话来像机关枪一样,特别自信,还稍稍有点爱卖弄学问,华莱士是一个真正的劲敌。

在厄普约翰公司和托马斯这一边是科温顿和伯灵事务所的丹·格里本。格里本瘦瘦的,电线杆子似的,中等身高,头发有点散乱,他被华莱士形容为"有一种当场透露出的友好、温和、有风度和非常有能力的辩论风格",被托马斯形容为"外表正是华盛顿律师和科温顿和伯灵事务所合伙人应该有的那个样子"。让托马斯印象深刻的是,格里本在口头辩论中似乎欢迎——实际上,是热情地欢迎——大法官们提出的非常棘手,实际上也是非常不利和难回答的问题——特别是暴露他的辩论中的阿喀琉斯之踵的问题。面对这样的问题,托马斯都会灰心,会觉得一切都完了。但格里本会说,"我非常高兴您问我这个问题",看起来非常真诚。然后,他会努力透彻地回答这一问题。他知道,每次提问都代表提问的大法官头脑中的问题,而且完全可能成为一个决定性的因素。因此他把这些提问看作是进入大法官们头脑并朝着对自己有利的方向解决问题的黄金机会。他的事先准备，包括在事务所其他律师面前的模拟辩论，似乎总是能够预料到提问，并提供尽可能好的回答。托马斯说格里本的表现堪称惊艳。托马斯知道，格里本的女儿，一名法学本科生，就在观众席上，她一定为她的父亲感到非常骄傲。今天她已经成为一位联邦法官。

最高法院推翻了上诉法院的判决，认定上诉法院适用的控制集团标准过于狭窄，忽视了律师从公司内部掌握信息的人员手中收集信息的需要，这是律师能够提出充分知情的、因此也是完善的法律建议的必要条件——而完善的法律建议可以从多个方面服务于公共利益。伦奎斯特大法官（后来的首席大法官）代表最高法院撰写了意见，在抛弃控制集团标准方面，他提出了可预测性和确定性作为重要原因。但是，让广大律师和学者失望的是，判决的结论段拒绝（用它自己的话）"规定一个或一系列规范在这一领域未来所有可以想到的问题的宽泛原则"，相反，它说法院应当以个案为基础解决这一问题。

虽然厄普约翰案提出的问题和10年前让最高法院形成僵局的哈珀和罗案提出的问题几乎一样，但这一次最高法院在这一问题上却没有遇到麻烦，一致地拒绝了上诉法院适用的控制集团标准。华莱士（副总检察长办公室的律师）说他觉得案件并没有那么一目了然，而且很惊讶于他竟然没有从大法官那里收获到一票。

在意见的第一段，伦奎斯特大法官指出，律师—委托人特权的目的是鼓励律师和他们的当事人之间的彻底和诚实的交流。他援引了早在19世纪80年代的判例，得出的结论说，无论委托人是个人还是公司，特权都同等适用。

然后他把注意力转向控制集团标准的缺陷。首先，他批评控制集团标准没有促进律师—委托人特权的原始目标。控制集团标准的重点在于雇员根据律师的法律建议作出行动的能力，这并没有给鼓励充分的信息交流提供足够的保护。相反，通过将特权限制于公司内部的小集团起到了阻止作用。最高法院推论，没有非控制集团雇员拥有的重要事实，公司就得不到有效的法律帮助。其次，最高法院批评控制集团标准根本没有留下任何选择余地：律师要么不受律师—委托人特权保护而去会见非控制集团的雇员，要么不见他们，结果是公司对案件事实情况只能是片面了解。即使律师在没有和低层级雇员谈话的情况下可以提出法律意见，"控制集团标准会使向低层级雇员传达充分和坦率的法律意见变得更加困难"，而正是他们，要将相应政策付诸实施。再次，判决批评控制集团标准缺少可预测性，指出适用控制集团标准的相反判决说明了这一标准在谁处于控制集团这一问题上的固有的武断性。最高法院认为，一定程度的确定性对于鼓励信息的自由交流是必要的，没有这样的知识，特权就不会有真正的效果。

最高法院最后一段的分析将这些原则适用于本案中的事实。最高法院重述了那些被认为是关键性的事实：厄普约翰公司的雇员在公司高层的指示下向律师作出信息交流；雇员充分认识到询问他们是为了让公司可以接受法律建议；该信息交流是关于雇员职责范围内的问题；厄普约翰公司对这些信息高度保密。最高法院的结论是：保护信息交流与律师—委托人特权的基本目的是一致的。

另一方面，伦奎斯特相当简洁地承认这样的观念：宽泛的特权将会使证据难以获取，因而阻碍了发现真相。他指出，不可获得的将会是交流信息本身，而如果特权不涵盖它们的话，很可能这些交流信息也不会作出。所以几乎没有什么纯粹的损失。这是因为特权并不阻止发现基础事实，即使它们可能会在交流中被重述。国内税务署仍然可以传唤或强制雇员们来获取这些事实；它只是无法得知就这些事实他们向律师说了些什么。虽然独立询问证人可能会相对困难或花费昂贵，但如果从来就没有作出这些交流信息就不会这样了。确实，伦奎斯特似乎反对这样的观念：当讨论特权时，政府方的困难和成本也是值得考虑的。

一些学者曾质疑伦奎斯特是否过于轻易地提出了这样的理由：扩大特权在发现真相方面不会有多少损失。事实是，有时候信息交流——也许在本案中就是这样——是出于特权以外的其他原因而作出。独立询问证人并不完全是令人满意的。他们对调查人员可能没有对律师那么坦诚，对于政府而言，拿到这些对律师的陈述，无论是出于实质目的还是出于弹劾目的可能都是很有用的。

无论如何，伦奎斯特大法官根据他的理由代表最高法院认定，特权延伸适用于本案中低层级雇员的交流信息。这意在防止下级法院认为最高法院隐含地接受了多种产业案中论述的主题标准。在确定公司的律师—委托人特权的范围方面，最高法院也没有为制定规则或指导方针作出任何努力。考虑到联邦法院越来越接受主题标准，以及首席大法官伯格正在幕后推动最高法院采纳一种修正了的主题标准的事实，这一点格外引人注目。但是，最高法院的意见只局限于一个非常狭窄的判决理由：控制集团标准不再支配律师—公司委托人特权的法律发展，而把未来的发展留给下级法院。[6]

有人对伦奎斯特的意见提出批评，理由是：由于没有采纳一个具体标准，以及提到一系列在作出交流时并不总是能够识别的重要特征，伦奎斯特恰恰强化了他所批评的不确定性——适用特权上的不确定性，这最终会影响充分和坦诚的信息交流。但是其他人觉得这恰恰是这个标准的力量所在：交流信息如果想要得到特权保护而应该具有的重要特征，给信息交流人提供了哪些很可能会、哪些不会受特权保护的明确参数。在特别的案件中，为了确定特权是被用来提供过于广大的沉默地带还是被用于其他不正当的目的，拒绝采纳明确的标准留下的是可贵的灵活性。

■ 后续发展和厄普约翰案的影响

1. 本案的后续发展

伦奎斯特的判决在技术上将该案发回下级法院重新进行与该判决立场一

---

[6] 该判决还认定，劳动—成果特权适用于国内税务署的传票，而且，下级法院为了克服其保护适用了错误的标准。最高法院说，律师的思维印象不能被披露，或者只有根据一个大大提高了的必要性标准的情况下才能够披露。最高法院认为没有必要更具体了，因为它关于律师—委托人特权的裁定在很大程度上已经解决了该案。

致的审判。没有人清楚地记得发回重审后发生了什么，因为大家都觉得在最高法院作出判决后，比赛已经结束了。对于后来在低级法院进行的关于该案的司法程序也没有任何的记录。人们最多能够想起，在厄普约翰案判决之后，国内税务署表面上看到了笔记，并与厄普约翰公司联手处理了该案。现有的证据表明，由于最高法院的判决有效地给大多数争议中的交流信息提供了特权保护，这次判决的主要依据是厄普约翰公司自愿提供的没有提出特权主张的材料，以及国内税务署对一些证人就他们个人了解的情况的询问，而特权是不涵盖这些内容的。国内税务署和厄普约翰公司达成默契的是，公司要支付一笔不算太大的款项，同时对公司或它的任何雇员不会有任何实质性的不利影响。他们一致同意，就像厄普约翰公司已经向证券交易委员会做过的那样，厄普约翰公司要采取措施（这些政策基本上已经实施）防止以后发生类似的问题。以后的国外支付款项要符合一定的法律标准，并以特定的方式在纳税申报单中注明。托马斯回忆说，这也正是国内税务署现在正在和其他公司在国外支付款项上做的事情。

2. 公司的律师—委托人特权的后续法律发展

虽然在厄普约翰案中，伦奎斯特作出的努力仅在于否定集中于控制集团的标准，没有给出任何替代标准，但是联邦下级法院（和愿意遵循厄普约翰案的州法院）[7]还是把该意见解读为确立了某种和多种产业案中的主题标准非常类似的标准，只要在案件中提出了公司的律师—委托人特权的主张。最高法院不应该感到奇怪。伦奎斯特在厄普约翰案中阐明的受特权保护的厄普约翰案中交流信息的主要特点——几乎和多种产业案中的主题标准一模一样——可以预见到是会被下级法院上升到"标准"地位的，这些下级法院一般总是渴望得到指导，一般都还谨慎地、非常愿意待在最高法院设定的标准范围内。

3. 厄普约翰案对公司和公司法实践的影响

公司的律师们一般同意这样的看法：厄普约翰案之后，公司律师（包括内部律师和外聘律师）获得了更多的信任，这提高了他们获取信息和提出高质量法律建议的能力，有时候也能够让他们发现和制止违法行为更容易，这正是伦奎斯特大法官所希望的。确实，托马斯的经历说明这可能而且确实发生了。实现的程度则没有定数。

虽然厄普约翰案到今天还是原封未动，但一些律师相信，在立法者、监管机构、其他的执法机构和公司们自己中间有一种最近和迅速发展的趋势，要削弱该判决在鼓励和公司律师的信息交流方面的效果。这些趋势——许多明确地用来惩罚或规避律师—委托人特权的主张——在厄普约翰案后变得很

---

[7] 仍在适用控制集团标准的州法院数量逐渐减少。由统一证据法全国委员会和美国律师协会向各州法院推荐的统一证据规则，在厄普约翰案之后以修正案的形式，对此我也是咨询员，在律师—委托人特权的规定中吸收了主题标准。

明显，似乎至少部分是对厄普约翰案宽泛界定特权范围的反应。执法机构和政界人物觉得，对于特权妨碍对公司违法行为的发现和调查，必须要做点什么——特别是在2001年安然公司丑闻点燃了选举人对惩罚公司不轨行为的热情。公众相信——这不是没有根据的——律师们在这个问题上起到推波助澜的作用，至少出于对委托人的忠诚而保持沉默了。但是，任何直接推翻厄普约翰案或者律师—委托人特权的努力都是非常困难的，于是，国会、监管机构，以及执法机构开始越来越多地采取措施来规避其适用。这些措施大体上有四种：

（1）萨班斯—奥克斯利法。2002年，作为对安然及其所属公司崩溃的直接反应，国会制定了萨班斯—奥克斯利法，其名称来自提议起草该法的议员。该法的其中一个条款授权证券交易委员会通过规则，规范为公开交易的公司或者在证券交易委员会注册或备案的公司处理证券交易委员会事务的律师的行为。这涵盖了大多数美国大公司和任何在可能涉及证券交易委员会的事务上提出建议或处理这样的事务的律师——由于证券交易委员会宽泛的披露要求，这个范围相当广泛。几乎律师为公司处理的所有实质事项都可能涉及披露问题，因此将律师置于证券交易委员会的规范之下。

证券交易委员会现在根据这一成文法授权通过相关规定。其中一些允许或要求律师在发觉有可信证据说明公司里过去、未来，或者正在进行或者发生构成欺诈或者证券、信托或类似的违法行为时，做一些事情。他必须向公司"逐级上报"——也就是说，向法律部门的主管，甚至必要时是首席执行官或董事会⑧——并要求答复。这种强制性的"逐级披露"用来克服将高级管理层从违法行为中剥离出来的问题——采纳控制集团观点的判例认为这是厄普约翰案最终采纳的宽泛的"主题事项"观点无法克服的问题。"逐级上报"不会侵犯特权或惯行的对于保密的法律伦理观念，因为它是在委托人内部的报告，而不是向外报告，但是它可能会让和律师谈话的雇员担心。

假如来自阶梯顶端的回复不令人满意，如果律师愿意，他可以将违法行为和不令人满意的回复报告给证券交易委员会。这一规定用来解除他违反保密性的行为不当的责任。这种向委托人以外的人的报告似乎违反了特权和很多司法区的职业伦理规则中包含的保密性要求，至少在不当行为是过去发生时——而不是当前发生、持续进行或建议进行，这些都属于特权的犯罪—欺诈例外——是这样的。由于律师都是在特定的司法区获准执业的，所以该司法区当地的职业伦理规则一般会对律师发挥作用。但是，这个新的证券交易委员会规范取代了州的职业伦理规则，至少在根据宪法对这种取代成功地提出挑战之前。一些州的职业伦理规则、美国律师协会推荐的规则，以及律师法重述最近也被修正，允许，甚至有时候要求律师向外部人士或机构报告委托人严重的违法行为。这些规定有的只在这种违法行为可能会涉及死亡和身体伤害时才适用，但是有的超出这个范围，扩大到严重的经济或财产伤害，

---

⑧ 后安然时代，与厄普约翰时代的情况相比，由于法律改革、公众和商业敏感度提高，董事会由更多的非管理人员，以及更不愿意保护可能卷入违法行为的雇员的人组成。他们更愿意解雇这些雇员，或者把他们交出来。这是"逐级上报"要求的目的之一：像它所呼吁的那样，导致"透明"和"清理门户"。

或者更明确地说,是商业欺诈或证券违规(安然事件之后)。

这些新的披露规定——特别是萨班斯—奥克斯利法的规定——如何影响厄普约翰案呢?厄普约翰案的假定是,雇员会坦诚地与公司律师进行信息交流,如果这些交流信息属于特权涵盖范围的话。如果和格里·托马斯谈话的雇员认为,托马斯会根据这些新的规定向公司上层或者执法者披露谈话的内容,他们会不会不那么坦诚?[9] 不可能,因为他们可能会期待顶级管理层了解他们的报告,而且他们是在一种不清楚他们作为低层级雇员的谈话是否属于特权涵盖范围的条件下谈话的。但是在托马斯和这些雇员之间有一种特别的信任,多数雇员不觉得他们做了什么错事。[10] 但是,今天,至少在有些情况下这似乎是可能的:一些雇员在披露可能使自己面临刑事或民事责任、处境尴尬或者影响职位评估的于自己不利的材料时可能会更犹豫,如果他们认为根据这种新的规定这些材料可能会被揭发。[11] 厄普约翰案的目标是鼓励雇员向公司律师披露信息,在这个意义上,特权是被削弱了。

(2)斯波金自愿合作政策的传播和强化。由证券交易委员会执法领导斯坦利·斯波金开启的对那些自动配合调查的公司宽大处理的政策,现在被监管和执法机构还有司法部越来越广泛地运用。此外,美国犯罪量刑指南,包括公司犯罪,现在对于和起诉机构的合作给予降低刑罚方面的优惠。

根据这些政策,今天有一种当时没有的加重处理不放弃律师—委托人特权或劳动—成果保护的人员或机构的趋势,因为他们不合作,所以没有资格得到宽大。[12] 许多律师相信这是"枪指脑门"地要求弃权。可能面临的处罚越重,弃权和取得宽大的动机就越强。对于今天的公司,处罚可能是巨额的。对弃权的一方来说情况更糟糕的是,对于相同的资料,向一家机构放弃权利,就等于向全世界放弃了权利,除非法院采用"选择性放弃"规则,实际上很少法院这样做。[13]

厄普约翰公司的雇员在和托马斯谈话时就知道他不是他们的私人律师,因此特权不是他们的,而是公司的,无论是主张还是放弃特权都是这样。[14] 我们可能再一次追问,如果他们知道后来公司方面有这么多的动机一般性地放弃特权,他们还会这么轻易地信任托马斯吗?也许他们还会这样,因为这种特别的信任情形,而且他们相信他们做得没错。但是今天,如果从对公司的弃权激励机制来看,很可能一些公司雇员不再愿意披露那些可能对自己不

---

[9] 托马斯很可能出于伦理义务向他们警告这一点,但是他们可以已经很警觉了。

[10] 但是,要是在后安然时代,他们会两次想到向董事会披露。参见前注8。

[11] 因为在今天根据法院系统的多数观点,没有"选择性放弃"特权的概念,一旦对证券交易委员会作出披露,完全可能发生的情况是,信息就可能不限于证券交易委员会。对雇员而言,这会使谈话的风险更大。律师大概也应该对此提出警告。有了这么多警告,坦诚的讨论几乎是不可能的。

[12] 司法部关于弃权的政策明确强调他们希望商业组织放弃它们的律师—委托人特权和劳动—成果保护,明显地表现出对厄普约翰案的不耐烦。

[13] 多数法院不承认选择性弃权,即把弃权限制于接受披露的机构,偶尔可能会通过提高私人原告主张的民事责任来影响弃权的决策。

[14] 托马斯大概是不能够合乎规范地同时代表二者的,即使他愿意,因为存在严重(而且也许是不能放弃的)利益冲突的可能性。

利或者归罪性的信息了。⑮ 在与公司律师秘密交流时，雇员们必然会知道这些激励机制吗？今天，从弃权的发生率来看，也许答案是肯定的。无论如何，在今天的监管氛围中，律师负有就披露的可能性提出警告的伦理职责，特别是在他们面临着民事或刑事的个人责任时更应该如此。那么从这个角度来说，厄普约翰案也被削弱了。⑯

（3）今天正在改变的对公司的忠诚度。托马斯得到了大量他需要的信息，因为雇员们知道并信任公司，而且觉得如果有事情发生他们会受到保护，事实上也确实如此。但是看一看今天报纸的商业版就会发现，公司流转的频率要高得多。公司被买、被卖、被合并或转手，新的经营管理人员进入，对于发生在以前的经营管理过程中的或者前任公司的违法行为，不再有辩护方面的休戚与共性。有时候，新经营管理层或机构的公共形象和法律姿态是通过划清界限和承认以前的管理层是一群恶棍，而"我们和他们不一样"这样的策略是更好地得到维护的。实际上，最近，在厄普约翰案判决多年以后，厄普约翰公司自己也被制药公司接管，后者后来又被辉瑞公司接手，这是它目前的状况。威廉姆·伊拉斯塔斯·厄普约翰博士的家族公司已经不复存在。⑰ 今天，公司还更经常地破产，在破产中会被托管人接管和经营，它们对于老雇员可能没有特别的忠诚感。

由于特权属于公司而不是提供信息的雇员，所以特权可以被公司、继承的公司或者破产中的托管人放弃。这意味着即便是一家公司的总经理也不能指望他和公司律师的交流信息永久保密。考虑到公司和管理人员方面的变化，基于人身的信任和忠诚被削弱，没有雇员能确保他不会被现有或新的管理层"拎出去晾干"⑱。因此，各个层级的雇员可能都不会情愿和公司律师毫无保留地会谈。

（4）特权的犯罪—欺诈例外的扩大和相关的规则。如果律师—委托人特权的犯罪—欺诈例外是由法院确定，那么受特权保护的谈话可能会被剥夺特权保护。现在，有一个很鲜明的趋势是扩大犯罪—欺诈例外。⑲ 例如，传统

---

⑮ 还出现了其他的弃权激励机制，因为，在后安然时代，独立的审计人和审计委员会，对安然式的违规操作负有责任，他们经常会拒绝提供公司开展业务所必要的财务状况准确性证明，除非公司允许审计人全面审查甚至是受律师—委托人特权或劳动—成果特权保护的资料，这通常意味着向任何日后对这些资料提出要求的人放弃了特权保护。从公司或雇员立场上看，更糟糕的是，只要把内部调查报告提供给审计人或政府机构，就会被今天的一些法院认定为放弃律师—委托人或劳动—成果特权涵盖的资料和谈话的保护，特别是提供资料是为了得到证明或宽大处理的情况下尤其如此。这部分地说明了那个古老原则在后安然时代的延伸适用：特权只能被当事人用作"盾而不是剑"——也就是说，如果你肯定性地使用这些资料，你就不能通过主张特权来阻止对它们的真实性的调查。其他影响深远的公司弃权激励机制，是出于这样的事实：安然事件之后，股票交易机构（NYSE和NASDAQ）实施了有力的调查，采取了和这里的政府机构规定的类似的要求合作（有时候是弃权）的政策。

⑯ 阻碍雇员向公司律师作出陈述的其他因素，是出于这样的事实：已经出现了这样的案例，司法部把雇员在公司的内部调查中向公司律师作陈述作为妨碍司法来处理，如果司法部认为这些陈述故意不准确，就构成了犯罪。理由是，根据新的合作政策，公司的内部调查现在也发挥着执法的作用。

⑰ 对于曾负责过像Cheracol, Kaopectate, Methylprednisolone（最常用的低剂量的消炎药）和Orinase（使用最广泛的也是最早可以口服的降糖药）这样如此重要的药品（它们的名字已经变成日常用语）的公司（厄普约翰公司）的消失，多多少少有点怀旧式的哀愁。

⑱ 或者现有的或新的董事会。参见前注8。

⑲ 一些律师报告说，监管机构和执法机构正式指控律师参与委托人犯罪的情形有相应的增长。

的犯罪—欺诈例外仅适用于当事人以实施犯罪或促进正在进行的或未来的犯罪或欺诈的目的寻求或取得法律意见的情况，而不是对过去的犯罪寻求法律意见的情况。后一种意见，例如，对一项已经实施的犯罪准备辩护的法律意见，被认为完全属于律师的职能，而且受特权保护。

但是，现在存在一种趋势，监管机构、执法机构，还有法院，越来越模糊这些界线。它们的立场是，与过去犯罪相关的法律努力实际上经常是防止过去的犯罪被发现的努力，因此相当于共谋掩盖或继续蒙蔽。这使它们成为犯罪—欺诈例外范围内的继续犯。这一趋势在涉及公司的情况下更为明显，因为存在向证券交易委员会和调查人员报告任何可能会导致公司责任的事件（甚至是过去的犯罪和欺诈）的义务。没有报告就是继续犯罪或欺诈，只要没有报告或没有正确报告或没有充分报告最初的违法行为。这一问题在今天严格规范的商业环境中变得尤其严重，因为在作出交流时似乎不是犯罪的事情可能在后来被法院认定为犯罪。

在适用犯罪—欺诈例外的可能性提高的意义上，向公司作交流的雇员会两次考虑他们要说什么，因为法院可能随后会认定他们的交流内容不受特权保护，即使公司想要保护该雇员并主张特权。

给提高犯罪—欺诈例外适用风险的当今趋势进一步火上浇油的是，证明特权适用所要求的证据的数量在持续提高。很少有法院说可以通过盖然性优势来证明，大多数只要求"表面上成立的证明"——在这一领域经常被定义为：在没有相反证据、交叉询问或对作出表面成立证明的证人没有进行弹劾或者任何其他的关于可信性评价的情况下，使一个理性的人认为有犯罪或欺诈发生的证明。而且，最高法院曾认定，为了确定犯罪—欺诈例外的可适用性，根据一种比犯罪—欺诈例外所需要的较低程度的证明，法官可以秘密聆听或审查所谓的受特权保护的交流信息，而且在决定犯罪—欺诈例外是否适用于交流信息时可以考虑交流信息的内容。各法院虽然在表述这些不同的证明责任时适用了相当一贯的用词，但是提出的要求却越来越难以满足。

如果这不足以损害特权的话，一些法院把犯罪—欺诈例外扩大，涵盖了更多的违法行为，而不仅是犯罪和欺诈——例如，其他的侵权行为。各法院还有一种广泛地剥夺委托人和律师之间特权保护的趋势，如果它们发现了犯罪或欺诈，即使这些交流信息与犯罪和欺诈毫无关系。

从犯罪—欺诈例外的扩大来看，今天雇员和公司律师的交流不可能再有它们曾经有过的那种律师—委托人特权神圣的保密性。[20] 他们的有些信息交流很可能被阻止。

对厄普约翰案期待的鼓励交流的措施这四个方面的"入侵"到底是审慎的，还是不明智的，它们中的多数似乎来源于在律师—委托人特权的优点问题上比厄普约翰案更加带有偏见的观点。虽然厄普约翰案确实承认必须对绝

---

[20] 还有其他的律师—委托人特权规则可以用于击败公司主张律师—委托人特权来保护它们雇员交流信息的努力。它们包括在特定情况下由持异议的股东实施特权；以及律师在收集交流信息时正在为公司履行的职责不是专业的法律职能，而是商业职能的规则——主要出于商业动机而非法律方面的关切——因此可以由不是律师的人履行。在律师在公司履行多种职能的情况下，这使最后一个规则的风险非常高——也就是说，他不仅是公司的律师，而且还是公司的董事，或者是公司的行政官员（而不是法律官员），就像托马斯那样。

对的保密政策施加限制，并明确允许发展这些限制，但是，对大多数律师来说，厄普约翰案是对律师—委托人特权以及律师工作的有力支持。

* * *

今天聆听托马斯谈厄普约翰案，你会有种强烈的感觉，他对于他对雇员们的言而有信感到非常骄傲。他也对在诉讼中赢得了维护他作为公司律师一直努力发挥的，以及他相信多数公司律师也在发挥的作用——帮助现代公司开展工作的作用，他认为这具有公共利益——的判决感到非常满意。他相信为了有效地履行职能，公司律师需要从各个层级的雇员那里得到信息。他确信，多数公司律师——当然不会是全部——都是良好的公民，并努力遵守复杂的法律和规范，而且掌握全面信息的公司律师在这种守法的过程中发挥着不可缺少的作用。你会有种感觉，除了他的家人，也许还有他的战争经历，他把厄普约翰案看作他生命中一个里程碑式的事件和他职业生涯的顶点。他显然很享受其中的几乎每一分钟，大概他在埃及坐牢时除外。

意见和专家证言

8. 多伯特三部曲和专家证言法
9. 人民诉卡斯特罗：对法庭上使用 DNA 证据的质疑

8

多伯特三部曲和专家证言法

保罗·吉安纳利

杰森·多伯特和艾里克·舒勒出生时患有严重的肢体萎缩缺陷。他们的母亲在怀孕期间曾服用本涤汀，一种抗孕吐的处方药，后来他们主张这是造成缺陷的原因。由于即使在没有服用本涤汀的情况下也可能造成出生缺陷，所以本涤汀和肢体萎缩之间的因果关系就成为关键争点。由这些可悲的事实，开始了历史上最重要的证据法判例之一——多伯特诉梅里尔·道制药公司案①的历程。接下来最高法院判决了通用电气公司诉乔伊纳案②和锦湖轮胎公司诉卡迈克尔案③，确立了现在著名的多伯特三部曲。这是一个科学与法律相碰撞的故事，或者至少是一些科学观点和像"可证伪性"这样的科学术语出现在法律词典里的故事。它也是保守政治运动的侵权"改革"努力取得胜利的故事。但是，这次胜利让该运动处于一种尴尬的地位——支持在金钱损失案件中采纳比死刑诉讼中更高的标准。

本涤汀诉讼

关于本涤汀致畸性的诉讼并非始于杰森和艾里克。④ 大卫·默克德西，出生时身体畸形，没有手指，一只上臂短小，前胸凹陷，他在1977年提起的第一例案件中是主要的原告。该案始于贝蒂·默克德西，大卫的母亲追问一个最合乎人情的问题：为什么？她不懈的调查最终让她怀疑起本涤汀，那是在她怀孕的关键的肢体发育期间服用过的药物之一。虽然本涤汀从1956年开始上市，但据贝蒂·默克德西的了解，关于该药可能具有的危险，却没有什么科学数据。1963年梅里尔的一名雇员（斯特普尔斯博士）对兔子做的一项动物研究曾建议做进一步的实验。但是，该公司并没有做进一步的调查，并拖延了3年才把此次研究报送联邦药品管理局（FDA）。"最可疑的是，斯特普尔斯博士进一步研究的建议被抹去了，而且呈报的资料也作了修改"⑤。梅里尔研究人员在1963年进行的一项流行病学调查问题很多，后来原告律师在诉讼中有效地用它来反对梅里尔公司，而公司自己的专家证人则竭力否认。此外，梅里尔还试图说服报告出生缺陷的医师把报告说成只是"调查"，而不是不良反应报告，以此避免把得到的信息报送联邦药品管理局的要求。

贝蒂·默克德西还发现梅里尔身陷其他药品官司，其中之一就是镇静剂。该药品由德国一家药品公司开发，梅里尔取得了在北美销售该药品的许可证。这种镇静剂有异常高的致畸性，成为处方药和出生缺陷方面的核弹头。有着"鸭脚板"的畸形孩子的照片充斥着世界各地报纸的头版。虽然主

---

① 509 U. S. 579 (1993).
② 522 U. S. 136 (1997).
③ 526 U. S. 137 (1999).
④ 有两本不错的关于本涤汀诉讼的书。Michael D. Green, *Bendectin and Birth Defects: The Challenges of Mass Toxic Substances Litigation* (1996); Joseph Sanders, *Bendectin on Trial: A Study of Mass Tort Litigation* (1998).
⑤ Michael D. Green, supra 4, at 129.

要责任在于德国的开发方,但梅里尔曾试图逼迫联邦药品管理局的医师批准该镇静剂,而且直到所有的海外公司都从市场上撤回该药品之后,梅里尔公司才这么做。而且,"梅里尔还滥用新药品调查程序,用它来为镇静剂开拓市场,梅里尔还对药品的安全性作虚假声明"⑥。这次的镇静剂灾难摧毁了一直为大家广为接受的观念:对于母亲在怀孕期间摄取的药品,胎盘是一种保护性屏障。它还刺激了致畸学的发展,导致了食品、药品、化妆品法的修正,赋予联邦药品管理局更多的监管职能。但是即使根据这些修正案,联邦药品管理局也必须依赖公司对安全性和新药品有效性的研究。

更恶劣的是梅里尔在销售 MER 29(三苯乙醇),一种抗胆固醇药品时的不光彩角色,在成千上万的患者受到伤害后——多数患了严重的白内障,该药品于 1962 年下架。联邦大陪审团因药品销售过程中有欺诈行为,起诉了梅里尔及其三名雇员,包括负责研发的副总裁。被告人最终作出"不争辩"的答辩,这是一种相当于有罪答辩的答辩,但是当事人的认罪在之后的民事案件中不得采纳为证据。但是,针对 MER 29 的民事诉讼导致了产品责任诉讼中最早的惩罚性赔偿金之一。加州上诉法院维持了该赔偿金,并作出评论:

> 除了在范·马阿南博士授意下实验信息造假,并向联邦药品管理局和医药协会隐瞒动物实验中的血液变化和视力模糊的重要信息以外,还有证据表明,在福克斯博士报告了动物实验中的视力模糊和致盲效果之后,而且在默克沙东公司作出类似报告之后,上诉人仍然向医药协会陈述说 MER 29 是一种经过检验的药品,没有任何副作用,没有毒性,非常安全。根据上诉人对这种情况的了解,陪审团推断这些陈述是有意而为之,完全不考虑药品使用人的安全。而且,甚至在接到人类首例白内障报告之后,在上诉人后来的实验肯定了实际上在所有的动物实验中都有视觉模糊现象之后,上诉人仍继续作出类似的陈述。在声誉良好的医疗杂志开始质疑 MER 29 的毒性和药效时,上诉人又授意其营销人员将责任推脱给其他药品,至少要暗示这完全是可能的。甚至在接到一系列人类因使用 MER 29 而患白内障的报告后,而且在它自己的动物实验也证实了药品的致盲性时,上诉人仍为自己的药品销售辩护……1961 年 12 月,联邦药品管理局强制上诉人签署紧急警告信,通知医药协会已知的因使用该药品而出现的人患白内障的案例。上诉人仍然持续推行它的药品促销方案。⑦

梅里尔的行径,以及对本涤汀研究的缺乏,让贝蒂·默克德西和她的律师决定提起诉讼。在冗长的评议后,陪审团只判处赔偿她和丈夫 20 000 美元,医疗费的定额标准,但是大卫最终什么也没有得到。因为该裁决在法律上自我矛盾,法庭命令重审,这一次梅里尔胜诉。⑧ 在随后的跨区域诉讼案件中,初审法庭分离了诉讼,只把第一阶段的一般因果问题交给陪审团。梅

---

⑥ Id. At 74.
⑦ Toole v. Richardson-Merrell Inc., 60 Cal. Rptr. 398, 416 (Ct. App. 1967).
⑧ Mekdeci v. Merrell Nat'l Labs., 711 F. 2d 1510 (11th Cir. 1983).

里尔这次又赢了,但是这一判决不能约束后来独立的诉讼,他们仍在努力。杰森·多伯特和艾里克·舒勒的案件就是在这次诉讼之后提起的起诉之一。

最终,由该诉讼激发的流行病学研究支持了梅里尔的立场。但是,诉讼后来持续了很长时间。大约提起了2 000起案件,有30多件已经审判,原告和梅里尔之间的判决结果可以说是平分秋色。但是,在一个主要联合诉讼中,梅里尔赢了。而且,一旦该法院了解到有越来越多的流行病学证据支持梅里尔,他们开始不让陪审团插手审理这样的案件,甚至在上诉中推翻了几个裁决。显然,没有原告得到赔偿。

毒性侵权

本涤汀是蜂拥而来的毒性侵权诉讼的一部分,包括像石棉、烟草、盾形宫内节育器、落叶剂和后来的乳房硅胶植入剂这样的物质。它们属于产品责任案件中的一种,其根据可能是生产缺陷、设计缺陷,或者没有提出警告。锦湖轮胎案,一起爆胎案,是一起典型的产品责任案件。

毒性侵权诉讼提出了一般的和具体的因果关系争点。前一个争点涉及一种物质是否导致某种伤害,后一个是关于该物质是否在该案中导致了伤害。乔伊纳案提出了这两个方面的争点:(1)接触多氯化的联苯(PCBS)是否会导致小细胞肺癌;(2)罗伯特·乔伊纳在工作场所是否充分接触PCBS。在评估一般的因果关系时,科学家使用了流行病学、动物(活体)和试管(细胞)研究,还有化学结构分析。流行病学研究如果做得好的话,是最有说服力的,但它们进行起来成本很高,还有一系列的限制。本涤汀诉讼的不同寻常之处在于大量现成的流行病学研究,它们都是在围绕诉讼产生的争论的激发下进行的。石棉和烟草是有大量流行病学研究的另外两个例子。但是,这样的研究经常不是现成的,或者会有方法论上的缺陷。此外,动物研究也能提供关于毒性和致畸性的重要信息,在监管领域也广泛使用。漫长的潜伏期,有时候是几年或者几十年,也会让证明因果关系变得很困难。即使这类诉讼存在着这样或那样的问题,法院仍然要作出判决,无论有多大程度的不确定性。正如在多伯特案中最高法院所言,法律"必须最终地和快速地解决纠纷"。

弗莱伊诉美国

我们如何走到现在对于科学证据的态度的故事不是始于本涤汀,而是始于现代多导生理记录仪的先驱和一个1923年的判例,弗莱伊诉美国案。[9] 多伯特案,在根据联邦证据规则第702条确立专家证言可采性的新方法时,拒

---

⑨ Frye v. United States, 293 F. 1013 (D. C. Cir. 1923).

绝了特区巡回法院很久以前在弗莱伊案中确立的判决理由，这是一个罕见的具有最高法院判决影响的下级法院判例之一。在该案中，特区巡回法院面临着界定在哪一点上"科学研究或发现越过了实验性（或不可采的）和可展示的（或可采的）阶段"的问题。该法院认定，当一项科学技术"在它所属的特定领域得到了普遍接受"，初审法院就可以采纳这种新的科学证据。该法院继续分析道，多导生理记录仪"尚未在生理和心理学界取得这样的地位和认可"，因此拒绝采纳该证据。

弗莱伊案中的法院，在它简洁的两页的判决意见中，没有为它采纳普遍接受标准援引权威文献，也没有提供解释。后来的判例提供了这样的理由："在科学领域得到普遍接受的要求保证了最有资格评价科学方法的普遍有效性的人有最终的发言权。"⑩ 当多伯特案1993年摆到最高法院面前时，普遍接受标准已经成为联邦和州法院系统的通行规则。除了多导生理记录证据，弗莱伊标准还被用于确定声纹证据、中子活性分析、枪击残渣测试、咬痕对比、语言心理学、真言麻醉剂、催眠、血样分析、毛发显微检验、毒性测试、DNA，以及大量源于其他法庭科学技术的证据的可采性。此外，普遍接受标准还被用来确定在像受虐妇女综合征、强奸创伤综合征、受虐儿童综合征、画像证据、目击证言等问题上的社会科学证言的可采性。

联邦证据规则

联邦证据规则经过十年的准备和对草案的几次大规模的讨论后，于1975年出台。但是，无论是咨询委员会的注释、国会委员会的报告，还是对联邦证据规则长达两年的听证，既没有提到弗莱伊案的可行性，也没有谈到新科学证据的可采性问题。最初通过时，第702条规定得异常简单：

> 如果科学、技术或其他的专业知识要协助事实审判者理解证据或认定争议事实，在知识、技能、经验、培训或教育方面有资格作为专家的证人，可以以意见的形式提供证言。

然而，专家证言紧靠着两面——（1）新颖的和（2）陈旧的——而第702条只提到了后一个界线。第三巡回区一位可敬的法官，爱德华·贝克尔后来指出，没有提到第一个界线是"规则中最大的疏忽"⑪。国会的这个疏忽后来成为多伯特案判决意见得以构建的基础。同时，联邦法院系统在这一问题上发生争论，学者们在采纳科学证据的适当标准问题上也发生了激烈的分歧。

在这里，我们需要暂停我们的故事，考虑一下这个事后看来如此明显的

---

⑩ United States v. Addison, 498 F. 3d 741, 743-744 (D. C. Cir. 1974).

⑪ Edward R. Becker & Aviva Orenstein, "The Federal Rules of Evidence After Sixteen Years—The Effect of 'Plain Meaning' Jurisprudence, The Need for an Advisory Committee on the Rules of Evidence, and Suggestions for Selective Revision of the Rules", 60 Geo. Wash. L. Rev. 857, 877 (1992).

"疏忽"是如何产生的。答案相当直接。在从1923年到1970年这段时期的大多数时间里,法院面对的科学技术并没有提出重要的弗莱伊争点——新科学证据的可采性问题。1966年修正的联邦刑事规则第16条,该条规定刑事诉讼中科学报告的审前开示问题,提供了在这一时期使用的几种专家证言的一些见解。所附的委员会注释提到了"指纹和笔迹对比"报告。这个清单上还可以加上弹道学、血液、油漆、纤维和解剖学报告。这些技术都没有出现弗莱伊争点;它们都是传统的技术,法院的接受由来已久。确实,在第二次世界大战之前,弗莱伊案在出版的意见中只被援引了5次,多数是在多导生理记录仪案件中。战后,1950年之前被引用了6次,20世纪50年代是20次,60年代是21次。

只是在20世纪60年代末期的时候,当新的法庭科学技术出现,并且法院发现它们有一个关于像声纹同一性认定、咬痕对比、中子活性分析和催眠唤醒记忆这样技术的可采性规则的时候,弗莱伊案才变得重要起来。直到1972年,一个联邦地区法院才颇有见地地指出,"在联邦判决中很明显缺乏对'普遍接受'标准的讨论"[12]。在民事案件中出现的科学证据多数是很早以前就接受的就特定原告的医疗状况作出的医师证言,以及关于反托拉斯和监管行动或损害赔偿方面的经济分析。因此,在联邦证据规则制定时,弗莱伊案以及引用它的案件绝大多数都是刑事案件。

■ "垃圾科学"争论

联邦证据规则的主旋律是自由采纳证据。排除性规则要么被抛弃,要么被削弱。立法者相信陪审团得到的信息越多越好,而不是越少越好,这是关于专家证言的规则和传闻规则中反映的思想之一。确实,学者指出这些规则通过"扫荡那些限制专家证言的条条框框"[13] "革命性地"[14] 改变了专家证人的作用。

但是,到了1986年,出现了抵制扩大专家证人作用的反作用力。在《福布斯》和《财富》杂志上出现了标题为"专家到此为止"和"反对专家证人的案件"这样的文章。"诉讼良药"、"边缘科学"和"前沿科学"这样的术语非常流行,医师们抱怨道:"法律案件现在可以根据科学界几十年前就抛弃了的证据类型来判决。"

当彼得·休伯,著名的保守派评论人,出版了《伽利略的复仇:法庭上的垃圾科学》时,这种批评达到了顶峰。他用两个词"垃圾科学"把握了许

---

[12] United States v. Zeiger, 350 F. Supp. 685, 687 n. 6 (D. D. C.), rev'd, 475 F. 2d 1280 (D. C. Cir. 1972)(多导生理记录证据)。

[13] Margaret A. Berger, "United States v. Scop: The Common-Law Approach to an Expert's Opinion about a Witness's Credibility Still does not Work", 55 *Brook. L. Rev.* 559, 559 (1989).

[14] Michael H. Graham, "Expert Witness Testimony and the Federal Rules of Evidence: Insuring Adequate Assurance of Trustworthiness", 1986 *U. Ill. L. Rev.* 43.

多公民对于民事诉讼中出现的科学的质量的感受,这种感觉不仅源于原告在某些案件中提供的证据,而且还来源于保险公司十年来的广告和对侵权被告大规模的、反复的宣传攻势。休伯举出的最轰动的例子是一个"得到医生和警察的专家证言支持"的"占星家"因为"在一次 CAT 扫描之后丧失了通灵能力"而赢得了陪审团判处的 100 万元的赔偿。休伯认为弗莱伊标准是防止使用垃圾科学的途径。但是,他的批评不限于那些可疑的专家证言;他还有更大的目标——侵权制度。正如一本杂志指出的,"有必要理清休伯的两种批评:一个是证据性的,反对垃圾科学;另一个是政策性的,反对现代侵权实体法"。[15]

司法方面的意见也反映了相同的关切。第五巡回区的希金伯特姆法官写道:"是关注联邦审判中的专家证言的时候了。"[16] 他有两个方面的批评:首先,"只有最高的出价人能够得到其意见的专家无法在法庭上作证"。其次,法庭应该拒绝"非基于普遍接受的科学原则的专家意见"[17]。一些法官甚至感到,在说明他们采纳专家证言的判决时必须声明该证据不是"垃圾科学",该专家也不是"江湖骗子"。到了 1991 年,第五巡回区法官全体出庭,准备将限制性的弗莱伊标准适用于民事案件,与以前的做法开始分道扬镳。

"改革"的推动力还来自民事规则委员会,它在 1991 年就建议修正第 702 条的规定。该建议要求专家证言给事实审判者提供"实质性"的帮助,而不仅仅是提供"帮助",然后证言也要有"合理可靠的"信息作为根据。后一条显然被修正后的弗莱伊规则所吸收。

还有,由副总统奎尔主持的总统的竞争理事会也加入了这场争论。民事司法改革特别工作队又一次把目标对准了专家证言。副总统宣布:"我们认为是时候拒绝'垃圾科学'也是证据的想法了。"特别工作队提供了自己对于第 702 条的修正案。该组织的建议追随了民事规则委员会关于专家证人要给事实审判者提供"实质性"帮助的要求,但是又补充道,专家证言必须"基于广泛接受的解释理论",与弗莱伊案遥相呼应。还没有等到修正程序启动,布什总统就首先以行政命令形式要求政府方律师在民事案件中适用这些要求。根据这个命令,如果一个理论由相关领域的至少是相当数量的少数专家提出,就被认为是"广泛接受的"。

有点意外的是,"垃圾科学"的争论竟然忽略了刑事诉讼。除了有一次,休伯的大作只是集中于民事诉讼。同样,民事规则委员会对第 702 条提出的修正建议也是为了防止民事审判中的滥用现象。该委员会写道:"特别是在涉及巨额经济利益的民事诉讼中,无甚用处的专家证言的巨额开支已经是司空见惯。专家证言经常被用作拖垮对手的审判技巧。"奎尔的建议也限于民事诉讼。确实,最高法院放过了一个 DNA 案件,选择了多伯特案件来表述在弗莱伊争点上的立场。

---

[15] Book Note, "Rebel Without A Cause: Galileo's Revenge: Junk Science in the Courtroom", 105 *Harv. L. Rev.* 935, 940 (1992).

[16] In re Air Crash Disaster at New Orleans, 795 F. 2d 1230, 1234 (5th Cir. 1986).

[17] Brock v. Merrell Dow Pharm., Inc., 884 F. 2d 167, 168 (5th Cir. 1989) (dissenting from denial of en banc review).

没有将刑事诉讼考虑在内引发了一些问题。虽然布什政府的命令要求政府方律师在民事案件中出示科学证据时遵守提高了的可采性标准（"广泛接受"），但是联邦检察官在DNA案件中却可以主张一个较低的标准，"主张第702条现在取代弗莱伊案，创造了关于可采性的自由规则"。[18]

多伯特诉梅里尔·道制药公司案

多伯特和舒勒对梅里尔·道公司提起诉讼后，这家公司将案件从州转移到联邦法院，并提出简易判决的动议。此时，上文提到的流行病学报告已经出炉，该药品公司还提供了一位专家的证言，这位专家在审查过涉及130 000位病人的30次流行病学研究后得出结论认为，没有公开发表的研究可以证明本涤汀和出生缺陷之间存在统计意义上的重要联系。原告并没有争辩结论的准确性；相反，他们提供了8位专家的证言，他们根据动物活体和试管实验、化学结构分析和对流行病学研究的再分析，得出的结论是"本涤汀能够导致出生缺陷"。初审法院批准了被告方的简易判决动议。第九巡回区上诉法院援引了在1985年一起涉及真言催眠的刑事案件中就已经适用的普遍接受标准，支持了原告的主张。[19] 该法院还援引了休伯的著作。

■ 法庭之友意见

最高法院于1992年签发调卷令时，多伯特案立即被冠以"垃圾科学"案的名号。有22份法庭之友意见被提交。这些意见本身就是一个有意思的故事。可以想见，一系列商业组织声援梅里尔·道公司。大企业都希望用更高的可采性标准来摆脱产品责任和毒性侵权诉讼，出于同样的理由，医疗协会希望在医疗事故诉讼中采用更严格的标准。这些团体支持弗莱伊标准，认为这是达到上述效果的途径，然后它们发现自己身边多了一个奇怪的伙伴——刑辩协会。检察官和民事当事人一样，承担证明责任，与刑事被告人相比，他们对于专家证言的依赖程度要高得多。也许刑事和民事辩护律师比肩齐眉没有那么奇怪——只是让人觉得有点不舒服罢了。

最有意思的法庭之友意见来自科学家们，他们可不是一个脑子思考问题。《新英格兰医药杂志》和其他的医疗杂志提交了声援梅里尔·道公司的法庭之友意见。该意见指出：

> "好科学"是一个普遍接受的术语，用来形容科学界的质量控制制度，以保护该领域和人们不受无根据的科学分析的侵扰。它要求每个命题必须接受严格的三部曲的检验：公布、回应和验证，才能成为作出判

---

[18] United States v. Two Bulls, 918 F. 2d 56, 59 (8th Cir. 1990), vacated after death of defendant, 925 F. 2d 1127 (8th Cir. 1991) (en banc).

[19] 951 F. 2d 1128, 1129 (9th Cir. 1991).

断的根据。[20]

这些科学家认为弗莱伊案中的"普遍接受"一词反映了这种观点。但事实并非如此。弗莱伊案规则是刑事案件中发展而来的,许多一般性技术并没有被弗莱伊标准排除,例如指纹学、弹道学和笔迹比对技术都没有实证根据——没有发表、没有回应、没有验证。

与之相对,一批医师、科学家和科学史学家提交了支持杰森·多伯特的意见。他们对科学观点的"共识性"提出质疑:"传统科学的指挥既可以是进一步认识的阶梯,也可以是绊脚石",同时,"答辩人仍然固守关于科学探索的一种理想化的奇怪观点,认为原告的专家证言如果和大量证据相矛盾并因此成为'异端邪说'的话,就应当裁定为不可采"。托马斯·库恩[21],对科学知识是通过缓慢的一步一步地积累知识而发展的观点提出质疑,在他的分析中占有显著地位的是像奥特加·加塞特那样"要发现新的科学真相,必须把他以前所学的知识打得粉碎,然后双手沾满屠杀成千上万的陈词滥调的鲜血才能得到新的真理。"[22]

这些学者还从一个不同的视角描绘了同行评议制度。他们在意见中援引了《美国医疗协会杂志》一位前任编辑的话:"同行评议远不是能够'绞出真理的完美的绞肉机'……'正因为同行评议是一种对科学资料的审查并不意味着它本身是一种科学的程序'。"在另一份法庭之友意见中,还有别的科学家质疑同行评议制度,甚至于提出交叉询问和同行评议一样是一种可靠的认定真理的方法。按照他们的说法,同行评议制度并不是为了产生"真理",而且发表也不意味着文章的内容被"普遍接受"或代表相关学术领域有"一致"立场。此外,他们指出,同行评议杂志并不复制和验证实验,也不能保证一篇文章里包含的信息是真实的,或者在其他的方面等同于"好科学"。他们指出,经常只选出两名审查人,这些审查人审查每个手稿的平均时间是"2.4 小时"。

弗莱伊案被拒绝

布莱克曼大法官代表最高法院撰写多伯特案的判决,他很快就偏离了弗莱伊标准。他拒绝弗莱伊标准的根据是第 702 条的表述,该条款谈到专家证言,但是,无论是该条款的正文还是立法史中都没有提到弗莱伊标准。然后布莱克曼转向了一个更为复杂的问题——用什么标准取代弗莱伊案作为可采性标准。

---

[20] 《新英格兰医药杂志》、《美国医疗协会杂志》、《国内医药年鉴》作为法庭之友声援答辩人:2, Daubert v. Merrell Dow Pharmaceuticals, Inc., 509 U. S. 579 (1993). 其他的科学家也提交了认同该杂志立场的法庭之友意见。

[21] See Thomas Kuhn, *The Structure of Scientific Revolutions* 7 (2nd ed. 1970). (一个新理论,无论它的适用范围多么特别,很少或从不会是对已有知识的简单增加。它需要对以前理论的重构和以前事实的重新评价,这是一个自我革命的过程……)

[22] Josie Ortega y Gasset, *The Revolt of the Masses* ch. XIV (1930).

麦考密克教授在他 1954 年的著作中提倡一种替代弗莱伊标准的方案。他认为"科学性的一般认可"是一个对科学事实进行司法认知的合适标准，但不是科学证据可采性的标准："有合格的专家证人支持的任何相关结论都应当被接受，除非存在排除的其他理由。特别是，我们所熟知的造成偏见或者误导陪审团、不公正的突袭和不合理的时间消耗之类的危险可能超出了它的证明价值。"[23] 根据这种相关性路线，赋予专家证人的资格一般也会使专家使用的技术合格。这种路线和第 702 条的关于帮助的用语是一致的，可以被视为拒绝了对科学证据的任何独立性的可靠性评估。确实，虽然弗莱伊案仍然是多伯特案作出判决时判断新科学证据的可采性的主要标准，但一系列的司法区已经拒绝了弗莱伊标准，要么采纳麦考密克的相关性路线，要么采纳吸收了某些可靠性要素的类似路线。

布莱克曼大法官含蓄地拒绝了纯粹的相关性路线，认为专家证据除了要有相关性以外还必须可靠。大概他想起了最高法院 10 年前判决的一起谋杀死刑案——布尔福特诉埃斯特尔案。[24] 在案件的量刑阶段，控方提供了关于布尔福特未来危险性的精神病学证言，根据得克萨斯州关于死刑的制定法，危险性是一个限制性要素。一位精神病学家，詹姆斯·格里格森在未曾对布尔福特进行检查的情况下作证指出，布尔福特未来实施暴力刑事犯罪行为是"百分之百和绝对可能的"。布尔福特根据宪法对这种证言的可靠性提出质疑。

在一份法庭之友意见中，美国精神病协会（APA）陈述道："这一领域的大量研究表明，即使在最佳条件下，关于长期危险性的精神病预测在每三起案件中至少有两起都是错误的。"在后面的行文中，该份意见评论道："［这些］预测的不可靠性在这一行业内部是一个确定不移的事实。"大量的研究支持了美国精神病协会的立场。

但是，最高法院仍然拒绝了布尔福特的主张。按照最高法院的说法，"无论是申请人还是美国精神病学会都没有说精神病学家在未来危险性的预测方面总是错的，只不过大部分时间是错的"。最高法院还指出，它没有被说服"该证言几乎完全不可靠，而且事实审判者和对抗制也完全没有能力去发现、认识并适当地考虑它的缺陷"。如果这也算一个标准的话，这是一个低得令人难以置信的标准。正如一位学者评论的，它允许在死刑案件中采纳"近乎江湖骗术的"证据。[25] 布莱克曼法官持异议：

> 以现有的精神病知识水平，我认为这太过分了。在日常的金钱赔偿诉讼中你可以接受它，但是一旦攸关一个人的生命……应该有更高的可靠性要求。在死刑案件中，似是而非的精神病专家证言，借着高深莫测的医学术语，在易受情绪支配的陪审团那里，本身就意味着死亡。

结果，多伯特三部曲在金钱赔偿案件中提出了比布尔福特案对死刑案要

---

[23] Charles T. McCormick, *Evidence* 363-364 (1954).
[24] Barefoot v. Estelle, 463 U. S. 880 (1983).
[25] See George E. Dix, "The Death Penalty, 'Dangerousness', Psychiatric Testimony, and Professional Ethics", 5 *Am. J. Crim. L.* 151, 172 (1977).

求的可采性标准高得多的标准。也很难认为布尔福特案是不同于多伯特案的宪法性判例,而不是证据法判例。最高法院关于第八修正案的法理很久以前就宣布"死刑是非同一般的",因此也施加了更高的可靠性标准。

新的可靠性方案

以成文法为根据拒绝了弗莱伊案之后,布莱克曼大法官必须寻找一个根据联邦证据规则构建的标准。根据第702条的用词,他非常天才地创造出一个新的标准:"要成为合格的'科学知识',必须根据科学的方法作出推论或者断定。证言必须得到适当的确认——即,有'正当根据',根据已知的事实。总之,专家证言属于'科学知识',这一要求确立了证据可靠性的标准。"

这一方案将"把关"的人物交给了初审法庭,它们可以考虑一系列的因素。最高法院然后指出了现在很有名的多伯特要素:(1)可验证性;(2)同行评议和发表;(3)出错率;(4)标准的维持;和(5)一般认可。但是,最高法院警告说,这些因素既不是决定性的,也没有穷尽一切因素,第702条的标准是"有弹性的标准"。首要的和最重要的因素是可验证性。最高法院援引科学文献指出,科学的一个特点是经验上可以验证。最高法院援引亨佩尔的话说:"科学解释的陈述必须能够从经验上进行验证"[26],然后是波普尔的话:"一个理论取得科学的地位的标准是它的可错性,或可反驳性,或者可验证性。"[27] 第二个因素,同行评议和发表,倾向于证实第一个要素中提到的检验的结果,并说明在广泛的科学领域对这些方法和结果的接受。同样,错误率也来源于检验。

多伯特案的演变

即使在作出当时,多伯特案也很难解释。正如一位学者所言:"令人震惊的是,所有人都对多伯特判决表示满意——原告和被告的律师,以及撰写法庭之友意见的科学家。"[28] 另一位评论者说:"关键是没有人真正搞清楚新标准是什么。"[29]

这里的核心问题是,最高法院是否想让它的新的可靠性标准比它拒绝的

---

[26] Carl G. Hempel, *Philosophy of Natural Science* 49 (1966).

[27] Karl R. Popper, *Conjectures and Refutations: The Growth of Science Knowledge* 37 (5th ed. 1989). 有意思的是,最高法院似乎没有意识到亨佩尔和波普尔在科学上持相反的观点。See Susan Haack, "An Epistemologist in the Bramble-Bush: At the Supreme Court with Mr. Joiner", 26 J. Health Pol. Pol'y & L. 217, 232 (2001).

[28] Kenneth R. Foster et al., "Policy Forum: Science and the Toxic Tort", 261 *Science* 1509, 1614 (Sept. 17, 1993).

[29] See David O. Stewart, "A New Test: Decision Creates Uncertain Future for Admissibility of Expert Testimony", 79 *A. B. A. J.* 48 (Nov. 1993).

弗莱伊案的普遍接受标准更宽容。最高法院对该案的处理，推翻了下级法院排除证据的判决，表明它采纳了一个更宽大的标准。[30] 更重要的是，最高法院对联邦证据规则的"宽容背景"作出评论，弗莱伊案被贴上"严苛标准"的标签。最高法院在其他段落指出，规则的基本的相关性标准"是一个自由的标准"，"严格的'普遍认可'标准与联邦证据规则的'自由主义精神'及其放松对'意见证言'的传统障碍的总体路线相矛盾"。而且，多伯特案承认方法论—结论之间的区别，这进一步支持了宽松的可采性标准。最高法院写道："当然，重点只能放在原则和方法上，而不是它们产生的结论上。"总之，初审法官的审查是有限的。

不少法院和学者都指出，这样的语句和推翻下级法院判决，可以将多伯特案解释为降低了可采性标准。例如，在美国诉邦兹案中[31]，初审法院在多伯特案之前就作出判决，根据弗莱伊案采纳了 DNA 证据。在上诉中，第六巡回区解释道："DNA 证言很轻易地就满足了最高法院在多伯特案中阐述的更为自由的标准。"同样，在波罗维克诉谢伊案中[32]，第二巡回区上诉法院写道："通过放松弗莱伊案对科学证据设定的严格标准，多伯特案强化了推定证据具有可采性的观念。"一些多导生理记录仪案件也强调了这种观点。在美国诉普萨多案中[33]，第五巡回区指出："本巡回区自己的反对采纳测谎证据的规则背后的理由在多伯特案那里是站不住脚的。"

但是，多伯特案中也有要求更严格标准的语句。最高法院确实确立了一个可靠性标准，并指示初审法院"把关"。但是，除非下级法院积极地响应最高法院的号召充当守门人，否则这些话就经常被忽略。

通用电气公司诉乔伊纳案

低级法院的把关产生了第二个案件，通用电气公司诉乔伊纳案。乍看起来，乔伊纳案似乎也支持自由主义倾向的可采性标准。最高法院认定，根据多伯特案审查初审法院可采性判决的合适标准是滥用自由裁量权，这是一个甚至没有考虑主要的替代标准——全面审查——的情况下采纳的标准。最高法院的姿态表明，上诉审中的可采性判决不再是纯粹的猜测，因此初审法院在采纳证据方面获得了更大的回旋余地。相比之下，全面审查标准会在控制"垃圾科学"方面赋予上诉法院更大的权力。但是，乔伊纳案是这样一个案件：初审法院排除原告提供的证据，然后认定原告没有提供充分的认定表见证明（prima facie）的证据，于是根据原告的动议驳回了诉讼。因此最高法

---

[30] 但是，在发回重审后，第九巡回区又排除了该证据。法庭指出，原告的专家没有把他们的分析提交同行评议程序，而且他们的分析也不是来自他们的专业研究，而只是为应对诉讼而进行。Daubert v. Merrell Dow Pharm., Inc., 43 F. 3d 1311 (9th Cir. 1995).

[31] 12 F. 3d 540, 568 (6th Cir. 1993).

[32] Borawick v. Shay, 68 F. 3d 597, 610 (2d Cir. 1995) (repressed memory).

[33] United States v. Posado, 57 F. 3d 428, 429 (5 th Cir. 1995).

院在乔伊纳案中的判决认可了对科学证据的排除,这一点与多伯特案不同。

在作出乔伊纳案判决的过程中,最高法院拒绝采纳上诉法院所谓的上诉审查在排除专家证言时应当比采纳专家证言时更严格的结论。而且,最高法院随后适用了多伯特案的标准,并在没有把案件发回重审的情况下作出对原告乔伊纳不利的判决。首席大法官,也是乔伊纳案的意见撰写人,曾在多伯特案的附议中对联邦法官理解"可错性"这样科学概念的能力表达了相当程度的担忧,他还担心法官会变成业余的科学家。到判决乔伊纳案时,他显然已经克服了这些担忧,在严密审查该案中的流行病学和动物学研究方面毫不犹豫。虽然许多科学家会一并审查,但首席大法官把每项研究都挑出来分别审查。

此外,多伯特案中著名的"方法—结论"的二分法,也受到质疑。最高法院在乔伊纳案中评论道,多伯特案没有"要求地区法院采纳仅凭专家一家之言与现有资料有关的意见证据。法院可以得出结论,在资料和提供的意见之间存在过大的分析断层"。最后,最高法院评论道:"虽然联邦证据规则允许地区法院采纳科学证言的范围与弗莱伊案的标准相比有点更宽泛,但它们把初审法官置于审查证据方面的'把关'地位。""有点"一词用得很有意思。多伯特案中的语句已经预见到,根据多伯特案采纳的证据会比根据弗莱伊案采纳的标准多得多。事后看来,乔伊纳案是一个过渡性判例,由此以后,在多伯特案中大量语句都表明的自由主义的可采性标准转向严格的标准。

锦湖轮胎公司诉卡迈克尔案

锦湖轮胎公司诉卡迈克尔案是多伯特三部曲的第三个判例,在最高法院要努力的方向方面彻底打消了疑点。在多伯特案之后,当事人认为他们可以通过以"技术的"或"经验的"而不是"科学的"说法称呼专家证据而规避多伯特案中的可靠性要求。最高法院必须关上这扇门,否则多伯特案的影响就会限制在非常狭窄的一类案件。锦湖轮胎案,涉及一位轮胎专家关于爆胎原因的意见,成为最高法院这么做的工具。最高法院维持了初审法院排除原告专家证言的判决,明确了多伯特案的可靠性要求根据第702条适用于非科学证言。

而且,最高法院承认了在这种情况下确定可靠性时多伯特因素的有效性。对这些因素和其他可靠性标准的运用不限于"科学"证据;它们在评价任何专家证言时都是有效的。该判决理由后来证明是该案较为严格的一面。其他法院曾得出结论说,可靠性要求适用于非科学专家证据,但是对这类证据,它们采用了极其宽大的标准。例如,一家法院曾经写道:"虽然技术知识,像所有专家证言那样,必须既具有相关性也具有可靠性,但是对它的可靠性可以作出推定。"[34] 最高法院拒绝了这种立场,放缓了多伯特案中非常突出的对"科学"的强调。现在的争点是实证的检验是否可能,而不是技术是否"科学"。

---

[34] State v. Fukusaku, 946 P. 2d 32, 43 (Haw. 1997) (hair and fiber evidence).

但是，锦湖案在一个方面颇受困扰。与多伯特案和乔伊纳案不同，它没有涉及与毒性侵权相关的因果关系问题，被告方的专家有机械工程学硕士学位和10年的为顶尖的轮胎制造商工作的经历。布莱耶大法官分析了该专家充斥着图表的证言，这更像在初审的交叉询问中应该出现的东西，而不是最高法院意见中应该出现的东西。多伯特案曾指出："有效的交叉询问、相反证据的出示和对证明责任的谨慎指示，是攻击可采但不可靠的证据的传统手段。"为什么处理这起案件时不信任对抗制，这一点并不清楚，由此还保留了原告获得陪审团审判的权利。

大多数可采性存在疑问的证据只是当事人想要提出的证据的一小部分，虽然排除它会弱化证明，但这很少意味着没有足以提交陪审团的证据。但是，专家证言在侵权和其他民事诉讼中经常是非常重要的。如果它被排除，原告就不能成功履行提出证据责任，那么接下来的会是法官的直接裁定。因此，宪法的起草者想要交给陪审团的评价证据的问题在锦湖案之后是法官首先要决定的问题。陪审团不仅被拒绝了审查证据的机会，而且它在限制可能的司法偏见方面的作用也被削弱了。此外，如果排除结果确定的专家证言的判决是在申请简易判决期间作出的，那么它就是根据书面记录作出的，也许其唯一的根据是书面证言。

魏斯格兰姆诉马利公司案

2000年，最高法院在魏斯格兰姆诉马利公司案中确认了严格审查路线[⑤]，在针对诉称的有缺陷的踢脚板加热器的制造商提起的侵权致死诉讼中审查了简易判决。虽然该案涉及专家证言，但最高法院并没有被要求对多伯特—锦湖案标准作进一步阐述。但是，最高法院还是作出了评论："从多伯特案以后，依赖专家证据的当事人已经注意到这样的证据必须符合的严格的可靠性标准。"对联邦证据规则第702条来说，这已经够了！同年，第702条被修正，吸收了多伯特—锦湖案。

变身完成

多伯特案的变身解释了一些案件和文献中存在的混淆。一些司法区保留了弗莱伊案，因为它们认为该案给刑事被告人提供了比多伯特案更多的保护。同时，学者们表达了对多伯特案与弗莱伊案相比在严格性方面的担忧——包括刑事和民事诉讼。多伯特案的发展已经被一些人预测到，但这绝不是预先注定的。今天的多伯特规则已经和该案的字面表达的意思有相当大的不同。

[⑤] 528 U.S. 440, 455 (2000).

后续

多伯特案在各州的效力有一点复杂。第一，虽然很多州都拒绝了弗莱伊案而青睐于多伯特案，但它们并不必然采纳乔伊纳案或锦湖案的标准。第二，多伯特案对弗莱伊标准的影响已经模糊了这两个标准之间的界线。像"把关者"、"可检验性"和"同行评议"这样的术语也已经进入弗莱伊标准。确实，一些适用弗莱伊标准的案件表面上与多伯特案很相似。例如，在拉米雷斯诉州案中[36]，佛罗里达州最高法院拒绝了5位专家的证言，他们在对刀具与谋杀被害人的软骨组织伤进行匹配性认定——"工具痕迹"比对的一种类型——的过程中主张普遍认可标准。虽然该法院适用了弗莱伊标准，但它强调缺乏检验，缺乏"有意义的同行评议"，没有合格的出错率，而且还没有发展出客观的标准。第三，曾经仅限于刑事案件的弗莱伊标准已经延伸到毒性侵权诉讼，而且最近的一项研究表明"没有证据表明弗莱伊标准和多伯特标准有区别"[37]。第四，多伯特案对科学证据的第三条路线——相关性路线——的影响可能是最深远的，但是这一点很少被注意到。一系列的法院在多伯特案判决之前就拒绝了弗莱伊案。这些法院中的许多现在都主张多伯特案与它们以前的路线是一致的，在有些情况下这是一种公正的说法，但在有些情况下不是。这些司法区中的许多都在实践中采纳了相关性路线，而且它们向多伯特案的转移提高了可采性标准。最后，总是会有严格适用弗莱伊标准的司法区和宽泛适用的司法区。根据弗莱伊标准作出好判决远不是肤浅的"点人头"——这些法院都表现出对基础科学的理解和把握。相反，伊利诺伊州一家法院采纳了"唇纹"比对，认定它们是被普遍接受的。[38] 多伯特案现在也奉行同样的二分法。正如一位英国学者评论的，"这不是在简单的弗莱伊标准和困难的多伯特标准之间进行选择；而是在严格和宽松审查之间作选择。"[39]

民事和刑事案件

有一些很清晰的进一步的发展。一些联邦法院要求在毒性侵权案件中有流行病学研究。许多案件甚至都无法维持简易判决。确实，一些学者曾指出这些标准太严格了。兰德研究所对民事案件的一项调查得出结论："从多伯

---

[36] Ramirez v. State, 810 So. 2d 836, 844 (Fla. 2001).
[37] Edward K. Cheng & Albert H. Yoon, "Does Frye or Daubert Matter? ——A Study of Scientific Admissibility Standards", 91 *Va. L. Rev.* 471, 511 (2005) (using removal rates).
[38] People's v. Davis, 710 N. E. 2d 1251 (Ill. App. Ct. 1999).
[39] Mike Redmayne, *Expert Evidence and Criminal Jusitce* 113 (2001).

特案之后，法官们对专家证据的可靠性进行了更严密的审查，因此认定不可靠的证据更多。"⑩ 联邦司法中心的研究反映了这样的结论。⑪ 总之，保守主义运动赢得了胜利，至少是暂时赢得了胜利。当然，多伯特案可能不是罪魁祸首。"通过里根总统和布什总统的任命，出现了越来越多的有保守倾向的法官，这也许改变了法院处理证据问题的方式，而与是否作出多伯特案的判决没有关系。"⑫ 但是，与联邦民事诉讼不同，可采性标准在刑事诉讼中似乎没有什么大的变化。一项对于报告的刑事案件的深入调查发现，"多伯特判决对于专家证言的采纳率没有影响，无论是在初审，还是在上诉审层次"⑬。

民事案件和刑事案件中的专家证言提出的问题不同。与民事诉讼中的对"雇佣枪手"的担忧不同，刑辩律师经常没钱去"雇枪"。而且，在毒性侵权诉讼中非常突出的因果关系问题在刑事诉讼中很少成为争点，而且在审判前通过简易判决结束诉讼也不是问题。但是，这几个方面并不能解释为什么应该适用不同的可采性标准。布尔福特被执行死刑这件事说明，刑事方面攸关的利益要严重得多。

有人会问，联邦法院在毒性侵权诉讼中是否会允许原告律师用在涉及指纹的刑事案件中获得"科学"通行证的证据来侥幸得手呢？在美国诉哈维德案中⑭，法庭接受了联邦调查局专家的下列证言：（1）在指纹检验方面"零出错率"；（2）多伯特案中的"同行评议"的意思是由第二位审查者审查指纹；（3）对抗式检验等同于科学检验。特别有启发意义的是波拉克法官在美国诉列拉大厦案中的判决。⑮ 在本案中，波拉克法官将多伯特案全面适用于指纹证言，并认定并没有满足多伯特案中的严格条件，于是将证据排除。在排除至今也未曾检验的专家证据之后引起的骚动堪比以前反对"垃圾科学"的声势。在根据动议进行重新审查后，波拉克法官改变了想法，采纳了证据，虽然没有关于指纹同一性认定的可靠性的实证研究。他的第一个判决比第二个判决更忠实于多伯特案。

这不是说多伯特案在刑事案件中没有影响。一些联邦法院已经把多伯特三部曲解读为请法院"甚至对'普遍接受'的可敬的技术性领域进行重新审查"。锦湖案在这里特别重要，因为它削弱了检察官提出的、已经被一些法院采纳的理由，即多数法庭科学都具有技术或实证的性质，因此不受多伯特案影响。所以针对笔迹证据、毛发比对、指纹检验、枪支同一性认定、咬痕

---

⑩ Lloyd Dixon & Brian Gill, "Changes in the Standards of Admitting Expert Evidence in Federal Civil Cases Since the Daubert Decision", 8 Psychol., Pub. Pol'y & L. 251, 269 (2002).

⑪ See Margaret A. Berger, "Upsetting the Balance Between Adverse Interests: The Impact of the Supreme Court's Trilogy on Expert Testimony in Toxic Tort Litigation", 64 Law & Contemp. Prob. 289, 290 (2001). ("联邦司法中心于1991年和1998年实施了调查，就专家证言对联邦法官和律师进行询问。在1991年的调查中，有75％的法官报告说采纳了提供的所有专家证言。到了1998年，只有59％表示他们没有限制地采纳所有的专家证言。而且，65％的原告和被告律师说，自多伯特案之后，法官不太愿意采纳某些类型的专家证言。")

⑫ Dixon & Gill, supra note 40, at 267.

⑬ Jennifer L. Groscup et al., "The Effects of Daubert on the Admissibility of Expert Testimony in State and Federal Criminal Cases", 8 Psychol., Pub. Pol'y & L. 339, 364 (2002).

⑭ 117 F. Supp. 2d 848 (S. D. Ind. 2000) (指出根据［多伯特—锦湖案标准］指纹知识是"非常典型的可靠专家证言"), aff'd, 260 F. 3d 597 (7th Cir. 2001).

⑮ 188 F. Supp. 2d 549, 558 (E. D. Pa. 2002) (先排除、后来又采纳了指纹证据).

分析和毒性检验的批评一触即发。虽然这些质疑大多数没有造成排除证据的结果，但是它们也揭示了许多广泛采用的法庭技术实证根据的缺乏。在弗莱伊标准之下，是不会出现这些质疑的。此外，过去几年在这些主题上的法律文章比之前的 25 年还多，这应该意味着在可预见的将来，对这类专家证人会有更严密的审查。法庭科学界认为这些批评是很严肃的，指出辩护律师"在质疑科学证据方面已经变得更严格和主动，而且更愿意雇佣合格的法庭科学证人协助他们"[46]。

陪审团制度

在多伯特案中，最高法院拒绝了这样的主张：拒绝弗莱伊案将会导致"困惑的陪审团被荒唐的、非理性的伪科学命题糊弄"的情形。按照最高法院的说法，这种观点对"陪审团的能力，以及对抗制的能力"持有"过分消极"的看法。但是，锦湖案中的申请人强调陪审团在理解上存在缺陷。然而，一份由研究陪审团的专家提交的法庭之友意见试图在这一问题上教育最高法院，指出它不应该"根据申请人毫无根据或有缺陷的认为陪审团没有严格地评估专家证言、他们被专家唬住、他们有顺从专家的'天性'以及他们有同情原告和反一商业组织的偏见的说法"来判决案件，"超过四分之一个世纪的对陪审团的实证研究指向了在陪审团行为方面完全相反的观点"[47]。同样，虽然一些法院和学者表达了对陪审员过高评价统计结论的担忧，但在这一问题上的研究表明恰恰相反的情况是真实的。《1996 年全国 DNA 学术报告》建议对陪审团理解能力方面开展进一步的研究，而且报告发布之后的一些研究证实，陪审员过低地评价了这样的证据。

如果科学证据可采性的严格标准的根据是陪审团能力不足，那么就需要对这些缺陷的更为"科学的"记录来为侵蚀第七修正案权利提供正当理由。而且，像本涤汀的多地区诉讼中那样运用二分审判法，像硅胶乳房植入案中使用法庭指定的专家，虽然不能说没有问题，但也提供了保留陪审团审判制度的途径。也许，如果大规模的费尔斯通轮胎召回事件发生在锦湖案判决之前，最高法院也许会采纳一种让法官的角色更加谦抑的路线。

对抗制

最高法院在多伯特案中还提到"有效的交叉询问、相反证据的出示、在证明责任问题上谨慎的指示是攻击可采但不可靠证据的传统和适当的手段"。

---

[46] Graham R. Jones, "President's Editorial——The Changing Practice of Forensic Science", 47 *J. Forensic Sci.* 437 (2002).

[47] Brief Amici Curiae of Neil Vidmar et al., Kumho Tire Co. v. Carmichael, 526 U. S. 137 (1999).

在布尔福特案中也有共鸣,最高法院在该案中写道:"不应当阻止陪审员聆讯政府方精神病学家的观点和辩方医生的相反观点。"最高法院在一个脚注里顺带指出,没有"争议的是,虽然申请人主张贫困,但法庭拒绝为申请人提供专家"。但是,最高法院没有提到,根据现行的得克萨斯州法律,只有500美元可以请专家证人。同样,由伊利诺伊州暂缓死刑所引发的改革发生之前,该州给辩方提供的请专家证人的费用只有区区250美元。虽然贫困被告人享有获得专家的宪法权利,但多数研究表明,资源的匮乏仍然是一个主要的障碍。[48] 由于县政府资金的匮乏和其他原因,一项申请DNA专家证人的要求被拒绝,因为辩护律师已经得到DNA方面的"CLE"资料。

也许这并不奇怪,因为人们普遍认为,吉狄恩诉温赖特案[49]中的基本的律师权并没有得到充分的执行,特别是在死刑案件中。在全州的公设辩护人制度建立之前,得克萨斯州执行了超过300例死刑。民事案件有它们自己不公正的地方。不解决这些不公平的问题,由此所导致的信息不对等,都会影响到陪审团的工作——无论他们多么有能力。

科学和法律

詹姆斯·沃森,DNA双螺旋结构的发现者之一,最近写道:"要不是科学证据的观念,法律在理解意义方面会发生困难。"[50] 在多伯特案中,最高法院谈到了深刻的法律与科学的关系问题,这是一个在大量的法庭之友意见中提出的问题。

如果科学与法律之间有冲突,这不是因为任何固有的矛盾。只是法律不可能忽略科学信息。没有人想回到20世纪40年代查理·卓别林父子关系审判的时代,在该案中,法院认定最终排除卓别林是父亲的血液检验不约束陪审团[51],而是允许使用"圣母玛丽亚证据"——即,让卓别林、母亲和孩子站在陪审团的面前,这样陪审团可以进行外貌对比。同样,很少有人能忽略DNA模型在惩罚犯罪、开释无辜方面的力量(迄今已经有175名定罪人得以洗脱罪责)。

这里的关键问题不是适用多伯特案、弗莱伊案,还是其他的可靠性标准,而是法庭面前的信息的质量。这反过来要求面对一个更大的政策问题:谁应当为提供这些信息负责?一般情况下,提出主张的一方负有说服责任,但另一个获得普遍认可的原则将证明责任分配给最接近证据的当事人。在确定科学证据是否应当被采纳和何时批准简易判决时,后一个原则往往被忽略。

当然,如果在法庭辩论开始之前存在充分的科学信息,对法庭来说这会

---

[48] See Paul C. Giannelli, "Ake v. Oklahoma: The Right to Expert Assistance in a Post-Daubert, Post-DNA World", 89 *Cornell L. Rev.* 1305 (2004).

[49] 372 U. S. 335 (1963).

[50] James D. Watson & Andrew Berry, *DNA: The Secret of Life* 266 (2004).

[51] Berry v. Chaplin, 169 P. 2d 442 (Cal. 1946).

好很多。有时候，诉讼自身也会带动研究的发展，就像本涤汀诉讼那样。同样，DNA"战争"也会引起对 DNA 证据的探索性批评。在这些战斗中，一些专家后来的结论是："现在多数人都同意这样的看法：这样广泛的讨论对科学是有好处的。"[52]

但是，进一步的研究并非对法律挑战的唯一回应。多伯特案后对指纹证据的第一次攻击来自美国诉米切尔案。[53] 审判后，辩护律师了解到，全国司法研究所（NIJ）指纹方面的研究招标已经被推迟，据说这会使米切尔案不能用它来支持辩方的主张。第三巡回区感到必须说点什么："我们对米切尔的说法深感不安——劳博士对事件的描述也支持这种说法，虽然和其他证人的说法矛盾——说司法部故意把公布招标结果拖延到米切尔案的陪审团作出裁决之后。劳博士的说法如果是真的，这会是对相关人员的职业伦理的毁灭性谴责。"[54] 劳博士是全国司法研究所的官员，协调司法部的招标计划。

随后为指纹比对确立实证基础的努力也遭受了挫折。一家声誉很高的科学杂志——《科学》的社论以"法庭科学：矛盾修辞法？"为题，由主编执笔撰写，讨论全国科学院撤销了用以检验多种法庭科学技术——包括指纹——的项目一事，原因是司法部和国防部坚持要求对该项目的审查权，而科学院对以前的赞助人都拒绝了此项要求。[55] 直到马德里火车爆炸失败导致的尴尬局面之后，在这次事件中联邦调查局弄错了指纹，才开始考虑进一步的研究。相比之下，对于 DNA 证据，不是一份而是有两份联邦调查局和其他机构赞助的全国科学院报告，这两份报告评估了 DNA 技术和支持 DNA 同一性认定的科学原则。

刑事案件。在刑事案件中，无论是政策还是资源占有方面都要求政府应当承担实施有效性的实证研究的责任："更坦率地说，如果政府不检验它用来给被告人定罪的科学证据，就不应该有使用它的权利。"[56]

民事案件。虽然没有刑事案件那么迫切，民事诉讼中攸关的利益也不小。布莱耶大法官在乔伊纳案中的附议中写道：

> 现代生活，包括良好的健康和经济上的福利，依赖于对人工或人造物质的使用，例如化学药品。因此，可以说，由法官履行他们的多伯特案中的把关责任就显得特别重要了，他们可以帮助确保侵权责任的强大引擎，可以通过产生强大的经济动力去降低，或者消除产品缺陷，指出好的物质，同时又不毁掉坏的物质。[57]

本涤汀是一个极好的例子；它已经被驱逐出市场。但是这个例子只是指

---

[52] Ian W. Evett & Bruce S. Weir, *Interpreting DNA Evidence：Statistical Genetics for Forensic Scientists* xiv (1998). See also Richard Lempert, "Comment：Theory and Practice in DNA Fingerprinting", 9 *Statistical Sci.* 255, 258 (1994).（"在这种情况下，将法律上的对抗性输入到科学世界刺激双方开展有价值的研究，DNA 分析和展示的方式也得到实际改善。"）

[53] 365 F. 3d 215（3d Cir. 2004）.

[54] Mitchell, 365 F. 3d at 255.

[55] See Donald Kennedy, Editorial, "Forensic Science：Oxymoron?", 302 *Science* 1625 (2003).

[56] Mike Redmayne, supra note 39, at 139.

[57] 522 U. S. at 149-150.

出了问题。它没有提供答案。将责任分配给提供专家证言的一方,然后要求有流行病学研究对原告产生了十分不利的影响;就因为他们负担不起对这种研究的赞助费。

更大的问题还有:(1)"证明产品安全或者不安全的责任应当置于哪一方?"(2)"如果毒性侵权或产品缺陷诉讼的原告被赋予了最初的证明缺乏安全性的责任,在要求被告人就安全性举证之前,原告必须出示多少证据?"据说,引发这种责任转移的标准应该很低,因为销售药品或产品的生产商有义务确保在将产品投放市场以前进行充分的安全性研究。在审查了案件中对落叶剂、石棉、本涤汀、乳房填充剂、烟草和其他物质的研究后,一位杰出的学者写道:"相关公司的所有报告并没有在一开始就充分检验它的产品,在潜在的问题浮出水面时并没有传达信息,也没有针对这些不利信息进行进一步的研究。似乎这些公司实际上并没有采取任何措施来确定或降低损害,直到它们被按住双手被迫这么做,通常是被诉讼所迫。"[58] 万络(一种抗关节炎的药物——译者注)诉讼案给这种不堪的记录又增加了一章。

直到 2001 年,主要的医药杂志采用了利益冲突政策——在梅里尔"捉刀"为镇静剂和本涤汀撰写了赞歌之后,这些杂志宣布,它们不会发表存在这样合同的研究成果:合同要求对于赞助人不利的结果不予发表。直到 2004 年,这些杂志才要求报道医疗审判结果的文章必须在审判开始之前公开发表对审判的意见才能发表,以此防止公司隐瞒不利的医疗审判结果。

正如有些人指出的,不阐明政策问题就把多伯特案引入行政法是危险的。监管制度的目标与侵权诉讼不同。确实,一些公共卫生组织认为"垃圾科学"运动可以追溯到铅、烟草、石棉产业的营销运动,为了规避责任和监管,这场运动试图"将不确定性制度化"[59]。正如一家烟草执法机构说过的很著名的话:"疑点是我们的产品。"[60]

结论

一百多年前,法学家汉德提出了后来由多伯特案回答的问题:"任何人都不会否认这一点,法律应该通过某种方式有效地利用专家知识,只要它能够有助于解决纠纷。唯一的问题是它怎么才能做得更好。"[61] 在证据法方面,多伯特案优于弗莱伊案,因为它问到了一个正确的问题——证据是否可靠——提出正确的问题是得到正确答案的第一步。但是,两个标准的适用经常都需要法庭消化大量的科学知识。无论适用什么样的标准,民事案件中适

---

[58] Margaret A. Berger, "Eliminating General Causation: Notes Towards A New Theory of Justice and Toxic Torts", 97 *Colum. L. Rev.* 2117, 2135 (1997).

[59] David Michael & Celeste Monforton, "Manufacturing Uncertainty: Contested Science and the Protection of the Public's Health and Environment", 95 *Am. J. Pub.* Health S39 (2005).

[60] See David Michael, "Doubt is Their Product", 292 *Sci. Am.* 96 (Jun. 2005).

[61] Learned Hand, "Historical and Practical Considerations Regarding Expert Testimony", 15 *Harv. L. Rev.* 40, 40 (1901).

用比刑事案件更严格的可采性标准即便不是可耻的，也是不合理的。

而且，看待证据标准不能无视背景，不能缺少形成这一问题的实体和程序规则。总之，围绕着法庭和其他场合的科学证据的可采性产生的最重要问题中，许多既不涉及科学，也不涉及证据争点。它们是纯粹的政策问题。

但是，正如多伯特案和它的后续结果所揭示的，法律政策的意义并不总是那么简单。它们也不抽象，因为它们影响着人们的现实生活。当第九巡回区在最高法院发回重审之后作出有利于梅里尔·道公司的判决时，杰森·多伯特的母亲说这是"对她的家人的沉重一击"[62]。她说："我们想去法院——想去法院碰碰运气。"他们在最高法院赢了，但是没有能够赢那个政策，他们和其他人原以为那天他们也赢得了的东西：更自由的专家证据可采性和陪审团审判。发回重审的判决让这一点变得很明确。正义是否取得了胜利却是另外一个问题。鉴于已经完成的流行病学研究的数量和它们指向同一方向的事实，可以很容易地说，正义在最高法院和发回重审后的第九巡回区法院都取得了胜利，但是，在排除证据的正义性没有这么明确的情况下，其他的原告就茫然自失了。还有，正如我们已经看到的，在刑事方面，法官没有用严格的多伯特标准审查法庭科学证据可能会导致严重的，甚至是致命的不公正。至于处于诉讼核心的人，杰森·多伯特现在已经 32 岁。他已经大学毕业，有了幸福的婚姻。不管这个案件有什么其他的意义，至少，它没有毁掉他的生活。

---

[62] 2005 年 8 月与乔伊斯·多伯特的电话访谈。

9

人民诉卡斯特罗：
对法庭上使用 DNA 证据的质疑

詹妮弗·姆努金

一个好的谋杀谜案，读者直到最后才会弄清真相。搞清楚到底发生了什么是读者的任务，作者给出线索和迷惑、暗示和混淆，一点一点地直到小说结尾它们都贯通起来，这样的结局，既令人称奇又让人点头称是。

回头来看人民诉卡斯特罗案，事实真相没有什么神秘之处。没有理由怀疑被告人约瑟夫·卡斯特罗，一个勤杂工，事实上实施了指控的谋杀，刺死了薇尔玛·庞塞和她两岁的女儿。实际上，在人民诉卡斯特罗案中，根本没有审判，因为被告人在审判开始之前就对二级谋杀答辩有罪。我们现在称作人民诉卡斯特罗的案件只不过是关于审判证据可采性的预审。人民诉卡斯特罗案也没有改变法律规则，或者在证据规则方面造成任何转向。

那么，为什么我们要讲人民诉卡斯特罗的故事？1989年发生在纽约市的一场没有引入新法律标准的预审后来却被法院引用130多次，也一样频繁地被法律评论文章引用，这到底是什么样的一起案件？事情已经过去了超过15年，这个故事为什么还值得重新讲述？

人民诉卡斯特罗案是一场关于法庭DNA证据可采性的预审。它不是第一起这样的案件——在卡斯特罗案的预审进行时，很多初审法院都允许采纳DNA证据，这场预审始于1989年2月，持续了14周，预审笔录超过5 000页。但是，人民诉卡斯特罗案自身是一场很特别的戏：剧中人不是被告人或目击证人或被害人的亲属，却是在科研方面领军的科学家，包括麦克阿瑟天才奖和未来诺贝尔奖的得主；将DNA同一性认定用于法庭的法庭生物学家，还有一些兼具勇气和运气的顽强的律师，成功地把州政府DNA证据不充分的一系列理由组织起来，令法官无法忽视。在预审中，受审的与其说是约瑟夫·卡斯特罗，不如说是法庭的DNA证据。令公众意外的是，关于卡斯特罗案出现的新技术的裁定是一个苏格兰式的"未获证明"，法律和科学界就更感到匪夷所思了。

虽然对卡斯特罗而言聆讯最终也没有导致什么重大的变化，除了可能降低他在辩诉交易中约定的刑期，但它的意义确实是重大的。卡斯特罗案据说引发了评价DNA证据方面的激烈的，虽然从结果来看也是暂时的转型。在卡斯特罗案之前，甚至没有法院考虑过拒绝DNA证据。但是卡斯特罗案澄清了一点，即DNA证据是有弱点的，在接下来的几年，在全国范围内，精明强干的律师在一系列的案件中指出这些弱点，导致一系列的法院从总体上拒绝DNA证据，这在卡斯特罗案之前几乎是不可想象的。

卡斯特罗案不仅对律师，也对科学家产生了直接或间接的影响。卡斯特罗案导致了法庭DNA实验室标准方面的巨大变化，在科学家中间产生了一系列争论，这又激发了进一步的研究。法庭DNA技术，虽然当时人们对它的认识并不深刻，但已经成为一个火药箱。卡斯特罗案只是在法庭DNA证据的可靠性方面引爆火药箱的一个火花、一把骤然窜起的火焰，其白热化程度后来被媒体称作"DNA战争"。这些战斗不仅在法庭上演，而且在像《自然与科学》这样一流的科学杂志上上演。通过多年的法庭争论、持续的科学研究，还有全国研究理事会创立的两个出色的委员会的影响，才在法律和科学领域告一段落。

人民诉卡斯特罗案还为科学和法律复杂的交叉提供了有用的洞见。我们可以看到，一方面，对科学家来说，对抗制及其要求是多么的不合乎自然。在卡斯特罗案中，我们甚至还会看到，对于绕开对抗制，其行为既不规范但最终对案件中取得一致有着巨大帮助的科学家们来说，它多么具有创造力。因此，卡斯特罗案可以是对对抗制的证明方法提出尖锐批评的第一号证据，至少对新科学证据的评估而言。但是与此同时，卡斯特罗案还可以说明对抗制——至少在当事人有平等的得到合格专家的机会的情况下——如何可以特别适合于揭示证据的局限性和弱点，其他的评价方法，包括科学的同行评议、声誉和发表都未必能做到。因此，卡斯特罗案说明，对专家证据的对抗式检验既能蒙蔽真相，也能产生真相，一切依情形而定。

最后，除了在法律和科学的行为方式之间必然存在的尴尬关系方面可以作为一个教训之外，卡斯特罗案也许还可以是一缕阳光。有大量的关于许多其他法庭科学证据以及法庭应当对可靠性要求什么样的或多少证据的重大争论现在正在进行。卡斯特罗案中预审的实质代表着这样的思想：科学家们研究的标准应当成为法庭证据的标准——如果推到其逻辑极致，这种观念可以使许多普遍使用的法庭证据，从指纹认定到专家文件检验，到弹道分析在法庭上不可被采纳，除非进行额外的研究证明法庭技术专家的主张是有效的。

除了提出这些关于科学和法律的重大问题外，人民诉卡斯特罗案也是一个有趣的故事，我们正是要从该案的故事出发。在展现背景事实之后，我会简要地讲一讲卡斯特罗案之前 DNA 证据及其在法律上的运用的历史，然后详细地介绍那场让卡斯特罗案变得很特别的预审。然后我们会探索卡斯特罗案的后续发展，最后是关于卡斯特罗案的更为广泛的反思，以及对抗制中对科学，还有法庭证据的运用问题。

案件事实

1987 年 2 月 5 日下午晚些时候，大卫·里韦拉返回了他和他普通法上的妻子，20 岁的薇尔玛·庞塞在布朗克斯的公寓。他打开了门上的两把锁，但是进不去，因为锁门的链子从里面挂上了。他叫妻子和女儿的名字，但是无人答应，他想她可能是在睡觉。没有人应门，他就给住在附近的母亲打电话，看看她是不是知道怎么回事，但是从那天下午早些时候以后，他母亲就没有和他妻子讲过话。里韦拉越来越不安，他让他母亲叫了警察。他站在楼外，使劲地冲公寓吹口哨，想着兴许妻子和女儿能听见。正在这时他看见可怕的一幕：一个男子离开大楼，脸、胳膊和鞋子上全是血。过了一会儿，警察到了。当他们进入里韦拉和庞塞的公寓时，发现当时已经怀孕六个月的庞塞，还有娜塔莎，他们两岁的女儿都躺在地上死去了，她们被残忍地刺死了。庞塞的腰部以下都赤裸着，被刺了近 60 下，他们的小女儿的身体也至少被刺了 16 下。虽然一开始里韦拉没有从一组照片中挑出卡斯特罗，但他随后认出约瑟夫·卡斯特罗就是那天下午他看见的双手血淋淋地离开大楼的那个人。卡斯特罗住在附近,在周边的几座大楼打零工,包括偶尔去庞塞家。①

警察的调查发现了支持里韦拉对卡斯特罗的指认的进一步证据以及卡斯特罗其实就是谋杀犯的情况性证据。根据里韦拉·庞塞的一位朋友的说法,在谋杀发生刚好一周以前,庞塞曾向她指出大街上的卡斯特罗,抱怨道他经常给她说些暗示性的话。她的朋友叫她告诉丈夫,但庞塞说她不想在两个男人之间挑起暴力冲突。警察发现庞塞和里韦拉家的门锁有一只安得不对,所以根本就不起作用——他们还发现约瑟夫·卡斯特罗自己就在两个星期之前,给大楼管理员的侄子帮忙,安了这个不起作用的门锁。此外,警察还发现庞塞刚买回来的商品,包括肉和鸡肉,还在起居室沙发上的纸袋子里,而不是在冰箱里,他们猜测庞塞可能一回家就被攻击者吓了一跳——大概在她有机会撞上第二把可以起作用的锁之前。

所有这些都是提示性的:它提供了故事的大致轮廓,卡斯特罗可能是嫌疑人,在动机和作案机会方面提供了线索。但是要不是警察在询问卡斯特罗时扣押了他戴的一块表,上面沾着像是干了的血迹一样的东西,警察的证据还不能说是有说服力的。如果这是血,如果能够令人信服地与薇尔玛和娜塔莎有关,这里的情况性证据就会板上钉钉地证明卡斯特罗犯罪的故事。

1987年夏天,控方将约瑟夫·卡斯特罗的表送去作DNA检测。几周后,实施检测的生命密码公司报告说手表上发现的DNA与薇尔玛·庞塞的DNA图谱吻合。生命密码公司宣布,一个随机选出的人与手表上的血吻合的概率非常小,为1/189 200 000。

DNA证据的兴起

血型检测可以追溯到几十年前,多年来已经发展出越来越复杂的检验技术。但是,就在几年前,这种肯定性的同一性认定还是不可能的,虽然验血已经变得越来越敏感,虽然很早以前就可以可靠地断定某个人并非特定血样的来源,但它能够做的不过是证明一个人可能是一种血样的来源,在多少人中才有一个人有相同的血型或相同的血红蛋白。

然后在1984年,一位叫亚力克·杰弗里的英国科学家,他是雷切斯特大学的DNA研究人员,有了令人震惊的重大发现。他正在研究肌红蛋白,一种储存氧的蛋白质,非常意外地,当他正在研究与基因图谱有关的一个问题而不是个体的同一性认定问题时,杰弗里和他的同事发现他们已经找到了

---

① 对这些事实的描述来自 Harlan Levy 的详细介绍, and *The Blood Cried Out*: *A Prosecutor's Spellbinding Account of The Power of DNA* (1996). 同时也来自 Roger Parloff, "How Barry Scheck and Peter Neufeld Tripped up the DNA Experts", *American Lawyer*, 50 (1989); Edward Humes, "The DNA Wars; Touted as an Infallible Method to Identify Criminals, DNA Matching has Mired Courts in a Vicious Battle of Expert Witness", *L. A. Times* (Magazine, p. 20, Nov. 29, 1992), and Howard Coleman & Eric Swenson, *DNA in the Courtroom*: *A Trial Watcher's Guide* (1994).

检验DNA区域的方式，这种DNA区域既固有于门德尔模型（也就是说，一半来自父亲，一半来自母亲的代际传递），而个体之间又有巨大差异。杰弗里首先在1985年3月发布了他的新发现的消息，到了7月，他和他的同事在享有盛誉的杂志《自然》上宣布，这种新技术是一种可靠的、"明确"的识别个体的方式。杰弗里很自然地给这项新技术取了一个响亮的名字：DNA指纹。

借用对指纹的独特性和力量的广泛理解是一个有力的公关举措——它既说明DNA证据与它的前身——指纹——拥有相同的文化渊源，而且也为非科学的，为那些对DNA一无所知的人提供了关于这种新技术有什么用的精神形象。正如杰弗里在一次访谈中所说的：

> 我们把它称为DNA指纹的原因是绝对经过深思熟虑的。如果我们把它称作"气质点图形"，就引不起任何人的注意。把它叫做"DNA指纹"，原来如此。[②]

可以肯定的是，效果确实已经达到；该项技术立即引起广泛的关注。在同一年它就被应用于法律背景。那是英格兰的一起移民纠纷，涉及一个少年到底是返回同英国母亲团聚的英国公民，还是篡改了护照的纯粹想蒙混过关的人。这户人家的律师说服杰弗里使用这项新技术分析少年的DNA，检测结果表明少年是母亲的生物意义上的儿子。面对这项DNA证据和来自上诉法院的压力，英国内务办公室撤销了案件。这使得法庭免于对一项有力的但未经检验的全新的技术的可采性和有效性作出判决的任务。媒体的报道既欢迎这个结果，也欢迎这项新技术。[③]

此后不久，1986年，该项技术第一次被用于刑事侦查。[④] 1983年在英格兰农村，一名少女被强奸后杀害，然后到了1986年，另一名少女也被杀害。一位低智商的厨房工人被列为嫌疑犯。这两起谋杀案中的DNA证据被检测后与嫌疑人的DNA作比对，结果是这两个刑事样本相互吻合，这有力地说明这两起犯罪是由同一个人实施。但是令警方调查人员失望的是，没有一个样本与原来的嫌疑人吻合。这位厨房搬运工被释放，这是历史上第一例由自己的DNA洗脱罪责的犯罪嫌疑人。在没有新线索的绝望之中，警方最后决定来一次基因大搜捕：附近在适当年龄范围的所有男子都被要求自愿提供血液检测样本。虽然检测了成千上万个样本，但是没有一个同谋杀现场的精液中提取的DNA证据吻合。巨大的和广受争议的努力眼看就要付之东流。然后警方得到一个梦寐以求的线索：一位在面包店工作的年轻人无意中说出他曾被诱骗代他的一位工友提供血液。警方搞清楚情况之后询问了那位工友，后者很快就承认了。通过DNA证据也确认了他的自白：这时，警察找到了真凶。

[②] Alec Jeffreys, interview with Michael Lynch, 6 August 1996, cited in Jay Aronson, "The Introduction, Contestation and Regulation of Forensic DNA Analysis in the American Legal System" (1984—1995), 56 (Ph. D. Dissertation, Univ. of Minnesota, 2004). 阿伦森的论文，详细而深刻地描述了DNA作为一种法律证据的兴起，而且，除了卡斯特罗案的审判笔录外，本文最重要的文献，将会以著作的形式发表于 The Development of DNA Profiling: Science, Law and Controversy in the American Justice System (Rutgers University Press, forthcoming 2007).

[③] 本文对于法庭第一次使用DNA的情况的描述来源于阿伦森的论文（前注），同时期的报纸文章也有记载。

[④] 对这一案件的详细的、叙述性的介绍，也是本文评论的基础，see Joseph Wambaugh, The Blooding (1989).

到了 1987 年，杰弗里和他的研究所将他们的 DNA 技术方面的权利出售给了 ICI，一家要进一步开发和将新技术商业化的私有公司。同年，ICI 开设了美国细胞印记分析公司（Cellmark Diagnostics USA），开始为美国的亲子关系检测和法庭技术问题提供技术。大约在同一时期，另一家公司，生命密码公司开始提供法庭技术分析服务——根据稍有不同的 DNA 分析技术，但是也用来提供关于两个生物样本是否可能有同一来源的可靠信息。[5]

这两家公司使用的 DNA 技术测量特定基因的长度。DNA 图谱审查不知道其功能的人类 DNA 的具体部位（所以有时候被称做"垃圾 DNA"）。在基因组的这些部位，一连串短的 DNA 被重复，但是重复率在人群中有高度差异。（这被称作 VNTR，或"变数串联反复"。）每一个可能的变量都称作等位基因。每一个人从父母双方得到 DNA，因此一个人在每一个点上有两个等位基因。在任何一个点上，两个人可以很容易地有相同的等位基因，但是如果你审查他们在几个不同点上的等位基因，所有等位基因吻合的概率成指数地降低。

用这些方法审查 DNA，首先就要用一种特别的生化酶把它分成小的碎片，直到发现 DNA 中某些基础配对的样本。接下来就要用一种叫做"电泳"的技术将打碎的 DNA 进一步分解，这时 DNA 被装进凝胶板的小管道里。在法庭技术的背景下，在犯罪现场发现的 DNA 被装进一个管道，而已知来源的 DNA，例如，来源于被害人或嫌疑人，分别被装进各自的管道。然后所有的管道都通上电流，因为它们大小不一样，所以它们在凝胶中移动的速度也不一样。然后 DNA 就从双股转化成单股，转移并附着在薄膜上，然后置于放射性的"探针"之下，对这些薄膜照射 X 光，就可以看见了。这产生了"自体放射造影照片"，它可以形象地展示每个点上每个等位基因的片段。如果两个 DNA 样本来源于同一个人，照片上的片段就会排列好并显示"吻合"。

两家公司都用有力的语言对它们的新技术做了广告。一则在审判杂志上的广告宣布"只有 DNA 指纹只需要两个字确定亲子关系：是/否。一次检验，三百万比一的准确率"。另一则广告宣布："没有如果，没有也许"。大约在卡斯特罗案发生时的刑事司法杂志上，一则细胞印记分析公司的广告显示了 DNA 双螺旋形状的铁链连着两双被铐起来的双手，解释说 DNA 指纹"可以通过检验嫌疑人的独一无二的基因材料……肯定地识别嫌疑人"。

▎早期法律对 DNA 证据的接受

这些广告——大力提倡这个新技术并对它的结果给予毫无保留的信

---

[5] 虽然对生命密码公司和细胞印记分析公司早期技术差异的详细解释已经超出本文的范围，但这里提供一个快速的解释：杰弗里和细胞印记分析公司的技术最初使用"多点探测"（MLP）技术，涉及一个人 DNA 的很多部位，产生的是复杂的模型形象，而生命密码公司的方法是使用"单点探测"（SLP）技术。单个来看，这些单点探测提供不了和 MLP 一样多的信息，但是它们可以被整合，建立起一个人的基因图谱的信息，而且，在血量很少的情况下它们也可以使用，而且比 MLP 更易于解释。SLP 逐渐成为主导技术。

任——不但说明它的开发者们是怎么描绘DNA分析的,而且也说明了美国法庭上的第一位法官接触到这种令人振奋的新技术时的背景。它作为一种"神奇子弹"——不仅出现于这些广告中,而且在某种程度上还出现于早期的法院判例中——有力、准确,几乎是神奇。

在一系列涉及DNA的早期法院判例中,辩护律师难以找到自己的专家证人。例如,在安德鲁诉州案中,这是美国第一例使用DNA证据的刑事案件,控方雇用大卫·休斯曼作为顾问和专家证人,一位毕业于麻省理工大学的杰出生物学家。相反,辩方却没有专家证人。⑥ 后来,该案的辩护律师解释说,虽然他们给许多生物系打了电话,但是找不到对卷入这件事有兴趣的人——而且许多科学家告诉他,如果这些证据背后站的是休斯曼,那它们几乎确定无疑就成立了。

根据科学史学家杰伊·阿伦森的说法,这一问题在第二年变得更加严重。除了在DNA检测公司工作的享有声望的分子生物学家以外,检察官们很快还找到了越来越多的广受尊敬的学术研究人员,他们愿意随时为新技术作证。非常杰出的科学家——来自耶鲁大学的基因学家肯尼斯·基德、分子生物学家理察德·罗伯茨(后来在1993年获得了生物学的诺贝尔奖),还有许多其他的同样享有盛誉的人——都就分子生物学和人口基因学的原理作证,并肯定了DNA同一性认定技术的正当性和有效性。早期的辩方证人——如果有的话——几乎谈不上杰出。阿伦森写道:"这些早期的支持可能妨碍了其他科学家对法庭上运用这项技术进行真正严密的审查。"⑦ 有意思的是,这些为控方作证的杰出科学家们,虽然一般都是DNA技术方面的领军人物,但是对于法庭上使用DNA的问题或者在法庭同一性认定的场合会产生什么特别的问题,他们却知之不多。技术转换的问题——在把DNA检测从研究性的实验室或实验环境转移到法庭科学环境中可能会产生的特别问题——并没有让这些科学家们感觉很突出,或者成为问题。他们也没有详细审查DNA图谱公司使用的具体探测和检验技术。实际上,这些公司正在使用的探测技术和他们的人口数据库被各自视为专有知识、商业秘密。

在这种情况下,毫不奇怪的是,早期关于DNA证据的司法意见不仅认为该项技术可以采纳,而且有时候遣词造句几近虔诚。例如,在人民诉韦斯利案中,纽约州审查DNA证据可采性的第一位初审法官写道:

> DNA指纹的直接优点……是所谓的同一性认定的确定性。血液分组识别检测经常可以把嫌疑人的数字压缩到人口的30%到40%。人们推荐使用的实验室声称,认定的准确性的平均幂值对美国白人是八亿四千万分之一;对美国黑人是十四亿分之一。全世界只有大约50亿人。

这些数字令人震惊,如果DNA指纹在刑事法庭上被证明是可以接受的,将会使实施刑事司法的方式发生革命性变化。一旦得以适用,它将使辩方的不在犯罪现场抗辩标准降低到无足轻重的程度,在目击证言方面,据说这种证据在司法误判方面要比其他证据类型承担更多的责

---

⑥ Andrews v. State, 533 So. 2d 841 (Fla. App. 1988).

⑦ Aronson, supra note 2 at 128.

任，DNA 指纹如果得以应用，将会降低目击证言的重要性。在紧张的审判日程和节省司法资源方面，DNA 指纹如果被接受，将会革命性地改变刑事案件的处理方式。总之，如果 DNA 指纹发挥作用，并被接受为证据，它可能成为自交叉询问出现以来在"发现真相"及实现惩罚犯罪和保护无辜目标方面最大的进步。[8]

纽约，同当时的大多数州一样，根据弗莱伊标准——该标准根据 1923 年的一起案件命名，在该案中，心肌收缩血压检测，一次早期的、原始的对测谎仪的尝试，被排除作为证据——评价这种新形式的科学证据。[9] 根据这种标准，可采性取决于新的科学形式是否被有关的科学界"普遍接受"。可以肯定的是，在详细地审查了证言的实质内容和控方专家耀眼夺目的可信性之后，韦斯利案中的初审法官认定 DNA 指纹是"可靠的而且在科学界取得了普遍认可"，因此在法庭上是可以采纳的。[10]

韦斯利案中的法官特别相信 DNA 证据不可能产生错误的结果。他写道：

> 罗伯茨博士作证、[其他的控方专家]确认，辩方证人也无法反驳的一个极端重要的问题是，根据科学原理、DNA 指纹的技术和程序（除非是同卵双生子），犯下"积极错误"是不可能的——即，把一个人错误地当成是正在检测的 DNA 的来源。如果没有充分的 DNA 作检测，或者如果检测，或它的任何步骤没有正确实施，根本就不会出现任何结果——换句话说，自体辐射造影照相将会是空白。因此，不可能有正确的答案和错误的答案的二分法，只能有正确答案和"没有答案"的区别。根据聆讯中的无可争辩的证言，DNA 指纹检测不可能识别出"错误的"人。

这种观念，将 DNA 检测解释为只能提供正确答案或者根本不提供答案的直截了当的程序，被很多考虑 DNA 证据可采性的法院认同。正如我们将要看到的，在卡斯特罗案中，关于 DNA 检测永远不可能错误地宣布吻合的观念受到了质疑。

同时，在 1988 年 11 月末，举行了一场后来对卡斯特罗案产生重大影响的学术会议。一些分子生物学家和法庭科学家决定在著名的班伯里中心组织一次会议，从而创造了一次广泛讨论 DNA 技术、其幂值和限制的机会，包括生物学家、法庭科学家、人口基因学家、律师和法官都是参与者。这次会议第一次给以大学为基础的学术分子生物学家和以商业为基础的法庭科学家提供了讨论机会。总体而言，这次对话是生动而热烈的。

班伯里会议有一位参加者是艾里克·兰德，一位一年前刚刚因破解人类基因组秘密方面的技术获得麦克阿瑟"天才"奖的杰出的麻省理工大学科学家。在班伯里会议上，他提交了一篇关于在破解 DNA 图谱方面的人口基因和统计问题的论文，实际上是关于主张 1 比多少——即一个随机挑选的人与

---

[8] 140 Misc. 2d 306, 308-09 (N. Y. County Ct. 1988).
[9] Frye v. United States, 293 F. 1013 (D. C. App. 1923).
[10] Id. 法庭确实勉强给了辩方提出的数据库的规模不足以代表人口基因的主张一点面子，因此要求控方根据 10 个因素中的 1 个降低他们所说的概率，允许他们在审判中主张同一性认定能力为高加索裔美国人为八亿四千万分之一，美国黑人为十四亿分之一。

生理材料吻合的概率——方面必要的知识，他的论文说明，这一问题要比那些私有公司所承认的复杂得多。在整个会议的进程中，他的探索性评论和批判视角引起了两位参加会议的辩护律师的注意，巴里·斯凯克和彼得·诺伊菲尔德。他们二位都是纽约州法庭使用 DNA 研究小组的成员，他们最近也刚刚从觉得无法应对 DNA 证据的法庭指定律师那里接手了约瑟夫·卡斯特罗的辩护任务。斯凯克和诺伊菲尔德当时非常有名，不仅因为他们创立了用 DNA 帮助被错误定罪的无辜者洗脱罪责的无辜者项目，而且还因为他们在 O.J. 辛普森辩护团队中的角色。在班伯里会议召开时，斯凯克是卡多佐法学院的诊所法学教授，诺伊菲尔德是纯粹的开业律师，他们正在寻找能够帮助他们质疑该案中的 DNA 证据的专家。

在会议临近尾声的时候，彼得·诺伊菲尔德找到了艾里克·兰德，请他看一看卡斯特罗案中的 DNA 证据。在诺伊菲尔德向媒体讲述卡斯特罗案结案后的故事时，兰德看了一眼图片说："让我给你演示一下科学上我们怎么做事。"然后兰德叫过来几位同事，把图片靠窗放好，然后说："吻合，还是不吻合？""垃圾，"一位回答说。"重做，"另一位说。"垃圾，"第三位说。[11] 诺伊菲尔德问兰德他是否愿意在卡斯特罗案中为辩方作证。他拒绝了。他已经功德圆满，除此之外，他怀疑生命密码公司的方法和它的操作是否有严重的问题。但他同意教斯凯克和诺伊菲尔德 DNA 证据方面的知识，并协助他们提出有效的解释问题的申请。

兰德对生命密码公司在本案中的操作了解得越多，就变得越不安。到卡斯特罗案结案时，兰德最后同意作证了，他为辩方撰写了一份 50 页的报告，为该案投入了 350 个小时的时间，全部是无偿的。

■ 人民诉卡斯特罗：预审[12]

至卡斯特罗案的聆讯于 1989 年 2 月开始时，DNA 检测技术在全国范围内已经应用于不少案件；一些了解情况的人估计在全国范围内已经有 80 起诉讼使用了这种证据。被告人在 DNA 证据面前接受辩诉交易的案件则多得多。到卡斯特罗案时，所有面对 DNA 证据的法官都认为它是可采的。但是，这些案件只留下了很少的书面意见，上诉意见就更少了。在纽约，唯一的书面意见是由哈里斯法官在人民诉韦斯利案中撰写的，我们前面已经提过这个案件。

延续了 3 个月的卡斯特罗案的聆讯由杰拉尔德·谢德林法官主持，他后来一直对 DNA 证据保持着浓厚的兴趣。他后来撰写了两部与 DNA 有关的著作：《血液审判：DNA 破解的犯罪谜题》和《基因指纹：法律和 DNA 证据科学》，这两本书都在 1996 年出版，还有一部没有录制的涉及 DNA 证据

---

[11] Parloff, supra note 1.

[12] 对于本次聆讯，我最主要的两个文献来源是案件笔录，其副本来自康奈尔大学的 O.J. 辛普森档案，以及阿伦森广泛而深刻的论述，前注 2。其他重要的来源包括 Parloff（前注）以及聆讯期间和之后报纸的报道。如果没有另外注明，本部分的引注来自审判笔录。

的谋杀案的电影脚本。谢德林从1999年到2001年还担任过"人民法庭"的电视法官。(谢德林的妻子茱迪,在卡斯特罗案聆讯时是曼哈顿家庭法院的法官——但是今天更出名的是在电视中的法官茱迪。)

控方由瑞萨·休格曼领导,布朗克斯地区检察官办公室凶杀组组长。控方的证明始于基因学家理察德·罗伯茨提供的证言,他解释了DNA配型并告诉法庭,这在科学界已经被普遍认可。第二位证人是迈克尔·布莱德,生命密码公司的首席科学家,他介绍了生命密码公司得到结果的技术和方法。到此为止,预审似乎还是例行公事,比如说,和一年前韦斯利案中出示的控方证据相比没有什么特别之处。

但是后来艾里克·兰德进入了画面。迈克尔·布莱德后来对记者说:"一切都很正常,我们出示背景,出示资料,出示信息。突然艾里克·兰德出现在辩方那一边,拿着一本有几十页厚的册子,里面有他对案件中所有的问题提出的批评。检察官站在那里,那神情就像是,'这个家伙是谁?他从哪儿冒出来的?'……你知道斯凯克和诺伊菲尔德光在介绍他取得的荣誉上就花了半天时间,就是为了说明这个家伙要在法官面前施展绝技。"[13] 确实,兰德参与卡斯特罗案标志着辩方律师第一次有了和控方的专家证人一样出色的专家证人。

除了兰德令人炫目的荣誉外,斯凯克和诺伊菲尔德还对生命密码公司的DNA证据提出了一系列非常重要的质疑。在要点摘录中,辩方的理由可以分为三类:(1)生命密码公司没有遵守他们自己在宣布吻合和解释概率方面的规程;(2)法庭技术分析带来的问题与研究背景下的DNA分析不同,这些由"技术转换"带来的问题,从生命密码公司的分析和它对该案的血液证据的解释来看,并没有完全解决;(3)生命密码公司用来确定"吻合"概率的人口基因数据库也有问题。

■ 草率地宣布"吻合"

在生命密码公司对在卡斯特罗手表上发现的血迹的检测报告中,指出他们能够检测三个点上的血。在每个这样的点上,他们都报告薇尔玛·庞塞的血和卡斯特罗手表上发现的血迹之间都有精确的吻合。在一个点上,D2S44点上,他们报告说这两个样本是同型结合的(换句话说,有完全一致的等位基因),而且有10.25Kb长的一段(Kb代表千碱基对,DNA链条上大小为1 000个基对的单位)。但是当兰德和律师们审查他们同开示程序得到的材料时,他们了解到,实际上庞塞的血段是10.35Kb,血液配型的那段是10.16Kb。(报告说的10.25Kb实际上是平均长度。)片段大小方面的差异并不是什么大不了的事——棘手的问题是,在尺寸方面多大的差异仍然可以支

---

[13] Michael Baird, interview with Saul Halfon and Arthur Daemmerich, 14 July, 1994 (O. J. Simpson Murder Trial and DNA Typing Archive, Cornell University, #53/12/3037, Box 2, Division of Rare and Manuscripts Collections, Cornell University Library), quoted in Aronson, supra note 2 at 221.

持这两段仍然"吻合"的主张。

在发表的论文中，生命密码公司坚持主张它的技术员首先使用了"视觉"吻合——换句话说，他们用"眼球"观察影像看它们是否一样。但是他们还说，视觉吻合还要通过计算机比对来确认，而且它自己的规程要求片段大小的差异应当在3个标准单位以内，这样才能称作吻合。但是兰德发现10.16Kb和10.35Kb之间的误差已经超过了3个标准单位！而且这不是唯一的例子。同样，他发现在庞塞的另一个点上的片段之一与血迹上的"吻合"片段之间的差异也超过了3个标准单位。换句话说，如果生命密码公司遵循它自己公布的关于何时宣布吻合的标准，它应该得出的结论是，手表上的血和薇尔玛·庞塞的血并不能肯定地吻合。

在交叉询问中，迈克尔·布莱德被迫承认，不管发表的论文上怎么说，实际上，生命密码公司的技术员经常只是通过视觉观察就认定吻合，而不是使用事先确定好的客观标准。斯凯克对于对方的承认非常高兴，让检察官恼怒的是，他举起手臂做了个"着陆"的动作。在再次直接询问中，布莱德指出，三个被测片段与标准尺寸的误差都在3个标准单位以内。兰德在后来的聆讯中作证时，他嘲笑了布莱德挽回败局的努力："这就等于是说，纽约和波士顿彼此都在125英里的距离内，因为它们都距哈特福德125英里。我发现认真起来有点难。"

更令人不安的是，生命密码公司显然在需要什么样的尺寸才能宣布吻合的问题上有点不规范，当需要确定吻合概率的时候，他们使用了不同的规则，比3个标准误差要严格得多。实际上，就好像是在确定是否存在吻合的问题上他们使用一套规则，然后在确定两个样本吻合的统计概率时他们又使用了严格得多的规则。为了说明这一点，假如我想知道某个法学院有多少学生都是24岁而且生日是在夏天。为了决定谁算是，假如我宽泛地定义"夏天"，把所有24岁的，生日在3月和10月之间的都算在内。但是，后来为了确定我从法学院随机挑选的一个人与我的标准"吻合"的可能性有多大——也就是说，24岁而且生日是在夏天——现在我只把生日6月到8月的人算在内。用这种更狭窄的标准，我会发现只有1/25的随机吻合概率。但是使用那个更宽泛的标准，我会发现1/10的吻合概率。造成误导的是，在确定什么算作吻合时使用一个标准，在解释吻合的概率时使用不同的标准——但生命密码公司似乎就是这么做的。正如兰德在证言里所说的：

> 无论你选择什么作为你的吻合规则，当你走到法庭说人口中随机发生的概率有多大时，你最好使用同样的吻合规则。别的做法就相当于说这可能不是真的。

辩方通过仔细审查生命密码公司据以作出主张的实际资料，揭示出生命密码公司在执行自己的程序方面的重大问题。

法庭科学的特殊问题

在研究和诊断，还有父子关系检测的背景下，使用DNA涉及的问题更为直接。血量很充分。可以在无菌条件下提取，而且保持不受污染。如果一个测试程序发生问题，为了澄清一下，科学家就可以再换一个样本。如果科学家用完了血，他还可以回到提供源那儿再取一些。相比之下，在法庭应用的背景下，科学家经常只有一点儿血液样本，也许非常陈旧，也许已经被细菌或者犯罪现场的其他材料污染——有些这样的污染本身就包含其他的DNA。依赖于这样的样本量和取决于使用的技术，一个样本可能就用完了所有的血量——在这种情况下，如果某个地方出错，只能怪检验人运气不好。正如谢德林法官在卡斯特罗案中的意见中所言，"在法庭上，只有一口苹果"[14]。

使用这项新技术的科学家确认一切正常的方式之一是用一个"控制通道"，他们在这里检测已知其来源的DNA，以此确认所有的检测都正常进行。在卡斯特罗案中，生命密码公司使用了控制通道——但是在搞清楚在控制通道中使用了谁的DNA时犯了可笑的错误。一开始，布莱德作证说控制通道中使用的血液来自海拉细胞系，一种在研究和实验中广泛使用的商用细胞系。但是另外一位生命密码公司的雇员作证说，血液可能来源于在生命密码公司工作的男性科学家，后来布莱德认可了这种推测。但是，受控的DNA并没有对Y染色体为目标的检测起反应——如果受控的DNA是男性，是应该有反应的。布莱德解释说，这位生命密码公司的雇员一定有特别的基因条件，他的Y染色体很"短"，因此正好对这种检测不起反应。

兰德对此表示怀疑。布莱德所说得那种基因条件非常罕见——而且使用有着如此反常基因的雇员的DNA作为受控基因不但非常奇怪，而且缺乏常识。经过进一步调查，生命密码公司搞清楚了，这一次很确定，那个"受控"的DNA来自另一位生命密码公司的雇员，这次是个女性。

辩方认为，生命密码公司没有能力准确确定受控DNA的来源，说明生命密码公司糟糕的记录和草率，这既是不可原谅的，也表明一种更宽泛的可能性：不可原谅的糟糕的质量控制已经使它的结果不确定和不可靠。兰德还详细说明了实验室记录中的其他问题：没有对实验作记录、没有表明准确的日期、没有准确地标注图像。虽然承认"这些问题中没有一个是致命的"，但是他说"但这么多的问题不禁让我对是否运用了合理的程序感到万分担心"。此外，似乎生命密码公司在已经意识到一个探头已经被污染的情况下还继续使用这个探头。在图像的一个点上，有一条手表上的血上没有的庞塞的DNA片段。生命密码公司花了很大力气，搞了好几个实验，证明这个额外的片段来源于细菌——是那个被污染的探头造成的，而不是说庞塞的DNA和手表上的血污不同。辩方指出，继续使用已经被污染的探头在科学领域是不可接受的。虽然布莱德解释说他们别无选择，因为做一个新探头会造成长时间的拖延，但辩方说这是他们草率的另一个例子，而且也是商业利益如何影响科学规范性的例子。

手表血迹上的DNA样本在另一个点DSXY14上，揭示出庞塞血液中没有的两个片段。布莱德作证说，这些"额外"的片段是未知的，非来源于人

---

[14] People v. Castro, 144 Misc. 2d 956, 970 (N.Y. 1989). 但是，卡斯特罗案之后，DNA技术发生了变化。现在**多份微量DNA技术允许进行1989年还不可能进行的DNA比对**。

类，只是手表上的血污受到某种污染的结果。但是，他对于这些片段来源于污染能够多肯定就不得而知了。虽然他说它们的密度和它们的长度不相称，这让他相信它们不是来源于人类，但是其他可信的证人——包括霍华德·库克，发明生命密码公司使用的探头的人——作证说在片段大小和密度之间没有必然的联系。

辩方基本上搞清楚了，生命密码公司并没有做进一步的实验来确认这些污染的片段是否是污染的结果。虽然可以通过实验在这一点上提供更多的信息，但他们并没有努力将这些片段作为真实存在的东西"引入"进来。相反，他们投入大量的精力"排除"庞塞的 DNA 中存在这样的片段。这种侧重点上的差别困扰着兰德：如果一个实验室"追求所有表明'排除可能的差异'的迹象，并不努力寻找'引入可能的差异'的道路，那就把自己置于这样的地位——冒着错误认定吻合的风险"。按照兰德的说法，根据生命密码公司的分析和它已经作出的检测，"不考虑这些片段是没有道理的"。

兰德还强调了检验人偏见的危险：人们——甚至是科学家——在解释图像时都愿意看见他们寻找的东西。他说他在麻省理工大学的实验室的时候，他们有时候开玩笑说，科学家也会"幻想出一条片段"，当他们期待看见一条时，而且"就在你幻想你期待看见的片段时，你就会倾向于忽略那些不期待出现的东西"。因此，用后续的实验来检验被先前的期待蒙蔽的任何解释是绝对必要的。在他看来，生命密码公司正常情况下都没有这么做。

兰德还指出，生命密码公司没有做充分的检测以确保手表上提取的 DNA 没有变质。在生命密码公司测试的一个点上的西班牙裔人口中最常见的等位基因超过 10.25Kb，如果手表上的血变质的话，在测试中这些等位基因就可能不出现。兰德说了一个可以保证这些数据的一个简单的测试方法，然后批评生命密码公司没有使用。

相反，布莱德认为这一问题在某种程度上是法庭科学每天都上演的现实状况，只不过现在从高高在上的研究科学家的角度来看显得不可思议。他在 1994 年的一个访谈中说："现实的状况是，当你在一个法庭样本上作检测时，它就这个样子，你必须去解释它。如果样本被污染或被混合或弄脏了，这不是我的错……我只不过是试图解释已有的东西。"[15]

总之，辩方能够令人信服地说明，生命密码公司的判断是不可靠的，他们的质量控制非常草率，他们的结论不能推定为正确。正如谢德林法官在意见中所写的："通过对出示的证据的每一个点上都提出透彻的批评，辩方成功地向本庭说明了检测的实验室在履行责任时在几个重大方面没有使用公认的科学技术和实验。"

人口基因库

辩方在卡斯特罗案中还对生命密码公司在建立本案的人口基因库的方式

---

[15] 迈克尔·布莱德访谈，前注13，引自阿伦森前注2，243 页。

方面提出了重要的问题；也就是说，它用以确定其统计学意义，而不是吻合的事实时所使用的方法。为了算出我们发现在某个给定的点上两个DNA样本吻合的频率，科学家必须有每个等位基因在人口中发现的频率，还必须知道把每个特定等位基因的概率结合成一个综合的频率统计。

如果某个特定点上的等位基因在一个给定的人口范围内是随机遗传的，那么这个人口范围就处于科学家所说的"哈迪—温伯格平衡"之中。如果，在一个给定的人口范围内，在一个染色体的位置上遗传到某个等位基因的概率与遗传到另一个点上的等位基因无关，那么这个人口范围据说就处于"连锁平衡"。

如果一个人口范围既处于"哈温平衡"，又处于"连锁平衡"，那么确定一个吻合的统计学意义就很直接。只要点内遗传和跨点关联的可能性是随机的，用乘法定律就可以确定吻合的总概率，只要把每个给定的点上每次基因结合的概率相乘就可以了。（例如，如果在给定的人口范围中，在检测的血样的4个点上发现不同等位基因之间结合的概率分别是1/1 000、1/80、1/500、1/40，那么在一个从这个人口范围中随机挑选的人身上结合所有这四个等位基因的概率就是1/1 000×1/80×1/500×1/40，或者是1/1 600 000）。

如果人们完全随机选择伴侣，那么美国人口就处于哈温平衡之中，使用乘法定律就是算出吻合的统计学意义的适当方法。但是，在现实世界中，人们并不随机选择性伴侣；用统计学上的说法，他们很可能选择在种族、民族等方面与他们相似的伙伴。这产生了人口"亚结构"的可能性，这使得吻合的统计学意义更为复杂。例如，如果挪威裔或美国本地人或新英格兰人倾向于互相通婚，而不是随机选择配偶，那么在一个人口组中，同型的等位基因的结合可能比其他组中常见得多。如果科学家只使用总体人口统计来衡量等位基因出现的频率，对吻合的统计概率的计算就可能大大偏离真实的频率。也许高加索人口总体上在某个点上只有0.01%同型，但是挪威人在这个点上是10%。如果犯罪人可能是挪威人，而科学家使用的是高加索人的总频率，那么他就对吻合的统计学意义高估了1/1 000。

在卡斯特罗案发生时，解决可能出现的人口亚结构问题通常使用的法庭科学方法是为主要族群建立人口基因数据库：高加索人、黑人、西班牙裔，还有稍后的亚裔。这种方法依赖于这样的假设，在这些族群内部，人们倾向于随机选择配偶（从基因学意义上来说），而且作为法庭科学基因数据库来源的人们是具有充分代表性的特定种族的样本。

在卡斯特罗案中，兰德对这些假设提出质疑。他检查了生命密码公司使用过的西班牙裔人口数据库中的原始数据中同型结合子的比例，并把它和人口均衡状态下预期的同型的比例相比较。例如，在Ds244上，根据生命密码公司发表的论文和数据，他本来预期4.7%的人口是同型的；但是，他发现他们样本中的比例是17%。兰德的结论是，"这个数字令人吃惊地高，大大超出了同型结合子的统计数字"，这使得人口处于哈温平衡的结论是"难以令人接受的"。在兰德看来，关于人口亚结构的真实程度需要作进一步的研究，以使科学家们充分了解情况，必要时，可以对他们的概率计算作出适当的"矫正"。

■ 一次特别的会议

在艾里克·兰德为辩方作证后不久,他和控方的关键证人之一理察德·罗伯茨在冷春港一个关于基因组图谱的科学会议上遇上了。兰德给罗伯茨一份关于该案中生命密码公司的 DNA 证据的书面报告并表示罗伯茨可能会发现它读起来很有意思。罗伯茨当然对读到的东西倍感困扰。实际上,他困扰得建议本案中的所有专家证人——包括控方和辩方的专家证人——应该谈一谈这些问题,科学家对科学家,不要律师参与。虽然联系到的 10 位证人中有 8 位赞成会谈的主意,但只有 4 位有时间参加。1989 年 5 月 11 日——预审结束之前——兰德、罗伯茨和另外两位证人(一位来自控方,一位来自辩方)聚到一起开了个小型会议讨论对卡斯特罗案中证据的看法。他们发现他们能够达成共识的东西有很多。

会后,参会人签署了一份共同声明,让卡斯特罗案中的检察官几乎陷于无助:"总体而言,本案中的 DNA 证据的科学可靠性不足以支持样本……吻合或不吻合的结论。""如果这份数据提交同行评议,它不会被认可。"双方专家一致认为证据无效,如果法庭仍然认定它在科学界是"普遍认可的",这是非常难以想象的。本案中的所有专家,除了来自生命密码公司的迈克尔·布莱德,最后都支持本次会议得出的这一结论。

控方成功地没有让共同声明在预审中出示,理由是这是传闻。但是辩方的回应是召集几名控方的专家证人,让他们在作证时重述他们得出的本案中的 DNA 证据不充分的结论。在某种程度上,这次联合会议使得谢德林法官在本案中的工作简单了许多:如果标准是"普遍认可"和高度可信,双方亲自挑选的专家实际上已经达成了共识,谁还能成为再次评价这些专家们共同的结论的法官?

这种控辩双方律师会聚一堂从某一方面来说当然是非常不规范的;彼得·诺伊菲尔德独具慧眼,后来称它为"有法律记录以来史无前例的"。理察德·罗伯茨后来向媒体解释说:"我们想要通过合理论证的方法解决科学问题,作为科学家,而不是对抗者看待证据。""当没有律师参与时,我们坐下来,我们做得要好得多,而且进行了一次理性的科学讨论。也许该是这个制度发生变化的时候了。"确实,科学家们的共同声明批评将法庭用做达成科学共识的手段:"所有的专家都同意,弗莱伊标准和对抗制可能并非达成科学共识的最合适方法。弗莱伊聆讯并非开始对数据的同行评议程序的适当时机……这种机制还妨碍许多专家同意参与到对数据的审慎审查中。"[16] 共同声明还号召全国科学院组织委员会研究法庭使用 DNA 的问题。

特别是罗伯茨,他对媒体所作的对对抗制程序的评价特别刺耳,"律师们对记下书面记录中的某些话比找到真相更感兴趣。律师们希望或者想让证

---

[16] "Statement of the Independent Expert Scientists Having Testified in the Frye Hearing in People v. Castro", 11 May 1989, quoted in Aronson, supra note 2 at 250.

人说的无非是他们愿意听到的东西……我不认为这是发现真相的最好的办法。"虽然科学家们对对抗式程序的批评是可以理解的，但卡斯特罗案——聆讯本身、裁定和广泛的公开——在揭示生命密码公司进行 DNA 检测的方式方面比任何非对抗制程序来说要多很多，这无疑也是事实。在法庭之外，很难想象一个有着艾里克·兰德这样水平的研究科学家会花费那么多的时间和精力来详细分析一个商业的法庭技术实验室的工作成果。对抗式程序有缺点和优势，但是它也是一个参与人可以探究、分析和暴露证据弱点的方式，这些方式有时候冒着有失公正的风险——但也可以揭示很多东西。例如，兰德就能够研究生命密码公司的数据，审查它的规程，因为法院可以强制开示在其他制度中可能作为商业秘密和专利信息而保密的资料。

罗伯茨自己也曾为生命密码公司在一系列的案件中作证，但没有看过兰德、斯凯克和诺伊菲尔德在卡斯特罗案中坚持的那些数据。他只是认为检察官和生命密码公司给他看了所有相关的材料。他曾把他的作用理解成主要是提供关于 DNA 的一般背景信息，但是，他的出场和证言的内容当然也起到了支撑法庭上使用 DNA 的合法性的特别作用。虽然他对对抗制的批评应当郑重考虑，但是同样重要的是要认识到，正如科学社会学家杰伊·阿伦森指出的，"在［罗伯茨］面对只因为对抗制法律程序才出现的一名证人（兰德）提供的信息之前，他没有意识到这一技术带来的问题，他对他知之不多的一家公司的工作曾给予了几乎无条件的信任"。对抗制程序当然会有这样的风险，它会鼓励专家参与人作出比在其他制度中更激烈的声明，变成某个派系的人而不是有着公平意识的评价者，或者过于强调可能是任何人力都无法避免的小的问题和错误。但是，对抗式程序仍然可以很具有创造性：在卡斯特罗案聆讯以前，没有人知道生命密码公司在很多有意义的方面都不遵守自己的程序和规程。就这一点而言，科学会议、论文发表、同行评议、实验室内部控制和审查都不会揭示对抗制程序可以使之变得清晰可见的东西，即生命密码公司在处理卡斯特罗案中的 DNA 证据方面的重大缺陷。更具有普遍意义的是，还有一系列与 DNA 技术转换到法庭环境相关的尚未完全解决的问题。

裁定

在聆讯结束的时候，谢德林法官主持了一场有史以来最长、最深入的对 DNA 图谱的法庭调查。他连续几天聆听处于科学最前沿的证据，无疑经常会大大超出他所熟悉的领域。在对兰德交叉询问的某个点上他告诉辩护律师："我对这位证人提供的证言的一些内容还是感到不太适应，不是说他的可信性，而是对它的理解……我大概知道这位证人在证明些什么。正像我给你说的，我对一些其他的解释不舒服……虽然我没有可以给我提供材料的助手团队，我也没有可以请教这些事情的科学家；所以，我站在这里——一个人坐在这里尝试，尽力而为。我在法庭休庭之后研究这些问题直到深夜，就是为了让自己能够理解它。"

谢德林法官在他的裁定中解释说，在审查控方的 DNA 证据是否符合弗莱伊案的普遍认可标准时，有三个指标：

指标 1：是否存在一种在科学界已经被普遍认可的理论支持 DNA 检测能够产生可靠结果的结论？

指标 2：目前是否存在一些技术或实验，能够在 DNA 同一性认定方面产生可靠结果，并被科学界普遍接受？

指标 3：在这个具体的案件中分析法庭样本时检测的实验室是否实施了被认可的科学技术？[17]

谢德林法官承认，许多法院经常把弗莱伊标准理解为只包括前两个指标，指出第三个指标——具体案件中对于一般标准的实施——指向的是证据的力度而非它的可采性。第三个指标是否可以被界定为弗莱伊标准的组成部分，或者是与它不同的东西，谢德林认为这是审前评价 DNA 的关键之点。"鉴于 DNA 同一性检测的复杂性以及它对陪审团可能产生的有力影响，仅仅通过弗莱伊标准，而没有对具体案件中实施的实际检测程序进行预先、严格的审查，不足以支持把这种证据提交陪审团"，他解释道。[18]

对于他在裁定中采取的路线，参与人并不感到吃惊，在与他们的谈话中，在审前聆讯的笔录中，谢德林已经表明他想要追随这种路线的想法。在一次深入的谈话中，谢德林向律师们解释他对以往的 DNA 裁定并不满意，因为它们并没有关注在具体案件的检测 DNA 方式中使用的具体技术以及任何可能的缺点，他表示要对这三个指标逐一进行审查，但是他也表示，如果有证据或者律师说服他这种路线是不适当的，他会重新考虑他的路线。斯凯克对这三项指标不太满意，他特别向法官强调，在指标 2 和指标 3 之间有相当部分的重叠。虽然谢德林承认在这两个指标之间有"溢出"和"灰色地带"，但他仍然重申，他的工作就是要对每一个指标分别考虑。

这正是谢德林在他的裁定中所做的。他一个一个地审查这些指标，既为一般意义上的 DNA 同一性认定（指标 1），也为法庭背景下使用 DNA 进行同一性认定（指标 2）提供了基本的指导。他认为，指标 1 是相当没有问题的："本案的证据清楚地表明在 DNA 同一性认定可以产生可靠结果方面所有的科学家和律师都意见一致。"谢德林还肯定地回答了指标 2 的问题：是否存在在法庭环境中令 DNA 同一性认定可靠的现有技术？

但是，当轮到第三个问题时，即实验室在本案中分析 DNA 样本时所作的具体检测是否充分，谢德林响亮地回答"否"。他花了几页的篇幅叙述在一些"重要的方面"生命密码公司"没有进行必要的和科学上认可的检测"，例如他们使用明显受到污染的探头，他们没有对性别模型进行充分的控制，他们没有对在手表样本中清晰可见的两个额外的片段进行进一步的评估检测，而且在衡量吻合的存在和评估它的统计学概率方面也没有使用相同的标准。作为这一系列疏失的结果，谢德林的结论是，他允许审判中出示任何排除性证据——也就是说，两个样本并不吻合——但是他会排除表明手表样本

---

[17] People v. Castro, 144 Misc. 2d 956, 960 (N. Y. 1989).

[18] Castro, 144 Misc. 2d 956.

和庞塞的 DNA 之间存在吻合的证据。换句话说,控方将能够提供证据来证明手表上发现的血不属于卡斯特罗,但是不允许他们说几乎可以肯定那就是庞塞的血。

由于谢德林判决 DNA 吻合的证据不允许在审判中出示,所以他认为没有必要再扯上人口基因库和频率估算的问题,在裁定的结尾,谢德林还为以后的指标 3 聆讯提供了一些"建议性程序",大多数涉及开示中应当包括的事项。

这标志着"人们称之为迄今为止美国对法庭 DNA 同一性检测最广泛和深入的法律审查"告一段落。[19] 谢德林的判决标志着美国法官第一次对 DNA 证据在法庭上的使用施加限制。此外,他的意见还说明,如果认真审查,可能会发现实际操作中的 DNA 检测有严重的问题。

但是无疑,谢德林的框架中包含着辩方的胜利,通过将问题的重点特别化和局部化,他强调了生命密码公司在这次 DNA 比对中的草率,而不是更为宽泛地承认法庭 DNA 分析中的问题。鉴于审理过程中暴露出来的许多尴尬的问题,而且聆讯结束时几乎所有的来自双方的专家都已经达成共识:这次 DNA 检测不能作出任何有效的解释,所以,这份意见拒绝了本案中使用的 DNA 证据,而不是更宽泛地怀疑法庭上使用的 DNA 证据,这大概是控方能够合理期待的更好的结果了。实际上,控方在最终的要点摘录中承认本案中 DNA 证据的可靠性并不充分:"这里,人民认为我们没有解除通过盖然性优势表明本案中使用了公认的科学技术的责任。本案中产生的科学证据,从整体上说太过含糊,不能在刑事案件中采纳。"[20]

到了聆讯结束时,控方已经承认这次 DNA 检测是不可靠的,同时希望谢德林仍然确认法庭上使用 DNA 配型的一般合法性。在这个意义上,虽然他们为辩方所迫,在聆讯中作出实质性让步,但是控方仍然从谢德林法官的裁定中得到了他们期待的东西。相比之下,斯凯克和诺伊菲尔德只是失望:在他们看来,没有理由相信生命密码公司在卡斯特罗案中对证据的检测只是偶然的粗心大意和草率。他们认为很显然生命密码公司的规程和质量控制中的问题是系统而广泛存在的,而不仅只是在这个案件中偶尔的疏忽。他们无疑希望谢德林作出一个更为宽泛的裁定,明确地对法庭上使用 DNA 提出警告:它虽然很有发展前途,但是还不是利用它的最佳时期。他们本来希望谢德林法官承认生命密码公司的分析中存在的问题严重得足以影响他的第二个和第三个指标。

虽然谢德林不愿意用一种更为普遍化的方式提出批评让斯凯克和诺伊菲尔德大失所望,但谢德林对第二个指标的分析也并不完全是美化了特定的生命密码公司或者更为普遍的 DNA 法庭技术。该意见确实承认了技术转化的重要性。与以前的几位评价 DNA 证据可采性的法官不同,谢德林非常明白其他背景下的 DNA 同一性认定技术的有效性并不能必然转化成法庭背景下的有效性,这种情况下可能会产生特殊的问题,有时候是因为可用的生物样

---

[19] Castro, 144 Misc. 2d at 960.

[20] Timothy Clifford, "DNA-Test Errors Conceded", *Newsday* (July 4, 1989, at 7)(引自控方在人民诉卡斯特罗案中提交的备忘录)。

本的数量非常少，样本可能被污染或变质，还有更复杂的测量和解释问题。虽然谢德林承认现有技术足以应对法庭DNA检测中的特殊难题，但该意见仍然很重要，至少该意见承认了它们是必须应对的困难。

而且，谢德林明确处理了一个被广泛假定成立的问题，例如在人民诉韦斯利案中的法庭裁定中谈到的，DNA检测要么自动产生正确的答案，要么根本没有答案。谢德林解释道，虽然以前的一些判例已经提出："程序和实验上的不当会被自动和明确地揭示，但是，本庭与之相反，建议在审查这些程序时特别地小心。例如，被污染的样本、探头或控制样本，会在图像上产生额外的片段，这可能导致在解释图像时形成不同的科学意见。另一方面，变质的样本也不会产生片段，这也导致解释困难。"任何郑重考虑卡斯特罗案的法庭都不能再重复那个经常被提起的安慰性的说法，说检验DNA时不会犯积极的错误，或者说DNA检测必然是自明的。

因此该案是一个相当混合的结果。当然它是辩方单方面的重大胜利，但同时，它又是很狭窄的，所以布朗克斯地区检察官办公室同时又称它是"具有全国重要性的胜利"，因为它重新确认了DNA证据的一般合法性和可采性。有意思的是，这份意见本身只是顺便和隐晦地提到了这样一个重要的事实：到聆讯结束时，几乎所有的双方的专家（而且甚至控方自己）都承认本案中的DNA检测没有结果。聪明的读者会发现，在辩方意见的注12中，附带地提到辩方提醒两名以前曾为DNA同一性认定的可靠性作证的控方专家，现在他们承认实验室的疏失已经使这个结果不可靠。

1989年9月15日，约瑟夫·卡斯特罗就二级谋杀答辩有罪，他承认手表上的血很可能是薇尔玛·庞塞的。这样，卡斯特罗案正式终结，但是很显然，关于DNA的争论还没有结束。

后续发展和卡斯特罗案的广泛影响

在卡斯特罗案进行的时候，生命密码公司对它内部的程序进行重大改革。例如，他们开始使用计算机配对系统宣布吻合，而不再单纯依赖视觉比对，而且他们还改变了确定人口基因库中等位基因频率的方式：实际上，他们采纳了艾里克·兰德的建议。（在卡斯特罗案之后的6个月，兰德本人被邀请在57个刑事案件中作证。虽然他挑选了一些案件提供技术帮助，但他拒绝了所有这57个案件中作证的邀请。）

此外，卡斯特罗案的聆讯，与双方专家签署的共同声明一起，推动了越来越为人所接受的观念：法庭上的DNA需要由权威的、中立的科学家群体和其他专家审查和研究。1989年12月，全国科学院任命了一个委员会，调查卡斯特罗案聆讯中已经提出的围绕着法庭使用DNA产生的许多技术和程序问题，如果可能的话，形成科学解决这些问题的一致意见。

鉴于审前聆讯中揭示的许多问题，可以说谢德林的意见是尽可能地狭窄，但是在法庭使用DNA证据方面，这仍然是一个分水岭式的案件。该案一开始就大范围地公开，在卡斯特罗案结束几个月以后用非常不同于以往的态度谈论DNA。怀疑和不确定性代替了以往的热情洋溢。"DNA指纹没有履行最初的承诺",这是1989年秋的一个标题;另一个标题是"质疑DNA'指纹':基因学家说检测并没有最初设想的那么可靠"。《科学》杂志警告说,"对DNA指纹提出的忠告"。《全国法学杂志》追问:"DNA检测溃败了吗?"卡斯特罗案之后,新闻记者、公众、法官和陪审员都变得更愿意质疑DNA:它不再被看做永不滑落的魔毯。

卡斯特罗案也影响了科学图景。1989年6月,艾里克·兰德在《自然》上发表了一篇文章,结论是法院过于"仓促"地接受DNA证据。他详细地描述了为什么法庭上使用的DNA指纹比DNA的分析使用在技术上更可能出现问题。他还对科学界提出质疑:"我相信我们科学界没有为法庭、律师和为法庭服务的检测实验室设置可以具有指导性的严格标准——结果造成提交到法庭上的一些结论非常地不可靠。"他叙述了在卡斯特罗案中生命密码公司以及其他案件中证据存在的问题,并强烈呼吁进行进一步的科学研究和更严格的规范和监管。[21] 因此,该案刺激了对法庭DNA检测的实际操作的科学兴趣,并提高了对质量控制、图像解释和人口基因库的关注度。

大环境已经改变,辩护律师变得更积极地质疑DNA,也更有能力找到提出有效质疑的人力和资源。此外,更多的科学家开始对法庭DNA证据产生专业兴趣,特别是在人口基因库和吻合的统计学意义方面。毫无疑问,在卡斯特罗案之后,法庭中的DNA证据受到了更多的审查——而且一系列法院,包括几个州的最高法院都判决,围绕DNA证据产生的问题使得限制或排除它们成为必要。

确实,在以后的几年,关于DNA的法律争论在激烈程度和声势上都有所提高。一篇发表于1992年的《洛杉矶时代杂志》上的文章写道:"在DNA指纹上发生的战斗已经成为最具有娱乐性和令人困惑的法律场面。"虽然质量控制问题仍然很重要,图像解释问题也接受了更多的关注,但是,最重要的问题——无论是在法庭上还是在享有盛誉的科学杂志上——最终是人口基因库以及某一给定人口中的亚结构的问题。在法庭上,这些问题首先产生于像美国诉伊这样的案件[22]——在该案中代理被告人的不是别人,正是斯凯克和诺伊菲尔德。该案的双方斗争得很激烈——激烈到每一方都认为对方为了赢得这个案件做得超出了合理的界限。而且法庭政治也影响到了科学领域:享有盛誉的《科学》杂志上一篇人口基因库方面的文章的作者被编辑要求把文章的调门"调低"一点,这是非常罕见的举动,而且该杂志——部分是因为它的审查委员会的一位成员的建议,该位成员与一家法庭DNA公司细胞印记公司有关——决定与这篇文章同时发表一篇"反驳性"文章。虽然伊案中的治安法官最终决定采纳DNA证据,但这个法律判决只是让正在进行中的关于人口亚结构的科学争论火上浇油。

在此期间,国家研究理事会(国家科学院的研究分支)在1992年发布

---

[21] 兰德指出:"目前,法庭科学实际上没有规范——造成的荒诞结果是,诊断喉部链球菌的临床实验室必须适用比将被告人送上绞刑架的法庭实验室更高的标准。" Rorie Sherman, *National Law Journal* (December 18, 1989, at 1).

[22] United States v. Yee, 134 F. R. D. 161 (N. D. Ohio 1991), aff'd sub nom. United States v. Bonds, 12 F. 3d 540 (6th Cir. 1993).

了期待已久的报告。但是该报告不但没有解决争议，而且还产生了新的争议。它在人口基因库问题上建议一种妥协的方案，批评者认为这在科学上是没有根据的，将它视作没有科学基础的过于政治化的妥协。虽然国家研究理事会的报告受到争论，但科学研究正在继续，其中的一些曾经将科学家们分成不同立场或者在1989年没有充分讨论的问题或多或少地得到了解决。1994年（而且，并非偶然，就在O.J.辛普森案开始之前），在这些问题上越来越多的科学共识使得艾里克·兰德和联邦调查局专家布鲁斯·布道尔在《自然》杂志上联合发表了一篇标题为"DNA指纹尘埃落定"的文章。虽然O.J.辛普森案明确说明DNA证据仍然是有争议的，但该项技术本身的可采性方面的激烈争论很大程度上已经有了结果。在国家研究理事会于1996年发布后续报告时，关于接受它的建议方面的争议就少得多了。

多伯特案的先驱

卡斯特罗案的意义在两个方面超越了DNA证据本身。首先，此次聆讯异乎寻常的详细和充分，以及对可靠性的极度关注——既对一般意义上的技术，也是对该案中对技术的具体应用——揭示出在评价法庭科学方面与根据弗莱伊案的普遍认可标准看到的典型情况非常不同的路线。卡斯特罗案只是法院越来越介入到专家证据的可靠性的实体性评估的一个例子，这是卡斯特罗案作出判决之后才出现的趋势。1993年，最高法院在多伯特诉梅里尔·道案中作出判决，联邦证据规则不包含弗莱伊案的普遍认可标准，但是初审法院仍然在专家证据方面充当"守门人"，以确保它充分有效和可靠。[23] 虽然许多州（包括纽约）继续使用弗莱伊标准，但已经有一种不容否认的越来越严格地审查专家证据的趋势，虽然并不均衡。法庭是否应当介入评价科学证据的实质内容——法官是否具备这样的知识和组织能力——当然是一个公正的问题。但是，在过去几十年越来越详细和谨慎地审查法庭上提供的科学证据的总体趋势中，卡斯特罗案只是其中的一股细流。

卡斯特罗案成为灯塔：法庭科学问题

如果说卡斯特罗案代表了什么，它代表了这样的思想：研究领域的科学标准在评价法庭证据时非常重要。艾里克·兰德的批评在很大程度上可以被提炼为这种关切：生命密码公司并没有像学术研究性实验室那样郑重对待质量控制、解释和人口基因库的问题，而且鉴于它所攸关的利害关系，这些疏忽都是没有根据和不可原谅的。符合学术性科学实验室的标准并不是要求完美——兰德一次又一次在证言中强调，没有任何实验室的操作没有任何错

---

[23] 509 U.S. 579 (1993).

误。但是他认为商业的法庭科学实验室也不应该不受任何监管。

像卡斯特罗案这样的 DNA 案件，与多伯特案中出现的越来越强调司法的"守门人"角色的趋势一起，近些年来也给对许多其他形式的法庭科学的批评提供了根据。虽然有些法庭技术已经使用了一个世纪甚至更久，但许多认定同一性的方法，包括笔迹认定和指纹认定，都没有有效性的实证根据，而人们一般认为这是研究性科学必不可少的。这些以及类似的法庭"科学"通常都会提供"正确的"答案，但是因为它们很少受到严格的有效性检验，所以很难评估现实世界中的错误频率。当然，卡斯特罗案中在生命密码公司的程序中出现了许多问题，但是该实验室的最终结论——手表上的血迹与庞塞的血相吻合——似乎是正确的，但谢德林排除这一证据的判决仍然是根据他面前的记录作出的无可争辩的正确结论。其他类型的法庭科学证据提出了与卡斯特罗案中类似的问题。虽然指纹专家作证说可以 100% 确定地认定吻合，可以排除世界上其他的指纹，但是指纹没有任何统计意义上的根据。就像生命密码公司的技术员用肉眼观察确定是否吻合一样，指纹专家在决定何时宣布吻合时并没有正式的标准或规程。我们也并不真正知道在现实世界中，指纹专家和笔迹鉴定专家在评估中犯下实际错误的频率是多少。指纹专家坚称他们的技术是不会出错的，这似乎是昨日重现——在 DNA 方面，也有这种所谓的不会有积极错误的说法。㉔

DNA 案件，和多伯特案件一起，在近些年已经引领一批辩护律师对其他形式的法庭科学证据提出一系列的质疑。有些对笔迹的质疑已经成功；对指纹的质疑基本上没有成功。但是卡斯特罗案把问题提出来了：我们是否应该以不同于其他科学事业的方式评价法庭科学证据，如果是，理由是什么？如果不是，那么这些类型的证据是否应当被排除或受到限制，直到有进一步的研究能够改进审查者的能力和这些主张的科学基础？如果这样的话，这就是一个具有讽刺意义的结局：这项最初从与"指纹"相关的隐喻中汲取力量的技术，最终会有助于揭示指纹和其他法庭科学形式的弱点。

㉔ 一位指纹史专家最近收录了 22 个公开的指纹同一性认定的错误，并令人信服地指出，这些已经知道的错误也许只是实际发生的错误的一小部分。See Simon Cole, "More than Zero: Accounting for Error in Latent Fingerprint Identification", 95 *J. Crim. L. & Criminology* 985 (2005).

传 闻

- 10. 马兰蒂诉野生犬类动物生存研究中心案：三种遭遇
- 11. 互惠人寿保险公司诉希尔曼案
- 12. 希尔曼案，最高法院和麦古芬
- 13. 达拉斯县的智慧

10

马兰蒂诉野生犬类动物生存研究中心案：三种遭遇

艾利诺·斯威夫特*

---

* 加州伯克利大学法学院（布阿尔特大厅）教授。

无论"每条狗都可以咬一口"是不是真的，对狼来说就是另外一回事了。宠物狼第一次咬伤人就会让它的主人负上责任。对狼的所有人（或管理人）来说，狼的伤害带来的责任不是基于知情、疏忽或过错；狼不必曾经咬伤过谁，或者曾经有过凶猛或危险的举动。狼是普通法上所说的野生动物，本身就被推定为危险。正如普罗瑟教授曾经指出的，这里的责任是"一种严格责任，即使适当地小心，也会使社区处于这种非常危险的东西的威胁之下"①。

当然，在狼咬伤的案件中，仍然必须要证明狼确实咬了，或者以其他的方式攻击了一个人，造成了伤害。在马兰蒂诉野生犬类动物生存研究中心案中②，这是唯一的争点。1973年3月23日，在养着狼（名叫索菲）的圣路易斯后院的篱笆里，一个小男孩被发现受伤。除了索菲和那个男孩，没有人知道发生了什么事，而那个孩子又被认定为没有资格在法庭上作证。但是，事情发生后，索菲的饲养员说了好几次，"索菲咬了一个孩子"。这些陈述是传闻，因为孩子的父母想要用它们来证明陈述内容的真实性。而且，它们也不是基于饲养员对于事故的亲身了解。

原告寻求将这些传闻性陈述在审判中被采纳为狼的饲养者作出的，用来反对他和他的雇主——野生犬类动物生存研究中心，狼的所有权人——的当事人"承认"。联邦地区法官排除了这些陈述，陪审团作出有利于被告的裁决。在上诉审中，第八巡回区上诉法院撤销原判，发回重审，理由是联邦证据规则，特别是第801（d）（2）条，要求采纳这些陈述。在发回之后，当事人达成庭外协议。

这种对马兰蒂案粗略的描述掩盖了这一悲惨事故以及审判背后的人性故事。本文的第一部分来源于审判笔录和相关的法庭文件，讲述的是那个受伤的孩子，丹尼·马兰蒂，以及他和那只狼索菲遭遇的故事。第二部分解释联邦地区法院法官肯尼斯·王吉林，在他与当时刚刚制定的联邦证据规则的遭遇中，为什么决定排除关键的传闻陈述。它表明王吉林法官在本案自由适用规则与寻找真相之间感受到了冲突。它还表明，王吉林法官认为他有权决定如何才能服务于真实的价值。第八巡回区上诉法院的意见代表着初审法官没有这种权力的立场，至少根据当事人和他的代表承认的传闻例外的表面意思没有这种权力。文本的第三部分审查了这一裁定的理由，揭示了联邦证据规则和司法的对抗制价值之间的紧张。它追问，是否初审法官在排除看似不可靠的承认方面享有裁量权会解决这种紧张。

第一部分：马兰蒂案：男孩和狼的遭遇

故事始于1973年，在密苏里大学城，一个紧邻圣路易的华盛顿大学的

---

① *Prosser, Law of Torts* §75, Animals, p. 513. 在马兰蒂案发生时，这项绝对责任原则被绝大多数司法区接受，密苏里判例法里也提到这个原则。See *Restatement of the Law of Torts* §§ 507, 510; Anno., 21 A. L. R. 3d pp. 608, 618; 4 Am. Jur. 2d, *Animals* § 80 et seq.; Merritt v. Matchett, 115 S. W. 1066 (Mo. App. 1909).

② 588 F. 2d 626 (8th Cir. 1978).

学术和职业社区。③ 它的主要角色是在街道两边住的两户人家的成员。唐纳德·马兰蒂和多卡斯·尤金尼亚（珍）·马兰蒂以及他们的五个孩子住在珀欣街北边一个角上的房子里。肯尼斯·普斯和珍·普斯他们的四个孩子住在珀欣街南边，在马兰蒂家靠西方向的一所房子里。邻里之间关系很紧密，孩子们经常在彼此的家里或院子里玩。

大约在1973年3月23日中午时分，珍·马兰蒂让她最小的孩子丹尼，他当时只有3岁10个月，到汤普森家叫他的哥哥回家，汤普森家就在普斯家的正后面。她看着丹尼走过珀欣街，开始沿着普斯家院子和邻家的边墙之间的一条窄路向东朝汤普森家走去。

丹尼没有走到汤普森家。相反，几分钟后，他被发现躺在围着普斯家后院的铁链篱笆中，大声地哭着，血从撕裂的脸和腿的伤口中涌出。那只狼索菲用铁链被拴在篱笆里，它正在号叫。克拉克·普斯，普斯家最大的孩子，当时16岁，在离开邻居家时听见丹尼的哭声。他从自己家的前院看见丹尼和索菲在篱笆里。他跑到后门，进了后院，抱起丹尼，把他带到普斯家后门的门廊里。克拉克的妹妹迪迪跑过街道去找珍·马兰蒂，等她赶到普斯家时，发现丹尼躺在门廊的地上，还流着血。警察很快赶到了现场，然后丹尼和他的母亲乘救护车去了医院。一位整形外科医生对丹尼进行治疗，缝了200多针，包括缝合脸部的撕裂伤，嘴巴里缝合下唇和腭骨之间的撕裂伤，还有缝合穿刺伤和腿部的撕裂伤。他在医院里待了三天，然后注射了狂犬疫苗，进行了医学监护和心理咨询。

就在丹尼和他的母亲离开医院之前，肯尼斯·普斯，克拉克和迪迪的父亲，从野生犬类动物生存研究中心赶回家中，他在研究中心担任教育部主任。索菲属于该中心。普斯是索菲的管理人。自从索菲离开圣路易儿童动物园后跟普斯一家生活有5个月了。肯尼斯·普斯了解到，没有人看见丹尼是怎么跨过篱笆进到普斯家的院子里，也没有人看见他是怎么受伤的。但是，普斯怀疑索菲是造成伤害的原因，而且后来他说的话"索菲咬了一个孩子"成为马兰蒂案的关键。

诉讼。1976年7月7日，在这次悲惨的事件发生了三年多以后，马兰蒂家向圣路易的联邦地区法院提起诉讼。名义上的原告是丹尼·马兰蒂，未成年人，他的父母唐纳德·马兰蒂和多卡斯·尤金尼亚（珍）·加里④被法院指定为本次诉讼的代表人。该次控告以野生犬类生存研究中心为公司被告，

---

③ 这里叙述的所有事实都是没有争议的，除非另外注明。本文的叙述是基于国家档案署收藏的记录：The Docket Sheet in Case Number 76-606C; Complaint; Separate Answer of Defendant Wild Canid Survival & Research Center, Inc., Joint Answer of Defendants Kenneth Poos and Jean Poos; Suggestions of Plaintiffs in Opposition to Motion of Defendant to Dismiss; Plaintiffs' Pre-trial Compliance and Memorandum; Compliance of Defendant with Pre-trial Order; Objections to Plaintiffs'Exhibits; Plaintiffs' Motion for New Trial and Memorandum; Plaintiffs' Notice of Appeal; Appellants' Brief in the United States Court of Appeals for the Eighth Circuit; Brief of Appellee Wild Canid Survive & Research Center, Inc.; and Petition of Appellee Wild Canid Survival & Research Center, Inc., for Rehearing. 马兰蒂案的故事以前曾经讲过一次。See Bein, "Parties's Admissions, Agent's Admissions: Hearsay Wolves in Sheep's Clothing", 12 *Hofstra L. Rev.* 393 (1984). 在该文中，宾教授总结了该案的一些事实、初审证言，并作出了他自己对于传闻问题的分析。

④ 在丹尼受伤后不久，唐纳德和珍·马兰蒂离婚了，珍又和杰罗姆·加里结婚。

肯尼斯和珍·普斯为个人被告。该案的事务管辖是基于国会第 1332 项法律规定的跨地区管辖。唐纳德·马兰蒂据说现在是宾夕法尼亚州居民；珍·加里是内华达州居民；丹尼是宾州或内华达州居民；被告全部都是密苏里州居民。

控告的第一项诉因提出由家养的野生动物攻击造成的伤害的严格责任。第二项诉因提出"狗咬"理论方面的疏忽——该中心和普斯夫妇知道或者应该知道狼索菲具有危险或凶猛的特性。因丹尼的医疗和精神伤害以及未来的治疗费用索赔的金额是 250 000 美元。唐纳德·马兰蒂和珍·加里作为原告分别起诉，因他们已经为治疗丹尼支付的医疗费索赔 25 000 美元。

被告人分别提交了答辩状，除了他们居住在密苏里州之外，否定了所有的诉求。

狼。让这起从法律的角度看很普通的案件特别有意思的当然是，索菲。在邻近区域到处都是孩子的普斯家院子里，一匹狼做了什么？是索菲在丹尼自己进了后院之后袭击了他？或者像后来提出的，它咬着他的脚把他从篱笆下拖了进来，环链底端的尖刺划伤了他的脸和腿？或者，它没有做任何伤害孩子的举动？丹尼是怎么受伤的是审判中大多数证据的焦点。索菲的故事也在法庭上讲了，但是这里它作为故事的角色之一需要单独介绍。

索菲出生于 1972 年 5 月，圣路易动物园。它是手养的，意思是说从它睁开眼睛的那一刻起，它就被人喂养，对于喂养它的人，用在审判中作证的一位专家的话说，它把它的"全部忠诚"都转移到喂养人身上，像它的养父母一样——"在某程度上可以说它是有着狼的身体的人类的化身"。索菲很快进入儿童动物园，它在那儿被养到 5 个月大。它是一只"可触摸动物"，意思是说它被用来展示并且和每天来参观儿童动物园的成千上万的孩子亲密接触。

动物园的政策要求索菲年龄达到 6 个月时要离开儿童动物园，主要原因是空间和监管方面的局限。担心伤害孩子显然也是实施这项政策的部分原因，但不是具体地担心索菲。它被了解它的两位专家形容为"特别温柔的狼"。

中心。1972 年 9 月，动物园正在为索菲寻找一个新的家。同时，野生犬类动物生存研究中心也正在寻找一匹狼。该中心几年前由大约 20 位对保护野生犬类动物（狗、狼、郊狼、豺和狐狸）感兴趣的圣路易居民设立，是非营利性组织。中心的组织者中有马林·珀金斯，圣路易动物园的前任园长，他因为在 20 世纪 50 年代率先推出叫做"动物园游行"的电视节目而出名；欧文·萨克斯顿博士，华盛顿大学生物学教授；还有理察德·格罗森海德，一位杰出的野生动物艺术家和动物学家。

该中心计划设立一个保护区，泰森研究中心，格罗森海德所有的动物还有其他的动物，可以在那里喂养、保护、研究，以及用来教育公众。这个保护区实际上于 1973 年 9 月开张，在丹尼受伤 6 个月后。

家里的狼。在保护区开始接受动物之前，索菲由该中心的教育部主任肯尼斯·普斯负责看护，他 1972 年受雇于该中心。照顾索菲是普斯工作的重要组成部分。它睡在普斯家地下室一个笼子里，在普斯家的院子里可以自由漫步，周围是一个带门但总是锁上的环链篱笆。作为狼和其他野生犬类动物项目的一部分，多数日子里，索菲陪伴普斯访问学校和其他组织，充当着生态角色。可以想象，索菲"是年轻人的兴趣焦点"。孩子们可以抚摸它，有时候"几百个孩子围着它"。

索菲的伙伴。还有两个动物和索菲一起作为家庭宠物住在普斯家。它们是混种的"雪橇狗",介于狼和爱斯基摩狗之间。虽然它们也像索菲那样,可以在围着篱笆的院子里自由漫步,但它们在丹尼受伤的过程中起到了什么作用,这一点并没有探讨。正如原告的律师在公开的法庭上所说的,"我就冲着索菲"。

其他的邻居看见了什么。普斯家和马兰蒂家这两家在珀欣街上的邻居在这个故事中发挥了有力的作用。约翰·吉利斯,一位住在圣路易的律师,在事故那天生病待在家里的床上。听到孩子的尖叫声后,吉利斯从二楼卧室的窗子往外看,他看见一个小孩躺在普斯家的院子里,那只狼索菲跨坐在他身上。狼的脸挨着孩子的脸,但吉利斯离得太远,"他看不清狼在用它的嘴巴做什么"。

詹姆斯·伯基思,一位华盛顿大学的物理学教授,挨着普斯家住。他家有一条宠物狗,猎兔犬,它会沿着普斯家篱笆的西边跑过去朝着索菲和两只"雪橇狗"叫个不停。篱笆的西边有4英尺高。在丹尼受伤的前一天,索菲跳过4英尺高的篱笆在猎兔犬的腹部咬了个4英寸的伤口,后来伯基思的儿子把它们分开了。索菲以前从来没跳过篱笆,而且就是因为这件事,3月23日,索菲被拴到了普斯家院子东边5英尺高的篱笆上。

普斯家的邻居中没有人对附近出现一只狼表达过严重的关切。他们的孩子都被介绍给了索菲,而且都是在它的篱笆里。有人曾经抱怨过索菲和雪橇狗在夜里号叫。但是邻居们实际上是相当容忍的。

审前诉讼。马兰蒂对中心及肯尼斯和珍·加里的审判发生于1977年11月9点到11点,在提交诉状15个月后。中心提交了驳回动议,理由是原告还在密苏里州法院对它提起了诉讼。原告的回应是在州法院自愿撤诉。原告的律师为什么倾向于在联邦法院审判这一点并不清楚。已经知道的,而且下面将要说明的是,该案也许根本就不属于联邦法院管辖。

1977年3月11日,双方当事人交换证人和物证清单。这些文件表明,双方当事人的理由都很简单。原告想让陪审团聆听事件发生后表明或推定索菲咬了丹尼的所有陈述。这些不仅包括肯尼斯·普斯的陈述,而且还有(大概是丹尼的母亲)对丹尼的治疗医师的陈述、并入警方报告的陈述、中心董事会成员之间的书面陈述、董事会成员向中心保险人的陈述,以及记入董事会会议记录的陈述。由于被告提出了传闻异议,原告最终提供的作为证据的只有肯尼斯·普斯作的三份陈述和中心董事会会议记录中的陈述。中心的证人清单包括了解索菲和对狼的一般习性非常了解的董事会成员(它的专家福克斯博士也在其中)。他们的证言接近于"品格"证据——说明索菲不会袭击孩子。在关于索菲是野生还是家养动物的法律争论中,原告占了上风,法庭后来仅就适用于野生动物的严格责任对陪审团作出指示。

律师。[5] 原告唐纳德·马兰蒂的律师是圣路易法律事务所的特伦斯·格

---

[5] 笔者对在该案中代理被告的两位律师,尤金·巴克利和理察德·本德进行了电话采访。托马斯·杰恩,在马兰蒂案聆讯时、在1976—1978年间担任肯尼斯·王吉林法官的助理,也接受了采访。特伦斯·格里布,原告的首席律师已经过世。王吉林法官也于20世纪80年代中期去世。

里布。格里布在审判中起主要作用,由因为马兰蒂夫妇离婚而单独代理马兰蒂夫人和丹尼的弗兰克·苏斯曼协助。代表所有的被告实施辩护的是尤金·巴克利,他是一位著名而且很受尊敬的保险辩护律师,实际上他代理的是中心。普斯夫妇由另一家事务所代理,审判时出庭的是理察德·本德。普斯夫妇投保房主保险的公司拒绝为这次事故赔付。因此,普斯夫妇必须自己支付法律代理费,一旦认定负有责任,他们就要赔光口袋里所有的钱。由于他们没有什么重要的财产,一位辩方律师的观点是,肯尼斯·普斯之所以被加进这场针对中心提起的诉讼中,就是为了要使他的传闻陈述作为当事人承认被采纳为证据。

法官。主持审判的是地区法院法官肯尼斯·王吉林,以前是一位"乡村律师"和密苏里州共和党主席,在被尼克松总统任命为联邦法官之前,他曾在密苏里的波普拉布拉夫地区执业多年。王吉林法官有丰富的审判经验,而且和许多乡村律师一样,原、被告他都代理。他被形容为一个有趣、幽默的人,不是一个学者,但是一个"可以直达案件核心的很好的聆听者"。在他坐椅后面据说他有一支枪(因为当时法庭很不安全),而且在他的办公室里还有猎鹿和熊的奖杯。

王吉林法官在审判中似乎非常专注地聆听提交到他面前的证言。他会插嘴问他自己的问题,主要是为了澄清证人的意思和用词。例如,在唐纳德·马兰蒂的证言中提到普斯家环链篱笆顶上和底端的"刺"时,王吉林法官解释了这个刺的含义:"我不知道是否有陪审员来自乡村,知道什么是带刺铁丝网。本庭刚好知道……你是不是说,在篱笆的底端有一股带刺的铁丝网?"同样,在与律师们的准备会议期间,他也努力解释争点并推动事情进展。例如,考虑到原告可能会主张雪橇狗也在丹尼受伤过程中发挥了作用,他问:"据我了解,律师们都一致认为本次诉讼涉及的是索菲,而不是后院里其他任何的狗或坏蛋,是不是这样?"在整个审判过程中,王吉林法官表现出一种旧式的和气,同时又不失端庄得体。

审判简介。本案的审判只用了3天。有10位现场证人,包括一位专家。克拉克·普斯的书面证言作为证据被宣读。物证包括2份文件(中心的野生动物喂养许可证和关于索菲狼的圣路易动物园记录);22张照片(12张是有关丹尼的伤势,3张是索菲和肯尼斯·普斯及学校的孩子们在一起的照片,7张是普斯家的环链篱笆照片);一幅邻近地区的地图。第三天上午双方休息;然后在当天下午2:30,总结陈词(法庭将每一方严格限制在30分钟以内),之后开始对陪审团作指示;当天下午,6人陪审团作出有利于被告的认定。

陪审团怎么会这么快作出判决?这次审判提出了两个非常尖锐的事实问题:丹尼是怎么进到篱笆里的?狼索菲咬他或袭击他了吗?陪审团没有可以适用的可以作为规范的法律标准。如果索菲伤害了丹尼,那么被告就是有责任的。大多数的证人——约翰·吉利斯、詹姆斯·伯基思、欧文·萨克斯顿博士(野生犬类动物生存研究中心的主席)、丹尼的治疗医师、赶到普斯家的警察、圣路易动物园的园长,以及丹尼的父亲唐纳德·马兰蒂——都没有受到任何严重的弹劾。甚至就狼和其他犬类动物的行为作证的辩方专家,名字刚好是福克斯(狐狸)博士,也没有受到弹劾或反驳。总之,基础事实在很大程度上是没有争议的。有争议的是从这些事实中得出什么样的结论。

前面已经说过看见丹尼、索菲和克拉克在院子里的约翰·吉利斯的证言，但审判的其他四个方面非常值得注意。

克拉克·普斯看到什么？他对此怎么说？ 克拉克·普斯在书面证言中说，他没有看见丹尼正在受到伤害，而是在受伤后不久赶到的，吉利斯也确认了这一点。但是，克拉克的证言有一个地方和吉利斯不同，就是吉利斯作证说，克拉克赶到时，索菲正蹲坐在丹尼身上，克拉克把索菲推开抱起丹尼。克拉克说当他看到索菲时索菲站在丹尼后边，有一条链子那么远。他还说他看着它，它嘴上、身体上或爪子上没有血。

据称是克拉克作的两份以前的陈述与这份书面证言相矛盾。珍·加里，丹尼的母亲作证说，正当他们照料普斯家后门廊上的丹尼的时候，克拉克对她说："我从窗户向外看，看到一只靴子躺在后院，一只牛仔靴，我跑了出去，捡起来，我看见了那只狼——我看见索菲在丹尼身上。它正在吃他的脸……于是我跑过去拉开它，抱起丹尼，把他带到后面的房子里。"虽然这份陈述如果要提交法庭证明其内容的真实性的话，它就构成传闻，但是，一旦克拉克作证说他看见索菲离丹尼有段距离，就可以用来弹劾他。在作证时问及这份陈述时，克拉克否认曾说过或听见他的妹妹迪迪说索菲正在"吃丹尼的脸"。他确实说他后来在后院发现了丹尼的牛仔靴，已经被撕得乱七八糟，后来还给了马兰蒂夫妇。珍·加里作证说她已经把它扔掉了。

珍·加里的这一陈述受到了辩方律师的有力质证。在1975年的证言中，她曾作证说克拉克或他的妹妹有过"吃丹尼的脸"的说法，但她不记得是谁了。辩方律师弹劾她说她现在"很方便"地想起来那就是克拉克，因为这一说法只有成为她的先前不一致的陈述时才是可采的。珍回答说1975年她的脑子乱了，在过去的两个星期她仔细回想这件事，她现在很肯定就是克拉克。

肯尼斯·普斯的证言也成为据称是克拉克作的第二份先前不一致陈述的来源。普斯的证词如下："他〔克拉克〕说当他走出去时他看到很明显那个孩子需要帮助。他抱起孩子，那时他显然走进了拴索菲的链子的半径，索菲不想让他把孩子带走。它当时正舔着孩子。他抱起丹尼，索菲表示它不愿意让孩子离开。就是这样。"这份证言，和珍·加里回忆起来的陈述一样，也仅被用作弹劾目的采纳为克拉克的先前不一致的陈述。没有人提出要求对这两份证言的有限用途作指示。

福克斯博士谈狼。 根据被告方在狼的习性问题上的专家迈克尔·福克斯的说法，本案中的证言并不能支持索菲袭击或咬伤了孩子的推论。在动物医学、心理学、生理学和动物行为学领域享有盛誉的福克斯博士，曾经在华盛顿大学做了9年的心理学副教授。审判发生时，他是美国人文协会的分支、动物问题研究所的研究部主任。他的职业生涯的大部分都用来研究和撰写狼和其他野生犬类动物的行为。他也是被告野生犬类动物生存研究中心的董事会成员之一，也知道索菲，这是原告难以用来弹劾他的事实。

福克斯博士是一位叙述清晰和有说服力的演讲者。他对陪审团讲了狼的一般行为习性，又特别讲了像索菲这样手养的狼的行为习性。他还介绍了他唯一一次被狼咬的事，谈起了他自己养宠物狼的亲身经历。最后，他检验了丹尼的伤情照片，提供了他的专家意见：撕裂和刺穿的伤口不是狼造成的。

在要点摘录中，他的证言是这样的，狼一般不袭击人类，相反，它们很怯懦，除非受到威胁或袭击，当它们自己要攻击或威胁要攻击时，它们会充分地意识到这一点。它们袭击猎物，但不袭击其他的狼。手养的狼会把人类当成它们的"家人"，它们对受伤的人类很同情，很想保护孩子。狼的咬噬非常有力，会在肢体上留下相应的咬痕，也会咬断孩子的骨头。

被问及本案的证据时，福克斯博士说如果索菲跨坐在丹尼身上，它的脸离他这么近，或者正在舔他，这更可能是一种友好亲近的表示。狼像狗一样，它们是面部动物。它们喜欢亲吻……舔舐是致意或关心的表示……一天〔当我〕在清洁狼时割破了手……它们走过来舔舐我的伤口。血的气味没有让它们开始攻击，那是自然的关心行为，我看见它们互相也这么做。如果听到了索菲号叫，那不是攻击的信号。在进攻时，狼要么没有声响，要么在向前扑之前咆哮……号叫可能表示我需要你的注意或我想提醒你。对人类的耳朵来说这是个模棱两可的信号，但是狼对它发生的背景却有着清晰的认识，所以它们不会混淆。对猎兔犬的攻击，他说，并不表示任何攻击孩子的倾向，因为狼对向它们挑衅的动物非常敏感，会攻击它们；"进攻或威胁可以立即停止"。

最后，福克斯博士作证说，照片中的伤口没有一个表明受到过狼的攻击。没有相应的咬痕；狼不会用爪子抓；撕裂伤不符合狼用一只犬齿能够造成的斜向伤痕类型；在丹尼的手上或臂膀上没有人类本能地躲避攻击的痕迹；在丹尼的脚上或腿上没有发现牙齿痕迹，如果索菲用足够的力气从篱笆底下把丹尼拖过去的话必然会留下这样的痕迹。

勘查篱笆。唐纳德·马兰蒂，丹尼的父亲作证说，在事件发生大约一个月后他第一次有机会见到肯尼斯·普斯。两个人和丹尼一起，对普斯家院子周围的篱笆进行了一次详细的调查。马兰蒂说，他和普斯发现在第二和第三根篱笆桩之间的一块区域，那个地方的篱笆底部很"松"。在直接询问中，在这个问题上没有说很多。肯尼斯·普斯在他自己作证时同意有一个很松的区域，但是说还没有松到孩子可以从底下爬进来。⑥

在交叉询问时，辩方律师问马兰蒂，他去看篱笆是不是因为丹尼的撕裂伤看起来不像是咬的。马兰蒂承认脸上的长伤口看起来不像是咬的；但他不知道那些小的伤口是不是。在一次异议后，马兰蒂还作证说，他一开始没有查看篱笆上的尖刺，直到丹尼告诉他，他"从底下过去了"。

在这次共同勘查篱笆的过程中，普斯对比了丹尼的伤和篱笆顶上及底部的尖刺。他发现丹尼腿上的穿刺伤与刺之间的距离相吻合。

丹尼是怎么受伤的？ 两种不同的解释。在总结陈词中，对于丹尼是怎么进到普斯的院子里以及怎么受伤的，双方的律师提出了两种不同的解释。唐纳德·马兰蒂的律师特伦斯·格里布认为是索菲造成的，说索菲咬着丹尼的牛仔靴，当时丹尼正被卡在篱笆底下或者自己使劲从篱笆下面够靴子；它把他从篱笆底下拖进来；丹尼的脸和腿被篱笆底下的尖刺挂伤了。原告的第二

---

⑥ 关于篱笆的"松"人们没有说太多，大概是因为，按照普斯的辩护律师的说法，篱笆的底部离地只有几英寸，要是非常用力地拖丹尼这么大的孩子从底下进来的话，应该弯得更严重。

个律师弗兰克·苏斯曼认为，丹尼一进到篱笆里，索菲就攻击了他，他认为克拉克·普斯说他赶到现场时索菲"站在丹尼后面"是在撒谎。在没有任何异议的情况下，律师使用了据称是克拉克作出的庭外陈述作为证明索菲攻击了丹尼的实质性证据。

辩方律师尤金·巴克利用丹尼伤口的照片支持他的看法，说丹尼是在从上面爬过篱笆时受伤，而不是下边。"这就是你脑中的场面：这是个环链篱笆，一个小男孩爬上篱笆，一个好动的小男孩。他到了顶端，为了过去，他把左腿放在篱笆顶上。顶上的尖刺划伤了他。他落在了篱笆的右边，擦破了右半边脸，掉在篱笆上，篱笆顶上的尖刺划了他的嘴唇。这就是那些伤是怎么来的，当他掉到右边时，他就从上边掉进了院子里。"巴克利还强调，没有人看见索菲咬丹尼，而且原告关于索菲举动的情况证据经福克斯博士的解释，是关照性的而不是攻击性的。

篱笆"上边"或者"下面"的说法似乎都很难与审判中描述的丹尼的伤口完全一致，或者很难与一个接近四岁的男孩，或者狼的行为一致。相反，这似乎是一个关键问题仍没有解决的案件。在我们的法律制度中，巴克利强烈地主张，这意味着原告不能取胜："我们的法律关注的是人们得到公正的审判，除非原告用可信证据的更大的证明力证明他的指控，否则不能要求任何人支付任何金钱赔偿……本庭会告诉你……原告必须以盖然性优势，而不仅是某个证据，不仅是一点证据，而是用可信的盖然性优势的证据向你们证明他在本案中提出的指控……如果证明很均衡，你说，哦，可能是这样，也可能是那样，它们旗鼓相当，原告在本案中就不能获得赔偿……我认为你们会发现证明责任没有解除，我们在本案中能做的不过是猜测，如果……相信孩子爬过篱笆时受了伤［和从下面被拖过去］一样合理，那么你就必须作出了有利于被告的裁决……"陪审团似乎同意巴克利的理由，作出了有利于被告的认定。

消失了的声音。这个故事中两个重要角色的声音从审判中消失了，都被地区法官以裁定排除。第一个，丹尼的声音消失了。辩方律师提出，丹尼在事件发生时不具备证人资格，对事件讲述了三个不同的版本。但是根据密苏里州法律，资格要在作证时确定。对丹尼在陪审团不在场的情况下单独进行了预先审查，他说狼抓住他卡在篱笆下的牛仔靴，而且"丢到了院子里"；"狼们"（意思很明显，还有雪橇狗）在玩那只靴子，然后"它们够到了我"；狼"咬着我的靴子把我从底下拖过来"。但是在回答法官的问题时，丹尼说那"不是索菲"，那是"杰瑞或狼狼"⑦。法官于是拒绝让丹尼作证，补充说证言对丹尼自己的证明不利。

另一个消失了的声音是肯尼斯·普斯的庭外陈述，索菲一贯的伙伴和最了解它的人。普斯在事件当天向欧文·萨克斯顿博士作过两份陈述，第三份是在和唐纳德·马兰蒂调查篱笆的时候对他说的。这三份陈述都说索菲咬了孩子，或者跟他的受伤有关。此外，原告还提交了野生犬类动物生存研究中心董事会的一份会议记录，记录于 4 月 4 日，提到了这个事件。这些庭外陈述作为不可采纳的传闻全部被排除。

---

⑦ 杰瑞是一匹来过普斯家 3 次的狼；狼狼是其中一只雪橇狗的名字。

成为联邦案件。还有一个问题值得一提。这个案件是否适于在联邦法庭处理也是成问题的,因为丹尼和他的母亲的居住地不同于被告的居住地似乎是有意而为之。

在诉讼提起之前和之后,丹尼都主要与母亲和继父一起生活在密苏里州的柯克伍德,并在那儿上学。所谓的他在内华达州居住只是在 1976 年夏天的一段时间,就在那个时候原告提起了诉讼。丹尼的继父在美联社做一份临时的工作;丹尼和母亲(大概还有继父)住在旅馆里;珍·加里并没有在内华达州作选民登记,也没有在那儿工作。辩方在原告举证结束时对该法院的事务管辖权提出异议,虽然法庭承认异议提得很及时,但是驳回了异议,被告从此再没有提起过这个问题,无论是初审结尾还是在上诉中。

我们只能猜测为什么原告律师希望在联邦法院审判,以至于提出似是而非的管辖主张。一种可能性是他们认为他们会从联邦陪审员储备库中得到一个更倾向于原告的陪审团,联邦储备库包括了圣路易的城市地区,而他们提起州诉讼的圣路易县则有广大的农村地区。另一个是他们可能会从新制定的联邦证据规则中占据一些证据优势。

第二部分:初审法官与联邦证据规则第 801(d)(2)条的遭遇

原告提交了肯尼斯·普斯的三份庭外陈述,以证明索菲咬了丹尼。普斯的第一份陈述是在事件发生一小时后,普斯试图和他的老板欧文·萨克斯顿,野生犬类动物生存研究中心主席,联系时写下的便条。普斯在萨克斯顿的办公室里没有找到他,在办公室的门上留了个便条,上面写着:

> 欧文,可以给我家 727—5080 打电话吗?索菲咬了一个进到后院的孩子。我已经都照料好了。我必须告诉你发生的事。

第二份陈述是在同一天下午的晚些时候,普斯后来找到欧文的时候。虽然不清楚普斯到底说了些什么,但原告提供的证明表明,萨克斯顿博士会作证说普斯告诉他索菲咬了一个小孩。第三份陈述据称是在事件发生一个月后,马兰蒂和肯尼斯·普斯一起勘查普斯家的篱笆时作的。原告表示马兰蒂要作证说:

> 普斯先生承认当时那只狼确实介入到后院的事情。无论我们讨论的是咬人或从篱笆下拖过来,你知道,他没有理由,但是他确实这样了,你知道,承认那只狼造成了损失。

事件发生 12 天以后,中心董事会 4 月 4 日作的会议记录表明:"关于索菲咬了孩子的事件的法律问题……有大量的讨论。"

相关性。普斯的陈述和董事会记录要被采纳为证据,必须与争议相关;也就是说,根据联邦证据规则第 401 条和第 402 条,它们的存在必须使对诉讼有意义的事实的存在更为可能或更不可能。由于普斯没有亲自看到事件,他的陈述表达的是他的意见。根据他对索菲的了解、他以前关于狼的经验,以及他听说的关于这次事件的事,他关于索菲袭击了丹尼的意见不仅是一个知情的普通人,还是(多伯特案之前)一个专家的意见,而且,如果他要在法庭上作证的话,几乎确定不移地要接受相关性的质疑。[8]

传闻。肯尼斯·普斯的陈述和董事会记录从技术上看是传闻。[9] 虽然根据第 801(d)条当事人承认被界定为"非传闻",但这样的陈述符合第 801(a)～(c)条对传闻的定义:它们是书面的或口头的命题("索菲咬了小孩"),在法庭外作出,它们被提供来证明命题内容的真实性——"真实的情况"是索菲确实咬了小孩,无论是在脸部还是从篱笆下拖他时在脚上。

第 801(d)(2)条适用于普斯的陈述。对法庭来说,问题是联邦证据规则第 801(d)(2)(A)条和(D)条是否要求采纳这些陈述。[10] 原告提供它们来反对普斯的陈述,即根据第(A)项被处理为对方当事人的陈述,同时根据第(D)项被处理为当事人(后来被称作"雇主")的代理人或仆人(后来称作"雇员")。

通过定义为非传闻,第 801(d)(2)条这些款项起到了传闻例外的作用——它们明确提出了陈述要被采纳必须符合的要求。向法官证明陈述符合要求的责任在于主张方。在该案中,要根据(A)项采纳为不利于个人被告普斯的证据,原告就必须证明陈述(1)由原告的对方当事人普斯本人作出,和(2)提供来反对他。要根据(D)项采纳为对中心不利的证据,原告必须证明陈述(1)由中心的雇员普斯作出,(2)在普斯与中心雇佣关系存在期间作出,以及(3)涉及普斯职责范围内的事项。

辩方异议。被告对普斯陈述可采性的异议集中于不存在这些基础性要求。这么做是徒劳的,因为陈述很显然已经满足了第 801(d)(2)条第(A)和(D)项的要求。相反,中心的异议是普斯缺乏对于自己陈述的事实的个人知识;事件发生时他并不在场;他的陈述纯属意见;而且,它们只是"传闻、谣言、推测和猜想"。

如果普斯作为证人作证说"索菲咬了孩子",那么一些异议原本是有价值的。但普斯没有看到丹尼和索菲之间到底发生了什么,因此辩方律师主张普斯对他所断言的事实缺乏个人知识是正确的。根据联邦证据规则第 602 条,证人必须对作证的事实具有个人知识。辩方律师说普斯的陈述表达的是他的意见,这也是正确的,但以他对狼的一般的经验和对索菲的特别的经验和知识,它们不是猜想或推测。在令人震惊的事件、对小男孩造成严重伤害

---

[8] 这一分析拒绝了宾教授的分析。他说如果普斯作证的话,他的陈述将被认定为"不相关",因为他"不能解释他在多大程度上反映或偏离客观事实"。Bein, supra note 3, 12 *Hofstra L. Rev.* at 417. 但是,如果普斯先生真的反映了他对事件的实际了解,他就能解释他的意见与客观事实的关系。

[9] 证据注释中已经接受了第 801(d)(2)条的传闻例外,但是没有改变它们作为传闻的功能地位,如果它们被提供来证明其内容的真实性的话。See, e.g., Blakey, "You Can Say That If You Want——The Redefinition of Hearsay in Rule 801 of the Proposed Federal Rules of Evidence", 35 *Ohio St. L. J.* 601, 616 (1974).

[10] 这次讨论的焦点是在普斯的陈述上,因为地区法院认为董事会记录完全来源于这些陈述。对董事会记录没有独立进行分析。上诉法院对董事会记录的处理参见本书第 190 页的内容。第 801(d)(2)条规定:"(d)不是传闻的陈述。一项陈述不是传闻,如果——(2)对方当事人作出的承认。该陈述被提供来反对一方当事人,并且是(A)当事人自己的陈述,自己作出或者由其合法代表作出……或者(D)当事人的代理人或者仆人作出,如果这一问题属于其代理或职责范围,在这种关系存续期间作出……"

之后没有经过认真思考的情况下作出的事实陈述与证明力有关，但并不会使它们作为不相关的猜测而不可采。

但是，普斯没有资格到法庭上作为专家提供意见，他作为普通证人的意见根据第701条很可能是不可采的。该陈述可能需要一些专业知识，但显然它至少部分地是基于其他人的传闻陈述。因此，提交给王吉林法官的问题很清楚：如果普斯不能在审判中作证说"索菲咬了一个小孩"，他的传闻陈述是否仍然可采？

地区法院的裁定。王吉林法官推迟了对辩方异议的裁定，直到普斯站到了证人席上。然后他在陪审团不在场的情况下询问普斯：

法庭：普斯先生，你在3月23日那天，就是事件发生当天的任何时间看见丹尼在篱笆里吗？

证人：我没有看见他在篱笆里。我只看见他在厨房的地板上待了几分钟。

法庭：你是否知道——我说的是面对面或者亲身知识；你知道他怎么进了篱笆吗？

证人：不，我不知道。

法庭：你知道他是被咬了，还是被撕扯了，还是被其他犬类动物怎么样了吗？

证人：不，先生。

法官还问普斯他留给萨克斯顿的便条的意思：

法庭："我已经都照料好了"，那句话是这么说的吗？

证人：是的，先生。

法庭：你这么说是什么意思？

证人：我的意思是孩子已经送到医院，这部分已经处于控制之中。

法庭："我必须告诉你发生的事。"现在，你知道发生了什么事吗？

证人：我不知道什么引起的，不知道。

王吉林法官后来支持了对普斯所有陈述的可采性提出的异议。

理解王吉林法官的判决。王吉林法官为什么排除了普斯的传闻陈述？他似乎并不是基于对第801（d）（2）条的仔细分析。王吉林法官并没有讨论第（A）和（D）项，也不承认咨询委员会对第801（d）（2）条的注释，该注释承认不受个人知识要求和意见规则的限制。但是，法官不认同注释，这一点并不明确。他没有判决说个人知识的要求必须适用于当事人承认，和它适用于传统的传闻例外一样。[11] 他也没有说当事人以"意见"形式作出的承认是不可采的。

---

[11] 咨询委员会对第803条的注释说，陈述要根据传闻例外采纳，传闻的陈述者相当于证人，因此必须对断言的事项具有个人知识。原告认为普斯的便条可以作为现场的感觉印象（联邦证据规则第803（1）条）、激动言词（联邦证据规则803（2）条），和商业记录（联邦证据规则第803（6）条）被采纳。法官对这三项理由全部拒绝了，但是没有拒绝记录的理由。当然，对这三个理由来说致命的是，根据第803条的例外采纳的陈述必须符合个人知识的要求。除了缺乏个人知识以外，引述的传闻例外也不可能适用。便条至少是在事件发生1个小时之后写下的。它是否可以作为事件发生"之后立即"作出的陈述是可疑的。也没有基础言证明普斯在给萨克斯顿写便条时"处于事件造成的激动情绪之下"。一个手写的报告这样一起不幸的意外事件的便条会有资格成为对"常规的"商业往来的记录，这是不可能的，它很可能会被法官根据第803（6）条认定为缺乏可信性。

法官在拒绝了普斯的陈述后确实说过,在陪审团必须判决的事项上不需要"专业知识":

> 就本庭而言,这是一个陪审团里的理性的人们根据日常经验就能够作出结论的事项。它不是任何专家证言的主题……
>
> 我认为我们面临的不是需要由专家来谈炮弹或车辆的速度,或者停车距离这样事情的情况……

不仅不需要普斯的意见,王吉林法官还认为它侵犯了陪审团的权力:

> 我们面对这样的情形,该证人作出的证言——我认为显然侵犯了陪审团的领域,因为根据他宣誓后的陈述,他不知道,而且如果他没在那儿也没看见,显然他也不能知道。

在这么说时,法官忽略了刚刚制定的联邦证据规则第704条,该条规定:"以意见形式作出的证言如果包含要由事实审判者判决的最终的争点,那么不得提出异议。"

总之,王吉林法官的判决不能被理解为有意识地将联邦证据规则适用于普斯的陈述。也许理解为一次实现发现真相的司法目标的尝试会更好一些。没有人确切地知道丹尼身上发生了什么事。陪审员接受了专家的讲解,在他们面前呈现了所有现有的情况证据,律师们也在总结陈词中得出了相反的推论。在王吉林法官的心目中,判断原告的说法是否具有盖然性优势是陪审团的工作,普斯的庭外陈述不可能对证明有损益,特别是因为他在宣誓之下告诉法官他真的不知道发生了什么事,因此他不能在法庭上陈述意见。

王吉林法官努力说服原告律师他的裁定的公正性:

> 但是,让我们翻过硬币,假设普斯先生根据某个定律或三段论,大前提、小前提和结论,得出结论说发生了其他不一样的事。如果这对你不利,我认为你会特别反对。

这段话表明,王吉林法官认为普斯的陈述不仅证明力很低,而且会对陪审团产生不适当的影响。

如果是这样的话,法官是出于联邦证据规则第403条的关切,该条允许初审法官排除相关证据,如果该证据带来偏见或者误导陪审团的危险,而且该危险大大超出了它的证明价值。虽然王吉林法官没有提到该条,但他认定陪审团从普斯的传闻中了解不到什么有价值的东西,意思是说陪审团可能会不适当地顺从普斯的观点,反映了他对陪审团发现真相的能力的担心——较低的证明价值和被误导的风险。法官的裁定表现了他愿意"保护"陪审团的权力范围——但是他使用第403条式的推理缩小了第801(d)(2)条的起草者设想的陪审团的作用。

因此,王吉林法官的裁定给上诉审查带来了严重的问题:联邦地区法院是否可以行使自由裁量权排除他们认为最好是不必要、最差是完全有损于审判的发现真相的目标的证据?换句话说,是否要求地区法官采纳当事人或雇员承认,如果它们的证明价值大大缩小,因为陈述人对基础事实不具有个人知识、依赖于传闻,而且作出接近于推测和猜测的推论?

第三部分：联邦规则和对抗制价值的遭遇

原告—上诉人将不利于他们的判决上诉到第八巡回区上诉法院，提出地区法院在排除普斯的两份陈述和中心董事会会议记录时出了错误。他们认为下级法院的裁定明显违反了第801（d）（2）条第（A）和（D）项的规定，而且王吉林法官对于采纳缺乏个人知识的意见陈述的担心并不能成为排除的理由。上诉人援引了咨询委员会对第801（d）（2）条的注释、重要的证据法论文和密苏里州判例法说明，虽然缺乏个人知识可能会影响陪审团对当事人承认的价值衡量，但不影响它的可采性。

被告人—被上诉人竭力维护王吉林法官根据联邦证据规则作出的判决，并提出一系列的理由，目的主要是反对用普斯的陈述来反对他的雇主，野生犬类动物生存研究中心。他们主张，缺乏第一手知识的雇员作出的陈述如果是基于"流言或猜测"，应该是不可采的，而且他们援引规则出台之前的联邦判例法来说明，雇员对雇主的陈述只有在雇员对事实具有个人知识的情况下才能采纳为对雇主不利的证据。他们还提出，王吉林法官的裁定应当被视作行使了自由裁量权，要根据尊重性的"滥用自由裁量权"的标准进行审查。而且他们主张，如果排除普斯的陈述有错误，那么也是无害的，因为主要的争点不是索菲是否咬了丹尼，而是那只狼是否把他从篱笆底下拖进去。

正如我们将要看到的，第八巡回区上诉法院拒绝了被上诉人的理由，支持了原告—上诉人主张的错误。为了更好地理解该法院的判决对解释联邦证据规则作出的发展，有必要首先看一看现行法以前对于当事人和雇员承认的规定。1975年以前，没有一般的、明确的、独立的联邦证据法。联邦民事诉讼规则第43条要求联邦法院混合适用联邦证据成文法、联邦"衡平"证据法和法院所在州的证据法。密苏里州法律因此是1975年以前密苏里州的联邦法官用于判决证据性争议的重要法律组成部分。[12]

联邦证据规则之前的联邦和州的证据法。1975年以前，根据州法和联邦法，要采纳当事人自己的传闻陈述只要求证明该当事人曾做过这样的陈述，以及在审判中用来反对该当事人。不要求当事人对所断言的事实有第一手的知识，也不适用意见规则，至少在多数司法区是这样。[13]

然而，一些密苏里州判例似乎区分了法律结论形式的当事人承认和事实陈述的当事人承认。像"这是我的责任"或"原告属于工人赔偿的范围"这

---

[12] 在介绍第43条对联邦初审法官的影响方面，参见 Wright & Graham, Federal Practice & Procedure, Evidence §5002。第43条这样规定：第43（a）条提到的这三种法律经过详细审查被证明是难以把握，有些时候甚至是不现实的。涉及证据的联邦制定法非常少。最重要的是要求遵守州法……[衡平判例中的证据规则]是根本不存在的……由于联邦法律渊源方面的缺陷，第43（a）条的主要效果是要求遵守州法。

[13] 1923年，威格莫尔报告说："意见规则……不限制当事人陈述的使用……在答辩状中提交的每个证据……包括事实和推论；因此对方的承认自然包括事实和推论，不作区分……"2 Wigmore, Evidence §1053 at p.513 (2d ed. 1923). 1972年Chadbourn对威格莫尔的修订和麦考密克的教科书也同意这种观点。McCormick, Evidence §26 at p.632 (2d ed., Cleary Ed. 1972).

样的陈述是要被排除的，而对于"最终事实"的陈述是可采的。王吉林法官在排除普斯的陈述时可能想起了这个判例法，因为它的理由是保护陪审团职权不受侵蚀，即使"索菲咬了孩子"不是一个法律结论。

在1975年以前，雇员的传闻陈述在联邦法院可以用来反对他们的雇主，在密苏里州和大多数其他州也是这样。但是，这些承认限于雇员在他们的职责范围内作出的陈述。在许多州，这意味着法院必须认定雇主曾"授权"雇员作为雇员工作的一部分谈及一个问题。[⑭] 在密苏里州，一系列的案件认定雇员在授权调查期间向雇主作的报告，或者直接属于其职责范围的"正式"报告，都是"经过授权的"，因此是可采的，但是普斯的陈述是否具有这样的资格就不清楚了。

至于个人知识的要求，雇员意见陈述的可采性，联邦证据规则以前的法律更不明确。律师和法官寻求指导的主要证据法论著的作者威格莫尔和麦考密克在这两个问题上都没有表态。判例法不一而足，但是至少有一些判例将雇员的承认处理为类似当事人的亲自承认。

因此，在第801（d）（2）条第（A）项和第（D）项于1975年制定时，基本上与联邦和州证据法是一致的，除了第（D）项扩大了范围，采纳那些只涉及职责范围内的事项的雇员陈述。有了这种背景，马兰蒂案上诉到第八巡回区上诉法院的结果就不必大惊小怪了。有意思的是该法院的方法论。

上诉法院的方法论。第八巡回区上诉法院的意见严格地将第（A）项和第（D）项的文本用来确定普斯陈述的可采性；董事会记录根据第（C）项来处理。它使用了咨询委员会对第801（d）（2）条的注释来为解释提供帮助。该意见没有提到界定当事人承认的联邦或州判例，也没有依赖任何经典论著的帮助来型构之前的法律。它确实援引了一些支持性文献，但在一个重要的案件中拒绝了《温斯坦证据法》中的理由，当时那是关注联邦证据规则的唯一一部著作。

第801（d）（2）条第（A）和（D）项下的普斯陈述。该法院认定（用非常简短的一段话），普斯作为一方被告，在事件当天下午向欧文·萨克斯顿博士作的书面和口头陈述可以采纳来反对他。法庭直接适用了第801（d）（2）条第（A）项，而且拒绝了这样的主张：普斯的陈述向他说话的对象传达了传闻陈述："那是他自己的陈述，因此显然不同于报告别人的陈述。"

法庭接下来认定根据第801（d）（2）条第（D）项，这些陈述可以采纳来反对中心："它们是在普斯先生是中心代理人或雇员期间作出，而且它们是关于属于他职责范围的事项，即他看护索菲，而且也是在这种关系存在期间作出。"法庭还驳回了被上诉人的主张：采纳陈述将会使雇员和雇主之间的"自家人"关系受到更多限制。法庭援引温斯坦的著作和咨询委员会的注释："与外部人的沟通一般不被认为是一项承认的基本特征。"

在主张雇员承认要求个人知识的问题上，被告人——被上诉人同样没有成功，虽然他们引用了下列温斯坦法官的论述："非基于个人知识的陈述……经常不过是对于争点事项的流言和猜想。单纯雇员听见或重复它的事实

[⑭] 这一要求受到严厉批评，因为它排除了许多相关的陈述。在联邦证据规则之前影响很大的模范证据法典中增加了自由化色彩，最终在联邦证据规则中被吸收。

并不能消除传闻规则传统上防范发生的危险……如果是公司内部的报告,这种危险尤其明显。当然,即使是对雇主很有好感的雇员也可能报告听到的谣言,不是因为它们是真的,而是因为他的雇主可能对它们是谣言的事实很感兴趣……"允许证人对难以评估的基于传闻的陈述作证,是违背第403条和第405条的基本宗旨的,第405条规定只有在这两种传闻符合传闻例外的要求时才允许采纳传闻,根据第403条,如果代理人的陈述的证明价值大大超出偏见或混淆的危险,那么也必须排除。如果陈述涉及一个关键争点,而且只是基于办公室谣言之类的东西,那么这样的结论是有保障的。[15]

法庭用论著中解读的规则的字面意思拒绝了这种理由。法庭说,第805条仅适用于庭外陈述重复了单独的庭外传闻陈述的内容的情况。该规则然后规定,被重复的陈述只有在两种陈述都属于传闻规则例外的情况下才可以采纳。但是,法庭认定,"索菲咬了个小孩"并没有重复任何其他的传闻陈述,因此不适用第805条:"基于陈述人对于基础事实的个人知识的陈述不是对其他陈述的重复,因此不是对传闻[的重复]。它仅仅是意见证言。第805条没有施加温斯坦法官要求的隐含条件。"

上诉法院纠正了这一点。虽然"索菲咬了个孩子"属于普斯的意见,但它也是基于某种他具有个人知识的"基础事实"作出的:他与索菲相处的经历、丹尼的伤势,还有克拉克对他作出的传闻陈述。这不是"传闻中的传闻"。

法庭还拒绝了认为第403条要求雇员承认必须基于个人知识的说法,因为该条没有这样的要求。但是,法庭确实承认第403条规定了"排除原本可以采纳的证据的其他根据……",然后,它继续处理第403条的争点。

第403条下普斯的陈述。虽然王吉林法官在裁定中没有引用第403条,但上诉法院解读出他担心普斯的陈述不可靠,主要是因为普斯对事件缺乏个人知识。上诉法院承认这里可能会有"问题",但还是认定咨询委员会——并由此延伸到规则——作出了相反的推定。法庭认可性地援引了该委员会所说的,承认不受发现真相的要求的束缚,不受"意见规则和要求第一手知识的规则的限制性影响",而且它赞同该委员会的结论:承认的历史"要求对这一可采性路线宽容相待"。第八巡回区上诉法院运用了规则的宽容精神,认为没有理由排除"普斯的不利于他自己或野生犬类动物生存研究中心的陈述"。法庭确实认可了王吉林法官根据第403条对中心董事会记录的排除。因为该会议记录不能用来反对普斯,即使在审判中出示只是为了反对中心,但对它们的使用也会对普斯造成不公正的偏见。而且一旦上诉法院认定普斯的陈述可以采纳为对中心不利的证据,则它也认为该会议记录对原告的证明也增加不了什么分量。

案件的后来结果——个人视角。1973年3月23日的可悲事件一定影响了这个故事中的许多人物。丹尼的受伤无疑给马兰蒂一家带来了麻烦。索菲失去了它的家,普斯一家失去了那只"非常温柔的狼"索菲。在普斯家的地下室内被隔离10天检验狂犬病之后,索菲被送到伊利诺伊州坎卡基的一个

---

[15] See Jack B. Weinstein & Margaret M. Berger, *Weinstein's Evidence*, 801. (d) (2) (C) [01], at pp. 801-132-801-133 (1977).

基因研究中心，类似于野生动物保护区。丹尼的右脸上留下了一条长长的伤疤。他的伤似乎没有影响到他的嘴和腭的运动功能，但是那条伤疤确实给这个年轻的孩子造成了一点社交上的困扰。等到在法庭上接受审查时，他已经9岁了，丹尼说他现在已经习惯了，只是告诉人们"我被狼咬过"。丹尼的母亲作证说丹尼没有失去对动物的爱心。

马兰蒂案后来又被发回给王吉林法官重审，由于丹尼和他的母亲在安排的重审日没有出现，所以他驳回了案件，但不影响重新起诉。但是，案件似乎没有被重新起诉。与律师的访谈表明双方达成了协议，钱数并不太多。如果原告在审判开始前接受中心的保险公司提出的调解协议的话，原本可以拿到更多（而且避免了诉讼成本），而且这个条件在案件提交陪审团以前都是有效的。但是显然，唐纳德·马兰蒂和珍·加里在协议问题上难以达成一致。

上诉意见的影响——法律视角。马兰蒂诉野生犬类动物生存研究中心案的意见在证据法领域没有造成大的震动，因为它裁决当事人和雇员的承认不受制于个人知识的要求或者意见规则的限制遵循了咨询委员会注释的字面表述。虽然这是第一个公开发表的作出这样明确裁定的上诉法院意见，但该裁决并不意外或者有争议以至于使马兰蒂案的意见成为证据法中的"地标式"意见。确实，联邦证据规则通过以后，只有最高法院的判决能够成为真正的地标。

但是，一些学者确实不赞同这个裁决，呼吁司法上施加个人知识要求，至少根据第（D）项。[16] 温斯坦的著作至少在1990年以前都一直保持对规则的上述批评态度。它还总结了马兰蒂案的意见，说"该案似乎很可疑"[17]。

但是，马兰蒂案的意见随后的发展表明，各法院对第八巡回区上诉法院的分析并没有太多的怀疑。联邦法院对马兰蒂案援引了28次，州的最高法院援引了3次，没有一起案件对它的裁决提出质疑。而且，温斯坦的论著现在说，根据第801（d）（2）条（D）项，"对于主张者必须表明陈述是可信的，或者陈述人对陈述的基础事实具有个人知识，对此没有额外的要求"[18]。但是，它还是补充道，第403条仍旧适用："必须从该陈述的证明价值要超出任何不公正的偏见或混淆的危险的要求评估该陈述。"[19] 这不是对裁量权标准的正确陈述。正确的标准刚好相反——只有在不公正的偏见或者混淆的危险大大超过一项相关证据的证明价值时，才能排除该证据。也许温斯坦的论著仍然纠缠于，从相反的角度看恰恰是马兰蒂案的意见最重大的贡献的那一部分。也就是说，根据第403条，初审法庭的裁量权在根据一套明确的例外和豁免的体系采纳和排除传闻时只有很小的作用。温斯坦法官很久以来都是将传闻规则变成一种裁量性规则的倡导者，主要根据初审法院对提供的传闻

---

[16] See Lilly, *An Introduction to the Law of Evidence*, §58, at n.3 (1978)："将另一个人的陈述采纳为当事人承认的基础是陈述人也许知道他说的事情，因此应该要求该代表具有个人知识。" Bein, supra note 3, 12 *Hofstra L. Rev.* at 451.

[17] Weinstein & Berger, *Weinstein's Evidence*, 801（d）（2）（D）［01］at pp.801-299（1990）.

[18] Weinstein & Berger, Weinstein's Federal Evidence, §801.33［1］at pp.801-70（McLaughlin ed., 2d ed. 2005）.

[19] Id. At p.801-70.

陈述证明力作出的评价。[20] 在由他供职的咨询委员会撰写的联邦证据规则第一稿中,这种观点占了上风,但最终输给主要根据陈述是否属于第801 (d)条、第803和804条划定的类别来采纳或排除传闻的明确体系。

但是,联邦证据规则中对传闻的明确处理,以及在马兰蒂案这样的案件中对规则的解释,并没有缓解在通过证据法实现准确的审判结果方面两种不同的基本观念之间的紧张———一种观念是,广泛地采纳相关证据会使陪审团作出的判决更加准确,另一种观点是,法官通过行使裁量权,能够而且应该履行一种看门人的功能,以此确保准确的结果。

王吉林法官遇到了这种紧张,他倾向于裁量路线,因此,将普斯的意见是否应该考虑的问题从陪审团那里拿走了。第八巡回区上诉法院和联邦证据规则则相反。在这么做时,至少在承认的问题上,上诉法院认定,联邦证据规则的"精神"倾向于宽泛的相关证据可采性标准,而且认为地区法院法官在运用第403条排除看似不可靠的传闻方面几乎没有什么"裁量权",以防陪审团会依赖他。

马兰蒂案的结果遭遇对抗制价值。第八巡回区上诉法院的根据只是联邦证据规则和咨询委员会注释,它并没有讨论宽泛地采纳承认以及更小的自由裁量权是否是提高陪审团判决准确性的最好的方法。法庭从未追问如果采纳普斯的传闻陈述,陪审团是否会更接近于真相。因此它避免了它适用的联邦证据规则和对抗制基本价值之间的遭遇。本文剩余的部分讨论这种遭遇,并探讨宽泛地采纳当事人承认,特别是雇员承认,是否符合对抗制的价值观。首先,提出了准确性的问题,然后我们发现问题必须拓宽:用联邦证据规则第102条的话来说,马兰蒂案的结果是否导致案件的判决"更为公正"[21]?如果没有更加准确,结果是否更为"公正"?

雇员承认和准确的价值。咨询委员会对第801 (d) (2)条的注释写道:"在承认的情形下不要求可靠性保证"。但对于"公正实施诉讼"的关切使得可靠性问题很难被忽略,而且第(D)项的支持者曾主张,雇员承认很可能是可靠的,如果它们是在雇佣关系期间作出的:

> 正常情况下雇员不会作出让他们的雇主代价昂贵的虚假陈述,威胁到他们的工作。因此,一位学者提出的,代理人或雇员作出的违反他们雇主利益的陈述应当作为不利于[他们自己]利益的宣言,该利益是他们的工作,这不太可能……[22]

而且,如果雇员讨论的是他职责范围内的事项,他会被推定为知情。[23] 但是,对于雇员承认中的"违背利益"的要素则没有要求;它们可以肆意地被用来"自我服务",只要它们的作出是为了反对审判中的一方当事人。

此外,任何关于可靠性的一般假定都会触及王吉林法官在与普斯陈述的

---

[20] See Weinstein, "Probative Force of Hearsay", 46 *Iowa L. Rev.* 331 (1961).

[21] 联邦证据规则第102条规定:"这些规则的解释效果应当是实现公正、消除不合理的成本和拖延,并促进证据法的成长和发展,目的是查明真相、公正地实施诉讼。"

[22] Brooks, Report, New Jersey Supreme Court, Committee on Evidence 165 - 167 (1963).

[23] 1972年由Cleary教授编纂的麦考密克论著指出,雇员"对正在进行中的商业行为有着充分的了解"。McCormick, supra note 13, §267 at p. 641. 这一陈述被Lily教授在他的著作中采纳。supra note 16, §58 at p. 206.

遭遇中出现的问题——雇员陈述的可靠性可能会因为雇员缺乏个人知识和判断错误而受到严重的损害。为了确保最低限度的可靠性，在联邦证据规则之前的主要改革努力已经规定，雇员的陈述必须基于个人知识，而且陈述必须受到意见规则的限制。[24] 但联邦证据规则第 801（d）（2）条放弃了这些保障措施。

因此，似乎联邦证据规则的起草者甚至没有尝试给第 801（d）（2）条（D）项提供可靠性根据，这是传闻例外的标准理由。相反，咨询委员会注释指出，该条"是对抗制的结果，而不是为了满足传闻规则的条件"。但是，咨询委员会为这一立场援引的文献只讨论了当事人自己的陈述的可采性问题。它们的理由最后都落脚于作出承认的当事人自己参与了对抗制这一事实。同样的理由并不以同样的方式适用于当事人的雇员作出的承认。

当事人承认，准确性和公正性。咨询委员会援引的威格莫尔的论著提供了两个理由。[25] 首先，在审判中用来反对他的当事人承认具有超越它断言的事实的证据性价值，因为它肯定与该当事人现有的主张有冲突。无论该当事人是否知道第一手信息，都可以从这种"冲突的主张"中作出弹劾性推论，所以不必要求个人知识。这种理由说明，采纳这样的陈述会使陪审团更好地评价当事人的举证，但是，如果承认不是当事人的陈述而是他的雇员的陈述，这种理由似乎就有点勉强了。如果是雇主起诉或者被诉的话，雇员就不是提出主张或抗辩的主体，因此没有必要因为雇员的庭外陈述与雇主的主张或抗辩相矛盾就加上弹劾价值。

威格莫尔为宽泛地采纳当事人承认提出的第二个理由是公正而非准确方面的。按照威格莫尔的说法，传闻规则的基本目的是保护对方交叉询问不利陈述来源的机会。当事人承认"越过了门槛"，因为如果在审判中提出对当事人不利的先前陈述，他总是可以作证进行解释。对该当事人没有不公正性可言——他没有被拒绝交叉询问他自己的机会，不像在第三方提供的不利于他的传闻陈述的情况下。

摩根教授也引用咨询委员会注释，同意采纳当事人的承认来反对该当事人不存在不公正性："当事人自己承认的可采性不依赖于它作出的情形可以让审判者更好地评价它的观念，而是依赖于诉讼的对抗理由。当事人很难反对说他没有交叉询问他自己的机会，或者说除非他在宣誓的威胁下发言，否则他不值得信任。"[26] 从这个角度来看，即使当事人的陈述是意见，或者不是基于个人知识，或者作陈述时是出于自利的动机，他也有同样的公平机会来解释。

而且，公平性和准确性在一个地方交织在了一起。对方当事人不可能传唤该方当事人作为证人。刑事被告人享有不作证的特权，而且在民事案件中传唤有备而来的对方当事人出庭作证也充满了风险。如果当事人自己的传闻陈述也不可采纳为对自己不利的证据，他们就可以完全避免陪审团了解他们

---

[24] Model Code of Evidence rule 508 (1942) and Uniform Rule of Evidence 63 (9) (a) (1953).

[25] 这里对威格莫尔理由的介绍引自 4 Wigmore, *Evidence* §1048 (Chadbourne rev. 1972) and 5 Wigmore, *Evidence* §1371 (Chadbourne rev. 1974).

[26] Morgen, *Basic Problems of Evidence* 266 (1962).

曾经说过的与本案相关的话。这似乎并不公正，而且陪审团还被剥夺了听取重要信息的机会。如果采纳陈述，陪审团不仅会了解当事人曾经说过的话，而且还可以听到当事人解释为什么他要说他现在否认的话。

如果是用来反对雇主的雇员的传闻陈述，那么公正性的理由就被大大削弱了。雇主抱怨不能质询雇员是有道理的，因为雇用一个人并不意味着相信他们的判断、观察能力，甚至是在所有事情上的诚实性，特别是当陈述是意见，或者缺乏个人知识时更是如此，而且雇主不能保证可以让雇员到法庭上去解释不利于雇主的陈述。

让雇主为雇员陈述负责的公正性。鉴于咨询委员会否定了可靠性的理由，而且当分析雇员陈述时无法运用该委员会的"对抗制"理由，其他的学者为让雇主为雇员有风险的传闻陈述负责寻找根据，也提出了额外的公正性的理由。但这些努力都不是很令人满意。

麦考密克的论著只是说："如果承认的可采性被视为源自对抗制，为雇员的陈述负责也是如此。"[27] Lilly教授扩充了这一思想："联邦证据规则中采纳的宽泛标准与当事人的对抗制责任相一致：由于他让代理人代表他的利益，而且他可以控制代理人的职责范围，因此代理人作出的与自己的职位相关的陈述采纳为不利于雇主当事人的证据是公正的。"[28] 这种理由可能具有直觉上的吸引力，但是它没有解释为什么雇主对雇员的控制程度不会影响雇员陈述的可采性，或者为什么即使雇主已经告诉雇员不要说话，雇员的陈述还可以采纳，或者为什么在雇员离职之后，不必再通过为雇主作证而合作时还可以采纳雇员的陈述。总之，雇主的控制强大到足以让他为雇员的传闻陈述的内容负责的观念并不适用于大多数雇主—雇员关系。

另一种解释的尝试着眼于准—禁反言的公平观念，阻止"当事人主张对别人不利的、不符合他以前的立场的权利"[29]。这里，一方当事人可能会被禁止通过主张自己的权利来反对对方在审判中使用自己以前的传闻陈述。爱德华·列夫支持这种路线："这是对不一致的一种惩罚，禁止阻止在另外的场合〔作出的不同于现有根据的陈述〕，相对的可靠性并不重要；当事人已经自我矛盾，审判者必须把其中的一种立场处理为真实的……如果你在另外一个时间作出与你现有立场不一致的陈述，那么你在法庭上的信誉就会受到损害……你必须躺在自己铺好的床上。"[30] 在列夫之前60年，吉勒特论述了这一立场背后的社会职责："每个人都与社会有一个讲真话的契约。因此，如果法庭应该根据他的陈述调整他的事务，当被要求这么做时，他不应该抱怨，即使当时他说的话没有损害他的利益。"[31] 伦伯特、格罗斯和利布曼详细论述了一种道德理由："〔当事人承认的〕例外最好被视作扎根于个人对他们的行为负责的观念。人们被理所当然地期待讲真话，不是因为法律要求人们日常谈话中的真实性，而是因为广泛接受的道德观念提出这样的要求。在传

---

[27] McCormick, supra note 13, §267 at p. 641.
[28] Lilly, supra note 16, §58 at p. 206.
[29] *Black's Law Dictionary* (4th ed. 1951).
[30] The Law of Vicarious Admissions-An Estoppel, 26 *U. Cin. L. Rev.* 17, 29-30 (1957).
[31] Gillet, *Indirect and Collateral Evidence* §2 (1897).

闻规则中，法律承认人们并不总是讲真话的事实，但是承认这一点并不意味着法庭面前的双方当事人被推定为没有讲真话的道德义务，或者被解除了为他们行为负责的责任，如果他们没有负责的话。"[32]

这些公平的、社会的和道德的理论问题是，虽然它们可以为采纳当事人本人的承认提供根据，但是，如果延伸适用到不利于雇主的雇员陈述时，就不尽如人意了。如果雇员坚持了自己说真话的职责，让雇主对雇员的传闻陈述负责在证据法上是有意义的，但其意义也不过是允许雇主在审判中为了自己的利益使用该陈述，这是传闻规则不允许的。如果雇员违反了讲真话的职责，则应该受到惩罚的是雇员。如果列夫写下"雇员铺好了他的床；现在雇主必须躺在上面"，他的理由还会那么有说服力吗？此外，这些理论都没有涉及马兰蒂案中王吉林法官担心的情形，即雇员未经授权的陈述由于缺乏个人知识，完全可能是不准确的。

雇主的事业。在上文引用的文章中，爱德华·列夫发展了这样的观点，即雇主自愿选择雇员的行为并愿意与他们行动一致，说明了为什么要禁止雇主反对采纳他们的传闻陈述。他写道："雇佣行为施加了对雇员的相关言论的责任"[33]，后来他提出"自愿的联盟也引出了［雇主的］责任"[34]。

对于雇员施加于雇主的风险和负担而言，这本身并不是一个令人满意的解释。我们必须超越雇主雇佣其他人的行为本身，看一看雇主，特别是公司和机构作为雇主从它们的组织结构中获得的利益。

雇主根据自己的利益雇佣其他人，并从雇员的工作中受益。个人利用雇员扩大他们的经营和利润；公司和其他机构作为雇主只能通过雇员从事业务。由于雇主得益于雇员与他人的配合，实施和讨论他们雇主的业务，所以让雇主完全否认他们的雇员所说的和所做的，大概并不公平。根据第801(d)(2)条第(D)项对该原则作出的限制是，雇员的陈述必须至少是对于他职责范围内的事项，虽然雇员不必把谈话作为他工作的组成部分。

换句话说，雇主从他们雇员的行为中获得利益，从长远看，包括给别人带来风险的行为。雇主被认定为对属于他的组织组成部分的雇员的行为负责。雇员作出的不利陈述的行为与雇主要负责的其他行为整体之间没有原则的区别。没有这样的区分，给雇主施加为雇员不负责任的陈述买单的风险也是公平的，就像在更为宽泛的意义上，雇主必须为雇员造成的其他风险买单一样。和其他风险一样，雇主可以传递和分散由于采纳雇员的承认而额外承担责任造成的成本。顾客、签约人和其他最终支付这些费用的人群也被公平处理为一个团体，因为每个人都可以通过使用雇员承认而改善获得赔偿的机会，无论他或她有没有针对雇主的诉讼理由。

这听起来像是一个雇主责任和成本分散的首长负责理论，而且它就是。作为对雇员承认的解释，它也许存在于咨询委员会对第801(d)(2)条的注释提到的"必要性"之中，但是在这里它同样被解释为一种公平理论。如果不能完全令人满意，那可能是因为将雇员承认的可采性延伸得像第801(d)(2)条第

---

[32] Lempert, Gross & Liebman, *A Modern Approach to Evidence* 537 (3rd ed., 2000).

[33] Lev, supra note 30, at 45.

[34] Id. At 37, 49.

(D)项那么远最终是不能用准确和公平的合理理由来解释的。在这个范围内还是有权宜的因素，虽然没有定论，大概也不外乎其他形式的法律风险分担。

结论

　　组成马兰蒂案故事的这三个遭遇可能让读者并不满意。我们真的不知道在丹尼和索菲之间发生了什么。如果索菲负有责任，那么丹尼因为他受的伤接受的赔偿就太不够了。如果它没有责任，那么它无端地失去了家园，还有在野生犬类动物生存研究中心的生活。王吉林法官和第801（d）（2）条之间的遭遇也不尽如人意。法律争点被速写式地简化和提出，这位法官似乎对这一条的细枝末节并不感兴趣。他认为他实现了正义，但是他对于协调他的正义观和联邦证据规则中总体可采性的观点不感兴趣。最令人不满意的大概是第801（d）（2）条第（D）项和我们寻找充分平衡准确、公平和正义的综合理由的愿望之间的遭遇了。上述理由在它们的逻辑范围内都没有问题，而且它们确实为采纳许多雇员陈述提供了根据。但是每一个都没有着眼于整体。

　　在寻找综合理由的过程中消失了的因素是承认司法角色的有限性。期待法官，像在马兰蒂案的过程中一样，能够准确划出第（D）项的界限，即使这种划分能够归纳为理论的语言，也要求过高了。很多复杂因素也要平衡：对事件的第一手知识和足以作推论的知识之间的界限。事实陈述与意见陈述之间的界限；有利于雇主或反映雇员权限的言论与相反的言论之间的界限。如果法官面对这些精细的理论划分，大概在审判中当场适用的证据法，就难以按照设想或者前后一贯地运作了。将第801（d）（2）条第（D）项处理为关于可靠性的裁量性判断的替代方案，给自己施加了偏见和错误、不一致和不公正的风险。规则的起草者划了一条他们认为法官可以很容易地适用（在关系存在期间，关于职责范围内的事项）的更宽泛的原则界限，并拒绝法官运用自己的裁量权。

　　因此，马兰蒂案的故事也带来了第四个遭遇，这一次是在法学院学生和证据法之间。它说明了在联邦证据规则设定的原则要求和初审法院在执行这些规则中的积极角色的紧张关系中都攸关到哪些价值。

11

互惠人寿保险公司诉希尔曼案[*]

格雷大法官先生

---

[*] 互惠人寿保险公司诉希尔曼案，145 U.S. 285 (1892)，是对初审法院支持原告的判决的上诉。原告是一名年轻女子，起诉三家保险公司，要求对她丈夫——约翰·希尔曼的生命承保的三家公司支付赔偿金。最高法院的判决是证据法上最重要的条文之一。这里复制了格雷先生呈现的最高法院版的希尔曼案的故事片段。

在每个案件中，原告都诉称希尔曼死于1879年3月17日，处于保单的有效期间，但是被告人被告知了这一事实后，拒绝支付保单金额；其回复拒绝承认希尔曼先生死亡，并声称他和约翰·布朗还有其他的一些人从1878年11月30日开始，甚至是在此之前，就共谋欺诈被告人，谋取保单收益，其后，在1879年3月和4月，假装并提出希尔曼死亡，并提出他们得到的尸体就是他，而事实上他仍然活着，藏起来了。

1888年2月29日，在两次陪审团没有达成一致的审判之后，三个案件被合并审理……在遴选陪审团的过程中，每个被告都对3名陪审员提出无因回避。但法庭的裁决是，由于案件已经被合并审理，所以被告人总共只能提出三次无因回避，而且，在每位被告对1位陪审员提出无因回避之后，法庭裁决道，被告不能再对其他任何陪审员提出无因回避；对这些裁定，每位被告都提出异议。

在审判中，原告出示证据证明，大约在1879年3月5日，希尔曼和布朗离开了堪萨斯州的威奇托，一起穿越南堪萨斯寻找放牧牲畜的地方；在3月18日的晚上，当他们在一个叫"弯河"的地方宿营的时候，希尔曼死于枪支走火；布朗立即通知了生活在周边的人们，尸体被带到邻近的小镇，验尸之后在那里埋葬了。被告出示证据证明，在3月18日晚上在弯河的宿营地发现的尸体不是希尔曼的尸体，而是弗里德里克·阿道夫·沃尔特斯的尸体。在到底这是谁的尸体的问题上，有大量相互矛盾的证据，包括尸体的照片和描述，尸体上的印记和伤疤的照片和描述，还有关于希尔曼和沃尔特斯长得很像的证言。

被告出示的证言证明，沃尔特斯于1878年3月离开位于依阿华州麦迪逊堡的家，后来1878年在堪萨斯州，而且1879年1月和2月也在堪萨斯州；在那段时间他的家人经常收到他的信，最后一封来自威奇托；从1879年3月起就没有再收到过他的信。被告还提供了下列证据：

伊丽莎白·瑞芬纳作证说她是弗里德里克·阿道夫·沃尔特斯的姐姐，住在麦迪逊堡；而且如异议笔录所载，在那里进行了下列诉讼：

"证人继续作证说她曾在1879年3月4日或5日从堪萨斯的威奇托收到一封信，是她的弟弟弗里德里克·阿道夫写来的。这封信标注的是威奇托，是她弟弟的笔迹；她到处找那封信但找不到了；但是她还记得也能说出那封信的内容。"

"就被告律师的提问，'说出信的内容'，原告提出异议，理由是无资格、不相关和传闻。该异议得到支持，被告也及时地提出异议。下列是证人陈述的信的内容：

威奇托，堪萨斯，3月4日或5日，或者3日或4日——我不知道——1879年。亲爱的姐姐和大家：现在我用通常的方式写信让你们知道，我有望大约在3月5日和一位绵羊贸易商希尔曼先生离开威奇托，去科罗拉多，或者是我不知道的地方。我现在就希望看到乡村。你们可能对这个消息不感兴趣，因为你们不了解这里。我祝福所有关心我的朋友。我爱你们。你的弟弟，弗里德里克·阿道夫·沃尔特斯。"

阿威娜·卡斯顿作证说她21岁，住在麦迪逊堡；她和弗里德里克·沃尔特斯订婚；她最后看见他是在 1878 年 3 月 24 日在麦迪逊堡；他在那个时候离开那里，再也没有回来；她定期和他通信，在 1879 年 3 月 3 日以前，每两周收到一封信，那也是她收到最后一封信的时间；这封信标注的是威奇托，1879 年 3 月 1 日，寄到她在麦迪逊堡的地址，信封上的邮戳是"威奇托，堪萨斯，1879 年 3 月 2 日"；从那之后，她就再也没有收到过他的信或看到他。

被告提交带着邮戳和地址的信封作为证据，然后要宣读信的内容。原告反对宣读信件。法庭维持了反对意见，然后被告提出反对。

这封信上注明是"威奇托，1879 年 3 月 1 日"，有沃尔特斯的署名，开头是这样的：

"我最亲爱的阿威娜：就在我离开恩波里亚前一个小时，昨天下午我收到了你可爱的信。我会在这里待到下周的前半周，然后我会离开这里去看我离家时从未想过会看到的乡村，因为我要和一个名叫希尔曼的人一起，他想要建一个牧场，而且他答应支付我比其他任何地方都要高的薪水，我打算接受这个工作，至少在我找到更好的工作之前。这里有很多人都得了利德维尔热病。而且要不是我有了现在这份工作，我就要一个人去那里；但是现在我可以去观赏堪萨斯、印第安纳地区、科罗拉多和墨西哥最美丽的区域了。我们要走的路线一个人要花 150~200 美元，但我一个子儿也不用花；而且我还能拿到薪水。在我安顿下来之前，我会偶尔给你写信。然后我想得到你的回信。"

....

法庭在对证言进行总结之后，对陪审团作出如下指示："从审判的一开始你们就会感觉到，要得出的结论实际上依赖于一个事实问题，而且所有这些细节上生动而迥然不同的证据都是没有意义的，除非它们所确立的事实可以揭示并且帮助你们回答这个问题：在 1879 年 3 月 18 日晚上弯河的营火边躺着的到底是谁的尸体？对这一问题的回答决定了你们要作出的裁决。"

在被法庭指示就每个案件作出单独的裁决后，陪审团作出了支持原告的裁决，判决三个被告分别支付保单的金额和利益。

[最高法院，经评议，判决初审法院没有允许被告公司每人提出 3 次（而是总共 3 次）无因回避是错误的。但是不仅如此；它还裁定初审法官排除弗里德里克·阿道夫·沃尔特斯写给姐姐瑞芬纳的信是错误的。虽然这些信件是传闻，但最高法院认为，由于它们可以揭示写信人的意图，所以应当被采纳，因此，它们可以被合理地用来证明他更可能有这样的意图，而且也实现了这些意图。]

12

希尔曼案，最高法院和麦古芬

玛丽安·威森

麦古芬：在电影理论中，特别是在阿尔弗莱德·希区柯克的电影中，没有意义或者不能与作者的讲述目的相吻合地解释角色行为的东西。虽然出场时很有声势，但后来时常发现麦古芬被误解了，甚至是不存在的。

美国证据法对希尔曼案的超乎寻常的遵奉经常被提起，关于这个 1892 年判例的经典学术著作写于 1925 年。在那一年，约翰·麦克阿瑟·马圭尔发表的分析意见令人赞赏不已。① 他在文章中敏锐地指出，在他写作时，希尔曼案的适用范围问题仍没有解决；他还先见之明地预见到这种不确定性以后必然会造成争论。但是，马圭尔教授并没有对当时（而且直到现在仍然是这样）在学习希尔曼案的学生中间流行的一种想法提出质疑：在弯河边死于意外的那个人不是约翰·希尔曼。这种想法，实际上激活了所有对于这场著名争论和判例的评论。

因此，关于庭外陈述人对于他想要见另一个人或者与另一个人完成交易的意图的陈述是否可以被用来证明另一方了解这些意图（或者双方在过去的某个时间曾讨论过他们共同的计划）的争论仍在继续。② 同样，关于法庭能够采纳陈述证明说话人自己的意图但却对后面一个问题持否定态度的问题也是如此。陪审团到底应该怎么使用它可以考虑"根据我和约翰的协议我要和他一起去旅行"的陈述的指示？是把它作为证明说话人意图的证据，但不作为证明约翰意图的证据，还是可以作为说话人和约翰曾讨论过这个计划的证据？

在联邦证据规则于 1975 年通过时，这种不确定性不但没有解决，反而愈演愈烈。在产生 83 年后，希尔曼规则被合并到第 803（3）条："传闻规则不排除下列证据，即使陈述人可以作为证人出庭：……关于陈述人当时思想状态、感情、感觉或身体状况（例如意图、计划、动机、构想、情感、疼痛和身体健康）的陈述，但是不包括证明记忆或者确信的事实的记忆状况和信念状况……"这一条本身（特别是从最后一句话的限制性陈述来看）可以被解读为排除这样的材料，比如弗里德里克·阿道夫·沃尔特斯写给爱人的信，说他遇到一个叫做希尔曼的人，并和他定了一个一起游历到"科罗拉多或其他不知道的地方"的计划——至少将其适用范围严格限制于证明陈述人的意图，并禁止用它来证明任何过去的行为，或者其他人的意图。但是它经常不被这么解读，部分原因是非常有影响的咨询委员会对该条的注释这么说："允许采纳倾向于证明实施意图中的行为的意图证据的互惠人寿保险公司诉希尔曼案的规则……当然原封未动。"

由于希尔曼案判决本身似乎允许沃尔特斯信件的各种用途，所以，也难怪多数法官都将该案解释为即便存在传闻方面的异议，对于说话人意图的陈

---

① See John MacArthur Maguire, "The Hillmon Case—— Thirty Three Years After", 38 *Harv. L. Rev.* 709 (1925).

② See, e.g., United States v. Heaster, 544 F. 2d 353 (9th Cir. 1976), cert. denied, 429 U. S. 1099 (1977). 在 16 岁的 Larry Adell 失踪后，Hugh MacLeod Pheaster 和 Angelo Inciso 被定以绑架罪、绑架共谋和敲诈勒索。Pheaster 卷入 Adell 失踪案似乎问题不大，虽然也有证据说明 Adell，这个有着毒品问题和有钱老爹的年轻人，可能参与了他自己的失踪案，或者在他可以回家后仍决定远离家门。但是，针对 Angelo Inciso 的证据则少得多；主要的证据是 Adell 在失踪前几分钟在餐馆里对他的一帮朋友说他要出去一下去停车场从"Angelo"那儿弄些毒品——这是一种根据"思想状态"例外被采纳的陈述。法庭维持了对 Inciso 的定罪，指出，对于希尔曼案至关重要的沃尔特斯的信件具有相同的证明作用，不仅能够证明说话人的意图，而且能够证明其他人的意图，以及这两个人之间过去发生的谈话的性质。

述也是可以采纳的,即使它包含了对说话人或其他人过去行为的陈述,甚至是包含了关于其他人意图的主张。这一理论结论很大程度上是出于对希尔曼规则的尊重——还有希尔曼案中的争议证据不仅描述了陈述人沃尔特斯的意图,而且还有沃尔特斯过去与希尔曼的协议。注释在评论中用了强调性的"当然"一词。虽然咨询委员会的其他注释也是深思熟虑的、分析性的,有时候还是批判性的——甚至是对于最高法院的判例③,但是在这个注释中开始和总结讨论的都是对希尔曼案的援引。那个时代的多数判决在今天都失效了,但互惠人寿保险公司诉希尔曼案却有不同的命运。传闻规则的思想状态例外,至少对于表现意图而言,很少在希尔曼案之外寻找权威根据。比起其他的几乎是任何证据规则,它的存在更是依赖一个单一的判例。

1882年和1885年进行的希尔曼案的前两场审判,都是以悬案陪审团告终,但是第三场审判的结果是萨莉·希尔曼胜诉,这一场审判导致了最高法院著名的1892年判例,推翻了支持她的判决。接下来又是三场审判,其中两场以悬案陪审团告终,最后一场又作出支持萨莉·希尔曼的裁定,这注定还要被最高法院推翻。在所有这些审判中争议的最终事实问题是,在1879年3月在堪萨斯州梅迪辛洛奇市附近的营地死于枪伤的男子的身份,这起死亡事件发生于20世纪的各种身份认定方法出现以前。萨莉·希尔曼及其律师坚决主张那具尸体就是她丈夫的,而且也有证据证明事实确实如此,包括死亡后不久萨莉·希尔曼和许多在希尔曼生前认识他的人的指认,还有希尔曼当时的旅行伙伴在一些场合作的陈述,其中一个是约翰·布朗。在布朗最初的陈述中,是在死亡后几个小时以内作出,他说他在从马车上卸下来复枪时意外击中了希尔曼,当时两个人正在一个叫做弯河的地方扎营。

但是也有疑点。在19世纪后半期的美国,人寿保险诈骗即便不是普遍的,也很常见,保险公司似乎从一开始就怀疑报告的希尔曼的死亡事件。它们的立场是,死者不是希尔曼,而是一个无辜的被害人,它们主张希尔曼和约翰·布朗把这个人引到了弯河,目的就是要杀掉他,留下他的尸体,假装是希尔曼的尸体。对于这种说法,也有一些证据,包括在希尔曼活着的时候认识他的证人宣誓作证说尸体(或者照片中的尸体)不可能是他,还有几个月后,在验尸官验尸得出结论说死者不是希尔曼之后,约翰·布朗宣誓后提供的书面陈述。在这个陈述中,布朗支持了公司的说法,承认被害人是一个叫"乔"的人,他和希尔曼在威奇托遇到他并说服他陪他们向西走。但是在第一次审判之前,约翰·布朗否认了这种说法,又回到最初的说法,说保险公司的律师逼他签署了虚假的书面证词。④

在所有的六场审判中,这些公司都坚持认为尸体是弗里德里克·阿道夫·沃尔特斯的,他曾经是依阿华州麦迪逊堡的公民,已经同麦迪逊堡的阿

---

③ 在联邦证据规则第804(4)条之后的咨询委员会注释中,该委员会拒绝了 Donelly v. United States, 228 U. S. 243 (1913) 案中的规则(违反刑事利益的陈述不成为传闻规则的例外,即使陈述人不能出庭)。See also the nuanced consideration of Palmer v. Hoffman, 318 U. S. 109 (1943) in the advisory committee's note to Fed. R. Evid. 803 (6), and United States v. Dumas, 149 U. S. 278 (1893) in the note to Fed. R. Evid. 803 (8).

④ 布朗完整的证言记录可以在第二次审判的笔录中找到。Transcipt of Record, Supreme Court of the United States, Conn. Mutual Life Insurance Co. v. S. H. Hillmon, No. 94 (1903), at 342 [hereinafter 1899 Transcipt].

威娜·卡斯顿小姐订婚。他们传唤的证人有卡斯顿小姐和沃尔特斯的家人，他们从照片上指认尸体是弗里德里克·阿道夫。没有争议的是，以制烟为业的年轻的沃尔特斯先生，为了改善自己的景况，于1878年3月离开麦迪逊堡，在中西部到处游历了大约一年。被告保险公司主张，沃尔特斯于1879年3月来到威奇托，就是在这里他给阿威娜·卡斯顿写下了那封著名的信，这是电影评论家称为故事的麦古芬的文件第一次出现。

卡斯顿小姐在审前证词中作证说她收到了未婚夫从威奇托寄来的标注着3月1日的信；他在信里说他很快就要和"一个叫希尔曼的绵羊贸易商"离开那个城市。这封信作为物证附在卡斯顿的审前证言笔录之后，说明写信人相信希尔曼"许诺我比我在其他任何地方能挣到的更多的报酬"，因此决定随他们去。卡斯顿小姐说这封信是她和沃尔特斯先生的最后一次联系。（沃尔特斯的姐姐伊丽莎白后来的证言说她和家人也收到了他寄来的类似的信件，只不过加强了其证明力，但是说服力要大打折扣，因为那封信据说弄丢了，从没有出示。）

卡斯顿的信对辩方非常有帮助，不仅说明死者身份不同，而且强化了布朗所说的他和希尔曼曾引诱一个被害人陪他们上路。对于最高法院1892年判决的读者来说，很难抵制格雷大法官先生对该信件的描述所唤起的印象：弯河边的尸体很可能是弗里德里克·阿道夫·沃尔特斯的。约翰·布朗相互矛盾的陈述可以互相抵消，留下一个疑点，证人有的说尸体是希尔曼，有的说是沃尔特斯，但是信件是最后解扣的东西。弗里德里克·阿道夫·沃尔特斯在营地死亡事件发生前不久在威奇托遇到一个名叫希尔曼的人，和他一起离开镇子，从此再无消息；这很难说是巧合。谋杀是显而易见的解释。

但是，前两个陪审团还是没有被说服，至少有足以产生两次无效审判的陪审员。但是在第三次审判中，夏伊拉斯法官排除了卡斯顿的信和姐姐的证言，接受了希尔曼夫人的律师提出的它们属于不可采纳的传闻的说法。[5] 陪审团，在对这些信一无所知的情况下，作出了支持希尔曼夫人的裁决，保险公司提出上诉。最高法院的判决推翻了包含有已经成为传闻规则的著名的"思想状态"例外的那些话：

> 一个人的思想状态或感情只能通过表情、态度或姿势来向其他人表达，或者通过口头的或书面的声调或言词。要证明的事实也是，正常表达它的证据同样有资格证明它，无论是通过行为还是通过神态表达，也无论通过语言还是书面表达。如果要证明的意图仅在限定行为时很重要，为了确保对该意图的陈述得以采纳，必须证明它同该行为的关系。但是，在一系列情况链条中，无论意图本身是否是一个独立、实质性的事实，它可以通过当事人同时作出的口头或书面陈述来证明……

本案中可以适用的这个规则因此由本庭陈述如下："无论一个人身体上或精神上的感觉是否是要证明的实质性问题，对这种感情的通常表达是原始的和合格的证据。这些表达是对通过其他证言不可能证明的事物的自然反应。如果有这样的其他证言，对于确立按照自身逻辑自然发展的事实，并且

---

[5] 1888 Transcript, supra note 4, at 190 (Alvina Kasten letter), 189-90 (Elizabeth Rieffenach testimony).

赋予它们适当的效果，这也许是必要的。作为独立的、解释性的或补强性的证据，对于正确地执法，它经常是不可缺少的。这些陈述被当做了口头行为，并且和任何其他证言一样有资格，如果与争点相关的话。它们的真实与虚伪是需要由陪审团解决的问题。"⑥

在这种观念支配下，最高法院推翻了判决，将案件发回重审，指示关于信件的证据应当被采纳。

马圭尔教授明确地认同研读过该判例的大多数学生和学者的观点，相信死者是弗里德里克·阿道夫·沃尔特斯。他（援引沃尔特斯的信）写道："未知的地方显然包括来生。"不仅美国的学者，而且海外的学者（对希尔曼案作出过许多评论的人）也认为很难抗拒这样的结论：尸体是依阿华州那个年轻的制烟人的。⑦ 但是，这个案件本身，以及马圭尔教授和其他人作出的富有洞见的评论是基于对一个叫做弯河的地方附近的堪萨斯营地真实发生的事件的误解，这是否可能？

在我的证据法课堂上给学生讲授了很多次这个案件之后，我最近发现，最高法院给出的判决理由并不能令人信服，还有我发现读过的对该案的叙述过程中的不一致的地方，这激起了我的好奇心；我决定调查下去。我还觉得，更仔细地审查也许会发现最高法院搞出这样一个似乎很难在逻辑、政策或心理学上找出根据的规则的真实原因。因为最高法院在解释为什么这封信应当被采纳时并不是很有说服力，特别是在一个世纪后的读者看来。它从一个更早的判例中借用了这样的命题：像信件中的那些陈述的"真实与虚假"是一个"留待陪审团考虑"的问题。但是，在该案中或其他任何案件中，最高法院都无意于废除的排除传闻的规则正是建立在这样的观念基础之上：确定这些庭外陈述的真实或虚假，对于被剥夺了观察陈述人和聆听他在宣誓之后被交叉询问的机会的陪审团而言是一项过于困难的任务。最高法院实际上创造了一个传闻规则的例外。

但是，即便是一个温和地表达传闻陈述人意图的传闻规则例外——即采纳对意图的表达只用来证明意图的真实性——也不以任何可靠性理由为根据，正如马圭尔教授认为这样的表达同样存在"误述"的危险，从而默认的那样。它缺乏促使，例如临终陈述或违反利益的陈述的例外赖以产生的那种心理学上的依据。前者被认为可靠是因为"任何人都不会带着唇上的谎言去见他的造物主"，后者是因为说出一些对自己不利事情的人一定是受讲真话的强大动力的驱使。但是，对一个人的意图撒谎似乎比对其他任何东西撒谎更容易，因为在撒谎时被识破的可能性很小，与所表达的意图不一致的后来的行为永远可以用一句话来解释："我改变主意了。"希尔曼案中的最高法院支持例外的措辞越激烈——也就是说，允许对意图的表达作为完成意图的证据——它在可靠性方面的根据就越少，即便不考虑"在嘴唇和杯子之间还是

---

⑥ Mutual Life Ins. Co. v. Hillmon, 145 U. S. 285, 295-96 (1892), quoting Travelers' Insurance Co. v. Mosley, 8 Wall. 397, 404-05 (1869).

⑦ 一位调查了该案的英国学者说"任何公正的读者都会被威格莫尔转述的事实说服：尸体不是希尔曼的，而是沃尔特斯的"。Colin Tapper, "Hillmon Rediscovered and Lord St. Leonards Resurrected", 106 *L. Q. Rev.* 441, 459-460 (1990).

会有很多错过的机会"的大众智慧。

你会把最高法院在希尔曼案中令人好奇的失误归因于对萨莉·希尔曼和她的胜利的敌意，但是，最高法院大可不必走这么远，为了把她的案件发回重审，发明出一个思想状态例外。在对沃尔特斯信件的证据问题表明态度之前，它已经判决夏伊拉斯法官在赋予保险公司过少的无因回避机会方面犯了可撤销的错误。确实，关于信件的争议在被告律师的心中似乎是一个次要的考虑。在最高法院面前，公司的主要理由是无因回避问题，它们把信件问题放在它们列举的错误清单中非常靠后的位置。而且，它们对于这封信的可采性提出质疑的唯一理由是主张它属于商业记录，这是一个明显没有价值的主张。但是，在相当迅速地处理完回避问题后，最高法院指出："有一个非常重要的证据问题，律师界曾经充分地讨论过，而且在其他审判中也可能出现，这是一个对这一问题表达意见的适当的时机"⑧，然后开始分析初审法庭排除沃尔特斯信件作为证据的判决。

马圭尔教授的叙述确实让我们了解了最高法院聆讯希尔曼的背景。他说被委派撰写最高法院意见的格雷大法官当时有一个非常得力的秘书（今天我们称为法庭助手）：后来成为哈佛法学院院长和著名的证据法教授、学者的埃兹拉·里普利·塞耶。马圭尔说塞耶"在证据方面的粗略的工作记录"（显然马圭尔看到了这些记录）揭示了最高法院在讨论中表决推翻初审法官在"一般原则"问题上的证据性裁定，并没有指出是什么样的原则。塞耶的笔记中还说格雷大法官对于如何处理排除信件的裁定完全"一头雾水"，直到塞耶"给他拿来 J. B. T. 的东西"——即，从这位年轻秘书的父亲詹姆斯·布莱德利·塞耶那里，他本人也是一位哈佛法学院教授，作为全国著名的证据法学者，也是威格莫尔的前辈。

这是怎样复杂的局面！在讨论希尔曼案的时候，似乎坐落在最高法院大楼里的那个法庭反对根据宽泛得无从表述的原则排除沃尔特斯—卡斯顿信件，但这个原则又如此有力，无法从判决理由中将其忽略，一位被指派撰写最高法院意见的大法官更愿意把主要任务留给他的秘书，一位渴望在证据法方面留下一笔的年轻学者单方面和他的著名的爸爸联络寻求指导，将他们的发明创造加入到最高法院意见中，后来又吹嘘说是他，而不是糊涂的格雷大法官创造了传闻规则的这一个新的重大例外。

但是，萨莉·希尔曼诉讼案那些联合起来的对手们，他们的动机显然不过是职业的疲惫或正常的愿望，完全不可能解释这个思想状态例外。一定有更有力量的东西在发挥作用：完成一个公正和明白易懂的故事的需要。读完最高法院的意见，不可能不留下这样的印象：初审法官排除了沃尔特斯信件作为证据——故事中的麦古芬——损害了真相。一旦阅读了最高法院意见的人知道这封信，如果法律支持一个陪审团完全不知道几乎能够确定不移地证明尸体是弗里德里克·阿道夫·沃尔特斯的证据的重审，这似乎冒犯了正义观念。事实真相一定是布朗在他的书面证言中所说的：希尔曼说服了容易轻信的"乔"（从信件证据来看，显然就是沃尔特斯）和他们一起游历，后来在弯河杀死了他，把沃尔特斯的尸体假装是他自己的。

---

⑧ 145 U. S. at 294.

如果阅读意见的人对这个不可缺少的麦古芬有所不安,最高法院能不为参与创造一个可接受的故事——一个真相和正义最终得以实现,而不是受到蒙蔽的故事——的需要所动吗?虽然在判决的细节上有点漫不经心,但大法官们一定相信他们正在通过创造一个描述说话人意图的传闻例外实现着正义。为了让真相赢得胜利(并挫败希尔曼谋财害命的阴谋),这些信件必须成为故事的一部分;为了让这些信件成为故事的一部分,它们必须被采纳;为了让信件(它们毫无疑问是传闻)可以被采纳,必须给传闻规则找出合适的例外;如果找不到,就必须创造一个。

这样一封信在证据法发展中所具有的力量最终把我的调查导向了这个方向:假如一个判例是为一个具有完全不同叙事方向的真相而被创造出来,如果尸体最终是约翰·希尔曼的会怎样?特别是,如果故事的麦古芬,那封著名的信全是谎言呢?一旦是这种情形,这对思想状态例外来说意味着什么?根据前面的讨论,这些可能性似乎都很小,但这部分是因为沃尔特斯信件的来源被想当然地接受了;律师们关于它作为传闻的可采性的争吵似乎也消除了关于它的产生情形的怀疑。还有部分是因为被告的支持者在讲述历史记忆的希尔曼故事中发挥了令人生疑的巨大作用。

所有熟知希尔曼案的人都是从几个来源获得对它的了解:最高法院意见;1913年版的威格莫尔院长证据法方面的著名著作《司法证明原理》中发现的对该案的冗长描述(经马圭尔同意后援引);还有1968年发表于《美国遗产》杂志的历史学家布鲁克斯·麦克拉肯引人入胜的描述。但是后两种描述基本上是同一种来源,来源于被告保险公司的一位律师。麦克拉肯承认他的"主要资料"是堪萨斯州保监会准备的报告[9];这份逐字照搬的报告,也是威格莫尔著作中对该案作出的描述。实际上在准备报告时,保监会主席是一位名叫查尔斯·格里德的律师和商人,他向被告的保险公司公开了律师记录。他和他的律师事务所从第二场审判开始一直代理到第六场、也是最后一场审判,还有在最高法院的上诉中代理了其中一家保险公司。[10]

显然,堪萨斯州保监会主席在任职期间可以在长达一个月的审判中代理三家他负责监管的保险公司,这是一种我们今天会称作"监管俘房"的令人瞠目结舌的情况。考虑到理论来源带来的偏见,我的结论是,关于希尔曼案最具有启发性的信息要到当时的报纸的报道中去寻找,非常幸运的是,由于堪萨斯州悠久和令人骄傲的新闻传统和出色的报纸档案,这些报纸还能找到。

当我造访这些档案时,有大量的东西可供阅读。希尔曼案在新闻界是一个轰动案件,当时堪萨斯州的报纸既不受约束,也没有我们今天在报道方面称为"客观"的东西。但这并不是说它们对事实不感兴趣。实际上,许多报纸中每天的报道都模仿着笔录,只在细节上有差异,几乎都是一问一答式,报道着证言。几乎所有的报纸中的故事都采用这种笔录式的方法。这样的报道构成了报纸对审判报道的主体部分。因为许多这样的证言的官方笔录都不

---

[9] See Brooks W. Maccracken, "The Case of the Anonymous Corpse", XIX *American Heritage* 75 (June 1968).
[10] 堪萨斯州保监会年度报告,在威格莫尔的《司法证明原理》(1913年)中被复制[以下简称为年度报告](格里德在第二场和第三场审判中把自己列为律师);还参见第884~887页(格里德在总结陈词中详细引用)。

存在了或者找不到了,所以这些报道就特别重要。

撇开各种报纸的派别性报道,那些对证言和证据更为具体的报告讲述了一个相当清晰的故事。

在约翰·布朗向附近的乡村居民报告了弯河的枪击死亡事件后,在梅迪辛洛奇验尸官的帮助下进行了两次勘验。第一次,验尸陪审团没有就死于意外或其他原因达成一致;第二次得出的结论是,枪击是意外事件。[11] 之后尸体被埋葬在梅迪辛洛奇,而后布朗写信给萨莉·希尔曼解释发生的事件并表达自己的悔恨和哀痛。[12]

当对希尔曼的生命签发保单的保险公司得知了投保人死亡的报告后,它们立即行动起来。两家公司的代理人梅杰·西奥多·卫斯曼和一位蒂林哈斯特先生来到梅迪辛洛奇,要求挖出尸体进行检验。两个人告诉梅迪辛洛奇的验尸官,说他们认识希尔曼,想确认一下死者是不是他。根据当时梅迪辛洛奇报纸《明灯》的报道,"身份得到了肯定",希尔曼的尸体被送到"劳伦斯附近的亲戚家"[13]。但是,当尸体到达劳伦斯时,没有交还给萨莉·希尔曼或其他亲戚;相反,尸体被送到了两名代表保险公司的医师那里。据报道,这些医师怀疑尸体不是希尔曼的,但到那时死亡事件已经发生了接近一个月,尸体已经开始腐烂。另外有三个认识希尔曼的人被要求来辨认挖出来的尸体,他们都说不能肯定是不是他。希尔曼夫人一开始拒绝检查尸体,说她宁愿记着她丈夫活着的样子,但是后来她还是去看了,她很肯定地说那就是她的约翰。[14] 然后尸体被送到殡仪馆涂油,但是在接下来的几天显然又让不少人辨认。第二天,利文沃思县的验尸官召集验尸陪审团,开始了第三次勘验。道格拉斯县检察长格林和他的助手乔治·巴克履行了询问证人的职责。《劳伦斯模范报》对勘验程序进行了详细的报道。

在梅迪辛洛奇验尸官已经认定死亡为意外事件后,一定有公众对于保险公司在策划劳伦斯勘验方面发挥的作用表示不满,因为模范报记者暂停报道证言,书面回应一些批评诉讼的人:"有些人错误地认为现在正在进行的勘验是由保险公司的代表操纵的。勘验当然是由政府进行的,以确定尸体是否是希尔曼的,以及死亡是如何造成的。县检察长格林和巴克在正在进行的勘验中代表的是政府,而不是保险公司。"[15]

从事件的后续发展来看,这相当不耐烦的警告具有了某种意义。不仅主管保险的查尔斯·格里德先生在后来希尔曼夫人诉讼的审判中代表保险公司;而且他在这些审判中的合作律师是格林和巴克。巴克和格林还在第一次审判和两次上诉中代表保险公司,一共为这些当事人提供服务接近 25 年之久。县检察长格林,后来成为堪萨斯大学法学院院长,但即使得到这个职位

---

[11] *Lawrence Standard*, Apr. 10, 1879, at 2.

[12] *Lawrence Times*, June 17, 1882, at 1.

[13] *Medicine Lodge Cresset*, Apr. 3, 1879, at 2. 在后来的诉讼中,梅杰·卫斯曼和蒂林哈斯特在看到尸体后立即作证说他们认出那不是希尔曼的尸体。*See Topeka Daily Capital*, Mar. 18, 1895, at 1(梅杰·卫斯曼的证言),但《明灯》记者的印象不是这样的。

[14] 她后来说保险公司的人不太愿意让她看尸体;他们否认有这样的事,但是,当时跟她在一起的另外一位证人肯定了她的说法。*See Leavenworth Times*, June 30, 1882, at 4 (testimony of Mrs. Judson).

[15] *Lawrence Standard*, Apr. 10, 1879, at 1.

之后，他仍在希尔曼诉讼中代理这些保险公司。而且不管报纸上怎么说，甚至在勘验的时候，格林和巴克似乎已经受雇于保险公司，几乎所有的其他的参与人都是如此。1895 年，在案件第四次审判的过程中，验尸官作证说他从保险公司那里接受他的勘验报酬，而且他相信证人和陪审员的补偿都来源于此，而且"据他所知验尸官的勘验没有花道格拉斯县一块钱"。他还回忆起"乔治·巴克代表保险公司询问证人的事实，而且对此，[我]没有反对"⑯。在同一次审判中，梅杰·卫斯曼的证言强化了这种说法：他说他"在勘验时雇了巴克先生，帮助他证明尸体不是希尔曼的"⑰。

不管怎样，虽然有市民对其正当性颇有微词，但劳伦斯勘验还照常进行，一连搞了好几天。许多证人都作证，包括那个曾在梅迪辛洛奇对走火事件提供过同样描述的约翰·布朗。希尔曼夫人作证说，在尸体被运到劳伦斯后，她看过尸体，认出是她的丈夫。说尸体很像希尔曼的还有萨莉的堂兄列维·鲍德温、约翰·希尔曼以前的雇主，他到梅迪辛洛奇把尸体运回劳伦斯。萨莉和约翰租住的房子的房东也说他看过尸体，就是希尔曼。主要的争议似乎是围绕着希尔曼的身高、他的牙齿状况，还有天花疫苗伤疤的年头。（关于这些问题——牙齿、身高、伤疤——的争论也在后面的每一场审判中持续。）尸体是 5 英尺 11 英寸，希尔曼第一次申请保单的时候报告的正是这个身高。但是当时代表保险公司给他做检查的医生说，希尔曼几天后又回来说他实际上只有 5 英尺 9 英寸，医生只好重新给他量，发现矮的数字是正确的。他对申请书中身高一栏的明显改动解释说他在希尔曼第二次造访后做了纠正。希尔曼在临行前，大概在枪击发生前的 3 个半星期接种了天花疫苗，尸体上也有一个刚接种疫苗留下的伤疤。但是格林和巴克传唤的医生都作证说伤疤太新了，不可能是希尔曼的；还有一个说希尔曼的伤疤应该变硬了，而且到弯河枪击发生时应当已经脱落了。检验尸体的医师说尸体的牙齿很好，其中的一位曾在希尔曼申请保单时给希尔曼做过身体检查的医师说，相比之下约翰·希尔曼前牙槽中的"一个或两个"牙齿"坏掉了"。但是，列维·鲍德温和希尔曼的房东亚瑟·贾德森说约翰·希尔曼的牙没有坏，其他医师中也有一位说他在给他做检查时没有发现什么异常。

勘验快要结束时，变成了报纸猜测哪些人可能成为布朗和希尔曼犯罪阴谋的被害人的场合。先是一位罗威尔夫人根据对尸体的描述认为可能是她失踪的弟弟，但是当尸体挖出来让她查看时她说不是⑱；然后有一位"印第安纳的年轻人"据说失踪了⑲；后来科诺·卫斯曼据说找到了一个名叫弗兰克·尼科尔斯，也叫"阿肯叟"的人的几个朋友，这些朋友说阿肯叟曾跟他们说过他要跟名叫布朗和"希尔曼"的两个人去放牧牲畜，后来就再也没有听到他的消息。⑳ 梅杰·卫斯曼、科诺·沃科，还有保险公司的其他代理人似乎都在孜孜不倦地寻找一个有说服力的人扮演尸体的角色，故事的细节

---

⑯ *Topeka Daily Capital*, Feb. 16, 1895, at 6.
⑰ *Topeka Daily Capital*, Jan. 31, 1895, at 4. 下一段中的信息也来源于此。
⑱ *Lawrence Standard*, Apr. 17, 1879, at 4.
⑲ Id.
⑳ *Lawrence Standard*, June 26, 1879, at 4.

（被害人遇见希尔曼，同意和他一起西行）已经变得很清楚，即使这些代理人这时还没有听说过艾奥瓦的制烟人弗里德里克·阿道夫·沃尔特斯。

当验尸陪审团作出裁定时已经是5月中旬，结论是死的是一个"不知名"的人，而且由布朗的"罪恶行为"致死。[21]（奇怪的是，没有提到希尔曼是凶手或者共犯。）布朗一定觉得很恐慌，但他没有立即被逮捕或者被指控。相反，不久以后一个名叫布肯的律师找到了他。布肯在密苏里州的几个地方到处找布朗，在那里，布朗修改了他在劳伦斯的诉讼中的证言。布肯说他介入这个案件是受布朗父亲所托，并在夏天和布朗进行了几次谈话。9月，布朗宣誓后签署了一份冗长的陈述，否定了他原先的希尔曼之死的说法，又给出一个截然不同的说法。

这份书面证词声称约翰·希尔曼和萨莉·希尔曼的堂兄列维·鲍德温共谋实施保险欺诈，鲍德温的任务是支付保险费，希尔曼（和布朗）的任务是到西北去，目标是"找到一个可以冒充希尔曼尸体的家伙，目的是拿到保险金"。这份书面证词说离开威奇托后，两个人"第一天在威奇托城外两英里或者两英里半的地方"就遇见了一个人。这个人"说他的名字是伯克利或伯基思，或者类似的发音"，但是布朗和希尔曼一直叫他"乔"。希尔曼告诉布朗说乔可以冒充他，但是布朗不同意，说谋杀"是他以前从没有想过的事，也完全不敢干这种事"。但是，根据陈述中的说法，希尔曼还是实施了他的计划，还很有预见性地说服"乔"让希尔曼给他接种天花疫苗。希尔曼从自己的胳膊上弄出病毒，用一把小折刀塞进另一人身体里，就这么弄成了这件事。希尔曼还说服另一个人和他一起卖布，还采取措施避免路人看见车上有三个人，而认为只是两个人："有时候是这个，有时候是那个要躲一下，不让人看见。"显然，为了防止读者从这些事件中形成可能性不大的印象，证词解释说这个人是"那种很容易轻信的家伙，根本就不怀疑，说什么信什么"。

证词然后说希尔曼在弯河营地射杀了这个人，给死者穿上他的衣服，把自己的日记簿放进外衣口袋中，告诉布朗载他一程，带着"乔"的旅行包走到北面不见了。根据这份陈述，后来回到劳伦斯后，布朗和萨莉·希尔曼有过一次谈话，她安慰他说"她知道希尔曼在哪儿，他很好。"[22]

在保险公司看来，很难想象会再有比这份书面证词更有用的文件了。它解释了当时已知的全部事实，包括那个说不通的疫苗疤痕，不仅否定了布朗以前的证言，同时还有指认尸体为希尔曼的最重要的证人中的两个（列维·鲍德温和萨莉·希尔曼），同时还绝妙地利用了有利于公司的最具有暗示性的情况：一个像希尔曼这样的穷人居然为自己的生命投注这么巨额的保险。几乎与此同时，布朗还写下了另一份对保险人非常有用的文件：给萨莉·希尔曼的信。在信中他写道："我想知道约翰在哪，生意怎么样，我应该做什么。可以通过我父亲告诉我。您真诚的朋友，约翰·布朗。"[23]

---

[21] *Lawrence Daily Tribune*, April 14, 1879, at 4.

[22] See Aff., John H. Brown, 1888 transcript, supra note 4, at 165.

[23] 这是一些报纸的报道中信的写法。See, e.g., *Leavenworth Times*, June 18, 1882, at 5. 但格里德在"报告"中引用的这封信，刻意要逐字引用，中间包含了一些拼写错误。

213

但是评价这两份文件——书面证词和信——证明价值的人必须考虑到布朗的反复无常。布朗后来又说信是布肯授意他写的。而且在 1882 年希尔曼案第一次审判时，布朗又回到他最初对弯河死亡事件的陈述，为萨莉·希尔曼作证，说布肯和保险公司逼迫他在布肯编好的书面证词上宣誓签字。[24]

布朗不一致的陈述在 1892 年最高法院的意见中有所介绍。我相信多数读者在第一次读到这些信息时都会有和我相同的反应：布朗是个狡猾的人和变色龙，但他的书面证词也许是实情。因为（以我所见）当他说他意外杀死希尔曼时，他有撒谎的动机，主要是期望他能从保险费中分一杯羹。而他谎称干了书面证词中的事似乎是不可能的。来自保险公司方面的压力似乎不足以解释这一说法，或者成为他愿意这么做的理由，因为这会使他作为谋杀共犯面临刑事追诉。布肯的行为似乎也有问题；但是，起初我愿意把我的反应归咎于对于职业行为标准的过度敏感，在一个世纪以后在一个完全不同的法律环境中灌输给我的东西。但是，进一步的阅读又把我引回布肯的行为，导致我重新审视我最初的结论。

在希尔曼案中，布肯似乎不只有一个委托人。布朗作出书面证词当天签署的协议授权布肯"如果可以的话，安排和保险公司协商解决希尔曼案，如果金钱诉讼停止，并向公司交回保单之后，让他们停止针对我本人和约翰·希尔曼的追诉"。[25]第二份协议，上面注明日期是第二天，由保险公司的一名代理人签署完成；它"授权和雇用"布肯拿回并交还就约翰·希尔曼的生命投保的保单。布肯本人后来作证说，他在这一问题上接受的唯一的报酬来自保险公司。[26]（他对这种做法不合适的说法很生气，说他"习惯了对他的工作收费"[27]。）

约翰·布朗作证说，整个夏天布肯都是不请自来，到密苏里州布朗工作的一个农场；他至少又回来了两次，在他工作的不同地方见他，最后是在他弟弟鲁本的家里。最后一次，布肯给他带来一个叫沃德的人，说这个人是副警长。[28] 每次布肯迫使布朗签署说死者不是希尔曼而是别人的文件时都跟布朗说他有逮捕令，但是承诺说，只要他签字，他会保护布朗免于弯河死亡事件中任何法律责任。[29]鲁本在第一次审判中作证，支持了他哥哥的说法。他说听完布肯的话后，他开始劝说他哥哥，说为了避免法律上的麻烦，照律师说的话做对他更好，然后布朗听从了，同意签署布肯准备好的文件。约翰·布朗后来指出，他们说这份文件只用于说服萨莉·希尔曼撤销诉讼。[30]

在有条件地屈服之后，接着布朗准备并签署了写给萨莉·希尔曼的说他"想知道约翰在哪里"的信。希尔曼夫人作证说她没有收到这封信，布肯也承认（虽然否认向布朗如此授意）没有把信寄给她；相反，他把信交给了保

---

[24] *Leavenworth Times*, June 17, 1882, at 1.

[25] Id.

[26] *Leavenworth Times*, June 14, 1885, at 4 (second trial).

[27] Id.

[28] *Leavenworth Times*, June 17, 1882, at 1. 布肯承认副警长陪他去了鲁本家，但是作证说他的这个伙伴的执法身份纯属巧合；警长办公室最好的马队正好在附近，而且"很少用"。*Leavenworth Times*, June 22, 1882, at 1.

[29] *Leavenworth Times*, June 17, 1882, at 1.

[30] Id.

险公司的代表。㉛ 显然它一开始就没有被设计为真正的通信；它是由布肯制作并搞来的证据，在他有意代理布朗的当口儿，支持了保险公司提出的，布朗和萨莉·希尔曼联手把阴谋继续下去的说法。

几天后，当着公证人，布朗签署了布肯准备的冗长的书面证词。这之后几天，文件的命运变得更加诡异：在拿给希尔曼夫人看后不久，它被撕成了碎片，扔进了布肯办公室的火炉里。布朗（在萨莉·希尔曼的支持下）提出，是他这么处理这份文件的，说毁掉它的原因是他和布肯之间达成的关于这份文件只能被用来鼓励萨莉放弃主张的协议。㉜ 另一方面布肯坚持说"为了防止日后提起诉讼，布朗会作证说陈述是真实的"㉝，这种说法暗示以后在法庭上用来弹劾不一致陈述的可能性（当然这正是该书面证言最终的用途）。无论如何，在火炉事件后布朗一定相信陈述已经被毁掉了。

但是，布肯后来承认在布朗签署和火炉事件之间的这段时间里，他给了保险公司的律师们一份书面证词的副本。㉞（当时副本都是手写的，因此准备副本不是一个偶然的行为。）然后布肯就可以毁掉书面证言的原件了，或者通过公然的损毁行为让布朗对他的良好信誉放心，在得知他代理保险公司的同事已经拿到副本之后。但他似乎甚至预见到手写的没有签名的副本可能不会像原件那样被采纳：在布朗和萨莉·希尔曼离开办公室后，他从火炉中抢出了撕碎的原件，把碎片装在一个信封里。这些努力后来得到了回报：在第三次审判中法官裁定，在布肯授意下制作的副本不能采纳，而且除非出示原件，不能证明其中的内容。多亏布肯的抢救它才能被出示（有点烧焦了，破破烂烂的），并被采纳为弹劾布肯曾声称是他自己的当事人的人。㉟

虽然布肯否认并在很多方面与布朗弟弟的证言相矛盾，但他自己的陈述照样具有这样的效果。他自己承认准备了一份文件，以换取布朗的书面证词，承诺对布朗和希尔曼不进行刑事追诉。㊱ 但是这些协商只在布朗和保险公司的代表之间进行；这些文件上没有任何官方的背书，也没有任何证据证明他们参与其中。无论是布肯安排他的"委托人"认罪，以换取他知道毫无价值的承诺，还是保险公司真的确实要求在劳伦斯和其他地方执行刑事司法（因为如果有谋杀的话，就发生在巴伯县），布肯都知情，而且是自愿参与为他们的私人目的而篡夺刑事司法体系权力的活动。

即使考虑到1880年堪萨斯州的职业准则比我们今天的更为宽松，布肯律师也走得太远了。如果要相信布朗兄弟的证言，他的背信弃义是令人震惊的；

㉛ *Leavenworth Times*, June 22, 1882, at 1（第一次审判）.

㉜ *Leavenworth Times*, June 17, 1882, at 1（John Brown）; *Leavenworth Times*, June 20, 1879, at 1（Sallie Hillmon）.

㉝ *Leavenworth Times*, June 22, 1882, at 1.

㉞ Id.

㉟ 1899 Transcript, supra note 4, at 166-67. See also *Topeka Daily Capital*, Mar. 2, 1888, at 4. 我们今天称为最佳证据规则的实施提出这样的问题：为什么伊丽莎白·瑞芬纳奇的证言——说她拿不出弟弟的信，但是接下来又详细介绍了信的内容——没有被排除？大概因为没有提出异议，也或者夏伊拉斯法官认为证言属于最佳证据规则的例外——文件已经丢失或损毁。

㊱ *Topeka Daily Capital*, Mar. 10, 1888, at 4（第二次审判）. 布肯作证说布朗坚持不仅为自己提供豁免，而且要为他的同伴提供豁免，这使得协商变得复杂，而且如果是真的，这当然意味着布朗知道希尔曼还活着；但是布朗的证言不一样。

但即使他自己的陈述是可信的，他不停的劝说也会很容易地让一个可怜的年轻人签署一份他明知不真实的陈述，以换取他不会面对更多麻烦的保证。

布肯为布朗起草的书面证言的核心主张是，一个自称是"乔·伯克利"或"乔·伯基思"的人和布朗及希尔曼宿营并短暂地在一起旅行，后来被杀害于弯河。在希尔曼案的前五次审判中，保险公司的律师都说布朗书面证词中的"乔"实际上是弗里德里克·阿道夫·沃尔特斯，只不过用了一个假想的名字。但是在1899年最后一次审判中，梅杰·卫斯曼承认他已经找到了"乔·伯基思"，布朗的书面证词中提到的那个人，在第一次审判开始前还好好地活着。㊲ 显然，在撰写书面证词的时候，这些公司就已经知道有一个叫乔·伯基思的失踪了的真实的年轻人，并且希望他的身份可以贴在死者身上；只有在真正的乔·伯基思出现，而且沃尔特斯家人报告他们的儿子失踪的时候，他们才开始主张"乔"是沃尔特斯的别名。还能有什么更好的证据可以说明书面证言是布肯的发明而不是布朗作出的真实陈述呢？

这些关于布肯先生的反思不仅对于历史的判断而言是重要的，而且对于弗里德里克·阿道夫·沃尔特斯给心上人写的那封信的意义也是重要的。没有布朗的书面证言，被告们就会找不到证明的立足点，只有主张希尔曼和死者有差异、像希尔曼这样的人为自己的生命购买这么多的保险很奇怪，还有沃尔特斯的信。这封信和这份书面证词似乎相互补强：每一份都驱散了另一份可信性方面的疑点。但是如果布朗的书面证词被判断为一个不择手段的律师与一个受到恐吓的不识字的年轻人进行交易的不可靠结果，沃尔特斯的信就要和使它合法化的著名判例一起接受信的审查。

这封经历过多次审判的信的命运值得继续关注。在劳伦斯勘验之后，保险公司知道了沃尔特斯的家人、他们失踪了的弗里德里克·阿道夫，还有他的未婚妻。后来公司的律师们得到了阿威娜·卡斯顿小姐的证言，（她说）她给他们提供了那封著名的"最亲爱的阿威娜"的信。主持第一次审判的福斯特法官采纳了这封信，还有她辨认这封信的证言；卡斯顿本人没有亲自在这次审判中作证（其他任何人也没有）。㊳ 在七轮投票后陪审团仍旧是7：5，支持希尔曼夫人的占多数，于是宣布审判无效。㊴

在第二次审判中，卡斯顿的证言又一次和那封信一起被接受为证据。陪审团又一次陷入僵局，这一次是6：6㊵，但这一次那封信在评议过程中似乎显得更重要了。一位（投票支持原告的）陪审员事后向一位报纸记者表示，如果沃尔特斯如信中所说的那样到过威奇托，"当然会有人看见或想起他。他会投宿；他是一个制烟人，这一行业的人当然会记得他。没有带任何能证明当时在威奇托见过他的人来到法庭上，这一事实本身就让我们相信：这封信有不可告人之处"。㊶ 至于布朗的两次陈述，这位陪审员说，它们"相当有

㊲ *Leavenworth Times*, Nov. 11, 1899, at 6. 显然在最后一次审判中被告们已经放弃弗里德里克·阿道夫·沃尔特斯就是布朗书面证言里"乔·伯基思"的主张。他们自己的一位律师从梅杰·卫斯曼口中引出，他已经在1879年"找到"了法兰西斯·尼科尔斯（或"阿肯叟"）和乔·伯基思。Id.

㊳ *Leavenworth Times*, June 29, 1882, at 4.

㊴ *Leavenworth Times*, July 4, 1882, at 4.

㊵ *Leavenworth Times*, June 25, 1885, at 4.

㊶ Id.（原文中这几个字就是大写）.

影响力，虽然很难说哪个版本是真的"，而且还说，"它很难令我相信，除了布肯为了帮公司搞到证据真是在他身上花了大工夫这一点"。[42]

显然是注意到了这位陪审员的怀疑，因而在1888年的第三次审判中，被告传唤一些证人作证说他们在1879年3月初见过沃尔特斯，或者其他很像他的人。[43] 他们又一次提供了卡斯顿的证词，还有她说沃尔特斯寄给她的信的副本。但是这一次对被告们几乎没有什么帮助，因为夏伊拉斯法官禁止提及信的内容，理由是它属于传闻（它们确实是）。[44] 陪审团一致作出有利于希尔曼夫人的裁决——这个裁决最终被最高法院的著名判例推翻。

最高法院1892年判例之后的三场审判当然全部采纳了卡斯顿的信，而且它们诡异地产生了和前三场审判一模一样的结果：又是两次僵局之后作出支持希尔曼夫人的裁决，在该案第二次到达最高法院时又一次被推翻。但是，那些当时已经引起最高法院注意的信件，在最后三场审判中经受了比前两次更集中、更彻底的审查。

第四次审判于1895年发生于托皮卡，是历时最长的一场，花了法庭大约3个月的时间。（托皮卡的报纸有点景仰地重述了该案以前的历程，过早地称这次诉讼为"大决战"[45]。）这一次，保险公司传唤了三位曾在劳伦斯充当勘验陪审员的劳伦斯公民，他们一致宣誓作证说，在勘验过程中希尔曼夫人曾作证说她记不得或不知道她丈夫头发和眼睛的颜色，也不记得他的身高。[46] 由于对于这次勘验没有保存官方的记录，所以希尔曼夫人的律师无法对这一证言进行弹劾，但我（在读过报纸报道后）发现：她除了描述了他的很多外貌特征外（黑黑的肤色，有时候脸颊上有络腮胡，有时候只留着小胡子，头发很直，有点长，随着体重的变化，颧骨有时候很高），她还描述了他的头发和眼睛的颜色（眼睛深棕色、头发棕色，胡子的颜色比头发浅）。[47] 她说她不能肯定地说出他的身高，因为从来没有量过，这一点倒是真的。[48]

在沃尔特斯一位兄弟C. R. 沃尔特斯的证言中出现了更多新证据，他在弗里德里克·阿道夫失踪时居住在密苏里，他回忆起（他在第一次审判中就这样）他在1879年2月收到的一封信，邮戳是威奇托的。他一直不能出示这封信，但他关于这封信的记忆却随着时间的推移越来越具体：在第四次审判中他说信上说他的兄弟在科罗拉多"已经打算为一个叫希尔曼的人赶牲口"，并希望能够推迟两兄弟会面后一起去利德维尔金矿的计划，直到他和希尔曼解约。[49] 另一封信由希尔曼夫人的律师出示：C. R. 沃尔特斯1880年勘验后、审判开始前写给利文沃思执法官的一封信，说他的兄弟弗里德里克·阿道夫有一颗镶的金牙。[50] 这封信对被告们很不利，因为他们对于尸体

---

[42] Id.

[43] Id.

[44] See 1888 Transcript, supra note 4, at 189-90.

[45] *Topeka Daily Capital*, Feb. 5, 1895, at 4.

[46] *Topeka Daily Capital*, Feb. 2, 1895, at 5; *Topeka Daily Capital*, Feb. 6, 1895, at 4.

[47] *Leavenworth Standard*, Apr. 10, 1879 at 1.

[48] Id.

[49] *Topeka Daily Capital*, Feb. 23, 1895, at 5.

[50] Id.

牙齿完好的证明如同这个诉讼中的任何点上一样坚定不移。这次审判中的陪审团最后以 11 比 1 的有利希尔曼夫人的票数陷入僵局。[51]

接下来的第五次审判是在一年后；它的开始和结束都在 1896 年 3 月。陪审团又一次陷入僵局，多数陪审员明显支持被告。[52]

第六次审判的开始和其他几次大同小异，但是也有一些重要的新发现。梅杰·卫斯曼最终承认他找到了乔·伯基思——"作为希尔曼的尸体被运回的，但有种说法说那是乔的尸体"的那个乔——在二十多年前还活着。[53] 在这最后一次审判的中途，一位陪审员说有公然贿赂的行为，但是不可能知道是哪一方的事，因为胡克法官以超乎寻常的自由裁量权处理了此事，严厉警告禁止再有此类行为，但拒绝中断审判或解散陪审团。[54] 然后意外出现一个原告方的反驳证人，一个名叫亚瑟·西蒙斯的人，他在利文沃思拥有一家制烟厂。

西蒙斯作证说，在 1879 年 5 月的 3 个星期里——也就是说，在弯河的死亡事件发生后的两个月——他雇用了弗里德里克·阿道夫做制烟工人。他的证言不是这些事件的唯一证据；西蒙斯出示了雇用记录强化这种说法。他知道他的雇员是沃尔特斯，而且他认出弗里德里克·阿道夫的照片和为他制烟的人很像。他作证说，甚至在这些年后，他还很清楚地记得这个年轻的制烟人，因为他"是一个不停地跟别人谈自己和自己的旅行的人。他去过不同地方的很多城镇，他还谈起自己的感情创伤，以及他如何走出的事"[55]。

这个证言显然给第六个陪审团留下了深刻的印象；他们作出了支持萨莉·希尔曼的一致裁决。[56] 虽然保险公司继续向更高级别的法院提出上诉，并最终成功地在最高法院推翻了这次胜利，最后，它们和她达成和解。[57] 此

---

[51] *Topeka Daily Capital*, Mar. 21, 1895, at 1.

[52] *Topeka Daily Capital*, Apr. 4, 1896, at 1. 该报报道说陪审员的最后一次投票是 7∶5，但后来一位陪审员说他们是平分秋色。该报还报道说，陪审员后来同意用某种数字系统计算每一方的证据力度，给每位证人的证言分配从 0 到 5 的证明价值。据该报的报道称，根据这个系统，保险公司遥遥领先，直到一位固执己见的陪审员拒绝根据这样的系统投票，这一行为最终导致陪审团团长通知法官他们走到了死胡同里。该报还报道说，在出现这样的结果后，保险公司还给希尔曼方面建议，"让五位审理过该案的联邦法官审理该案，可以根据简单多数作出判决"。Id. 这一建议似乎没有什么结果。

[53] See supra note 43.

[54] *Leavenworth Times*, Oct. 27, 1899, at 4.

[55] *Leavenworth Times*, Nov. 14, 1899, at 4.

[56] *Leavenworth Times*, Nov. 19, 1899, at 4.

[57] 在第六次审判开始之前，纽约互惠人寿保险公司就支付了萨莉·希尔曼。See *Leavenworth Times*, Oct. 15, 1899, at 4. 纽约互惠人寿保险公司根据第六次审判中的不利于它的判决支付了。See Satisfaction in Full of Judgment, August 8, 1900 (NARA Archive). 但康奈狄格互惠人寿保险公司又一次提出上诉。在前一次上诉后，创设了一个巡回上诉法院，该次上诉是第一个在那里辩论并作出判决的案件。Conn. Mut. Life Ins. Co. v. Hillmon, 107 F. 834 (1901). 联邦最高法院批准了调卷令，结果和 10 年前一样：最高法院推翻了希尔曼夫人的胜利，将案件发回重审。这一次，撤销判决的理由还是证据法问题。最高法院认定，希尔曼夫人为了说明她为什么曾经说过解除被告们对自己主张的责任这一有限目的而提出的约翰·布朗的书面证词，应该被接受为能够证明它陈述内容的真实性的证据，陪审团也应该得到这样的指示。它还认定，证人作出的关于沃尔·鲍德温和约翰·希尔曼密谋的陈述可以采纳为希尔曼夫人为共谋的陈述。Conn. Mut. Life Ins. Co. v. Hillmon, 188 U. S. 208 (1903). 在 21 世纪的人看来，这些都是很有问题的建议，而且它们从未取得过第一次判决中确立的规则那样的显赫地位。（两位大法官持异议，但没有撰写意见；其中之一是大卫·布鲁尔，他在 18 年前曾主持过第二次希尔曼案的审判。）在第七次审判开始之前，康奈狄格互惠人寿保险公司与希尔曼夫人达成和解。

时，距弯河的死亡事件已经 25 年了。

但是我没有忘记我要说服你的是"最亲爱的阿威娜"那封信充满了谎言。看一看亚瑟·西蒙斯的证言。如果这个证言属实（而且一个香烟工厂主似乎没有为萨莉·希尔曼作伪证的理由，更不要说伪造业务记录了），那么沃尔特斯当然就没有死在弯河了。如果他没有死，那么，根据相同的理由，说"最亲爱的阿威娜"的信能成为他死于希尔曼之手的可信证据并非巧合，就要重新考虑了——这个理由就是，这封信不可靠。奇怪的是，希尔曼夫人的律师们似乎无意于主张"最亲爱的阿威娜"的信是不真实的，大概是因为他们已经作过笔迹对比，结论是这封信出自沃尔特斯之手。但是这并不必然意味着这封信写于标注的日期，也不意味着信中所写的是真的。

沃尔特斯长期离家，没有给亲人们写信。几乎就在保险公司接到它们的代理人梅杰·卫斯曼令人失望的消息——乔·伯基思还好好地活着——的同时，它们得知了这个消息，这种情况一定太具有暗示性了，被告们很难抵制利用这个消息的诱惑。正如它们对以前失踪的青年男子们所做的那样，它们毫不犹豫地把事态向有利于它们的方向扭转。把制烟工人的失踪转化成希尔曼没有死于弯河的有力证据所需要的只是一个将沃尔特斯和弯河的尸体联系起来的文件，以及一个证明其真实性的证人。卡斯顿的信和阿威娜·卡斯顿小姐近乎完美地满足了这种需要——如果这封信可以被制造出来，如果可以说服她作证说她在信上标注的日期之后不久收到了寄来的信。

心中抗拒着这最后一种可能性，因为它要求我们作出阿威娜·卡斯顿撒谎的结论，而她的证言说她在 1879 年 3 月 3 日收到了那封信。我们还必须假定保险公司代理人和律师们非常不诚实，公然弄出这样一个假文件，还唆使这么多证人作伪证。这种相当大胆的假设能有根据吗？

我们知道布肯律师，那个承认自己为保险公司工作并从它们那里接受报酬的律师，运用强迫手法让约翰·布朗签署"乔·伯基思"书面证词，被后来的梅杰·卫斯曼证明为虚假的文件。我们还知道在阿威娜·卡斯顿提供她的证词之前不久，布肯命令（或者至少是指示布朗去写）给萨莉·希尔曼一封包含自我归罪内容的信。这封信甚至从来没有打算寄给希尔曼夫人——它被直接交给了保险公司的律师们，这既说明布肯让布朗写这封信的赤裸裸的动机，也说明他的办法有多愚蠢。布肯先生在伪造证据——书信证据——方面可不是新手，他也不会正直到不会对一个人施压，强迫她就不真实的说法宣誓作证。

布肯也不是公司雇用的参与出示虚假证据的唯一律师。在第二次和第四次审判中作证的至少有三位证人——三位来自劳伦斯勘验的陪审员——就希尔曼夫人在勘验中说了或没有说什么作了假证。在这些审判中，这些证人都受到了格林律师和巴克律师的询问，他们俩在勘验时都在场——实际上是实施了勘验——肯定知道这些证人的话不真实。被告们提出的其他证言——例如那个医生说在申请保单时希尔曼自己报告的身高是 5 英尺 11 英寸（死者的身高），但几天后又回来说他实际上只有 5 英尺 9 英寸——这完全超出了合理可能的范围，不能不让人严重怀疑是受了教唆。公司的律师们在已经发现"乔·伯基思"还活着之后几年的时间里，还继续坚称他和弗里德里克·阿道夫·沃尔特斯都是同一个人（死者），这肯定也能反映他们的职业伦理水平。

但是，即便被告的律师们能够搞这些伪造文件、教唆作伪证的花招，那么，又是什么让阿威娜·卡斯顿这样一位可敬的女子，还有沃尔特斯的多个家庭成员作伪证呢？卡斯顿的解释要迟得多，但对于沃尔特斯的家人来说，一则对第二次审判的新闻报道似乎给出了一个可能的解释。记者用下面的话总结当天的证言：

> 没有人知道对年轻的沃尔特斯的生命有保险，据说他就是被当做希尔曼运回劳伦斯的尸体。时报的记者昨天下午得到消息，沃尔特斯的生命被投保，而且根据希尔曼的审判中得到的证据，已经对他的死亡支付了保险金。[58]

如果被告们想要诱使沃尔特斯的家人们就提到希尔曼名字的弗里德里克·阿道夫的信作证的话（正如他们所作的），还能有比对他的死签发保单然后给刚刚失去亲人的家庭支付保险金更好的办法吗？但是，除了金钱方面的动机，我认为沃尔特斯家人真的开始相信照片中的死者就是他们失踪的儿子和兄弟。一点暗示，再不失时机地出示尸体的照片对于说服一个焦虑而百无头绪的家庭相信他死于希尔曼之手大有助益，他们的亲人突然停止写信，这就是解释。如果他们相信这些，他们就还会相信希尔曼藏起来了，等着享受犯罪的收益。他们对弗里德里克·阿道夫死于弯河的确信大概推着这家人参与伪证，如果他们认为这能够还他们失踪的亲人一个公道的话。

看一看阿威娜·卡斯顿：她的证词于1881年作出，第一次审判的前一年，在她自己的家乡艾奥瓦的麦迪逊堡，就是这次证言后来充当了被告关于那封著名的信的证据。她认出那封我们熟悉的描写沃尔特斯遇到"一个叫希尔曼的人"的信就是她在1879年3月3日收到的那封；她宣誓说她认得笔迹就是她的未婚夫沃尔特斯的。卡斯顿作证说她在1880年1月把这封信给了蒂林哈斯特，纽约互惠人寿保险公司的代表。（至于她收到的情郎寄来的其他大约25封信，她说她给毁掉了，因为当时她在"生病，觉得病情难以好转，于是毁掉了所有的信件"。）[59]

阿威娜·卡斯顿在宣誓之下撒谎的动机可能是什么？如果她指认那封信的证言是被威胁或引诱而作出的，那么从笔录上看并不明显。但是她对她和阿道夫关系的描述，正像她对他的称呼一样，表现出一点对她的未婚妻身份的谦和的骄傲。大概对她来说，承认她的未婚夫只是宁愿不回家见她、不再写信了是很难的；他死于希尔曼之手大概是一个对他的消失不那么痛苦的解释，更不要说可以使她免于公开丢脸。一旦有了这样的理由，大概她（和沃尔特斯的家人一样）就可以不费力地加入到拒绝罪恶的希尔曼家取得犯罪收益的事业中，就她而言，只需要同意说一封实际上是律师给的信是在信封上显示的日期之后不久她从邮局收到的就行。她大概被说服，信原本是寄给她的，但不知为什么弄丢了，而且告诉她，如果她如实说出信是怎么来的，那

---

[58] *Leavenworth Times*, June 14, 1885, at 4.

[59] 1899年笔录，前注4，1694页。她一开始说在把威奇托的信交给蒂林哈斯特之后不久就销毁了那些信；在进一步的询问中她说是在那之后一年，要是这样的话，那是在她作证之前不久。从笔录看来，她在询问中表现得很慌乱，把她的忘性解释为她很"烦"（应该是焦虑的意思），她的妹妹在生病。

个邪恶的、撒谎成性的希尔曼一家将会从中受益。她还可能被许诺,她只需要在审前作证,不必在法官面前出庭(因为作为依阿华州居民,她不受堪萨斯州的联邦法庭强制出庭命令的影响)。她甚至还可能得到了和约翰·布朗类似的保证——她的书面证词不会在法庭上使用,只用于说服萨莉·希尔曼放弃诉讼请求。我们知道卡斯顿确实没有出现在法庭,这产生一个问题,为什么她没有出庭?难道被告们(它们带来了比依阿华州远得多的证人)不值得说服失去亲人的未婚妻走上法庭?但是他们没有这么做。用自尊心受伤来解释一位可敬的姑娘的小小的伪证似乎有点不靠谱儿,但是亚瑟·西蒙斯先生将沃尔特斯形容为一个玩弄感情的骗子说明,做他的未婚妻是一个相当冒险的事,需要一定的自我欺骗的能力。

但是保险公司如何说服年轻的沃尔特斯写下这封著名的信?我们知道,这些公司的代理人在从他的家人那儿了解到他大约在弯河死亡事件发生时已经停止给家人写信之后,就开始寻找他。如果他们在他为西蒙斯在利文沃思的卷烟厂工作之后不久就找到他,并向他解释利害关系,为什么沃尔特斯不当时就给家人写信,用此举消除爱他并为失去他而伤心不已的人们的痛苦呢?如果他是亚瑟·西蒙斯形容的那种年轻人——爱冒险、爱旅行,还是一个厌倦未婚妻的放荡的人,大概他宁愿选择继续失踪,特别是如果对他的死下了那么多注的保险公司急于补偿他离家的冒险时。如果这笔交易达成,还能有什么比一位公司代理人要求沃尔特斯给家里人写一封内容部分已经被授意的信更为明智的事呢?(授意的技术正是布肯为了取得布朗写给萨莉·希尔曼的信——那封用来表明希尔曼和布朗之间存在阴谋的信——所使用的那种方法。)沃尔特斯写的那封信随后就充当了公司关于弯河尸体的主张的证据。在这种情况下,"最亲爱的阿威娜"的信和后来出示的伊丽莎白·瑞芬纳奇的信件笔迹相似就不需要通过巧合或伪造来解释了;它们确实出自同一人之手,沃尔特斯,如果他还活着,为什么这么多年都不出现的问题也就解决了。

当然这封在勘验之后的某个时间造出来的给阿威娜·卡斯顿的信,原本是应该带着几个月以前威奇托的邮戳。不幸的是,原件已经不能检验了;在1880年的作证和后来的审判之间的许多年的时间里,信和信封都被制成了卡斯顿证言的物证,在辩方律师格林给笔录提供了一份替代的副本之后,一直由他保管。这个在复印机产生之前制作的副本是手写的;原件已经从法庭的档案中遗失了。这个现在还可供查看的副本显示,原件的邮戳上是"威奇托——1879年3月2日"。但是,19世纪美国的邮戳既不独特也不统一。[60] 伪造一个并不麻烦,而且也没有迹象表明希尔曼夫人的哪个律师审查过戳记或信。

至于萨莉·希尔曼,到结案时仍没有得到任何和解的保险金;在最后一次审判前,她已经把她在这些公司中的利益转移给其他的当事人。[61] 大概是

---

[60] See the examples in *The New Herst-Sampson Catalog*:*A Guide to 19 th Century United States Postmarks and Cancellations* (Kenneth L. Gilman ed., 1989) (copy available from author).

[61] 关于谁在最后的保险金中拥有什么样的利益的问题,有大量相互矛盾的证据。1882年,萨莉·希尔曼宣誓没有在任何一个案件中放弃她的利益。参见1882年6月萨莉·希尔曼的书面证词。See Affidavit of Sallie Hillmon, June 1882, Hillmon Case file at National Archives and Records Administration, Kansas City, Missouri. 但也有人说萨莉把她在与纽约互惠人寿保险公司诉讼中的利益出售给了别人。

否继续精疲力竭地求证她丈夫不是谋杀犯的决定，那时候已经由不得她来做了。但是对于她，我们确实知道这件事：几年前，在最高法院第一次聆讯希尔曼案，她仍有希望拿到保险金之前，萨莉·希尔曼再婚了。[62] 一个 20 多岁年纪的没有受过多少教育的女招待成功地完成对第一任丈夫的完美伪装，知道他将被迫隐藏起来，而她和她的第二任丈夫享受着重婚和希尔曼的生命保险金，这也是可能的。但是，从她看到从弯河运回劳伦斯的尸体的那一刻起，她就一直知道她自己说的——约翰·希尔曼是死者——是不是真的，这难道不是可能性更大吗？

一个赞成叙事性法律理论的人会援引"给我事实，我就给你法律"的格言，一些学者也曾经说过立法和事实发现（或者叙事）活动不可截然分离。我曾说过，最高法院在希尔曼案中解释的法律规则是因为最高法院可以支持的唯一故事版本要求这么做。而且已经努力说服我的读者，这个故事可能是不真实的。

当然，我不能说自己能够免于叙事的诱惑。我在这里只是讲述了另外一个故事，虽然我相信这一个比我们通常理解的那个更能得到证据的支持。虽然在讲述我的故事脚本中我努力把自己抛向真相的桅杆，但我承认我喜欢讲述我认为精彩的故事，大概我也受了塞壬*的歌声的诱惑。

但是，如果我说的是对的呢？如果弗里德里克·阿道夫写给阿威娜·卡斯顿的信不是在标注的日期写的，而是在后来写的，不是因为写信的人真的想告诉卡斯顿小姐他的下落和计划，而是因为三个保险公司的代理人在沃尔特斯先生——他将因他起到的作用得到报酬——的帮助下造出了这个证据，那会怎么样呢？至少，如果我们被说服接受这个说法，大概我们就会用更少受麦古芬——总是把这个法律规则捆绑到一个迷人但具有欺骗性的故事上——蒙蔽的眼睛审视传闻规则的意图陈述的例外了。

最近最高法院关于其他传闻例外的讨论已经把严格审视的重点放在主张人轻易提出的某些种类的庭外陈述的内在的可信性上。[63] 假如这种新的怀疑主义被应用到关于陈述人意图的陈述中，像沃尔特斯的信一样，那些我关于信的来源的说法必须冷静地审视沃尔特斯在信中写给他最亲爱的阿威娜的陈述，如果我是对的，这封信充斥着虚假的东西，从顶端日期中包含的主张（"今天是 1879 年 3 月 1 日"），到它向卡斯顿小姐安慰说"我和你急切地想见到我一样急切地想见到你"，到它背诵写信人寻找一个地方和约翰·希尔曼一起开办牧场的意图，后者已经承诺他"比其他任何地方能挣到的都要多的薪水"。你会回答说单纯的一个反例并不能否定一个一般规则的智慧，但是，至少这个规则的智慧必须在不援引这个特定例子的情况下得到捍卫。这个工作是在希尔曼案 114 年后证据法仍然没有严肃开始的工作。

---

[62] 1888 年报纸关于第三次审判的报道中说"希尔曼夫人一段时间以前已经结婚了，她现在姓史密斯"，而且她的丈夫和她一起参加了审判。See *Lawrence Tribune*, Mar. 16, 1888, at 4. 同一则报道说陪审团并不知道她再婚，因为"每一方的律师都担心出示"这样的证据。Id.

[63] See Crawford v. Washington, 541 U. S. 36 (2004); Williamson v. United States, 512 U. S. 594 (1994); Idaho v. Wright, 497 U. S. 805 (1990).

* 塞壬，古希腊传说中半人半鸟的女海妖，惯以美妙的歌声引诱水手，使他们的船只触礁或驶入危险水域。——译者注

13

达拉斯县的智慧

戴尔·南斯[*]

---

[*] 我对 Robert Myers 和 Rebecca Glick 在准备这一章的研究过程中提供的协助表示感谢。关于对早期草案的评论，我要感谢我的同事 Paul Giannelli 和 Max Mehlman，还要感谢本卷辛勤的总编 Richard O. Lempert。

传闻规则是个奇怪的东西。它的打击面相当广，但是其效果又被一大堆莫名其妙的例外抵消了。而且，联邦证据规则有一个重要而争议不断的规定，第807条，其授权初审法官采纳那些根据其他的更为具体的例外根本不能采纳的传闻。第807条一般被称为传闻规则的"剩余"例外，而且多数、但不是全部照抄州的证据法典，详细规定了指导判决的多要素标准。原始规则的起草者对于法庭应当享有这种剩余裁量权的想法只援引了一处文献——第五巡回区在1961年的达拉斯县诉商业联盟保险公司案中作出的判决。①

该案的意见，由约翰·麦纳·威兹德姆法官执笔，反思了证据法中两个基本的而且不断出现的问题。第一个问题是，在何种程度上关于可采性的裁定应当受抽象陈述的规则规范，这些规则可以适用于大量的案件而且可以用相对具体和确定的语言来表述。那些明确规则原本会排除证据的情况下，在特定的案件中又赋予初审法官在采纳证据方面的剩余权力，这对于加强律师方面的可预测性和上诉法院方面的规范和控制都是不利的。另一方面，作为"第一线"的判决者，初审法官需要证据的采纳与个案的公平相适应，这一点又支持剩余裁量权。

第二个问题更具有实质性。具有相关性的传闻被采纳或被排除的根据是什么？与第一个问题不同，第一个问题说的是规则制定者和初审法官的权力分配问题，而这个问题谈的是任何面对传闻问题的理性决策者背后的理由，无论是设计传闻规则的立法者，还是判决疑难案件的上诉法院，还是行使裁量权采纳或排除特定传闻证据的初审法官。虽然关于一个问题的考虑会影响另一个问题的表述方式，但这仍是两个不同的问题。

一般认为，传闻规则排除庭外陈述的主要根据是缺乏当庭陈述所具有的三种保障中的至少一种保障：（1）伪证罪威胁下的宣誓；（2）交叉询问的可能性，经常也是现实性；以及（3）事实认定者在证人作证和被交叉询问时观察证人神态的机会。但是，所有的证据都可能不可靠，都有可能比另外的某项证据更为可靠。例如，目击证人根据在昏暗光线下的一瞥指认刑事被告人比起在明亮的光线下清晰地看见犯罪人情况下的指认就更加不可靠。那么，为什么传闻的缺陷就导致被排除，而其他种类的远谈不上完美的证据就可以被采纳？而且，为什么这么多的传闻陈述甚至在当庭证言的三重保障全部缺乏的情况下仍然被采纳了？坦白地说，在排除或采纳传闻的理由中，有一个重要的前提不见了。为了使作出采纳或排除传闻的判断时信息更为全面，就有必要把它带到前台。

在探讨这些问题方面，大概没有比达拉斯县案更好的工具了。在本文中，我要讲述该案的故事，还有该案中被大量援引的意见，突出它在思考排除传闻的理由和标准方面的贡献，并对该案对证据法的贡献进行评论。

---

① 286 F. 2d 388 (5th Cir. 1961), cited in the advisory committee note to Fed. R. Evid. 803 (24), precursor of Rule 807.

案件

1. 对保险索赔的审判

大判例经常有着低调的开端。达拉斯县案产生于一个相当老套的保险索赔。[②] 在1957年7月7日一个阳光明媚的早晨，在阿拉巴马州的塞尔玛，达拉斯县政府的钟楼倒了。该县着手调查事故，后来提出了对财产损失的保险索赔。所说的保险涵盖了由雷电造成的损失，该县有钟楼于倒塌5天之前在暴风雨中遭到雷击的证据。证据包括一名目击证人说她看见雷电击中政府大楼，政府雇员们说在风暴发生时，一个光球在大楼里从一个地方跳到另一个地方，还有几天之后在废墟中发现的烧焦的木头。保险公司（此后称"被告"）进行了它们自己的调查，发现了没有发生雷击的证据，而且，发生倒塌的原因是大楼在设计、建造和维护保养方面的失误，这些问题不属于保险的涵盖范围。由此所导致的联邦索赔来到联邦法官丹尼尔·托马斯的面前[③]，审判中有"大量足以支持陪审团作出判决的证据"（第390页）。（正文中的页码指威兹德姆法官在上诉审中的意见的页码。）

被告在审判中出示的一些证据目的是解释原告提出的证据，不必然是反驳这些证据。例如，原告的证言中所说的电球在大楼里从一个地方跳到另一个地方被专家证人解释为这是风暴中一种正常的静电释放现象，与电击政府的钟楼没有关系。同样，被告并不否认废墟中发现的烧焦的木头，但出示了烧焦的木头上有白蚁破坏的证据，意思是木头烧焦发生在1957年7月的风暴很久以前。它们还提供专家证人作证说，在没有产生火焰的情况下雷电不可能造成这么严重的炭化，但风暴发生之后没有收到有火焰的报告。

但是，被告认为它们需要解释一下没有发生雷击的情况下怎么会在废墟中发现烧焦的木头。为此，他们出示了日期标明为1901年6月9日的塞尔玛《晨报》上的一篇小文章——在钟楼坍塌56年前——现任的编辑确认是从该报的档案中得到的。这篇由没有署名的记者执笔的小文章，简单报道了这样一个消息。

新政府大楼今晨被大火严重损毁——穹顶被烧掉

今晨两点多，21号岗亭传来警报声，消防员赶到劳德戴尔和阿拉巴马的街角。达拉斯县的新政府大楼未完工的穹顶接近顶端处起火了，在喷上水柱之前，这个建筑已经是一片火焰，很快就塌了。火势迅速受到控制，大楼主体保护下来了。大火明显被认为是纵火引起的。穹顶的顶上最先发现起火。大楼是否上了保险并不清楚，但愿我们已经有措施以免蒙受损失。

---

② 下面对于该案的描述来源于审判笔录、上诉要点摘录和威兹德姆法官的意见。
③ 对15家保险公司实际上提起了15起诉讼，根据当时的跨司法区最低争议额为3 000美元的规定，只有其中的7起被移送到了联邦法院。这7起诉讼被合并审判，由于事实问题——坍塌的原因——是一样的。

在提交这一证据时，被告们很可能是觉得，如果它们不能提供证据来解释为何烧焦的木头不是来源于雷电，那么陪审员就会认为县政府的主张更可信。

托马斯法官驳回了县政府对这篇文章属于不可采纳的传闻的异议。在7天的审判之后，陪审团作出了支持被告的判决，县政府仅就这一证据法问题提出上诉。

2. 上诉中有创意的裁定

上诉到达当时坐落于阿拉巴马州的第五巡回区。在那里，这个案件落到了一群名副其实的进步法官手里。法庭成员有约翰·麦纳·卫斯曼、理察德·泰勒·里夫斯和约翰·R·布朗。这些人是在南方取消种族隔离的判决中最功不可没的三位联邦法官。他们和厄尔伯特·P·塔图被他们的同事本·卡梅隆法官称为"四人帮"，认为他们会毁掉传统的南方。这四个人里有三个，包括卫斯曼，都是共和党人，他们努力要在南方创造一个两党制，特别是要选举德怀特·艾森豪威尔担任总统。他们由此获得的回报是被任命到联邦法院，当时第五巡回区的棘手任务是追随布朗诉教育委员会案的判决推行平等保护的保障。这一次他们坚定不移地这么做了。

注：后排：琼斯法官、卡梅隆法官、布朗法官、威兹德姆法官。
前排：里夫斯法官、哈奇森法官、塔特尔法官。
第五巡回区法院——1959年5月9日。
图片采自联邦第五巡回区上诉法院档案。

达拉斯县案很难有种族隔离案中所涉及的那种迫切的社会正义问题。而且在某种程度上，法庭作出的肯定报纸报道的可采性的判决所采取的分析思路是相当没有争议的，它们可以总结为下列命题：

1. 跨司法区诉讼的审判中传闻的可采性问题是受联邦的、而非州的证据法规范的问题；特别是，伊利规则（Erie Doctrine）并不强制诉诸阿拉巴马传闻规则（第 392~394 页）。

2.（当时）主导性的联邦程序规则倾向于自由采纳，并在决定可采性的问题上给法院提供了广泛的自由裁量权（第 394~395 页）。

3. 当提供来证明讲述的事件时，报纸对事件的报道是传闻，一般是不可采的（第 391~392 页）。

4. 禁止传闻证据不是绝对的；"第一手的证据经常是不存在的，法庭和律师们必须依赖二级证据"（第 392 页）。

5. 本案中的报纸报道具有可采性，因为它是必要而且可信的证据（第 395~398 页）。

但是，在这个直白的理由背后隐藏的是改革的热情。首先，第五巡回区法庭没有选择回避可采性问题这个更为简便易行的出路。正如被告在其要点摘录中所提出的，没有实质的非传闻证据来证明雷电不是木头烧焦的原因，因此作出这样的认定也是合乎情理的：即便采纳报纸文章是错误的，错误也是无害的。但是法庭没有这么做；它正面地提出了实质性的传闻问题。

然而，更重要的恰恰是法庭如何回应这个实质性问题。针对县政府提出的，"你不能对报纸进行交叉询问"的理由，卫斯曼法官回应道，"这个非常熟悉的理由，是基于对传闻规则的性质和起源的误解。这个规则不是在兰尼米德承认的古老的英国法律原则。它的神圣性已经消失"（第 391 页注 1）。卫斯曼法官的意见广泛引用了两位伟大的证据法学者——约翰·亨利·威格莫尔和艾德蒙德·摩根——的改革意见，强调了法院利用现有的最好的证据的必要性。而且，在表述当时适用的联邦民事诉讼规则第 43（a）条时，卫斯曼特意指出，给联邦法院准备的证据规则"含义如此不确定，给初审法官留下了广泛的余地"，"不受普通法的古老习俗影响"（第 394~395 页）。因此，当你看到卫斯曼意见的结尾处时，对于它破除传统枷锁的愿望，你不会感到奇怪：

> 我们不认为这份报纸属于"业务记录"，它不属于"古老文件"，也不属于任何其他容易识别的已经被贴上标签的传闻例外。它可以被采纳是因为它必要而可信、相关而具有实质性，采纳它属于初审法官在主持审判时在合理界限内行使裁量权的范围（第 397~398 页）。

对于卫斯曼法官诉诸可采性的一般原则是否必要有着一些争论。一些人认为，该案提出的问题适用普通法上的古老文件的传闻例外也能解决，结果也是一样的。其他人反对这种观点，认为报纸的报道提出了记者没有亲身经历的事实，因此已经提出了至少两个层面上的传闻。如果古老文件的传闻被理解为只满足一个层次上的传闻的话——出示文章而不是撰写文章的记者出庭作证——那么它就不足以使文章具有可采性。

这是一个有意思的意见差别，可惜有点年代错误。1960 年，关于传闻规则是否存在古老文件的例外，如果有，这种例外的范围有多大，一直有着相当大的争论。根据已经发展起来的判例法，某些古老的文件是免于证人确认的要求的，但是提出传闻异议的问题仍然不明了，这是双方当事人和卫斯曼法官都清醒意识到的问题。县政府否认存在这样一个传闻例外，甚至被告也没有争辩这个问题。相反，在两份深入而且写得妙笔生花的要点摘录中，被告只提出了符合必要性和可信性双重标准的古老文件例外。在卫斯曼法官那里，他不仅有这些要点摘录，而且还有近几十年来考虑这个问题的学术著作（第 396 页注 16）。

无论如何，卫斯曼法官决定不仰仗以前判决意见中的教条或者对现有的例外准确划线的二手文献，他也无意于修改这些界限或确立新的例外。相反，他的意见是支持法官在采纳传闻——任何传闻——方面的裁量权，如果背后有足够的理由支持这么做。虽然不能说是史无前例的，但是卫斯曼迈出了勇敢的一步，甚至比被告提出的都要激进。

理论

正如在导论中指出的，卫斯曼法官愿意进行我们今天可能会轻蔑地贴上"激进分子"标签的裁判，这提出了两个基本问题。

1. 个案正义还是以规则为基础的可预测性

卫斯曼法官旗帜鲜明地站在支持法官采纳传闻证据的裁量权的立场上，这会有助于在个案中实现正义。他没有尝试从个案正义的角度解释他的选择，也没有明确承认相反的在可预测性方面带来的问题。但是，他确实解释了采纳报纸报道的原因，而且这些解释肯定是用来提供一种概括性和可预测性的重要元素。但是，根据卫斯曼具有浓厚"信仰主义"的理论，可预测性和前后一贯的判决如何以理由的清晰性和自洽性为基础，正如我们将要看到的，在这个问题上还有相当多的混乱。

但是，在转向这些问题之前，需要指出的是，联邦证据规则第 807 条的起草者，对于法官意见中所说的可预测性的理由，或者他们自己用来把握达拉斯县案的精神实质的一般标准并不满意，最终达成了一个规定，确保对方有机会得到充分的告知：主张的一方打算使用不属于典型例外的传闻。第 807 条这样规定：

> 但是，一项陈述不得根据此项例外采纳，除非提出的一方在审判前或聆讯之前充分告知对方当事人提出的一方打算提供该项陈述的意图和陈述的细节，包括陈述人的姓名和地址，给对方当事人提供充分的准备机会。

虽然不可避免地会产生通知必须有多么提前的争议，以及什么构成了告知，但是，这样的规定使得这种剩余例外之下的传闻的可采性比那些明确例外之下的传闻的可采性在一个重要方面更具有可预测性。对明确例外的运用并不要求审判前告知，即使该例外的适用是有争议的，但是如果要根据这种剩余例外提供传闻，律师在审判前就知道他的对手要出示传闻，而且，通过提出"门槛动议"*，他甚至能够知道法官会对它作出什么样的裁定。在现实

---

* 原文为"motion in limine"，指在审判开始之前要求法官对特定证据的可采性作出裁定的动议。——译者注

层面，剩余例外的存在不应该比任何其他的传闻例外给审判准备造成更多的妨碍。

对原则概括性的关注不仅反映了对审判准备的关注，而且反映了对法官维持正当性的担心，适用——而且被公众看着适用——现有的规则，而不是手忙脚乱地掩盖起来。但是，规范传闻可采性的规则近乎司法行政事务。在这一领域，灵活性的司法需要是得到承认的，外行的审查程度也是最低的，这一事实缓和了这种焦虑。多数证据法，包括界定了传闻例外范围的证据法，与法院适用的实体法不同。后者提供了法庭之外指导生活的规则，在这方面，概括性、确定性和对公众的透明度是最重要的。④ 相比之下，很难想象这些"法治"价值会因在审判中采纳传闻时行使法官裁量权而受到严重的损害。

更难以作出评价的是，上诉法院是否愿意并能够对行使裁量权的可采性判决行使适当的控制。卫斯曼法官或法庭的其他成员似乎对此从不介怀。今天，联邦证据规则已经走过了30年，这些规则下的关于裁量权的实质性规定的上诉监督的成功消解了这种担忧。也不存在减少初审法官裁量权的明显动向，即使平心而论，上诉法院在审查初审法官的裁定时，可以比仅仅指出可采性判决中的价值选择做得更多。在一个广泛的自由裁量权条款的背景下，这种关切看起来最为迫切，例如第403条，适用于几乎所有的证据类型，可以包容范围巨大的竞争性价值。第807条背景下的问题可以多严重取决于采纳传闻的实体理由的明确性和引导初审法庭作出判决的标准反映这些理由的清晰性。现在我转向这一主题。

2. 采纳传闻的理由

卫斯曼法官接受了这样的前提：采纳传闻一定要有特别的理由，他指出"在英美对抗制的法律体系中，法庭通常不会采纳证据，除非其准确性和可靠性可以通过交叉询问进行检验"（第391页）。然后，卫斯曼的意见采纳了威格莫尔对于采纳传闻例外的很有影响的分析，这些例外是通过普通法发展而来的，其原因涉及各种传闻的必要性和可靠性。但是，卫斯曼把这些原则适用于对单个传闻的分析，而不是以类型为基础对传闻进行分析。我会首先对每个原则进行单独讨论，指出每个关于采纳或不采纳传闻的基本原因的说法，然后指出它们之间的重要关系。

必要性原则。在传闻的语境中，"必要性"到底是什么意思？它不是指提出者为了赢得审判需要传闻。例如，律师相信，如果他的对手不能交叉询问陈述人的话，他的证明会更有力，没有法院会承认他把避免交叉询问作为采纳陈述人庭外陈述的"需要"作为理由，无论它对于律师的证明有多重要。相反，必要性是指法庭为了作出一个信息更为全面的判决而需要传闻。

那么，必要性只是意味着，正如联邦证据规则第804（a）条那样，陈述人由于死亡、患病或其他合理原因，无法到庭作证。毕竟，理性的判决者，

---

④ 具有讽刺意味的是，最可能影响当事人的非诉讼行为的这部分证据法——即，特权规则——国会把证据法的发展完全留给了普通法异想天开式的自我发展。

无论是法官还是陪审员,都希望得到他们能得到的最好的信息。陈述人的证言如果能得到,宣誓并接受交叉询问,当然很好,但是如果不能,为什么要无视现有的最好证据呢,即使它是传闻?在这个问题上,卫斯曼法官援引了威格莫尔有影响的分析:

> 传闻规则的目的是坚持用交叉询问检验所有的陈述,如果可能的话……人们不会捍卫一个宣布未经检验的所有陈述都没有价值的规则;因为所有历史的真相都是建立在未经检验的结论上的;而且我们日常的生活经验也拒绝这种夸张的做法。传闻规则的含义——而且包含着深刻真理的——是,所有的证言性命题都应当接受交叉询问的检验;而不是说如果没有检验就必须斥之为无价值(第391页注1)。

这一关于必要性(陈述人不能到庭)的基本思想可以从两个方面进行修正。首先,为了进一步限制可采性,可以通过承认即使陈述人不能到庭作证,也会有证明传闻陈述的内容,或者可以从中推断出传闻内容的可以采纳的替代性手段。只要存在替代性证明手段,就没有必要死死抓住事实审判者,让他评价庭外陈述人的可信性。排除传闻会鼓励出示替代性证据。在后文中,我把这称为一种"综合必要性"的观念,因为它不仅审视陈述人是否能够到庭,而且还看是否存在其他证明手段。它比第804条的要求更为严格,第804条中,特定种类的传闻的可采性只以陈述人不能到庭为条件。

卫斯曼法官没有明确支持综合必要性标准,只是引用了威格莫尔关于考虑是否存在"源于陈述人的具有同等价值或其他来源的证据"的重要性的论述(第396页)。在将必要性原则适用于案件的过程中,他拒绝了可以找到对那场大火有记忆的目击证人的不现实和不可能的想法。卫斯曼对这种可能性的拒绝说明他保持着一种综合必要性的观念。

相比之下,你也可以超越陈述人能否出庭的标准为扩大传闻的可采性寻找理由。毕竟,在某些情况下,到庭的证人的证言可能还不如他在庭外说的可靠。一个可能有利害关系的证人对密友的自发的和当时的陈述可能比后来宣誓的证言更为可靠,此时,记忆已经消退,证人也会意识到他的陈述对诉讼的意义。除此之外,如果因偏爱当庭陈述而排除传闻,如果法庭错误地认为陈述人可以到庭,那么这样的证言就不会出现,这样这两种来源的信息就会全部失去——传闻和当庭证言。按照这种分析,诉诸传闻是允许的——就必要性要求而言——因为它会比替代性方法更好,至少看不出更不好。我会把这种放松了的必要性原则称为"相对必要性"[⑤]。正如我们将会看到的,第803条的那些例外,并不以司法上认定陈述人不能到庭为条件,它们是从这样的角度寻找根据的。

卫斯曼法官明确地采取这种立场。他指出,即使报纸记者、记者的信息来源,或者其他声称看到大火的人还活着,并且可以在51年后找出来,他们的证言也远不如当时的报纸报道可靠(第396页)。

[⑤] 因为它涉及对可靠性的比较评价,所以它也可以被看作是一种可靠性要求,但是威格莫尔作为必要性问题来讨论它(也许很不幸)。See 5 John H. Wigmore, *A Treatise on the Anglo-American System of Evidence in Trials at Common Law* §1421 (3rd ed. 1940).

因此，卫斯曼法官混合了两种不同的考虑必要性原则的路线。他从不同于传闻陈述人的角度考虑证据是否可以获得，在这个意义上采取了一种相对严格的必要性观点。但是，他还考虑了从这些替代性来源中是否可以收获一些认识上的利益，在这种意义上他使用了一种相对宽松的必要性形式。我把这种混合了限制性和扩张性的观点称为"功能的必要性"。这些不同版本的必要性之间的关系总结于下表：

必要性调查的替代形式	只有陈述人被认为是信息的替代性来源	信息的所有替代性来源都会考虑，包括陈述人
如果替代性来源并不存在，条件满足	陈述人不存在	综合必要性
如果替代性（1）不存在；（2）不比传闻更可靠	相对必要性	功能的必要性

在这四个变量中，综合必要性最严格地限制传闻的可采性，而相对必要性是最宽松的标准。陈述人不存在和功能的必要性是折中标准，哪一个都不能说比另一个更严格。我们将会看到，功能的必要性体现在第807（B）条，该条把剩余例外的运用建立在初审法官认定所提供的传闻"比主张人经过合理的努力能够得到的任何其他证据在争点的证明上都更有证明力"的前提上。

必要性原则为支持或反对排除传闻的理由提供了一个填补那个消失了的前提的方法。如果传闻因为不是一方当事人在一个争点上能够提供的最有证明力的证据，该当事人就有动力给事实审判者提供证明力更强的证据，无论它是现有证人的证言还是其他证据。依赖对方当事人出示更好证据的替代方案是有问题的，因为出示传闻和更好的证据反驳之间有巨大的时间差，传闻可能已经不露痕迹地进入一个连贯的故事中，后来的证据根本无法动摇。相反，如果传闻是主张者在争点上可以提供的最好证据，那么排除的理由就不存在的。

在由当事人对出示给法庭的证据实施主要控制的对抗制中，这种理解排除传闻的方式可以说是恰当其时。至少在审判的目标是得到最接近真相的结果时是如此。正如卫斯曼法官所言，"如果称职的话，证据规则被用来发现真相"（第395页）。这一主题当然在联邦证据规则中也得到重申。例如，第102条规定，对这些规则的解释要有利于"查明真相和公正地实施程序的目的"。

可信性原则。卫斯曼法官运用的第二种思想是可信性。其核心思想是传闻被推定为不可靠，而且只有在很可能可靠的特别情况下才应该被采纳。虽然这种思想听起来是合理的，而且在传闻的讨论中经常遇到，但它的准确含义很难确定。这个问题很容易理解。在我们关于相对必要性的讨论中，有一个明显的问题：适用这一原则要求对比证据的替代形式或来源的可靠性程度。例如，一个人在宣誓下经过交叉询问的证言一般被认为比这个人的庭外陈述的传闻报告更加可靠。这种概念框架将可靠性视为信任证据的可能性，是一个从低到高的变量。那么，证据就不能说是"可靠"或"不可靠"，因为可靠性不是一个二分法的特性，而是一个程度问题。一项材料是否可靠得足以供法庭考虑,取决于采纳要服务的目标和该目标要求的可靠性程度。

如果采纳证据有利于得到一个准确的裁定,而且也符合正义施加的附带的限制,那么就应当采纳证据。因此问题是构造一个有别于必要性的要引导法院实现这一目标的可靠性标准。许多替代性的公式已经提出来了,但是如果仔细审视的话就会发现其中的大多数不足以满足完成这个任务的要求。我们只考虑这些替代方案中最合理的,其中有些反映于卫斯曼的意见中。

(1) 只有在传闻的可靠程度足以被认为"甚至在怀疑性提醒之下也被认为是可靠的(在正常情况下),具有高度的盖然性",那么就可以被采纳。这里引用的是威格莫尔的话。[6] "高度盖然性"的用语也是不精确和不令人满意的,因为它只是把"多么可靠才是足够可靠"的问题转换成了"多少盖然性才是高度盖然性"的问题。威格莫尔的意思一定是,至少是可能性更大,这是一个与卫斯曼法官依赖的伦尼德·汉德法官的意见一致的标准。[7] 汉德曾经提到,使传闻陈述"推定为真实"的情况,是指在没有反驳证据的情况下至少是可能真实的情况。这样重新表述之后,这一标准似乎是合理的。但是它过于严格了。我们需要考虑到,证明力微弱的传闻如果和其他独立证据一起提出,就可能使传闻中所断定的命题,或者可以从中推断的其他事实具有高度的盖然性,或者推定为真实。许多根据标准的传闻例外采纳的陈述就是这样,现有的例外也没有要求单独考虑传闻,真的可能性比不真的可能性更大。实际上,如果所采纳的传闻都被推定为真实,那么我们就会看到多得多的直接裁定,或事先的陪审团指示,而实际的情况不是这样。也不能把这种理论解释为只要求传闻(自身)的可靠性足以对断言的事实作出"许可性推论",这是一种允许但不要求事实审判者作出的推论。判例法中充斥着对未宣誓的庭外证言的可靠性的质疑,而且在达拉斯县案之前,已经普遍接受的是,采纳传闻并不必然预先排除作出对提出方不利的直接裁定的可能性,即使在标准比较宽松的民事案件中也是如此。最后,这种可靠性要求的理论混淆了证据的可采性问题和它的充分性问题,夸大了前者的标准的严格性。

(2) 只有在传闻"比传闻正常的可靠性程度"高时,才可以采纳。这里又一次引用了威格莫尔的话。[8] 卫斯曼法官并没有在达拉斯县案中引用这句话,但他引用了摩根的同样意思的话。摩根的想法是,如果传闻"没有比一般传闻更不可靠时"(第391页注1),应该采纳传闻,这种想法看起来很有吸引力,但这是一个无法适用的标准,除非在最极端的案件中也许可以适用。传闻陈述可靠性的巨大变动幅度使得"正常"情况的传闻不可能作为标准,确定处理疑难案件所必要的精确性的正常程度的可靠性也是不可能的。即便可能,也难以满足;典型的或一般的传闻,无论如何有确定性,如果认为它正处于采纳和排除的关节点上,就太过随机了。

(3) 只有在传闻的可靠性足以对陪审团不会造成误导,对传闻赋予的证明价值不会超出合理范围时,才可以采纳传闻。我们排除证据是由于担心陪审团过度信任该证据的想法是证据法,特别是传闻规则中一个非常熟悉的命

---

[6] 105 Wigmore, supra note 9, §1420 at 203.

[7] 286 F. 2d at 395-96 (relying on G. & C. Merriam Co. v. Syndicate Pub. Co., 207 F. 515 (2rd Cir. 1913)).

[8] 5 Wigmore, supra note 9, §1420 at 202.

题。很少有学者说陪审员不会因过度信任传闻而犯错误。到那时，对于多数可采证据也可以说同样的话，无论是否传闻，因此，仅仅说陪审团有可能会过度信任显然不足以支持证据排除。因此，在这一理论背后有一些成问题的假定，包括（a）如果允许陪审团考虑传闻（有过度信任的风险），比起不允许考虑（在这种情况下他们失去了传闻所拥有的全部的合法证明价值），他们一般更可能犯错误；以及（b）如果这种概括不正确，那么法官（或立法者）能够识别这种特别情况，因此规则的例外是有保障的，无论是类型化的还是以个案为基础的例外。在卫斯曼法官立说之后很久到今天为止实施的关于模拟陪审员如何处理传闻的实证研究，并没有支持第一个假定，甚至没有人试图检验第二个。可以肯定的是，在达拉斯县案发生的时代，不信任陪审团的理论还处于它的全盛时期，甚至到今天也没有销声匿迹。但是，卫斯曼法官已经意识到对这个路线的传闻理由的批评已经出现，特别是摩根教授的著作。在援引摩根对美国法律研究院的模范证据法典的评论过程中，卫斯曼法官引用了驳斥传闻规则的不信任陪审团理论的话（第391~392页注1和注3）。

（4）只有在某个传闻至少和其他已知可采的传闻一样可靠时，才可以采纳。显然，这个标准没有传闻例外的可采性的一般路线那么有生命力，因为（和我们要讨论的其他几种情况不同）它预设了可以和被质疑的传闻作比较的可以采纳的传闻的存在。但从已经确立的那些例外来看，它只是一种看似合理的策略。虽然卫斯曼法官用这样的词，但这也许是对第807条最明显的解释，它参考了第803条和第804条的传闻例外，并把根据第807条采纳传闻的条件设定为认定所提供的传闻具有"相等同的可信性的情况保证"。但是，正如第（2）种方案一样，如果我们反思一下各类例外中体现的可靠性的巨大变动幅度，例如第803条和第804条明确指出的，那么这种表面上的合理性就消失了。原告向出庭的医师作出的关于其情绪状况的对自己有利的陈述，而聘请医师完全是为了让他在审判中提出意见证据，那么这种陈述的可靠性就非常小，但是根据联邦证据规则第803（4）条，它仍旧是可采的。在另一个极端，一个没有利害关系的人非出于履行职责准备的正常保管的公共记录似乎具有高度的可靠性（第803（6）~（12）条）。如果我们出于对比的目的使用前者，那么可靠性检验实际上什么也没有排除；如果使用后者，可靠性的检验将会排除不属于某个例外的几乎所有的传闻。也不存在任何现实的方法从根据现成例外采纳的所有证据中找出一个可靠性的"平均程度"。如果用这种方式解释第807条的可靠性标准，无异于允许法官选择一种情况的积极或消极特征来支持根据其他的理由（也许是合理的）作出的可采性选择。

（5）只有在传闻的证明力足以使考虑它不会浪费时间或法庭的其他资源的情况下，才可以采纳。这个标准把传闻规则简单地处理为对诉讼解决争议可以投入的时间和精力的限制（对效率的关切），以及将这些资源投入到最有价值的证据的需要（对准确的关切）。它接受的前提是，废除传闻规则将会使法庭被传闻（也可能是编造的）淹没，因此要求提出者证明所提供的传闻对于理性的判决者实际上是有用的。为此，法官可以以自己为理性的标准，而不必特意猜测陪审员的推论。你可以把它视作（有限的）"反第403

条"标准。在各种消极因素大大超过其证明价值时,第 403 条就推翻对相关证据的可采性推定,而这个"相反的"标准则推翻传闻的不可采性推定,如果传闻的证明力显然(或大大)超过传闻可能要占用的法庭评价其他证据需要投入的有限的时间和认识资源。这不是一个特别严格的可靠性标准,也不是对第 807 条可靠性要求的最明显的解释。但是,也有一些权威的文献倾向于这种采纳传闻的路线,而且它也具有明白易懂和相对可行的双重优点。

两个原则之间的关系。卫斯曼法官在达拉斯县案中的可靠性分析反映了这些持久的难题。借用威格莫尔的思路,他一开始就指出,问题是传闻的情况是否表明它的"可靠性足以"充当"普通的交叉询问标准的实际替代物"(第 397 页)。然后他指出了那些倾向于降低对报纸报道可靠性的担忧的因素——也来自威格莫尔更为概括的分析,例如伪造动机的低概率和虚假报道被发现的高概率(第 397 页)。[9] 但是到了为可靠性因素作一个最后评估的时候,卫斯曼显然意识到,指出可靠性的正面因素,或者简单地说传闻"通常不可靠"或"非常可靠"是不够的。他需要回答这个问题:"多么可靠才是足够可靠?"

卫斯曼对这一难题的回答很有意义。他写道:"在我们看来,在大火当天发表于塞尔玛《晨报》上的文章比 58 年后被传唤作证的证人的证言更为可靠、更为可信、更有资格作为证据"(第 397 页)。我们这里对两项具体证据之间的可靠性作了一个有意思的对比,即使其中一项只是假设其存在。我们还有的是直接适用必要性原则,特别是我们称之为功能的必要性的东西。卫斯曼法官告诉我们,报纸报道就足够可靠,因为能够期待它比没有提交给法庭的任何替代来源都更可靠。这种从可信性到必要性的微妙转移说明一个重要的问题:如果和必要性考虑严格区分的话,可信性在确定可采性时就几乎没有意义,除了设定一个更低的标准强制排除证明力微弱得不可能对法庭有帮助的证据。[10]

在达拉斯县案后不久,摩根教授认可了一种他认为是对卫斯曼法官的标准的简要总结的标准。摩根指出,传闻规则不应该禁止证据,如果:(1)"审判者认为传闻作为要证明的事项的证据,具有合理的准确价值",以及(2)"陈述人的直接证言无法获得,或者如果可以获得,很可能更不可靠"[11]。虽然摩根的可信性——要素(1)在卫斯曼的意见中没有明确的对应部分,但它与卫斯曼对报纸文章的评价是一致的,而且它在功能上和第 403 条相反的检验标准是一样的,我曾说过这是可信性原则最合理的形式。如果现有的信息难以让审判者对具有一定准确性的传闻的证明价值作出评价,那么它的证明价值就太不确定,从而没有什么实际的用途。相反,如果审判者可以准确评价传闻的证明价值,即使它的证明价值相对比较低,只要没有低

---

[9] 双方当事人和法庭都没有注意到的是,在所说的大火发生两天之后《晨报》的两则简短的启事。第一则说那个诺克斯维尔的建筑师(名叫张伯伦)来到城里查看上周日大火的损失;第二则说《晨报》"因独家披露周日早晨的大火给达拉斯县政府大楼造成的损失而受到了许多赞扬"。The Morning Times, Selma, Ala., June 11, 1901. 这两则启事都没有注明作者。

[10] 就是它导致威格莫尔发现法庭总是把可靠性和必要性的要求混为一谈,不考虑一个而分析另一个是没有意义的。See Wigmore, supra note 9, § 1420 at 203.

[11] Edmund M. Morgan, *Basic Problems in Evidence* 254 (1963).

到让考虑它纯粹是浪费时间,那么传闻也是有用的。(摩根没有明确地提出最后的这个条件,大概是因为他知道排除理由独立于传闻规则而存在,正如现代的第 403 条一样。)

至于必要性,摩根将卫斯曼的意见归纳为运用了我所说的相对的必要性。在这个问题上,在考虑传闻陈述人以外的证据来源的问题上,摩根没有跟随卫斯曼。大概摩根觉得这种关注对于案件结果是不必要的,而且即使有记者之外的目击证人,卫斯曼也会采纳传闻。无论如何,摩根选择相对必要性而不是功能的必要性大概是对的。毕竟,参考信息的其他来源使得关于可采性的决定更加复杂,而且会带来这样的问题:什么时候这种替代来源表述了和传闻一样的争点。无论如何,卫斯曼的意见显然是从功能的必要性角度来说的。而且很容易想见这种路线具有很大吸引力的情况。例如,如果没有特别的情况,为什么要采纳一个去世的专家的证言,如果有活的专家可以传唤并可以接受交叉询问?

如果不考虑细节,卫斯曼法官和摩根教授都表述了一个双向标准,用来实现看似矛盾但完全是相互补充的目标。必要性原则要求穷尽替代性来源,以此作为采纳传闻的条件,致力于扩大事实审判者可以利用的信息。同时,可信性标准用于缩减事实审判者可以利用的信息。这样做是为了保证审判中的事实认定集中于实际上有用的信息。这两个原则结合在一起,推动和拉动了将事实审判者的信息最优化的努力。⑫ 它们能够在多大程度上实现这样的目标,如何修正它们以更好地规范信息流并服务于其他价值,例如在当事人之间公正地分配出示替代性证据的成本,则是很复杂的问题,我在这里就不再赘述了。

遗产

现在我们要思考达拉斯县案的判决给我们留下了什么遗产。首先,我们要考虑它的思想如何并在何种程度上被联邦证据规则所吸收。然后我们会更简单地看一下剩余例外的影响。

1. 联邦证据规则奇异的立法史

1975 年通过的联邦证据规则在证据法历史上是一个分水岭式的事件。新规则要实现的目标是从总体上令证据的采纳更为自由,传闻也不例外。特别是,对新规则的起草者们来说,达拉斯县案非常著名,正是因为在那个时代的许多证据法案例教科书中都提到了它。按照他们的理解,他们"认为传闻规则所有可能的例外都已经被分门别类,而且传给后代的传闻规则是一个

---

⑫ 如果超出传闻规则的背景,我在其他地方将这双重目标称为最佳证据原则的"扩张性"和"限缩性"的两个方面,根据这个原则,当事人有义务向法庭出示他们能够得到的最佳证据,除非有限的对抗制特权作为例外。See Dale A. Nance, "The Best Evidence Principle", 73 *Iowa L. Rev.* 227 (1988).

封闭的体系，这是非常自以为是的"，他们需要"对新的、现在还没有出现的具有可信性的情况作出规定"[13]。

在最初的 1969 年的草案中，第 8-03（a）条规定：

（a）一般规定。传闻规则不排除一项陈述，如果其性质和作出的具体情形提供的准确性保障不可能通过传唤陈述人出庭作证来提高，即使他可以出庭。

（b）列举情形。只用于列举，而不用于限制，下列是符合该规则要求的陈述的例子：……

接着是各种非常熟悉的传闻例外，例如激情言论和商业记录例外，经常被修正得比普通法还要自由。

草案的第 8-04 条，和第 8-03 条有着相同的形式，除了它把可采性建立在陈述人不存在的前提上：

（a）一般规定。传闻规则不排除一项陈述，如果其性质和作出的情形提供了有力的准确性保障，而且陈述人不能作为证人出庭。

（b）列举情形。只用于列举，而不用于限制，下列是符合该规则要求的陈述的例子：……

这之后的"列举情形"包括这些例外，像临终陈述和违反利益的陈述的例外，普通法对这些例外设置的条件是陈述人不能出庭。

因此，草案的第 8-03 条和第 8-04 条在传闻的采纳问题上赋予法官相当大的司法裁量权，具体列举的例外只充当主张者的"安全港"。如果一项陈述属于这些"安全港"中的一种情形，对于传闻提出的异议就会失败，但是如果它不属于，传闻仍旧可以被认定满足了一个或另一个"一般规定"[14]。

虽然草案的这两条具有相同的结构，但它们包含的却是截然不同的必要性和可信性形式。草案的第 8-03 条运用的是我所说的相对的必要性，但第 8-04 条则结合了陈述人不能出庭和某种形式的可信性要求。[15] 后者显然想要成为像上面谈到的（1）的东西，在那里，传闻被要求足够可靠，（根据其背景，自身的可靠）足以推论或推定其真实。

作为对批评者的回应，咨询委员会 1971 年的草案改变了第 803 条和第 804 条的结构，现在它们不再是一般原则之后跟着非穷尽列举的例子。相反，"安全港"变成了正式的例外，第 803 条和第 804 条都加上了剩余例外，每一个剩余例外都可以被用来采纳"没有被前面的例外明确覆盖，但具有相当的可信性的情况保障的任何陈述"。这个标准可以作两种截然不同的解释。它的意思可以是，根据剩余例外采纳的陈述应当具有与根据其他例外采纳的

---

[13] Fed. R. Evid. 803（24），advisory committee note.

[14] 注意，草案的传闻规则的结构和鉴实规则的结构完全一样。草案后获通过的第 901（a）条规定了满足鉴实要求的一般规则，而第 901（b）条非穷尽性地列举了可以满足一般标准的方式。

[15] 这一区别也为起草委员会所承认："上述第 8-03 条，规定了传闻的可采性，如果其性质被认为至少和陈述人出庭作证一样好……当前的规则根据的是不同的理论：已经被承认在性质上不能等同于出庭作证的陈述人的证言的传闻仍然可以被采纳，如果陈述人不能出庭而且如果他的陈述符合一定的标准。该条表达了倾向性：当庭提供的证言优于传闻，而传闻，如果具有特定的性质，优于完全丧失陈述人的证据。" F. R. D. at 378-79（advisory committee note）.

传闻大体相当的可信性程度。我们已经看到这种解释所带来的难以克服的困难。同样，一个更可行的解释是，立法者想要维持1969年草案的可靠性标准，并且想要说明的是，只要，用1969年草案的话来说，"［陈述］作出的具体情形提供的准确性保障不可能通过传唤陈述人作证来提高，那么根据第803条的剩余例外就可以认定具有'相当的'保障"。根据这种解释，第803条剩余标准就是一种相对的必要性：法庭要对比出示的传闻的可靠性和假设的陈述人的当庭证言的可靠性，而不是根据其他例外采纳的各种传闻的可靠性。同样，虽然没有这么明确，但是只要情形"提供了有力的准确性保障"（不管它是什么意思），就存在第804条所说的"相当的"保障，无论可靠性程度是否和第804条具体例外下的陈述的可靠性程度相当。

但是我们没有机会了解对这句话的司法解释。众议院司法委员会在援引了对可预测性的关切之后，完全取消了剩余例外。相反，参议院司法委员会担心如果没有剩余例外，这些列举的例外在用于采纳必要而可靠的传闻时将会很难受，于是保留了剩余例外，但是作为妥协，增加了下文指出的限制。联席会议委员会接受了参议院增加了通知要求的版本，因此有了我们今天看到的例外，但是统一于第807条。[16] 在立法时，像第807条当前的版本一样，剩余例外提出了5个独立的要求，为了便于参考该条，这里明确指出来：

（1）传闻必须具有与列举的例外提供的"同等"的"可信性的情况保障"；

（2）传闻必须"作为实质事实的证据而提供"；

（3）传闻对于争点必须"比主张者通过合理努力可以获得的任何其他证据都更有证明性"；

（4）采纳必须符合"这些规则的总体目的和司法利益"；

（5）必须向对方提供打算使用传闻的充分的审前告知。

这些要求是否给法庭提供了充分的指导？首先，正如我们经常看到的，第（2）和第（4）个要求没有明显的作用。不能证明实质事实的证据根据第402条是不可采的，因此把第（2）个要求增加到第807条中似乎毫无意义。第（4）个要求只不过反映了第102条，基本上是空洞的，没有具体内容。因此，这些规定在第807条的判例法及其前身那里就被忽略掉了。如果它们有目的的话，也只是为了强调传闻的提出者必须承担起满足另一个更有意义的要求的责任，还有就是法庭在根据剩余例外采纳证据时应该特别小心。因此，联邦证据规则中的3个实质限制是上述第（3）、（1）、（5）个要求。

第（5）个中的告知规定前面已经提到。这是对众议院对于可预测性的担心作出的最重要的妥协。第（1）个中的可信性要求的困难在前面的部分中已经谈到。围绕着剩余例外的很多争论涉及这种可信性要求的不精确，以及想要把传闻的用途限于与只出现于最初的1969年草案中的第8-04条中

---

[16] 1997年的统一承认了在判例法中已经变得很明确的事实：任何根据第804条剩余例外采纳的传闻也可以根据第803（24）条采纳，因此有两个剩余例外是没有必要的。

"有力的准确性保障"的话非常相像的解释的倾向。[17] 既不过于苛刻也不寄生于必要性观念的唯一可行的可信性要求,似乎是把说服初审法官传闻的证明性值得花时间和精力考虑它的某种类似于"反403条"的负担施加于提出者身上。

必须承认,这不是对第(1)个要求最自然的解释,这似乎要求对出示的传闻和根据其他例外采纳的传闻的可靠性进行直接的对比。但是它不是个不合理的解释。正如我已经指出的,"同等"不必指同等的可靠性。相反,如果它要成为一个可行的标准,它就必须更广泛地指与可靠性同样的肯定性因素。而且使这些因素与可靠性"同等"的是与其他例外相同的充分的可靠性标准。鉴于对该标准的第403条相反的描述的优先性,法庭如果不是在言谈上也是在行动中侧重于它就不奇怪了。因此,如果让传闻在解决争议的过程中有实际用途,那么可靠性的肯定性因素就是同等的。

补强和可信性之间的关系带来一个不同但更为复杂的问题。"同等的可信性的情况保障"的确定是否可以包括考虑补强传闻陈述真实性的独立证据,在这个问题上,法院和学者之间有不同的意见,多数法院都认为补强证据有利于加强可信性。[18] 争论双方都有一些道理。如果法院正确地采用了像第403条那样的可信性分析,就不应该有补强证据与可信性的确定无关的规则。没有补强证据,传闻的证明力就可能弱得不值得考虑,但补强证据就可以把它的证明力提高到可以达到第403条那样的平衡的程度。但是,如果独立证据在争议的实质事实问题上的决定性非常强,甚至可靠的传闻也可能是浪费时间,这样有力的补强证据就不应该采纳。许多案件,也许是大多数,都会介于两者之间,也就是说,不需要补强证据来为传闻的采纳提供保障,但也不应该对它的采纳产生不利的影响。

担心陪审团会过度信任传闻大概解释了某些地方存在的认为补强证据在多数案件中会有利于传闻的采纳的倾向。理由是,虽然独立的补强证据并不会增加传闻本身"内在的"可信性,比如,不能从陈述的情形进行判断,但它仍可以让传闻为真的可能性变得更大,因此可以降低陪审团错误地把传闻当做真实信息来源可能具有的危害性。除了陪审团不信任传闻理论中已经指出的一般问题,这种理由的主要难题是,只有在传闻影响到裁决结果的案件中,传闻的采纳才是重要的。对于这类案件,不会因为补强证据的存在而使过度评价传闻的风险更小。最后,认为补强证据有利于传闻的采纳会陷入这样的怪圈:如果传闻是真实的,那么认为它可以采纳,这是一种又一次混淆了法官和陪审团职能的分析形式,将可采性和充分性混为一谈。

最后要指出的是,立法史揭示了围绕着剩余例外的经久不衰的争论,

---

[17] 在立法史中可以找到一些根据。在对出现在第803(24)条和第803(b)(5)条中的第(3)个要求"更具有证明性"的评论中,参议院司法委员会指出:"这一要求的目的是保证只有具有高度证明力和必要性的陈述才可以根据剩余例外采纳。"S. Rep. No. 1277, 93d Cong., 2d Sess. (1974) U. S. Code Cong. & Ad. News 7051, at 7066. 但是,这种将可信性和必要性相混合的想法与该条的用语相矛盾,因为只有在传闻比替代性措施更具有证明性的时候予以采纳才满足第(3)个要求,即使该传闻不具有"高度的证明价值"。例如,如果相关传闻是该争点问题上的唯一证据,那么它就比替代方法更具有证明性,无论它的证明力多么微弱。

[18] 但是,就克里福德案之前的对质条款规则仅适用于控方提供的传闻的"特定化的可信性保障"标准而言,相反的观点(仅仅是险胜)占了上风。See Idaho v. Wright, 497 U. S. 805 (1990).

"差一点"的问题。这个问题产生于发现所提供的传闻接近但不属于某种列举的例外，因此根据剩余例外提出的情况。有人认为，这种传闻不应该根据剩余例外而接受，因为用第807条的话说，该传闻仍然为列举的例外所"覆盖"，因此第807条不能适用。例如，有人说不能出庭作证的人的大陪审团证言不应该根据剩余例外采纳，因为它是一种先前证言，所以为第804（b）（1）条所"覆盖"，而且只有在符合该条的要求时（它一般符合不了）才应该被采纳。比较熟悉的说法是，否则就等于允许法庭可以违背立法意图扩大列举的例外的范围。对1969年草案的拒绝似乎意味着支持这种"差一点"理论，在该草案中，列举的例外仅仅是"安全港"条款。

但是，除非作出非常谨慎和狭窄的理解，否则这种"差一点"理论就会有严重的缺陷，多数法院拒绝把它作为一个一般规则是正确的。不属于任何一个列举的例外的传闻陈述至少可以和一个不完全符合条件的例外相类似。如果联邦证据规则中没有古老文件的例外，那么像达拉斯县案中的报纸文章就可以被看作接近但不属于记录的过去回忆的例外（第803（6）条）。显然，这些"差一点"的情况，有的问题多，有的问题会少一些。最后，将剩余例外延伸适用于属于"差一点"情况的证据只有在模糊了议会在可采纳的传闻和不可采纳的传闻之间划定的最终界限——并不必然等同于标明某一类传闻例外的界限——时才是错误的。

例如，议会的意图明显是让大多数刑事案件中不存在的对被告人不利的官方记录例外阻止在这些情况下使用剩余例外，法庭也是这么判决的。另一方面，联邦古老文件例外（第803（16）条）仅适用于至少20年以上的文件中的传闻。但议会让这种传闻自动可以被采纳（以对抗传闻异议）的决定，并不表示议会认为排除原本情况近似的文件中的传闻非常重要，例如，只有19年零364天的文件。很难找到"差一点"情况的更好的例子，但是，就因为离20年的门槛差一点而不能采纳原本符合剩余例外条件的文件，议会也没有这样的政策，或其他正当理由。⑲ 这条线（20年）和关于传闻例外的法律中规定的许多其他的界限，根据立法者最初的设想，最好是被看作是彻底划分出最终的"安全港"。

2. 传闻规则的死亡

一些学者曾提出，而且其中一些简直是哀叹道，我们正在经历传闻规则的死亡。剩余例外经常作为这种现象的重要原因被举出。确实，剩余例外已经被广泛使用。无论正确与否，法庭依赖它来采纳信件上的邮戳、不能到庭的陈述人的大陪审团证言、社会科学调查结果、来自外国的文件中的陈述、警察的犯罪报告、卷帙浩繁的文件的节本、医疗和科学文章，等等。你可以有根有据地说，剩余例外在传闻规则领域掀起了一场革命。

---

⑲ 想象一下一个少于20年的文件必须有多老才应该因为它是仍被古老文件例外"涵盖"的"差一点"而被排除。然后自问，如果增加的年限有利于采纳，一个比这门槛年龄年轻的文件会成为候选的剩余例外，而比门槛年龄更老的却不是！例如，如果一份10年的文件不是"差一点"，而19年的文件是，那么"差一点"理论就给我们带来一个奇怪的结果。为什么10年的文件应该接受比19年的文件更慷慨的可采性待遇呢？

可以说，这一理论发展忽略了人们经常提起的在起草剩余例外的过程中参议院报告中的告诫："我们的设想是剩余例外的使用非常罕见，只在特别的情形下。本委员会并不打算在采纳不属于第803条和第804（b）条的其他例外的传闻陈述方面为初审法官确立广泛的权限。"但是，这一说法在几个方面都很奇怪。作为预言，它显然受到该委员会有限的前瞻性的限制。例如，他们怎么能够知道联邦诉讼的样态不会发生变化，那些毫无疑问地属于剩余内容像邮戳和调查结果这样的东西不会变成主要的证据载体，比传统的例外更广泛地使用？更重要的是，如果不是所描述的那种广泛的授权的话，那么剩余可能是别的什么东西？就使用剩余例外时提示深思熟虑和谨慎而言，它已经走得太远，在这个意义上，该委员会陈述的解释价值很有限。

案例报告无论如何说明不了传闻规则处于一种开始崩塌的状态。相反，你会发现成百上千的推翻不适当地采纳传闻或者维持初审法院排除传闻的裁定的上诉意见。罗杰·帕克贴切地描述了这种情况：

> 已经出现一些非常宽容的判例，还有一些相反的判例。即使这些宽容的判例胜出，可能出现的情况也不是传闻规则的死亡，而是一个裁量性的传闻规则，据此，如果初审法官根据剩余例外采纳证据，他们的判决会被维持，但如果他们拒绝使用剩余例外采纳证据也会被维持……
>
> ……即使初审法官在实施剩余例外方面拥有（或逐渐地拥有）巨大的裁量权，可以理解，那些特别列举的例外仍会很有用。这些例外界定了那些可以采纳，也试图告诉我们哪些不可以采纳。如果说一半的确定性聊胜于无，大概也值得保留这些类别化的例外，因为它们在勾勒出可以采纳的传闻的轮廓方面还是有价值的，虽然不再能够预测出不可采纳的传闻的轮廓。[20]

帕克教授的评论描绘了一个与咨询委员会原来1969年的草案紧密吻合的传闻制度的未来图景，大量的可采性的"安全港"被包围在传闻的海洋中，如果表明了必需的必要性和可信性的前提，那么这些传闻是可以采纳的，外加一点公正的告知要求。人们不禁会想这样的制度将会受到卫斯曼法官的欢迎。

在结束本章之前，应该指出的是，对传闻规则的焦虑很多反映了对控方在刑事案件中误用传闻的担心，特别是利用剩余例外规避植根于对政府造出的庭外陈述不信任的限制。这种背景引发了对产生对质条款的宪法保护的特别关注。这些陈述的可采性受到最高法院在克劳弗德诉华盛顿案中2004年判决的严重影响。[21] 该案重新解释了对质条款，对控方使用"证言性"传闻施加了更严格的限制。重要的是，不可能仅因为法官以一种结论性而且不可避免地不透明的方式确定传闻"可靠"而忽视这些限制。虽然在克劳弗德案的影响充分铺开之前还有一段时间，但可以有把握地说，在大量的案件中，它会使得成文法中的剩余例外的存在对控方而言无足轻重。当然，该例外有宪法做靠山。这种例外会包括大多数关注度最高的情况，包括警察取得的被

---

[20] Roger C. Park, "Hearsay, Dead or Alive?", 40 *Ariz. L. Rev.* 647, 653–54 (1998).

[21] 541 U. S. 36 (2004).

害人陈述，被拘禁的同案犯向警察作出的涉及其他同案犯的陈述，以及大陪审团证言。刑事被告人有了这一新注入的宪法力量的特别保护，更没有必要担心像卫斯曼法官设想的那样更为自由和裁量性的非宪法性传闻制度。

———

这不是通常的证据故事，因为虽然有一个关于达拉斯县案的有意思的故事，但没有很多的人文戏剧性。真实的故事是一个已经大大地改变了证据法规则的发展路径的故事。这是一个扎根于19世纪的故事，当时证据法还是审判程序的普通法，不同司法区之间差异非常大。找出这些不同规则和原则背后的意义的需要产生了一系列的伟大著述；在19世纪，是格林利夫和塞耶，在20世纪初，最伟大和最有影响的是约翰·亨利·威格莫尔。其他的学者也是重要人物，其中之一是艾德蒙德·摩根，法典化运动的先驱，而且和威格莫尔一样，也是严格禁止传闻的普通法规则的批评者。约翰·麦纳·卫斯曼法官作为律师成长的时期正是一个威格莫尔、摩根和其他一些像他们这样的人物的影响处于巅峰状态的时期。当他遇到新的证据难题的时候，阅读这些人的著作，引用这些著作，向这些著作寻求指导也就毫不奇怪了。

奇怪的是，而且需要相当大勇气的是，卫斯曼法官愿意将这些改革者拥护的原则表述为判例法，而不是像其他几乎任何一位法官那样将判决建立在一些现存的有弹性的传闻例外的基础上，也不走像无害错误这样的逃跑路线来回避难题。在这个意义上，达拉斯县案几乎是一个"咄咄逼人的"判决。你不可能不去面对和现有规则的决裂。大概正因为如此，该判决的名气大于它作为先例的意义。但卫斯曼法官的路线的力量尚存，而且随着联邦证据规则的起草，它出现于立法争论中，并得到国会附条件的支持。因此这个证据故事不是一个大楼被闪电击中或者没有被闪电击中的故事，而是一个智识传统的故事，一个法官的故事，而且是一个思想如何制定成为法律，如何解释和发展的故事。在证据法上还会有同样的一系列变化的故事，但像这个这么重要的为数寥寥。

宪法问题

- **14.** 克劳弗德的故事
- **15.** 钱伯斯诉密西西比：当新任大法官遇上老式的南方裁决

14

克劳弗德的故事

理察德·D·弗里德曼

对于收到的大多数陌生的电子邮件我从不打开。但是，2003年3月10日下午我收到的一封邮件的主题——"对质条款调卷令申请"引起了我的注意。这些年来我一直主张，在保障被告人"与不利证人对质的权利"时，最高法院应当大幅度地改变它对第六修正案含义的定义。因此我立即打开了邮件，上面写着：

弗里德曼教授——

我于1997年毕业于密歇根法学院。虽然您从未教过我，但我对您在1999年对质条款方面的学术研究很了解，当时我正在丽丽诉弗吉尼亚案①中给斯蒂文斯大法官担任助手。

现在我在西雅图执业，并在华盛顿大学法学院担任兼职教授。作为业务的一部分，我偶尔会为全国刑辩律师协会处理涉及刑事诉讼中的宪法问题的案件。在我了解到华盛顿最高法院在本案中对对质条款的解释后，我接触了被告人的律师，他把案件给了我。

我想您会对我上周五对本案提起的调卷令申请感兴趣，因此在邮件的附件中我给您发了一个副本。您可以看到，为了结束像本案中这样的低级法院意见，我正在督促最高法院采纳您在丽丽案中提出的证言性路线。如果您对本案或一般问题有所思考，我当然会乐于倾听。此外，如果最高法院受理了该案，我肯定会告诉您。我们希望能在本学期结束之前得到答案。

您诚挚的，杰夫·费雪

当然，这时候我的好奇心已经被激起，因此我打开了附件阅读了调卷令申请。迈克尔·克劳弗德被指控侵犯人身。在审判中，控方提供了事发当晚克劳弗德的妻子西尔维亚在警察局作出的一份陈述，西尔维亚没有在审判中出庭。他提出异议，部分理由是侵犯了他的对质条款保障的权利。但初审法庭仍然采纳了这份陈述，克劳弗德被定罪。华盛顿最高法院最后维持了判决。在驳回对质条款异议时，该法院特意适用了当时主导的俄亥俄诉罗伯茨案的规则②，据此，如果这份陈述被认为充分可靠，那么该条款不阻碍证据的采纳。该法院的结论是，该陈述符合这个标准，部分是因为它与迈克尔当晚向警察作的陈述"相互印证"。在申请中，杰夫——我指的是费雪，因为我们已经成为朋友和亲密的工作伙伴——起初主张"连锁"理论与其他司法区的判例相矛盾，因此不适当地适用了罗伯茨案。申请的这个部分给我留下的印象是非常非常好——论证得非常好、精确、专业。但是杰夫在邮件里援引的是申请的第二部分。在这一部分，他敦促最高法院受理这个案子以使它能够抛弃整个的罗伯茨规则。他说，最高法院应当废除这个规则，代之以这样的路线：如果被告人没有机会对作出陈述的人进行交叉询问，那么在性质上具有证言性的庭外陈述就不能被出示来反对被告人。正如杰夫在他的电子邮件中所说的，这是我在学术研究中倡导的路线，申请大量援引了我的著作。现在，可想而知，我认为这是一份伟大的申请。

确实，我开始垂涎了，至少在比喻意义上是如此。在对以前的两个案件

---

① 527 U.S. 116 (1999).
② 448 U.S. 56 (1980).

的法庭之友意见作出的回应中，其中一个是杰夫提到的丽丽案，三位大法官已经表示愿意重新考虑对质条款的法理基础。但是法庭之友，最高法院的朋友们只踩着了边线。在最高法院的案件当事人敦促最高法院抛弃罗伯茨案的规则以前，在可预见的将来，我们大概还要受制于它。现在有了被告人，由能干的律师代理，他正在申请正中我下怀的改变——采纳证言性路线。但是有三个问题立即浮出水面：

● 最高法院会受理案件吗？多数的调卷令申请都被拒绝。

● 如果最高法院受理了案件，它是否会把手伸到这个宽泛的问题，还是简单地继续适用罗伯茨案的框架？最高法院在能够以狭窄根据为基础判决案件的时候通常会避免宽泛的问题，确定无疑的是，最高法院不必考虑是否应该抛弃罗伯茨案就可以推翻迈克尔·克劳弗德的定罪。

● 如果最高法院确实触及了宽泛问题，它是否会采纳证言性路线，还是坚持罗伯茨案？最高法院一般不太情愿在规则方面作激烈的变革，而拒绝罗伯茨案无疑将会是激烈的变化。而且，正如在克劳弗德案中一样，最高法院总是可以待在罗伯茨案的框架里，而同时得出一个合情合理的结论（最高法院在这个框架内可以得出任何结论，这也是问题的一部分）。

所有这三个问题都可能在下一年度得到肯定的回答。因此克劳弗德的故事远不是一个迈克尔和西尔维亚·克劳弗德，还有把迈克尔送进监狱，和另一个人械斗的故事。它也是一个关于被告人与证人对质的权利几个世纪以来的发展和萎缩的故事，也是一个关于有天分、进取心和勇气的年轻律师如何能够说服最高法院恢复该权利在我们的刑事司法体系中核心的应有地位的故事。从我作为一个学者的观点来看，这个故事讲起来让人感到愉快、满足。

我们来做一小点儿思维实验。1220年，年轻的国王亨利三世给你一个艰巨的任务。直到最近，英格兰的刑事司法制度，和大多数的基督教国家一样，相当大的程度上还依赖上帝作出判决。其中主要的是神判法。例如，可以要求被告人拿着火红的烙铁走固定的一段距离。如果3天以后，他的伤愈合得很好，那么可以据此作出他无罪的判决；如果伤口化脓，就认为他有罪。同样，被告人可能被捆起来放到冷水里。如果他沉下去，就认为他无罪，捞出来，虽然湿淋淋的也高兴；如果浮起来，就被认为是有罪的征兆。

如果你的注意力主要是得到一个迅速而容易确定的判决，那么这不是一个坏的制度。当然，问题是要接受这样的神判，你必须深信实际上是上帝在以这些奇怪的方式作出裁判。1215年，在第四次拉特兰宗教大会上，天主教会禁止神职人员参与神判。这一限制影响到了实践，而在当时的英格兰，这种做法已经失去了很多的支持。所以，你的任务是涉及一个不依赖于神判的新制度，你会怎么做呢？

你大概很快会认识到，理性的裁判制度必须在很大程度上依赖于证人，他们拥有要传达给裁判者的与案件有关的知识。但是他们如何传递这样的信息呢——也就是说，他们要怎么作证呢？大概要求他们宣誓是个好办法，这样他们就知道问题的严重性，而且知道如果作伪证的话，他们就有遭天谴[3]

---

[3] 根据后世更缓和的理解，风险只是受到伪证罪的追诉。

的危险。除此之外，各种手段都是可能的。你可以仿效后世雅典人的方法，让所有的证人把书面的证词都装在一个罐子里，封上，直到审判当天再把它交给裁判者。或者你可以追随欧洲大陆多数法庭发展起来的一种模式，在当事人不在场的情况下接受证言，并书面记录于一份官方笔录——因为担心证人会受到恫吓——但是给当事人提供书面提出问题的机会。

但是你也可以采用另外一种模式，这种制度古希伯来人用过，早期的雅典人用过，罗马人也用过：证人在公开的法庭上在双方当事人在场的情况下口头提供证言。这种制度避免了证人的证言错误地传递给法庭的任何可能性。它给被告人提供的一点保证是，反对他的证人不是因为受强迫而提供证言的。它还给被告人提供了询问该证人的机会。而且它还给证人施加了严重的道德负担，就等于告诉他："如果你要说那些话，那么就看着他的眼睛说。"

当然这个思维实验并不能反映现实，因为没有人会坐下来设计普通法的刑事裁判制度；相反，它是在几个世纪的时间里逐步发展而来的。但是显然到16世纪中期的时候，英格兰的法庭诉讼采用的是最后一种模式，那种要求公开、对抗性的证言，证人要当着被告人的面提供证言。确实，在接下来几个世纪的时间里，英格兰的法学家多次宣布这种提供证言的方法是他们的刑事司法制度的骄傲。国会也多次通过成文法规定，在叛国案件中，证人必须与被告人"面对面地"作证。

这一程序并非一贯地被遵守。在16世纪和17世纪早期的政治案件中，特别是叛国案中，控方会出示在申请人不在场的情况下提取的证据。沃尔特·雷利勋爵案是其中最为臭名昭著的一个，但不是唯一的一个。16世纪中期，玛丽女王治下通过成文法要求治安法官提取重罪证人的陈述，很快，如果这样的陈述是在宣誓后提取，而后证人不能出庭作证，那么在审判中可以采纳该陈述就变成了惯例。最后，还有一些法院，例如星座法院，遵循的是欧洲大陆，而不是英格兰的证言提取模式。

但是，到17世纪末，与不利证人对质的权利已经牢固地被确立起来。叛国案中的法庭不仅保障被告人在审判中当庭作证，而且热切地给被告人提供交叉询问的机会。玛丽安成文法允许的这种做法并没有扩大到超出这些成文法——重罪的范围；在轻罪案件中，著名的国王诉佩恩案1696年判决中，即使证人在审判中没有出庭，他先前的证言也可以用来反对被告人，如果被告人没有机会交叉询问的话。而且多数遵循欧洲大陆模式的法院，包括星座法院，并没有在那个时代的政治动荡中存活下来。衡平法院继续用欧洲大陆的方式接受证据，但它们没有刑事管辖权。如果证人不能在普通法法院的审判中出庭，在衡平法院提取的证言也可以采纳，但只有在对方当事人有充分的书面提出问题的机会的情况下才可以。

对质权跨越了大西洋，并在美国扎下了强壮的根。在英格兰，直到19世纪，多数刑事案件都是私人追诉，而且被告人通常没有律师代理。但是在美国，律师权很快得以确立，这强化了对质权的利益，因此它使得交叉询问证人的能力更加珍贵。而且皇家根据印花法追诉的案件被分配给了海事法院，这里遵循的是欧洲大陆模式，没有陪审团，而且在当事人不在场的情况下可以接受书面证言。④ 这种做法成为导致革命的殖民地居民强烈不满的问题之一。⑤ 大多数早期的州宪法都包含有控方证人在被告人在场的情况下当庭作证的保障。有的使用了由来已久的"面对面"的说法。其他的使用了非常近似于获批准后被合并到联邦宪法的语言，当时前十条修正案，即权利法案纠正了宪法没有列举权利的缺陷。批准于 1791 年的第六修正案中规定："在刑事诉讼中，被告人享有与不利证人对质的权利。"

注意，在这个描述中没有出现传闻一词——对质条款本身没有提到它。确实，我们今天所知道的传闻规则在该条款通过时刚刚方兴未艾。该条款与其说是传闻规则的宪法性陈述，不如说是关于如何出示控方证言的程序规则。

但是，很快，这一界限就变得不明显了。大概在第六修正案通过的时候，也就是几十年后，传闻规则迅速发展。刑辩律师日益重要的作用似乎很大程度上促进了这种变化。辩护律师认识到交叉询问的潜在价值，只要不利证据的证明价值依赖于观察者的感知、记忆、描述事件或条件的能力和他准确交流的天赋。然后，到了 19 世纪早期，类似于传闻的现代定义的东西——提供来证明它所断言的事项的真实性的庭外陈述——已经出现。而且确实在 1838 年，传闻规则达到了它的高潮线，当时上议院在著名的赖特诉多·泰瑟姆案⑥中判决称，该规则不仅适用于陈述，而且适用于任何提供来证明行为人显然深信不疑的主张的真实性的任何庭外行为。即使没有这次延伸，该规则也描述了一大类证据，包括但不限于已经成为对质权焦点的相对狭窄的证言性陈述。但传闻规则从来都不是绝对的，而且在接近两个世纪的时间里，法院和立法者已经发展出一个越来越庞大的例外清单。它们被设计来使那些对查明真相特别有帮助的传闻免于规则的效力，因为相关陈述很可能是准确的，而且也因为没有好的证据来替代证言。

有了这么多关于传闻规则的智识资源，对质权的独立角色——作为提供来反对被告人但没有给他提供面对面和交叉询问机会的证言性证据的禁令——就变得模糊了。我相信许多判决者仍有一种关于该权利在哪里适用的粗略直觉，而且这种直觉几乎是无意识地帮助形成了传闻规则，帮助防止出现完全不可接受的结果。⑦ 因此我们糊里糊涂地也过来了。一个法庭通过谈被告人对质证人的权利应当得到的任何结果都可以通过谈传闻规则而得到——直到 1965 年。在这一年，最高法院认定，对质权是一项通过宪法第

---

④ 克劳弗德案总结了这段历史，541 U. S. at 47-56。

⑤ 印花法国会控诉道，"通过将海事法院的管辖权扩大到超出它的古老界线"，该法具有"颠覆殖民地居民的权利和自由的明显趋向"，其中之一就是陪审团审判的权利。*Resolutions of the Stamp Act Congress* § 8th (Oct. 19, 1765), reprinted in *Sources of Our Liberties* 270, 271 (R. Perry & J. Cooper eds. 1959). 独立宣言中也有类似的控诉，在列举的对乔治三世国王的不满中宣布："他和他人一起把我们置于外在于我们的宪法并不为我们的法律所承认的管辖权之下，批准他们虚假的立法：……因为在很多案件中，剥夺我们陪审团审判的利益……"

⑥ 5 Cl. & F. 670, 7 E. R. 559, 47 Rev. Rep. 136 (H. L. 1838).

⑦ 例如，在 20 世纪晚期的时候，许多（但并非全部）美国的司法区都不允许出示一个共犯向当局作出的自白来反对另一个共犯。给出的理由通常是这种陈述是不可靠的，因此作出自白可能是为了从当局获得好处。有时候，这些陈述是非常不可靠的——但有时候不是。排除这些陈述的真正的原因是，它们等同于反对第二个共犯的证言；我相信，这解释了童案中 12 位法官采纳的反对这种陈述的简单明了的规则。Tong's Case, Kel. J. 17, 84 Eng. Rep. 1061 (1662).

14条修正案适用于各州的基本权利。⑧ 现在，一个联邦法庭，无论是在直接审查还是在附带审查中，都可以因为州法院的定罪违反了被告人的对质权而宣布其无效。因此，理解对质权的范围就变得很关键了。

问题是，对质权和传闻规则混同了这么久，最高法院也没有一个关于权利含义和适用条件的成熟而清晰的理解。因此，不久以后最高法院就开始参考传闻规则作为指导——这意味着对质权几乎没有什么自己独立的力量。在俄亥俄诉罗伯茨案中，最高法院试图勾勒出一个一般框架，在这个框架下庭外陈述人作出的任何传闻陈述——不只是证言性陈述——都可能带来对质条款问题。一方面，最高法院似乎确立了一个一般要求：如果陈述人不能在审判中出庭作证，这样的传闻不能被采纳。另一方面，可以通过证明该项陈述是可靠的来克服对质问题，而且可靠性可以通过表明该项陈述属于"根深蒂固的传闻例外"而获得证明。同样，最高法院表示，可靠性标准可以通过"表明有特别化的可信性保证"而被满足。⑨

这个框架从一开始就不稳固。最高法院很快从假定的不能出庭的要求中退缩回来——如果郑重看待这个要求就意味着，例如，日常的商业记录在没有证明它的制作者不能出庭作证的情况下就不能出示。⑩ 最高法院继续宣布坚持可靠性要求，但这是非常成问题的。为什么普通的（也就是说，非宪法性的）传闻规则的例外已经变得"根深蒂固"（无论其含义是什么）的事实可以让一个属于例外的（如最高法院解释的⑪）陈述免于宪法提供的对质保障？而且如果州朝着对控方特别慷慨的方向解释一个既定例外怎么办？而且，该规则的"个别化的可信性保障"标准非常有操作的空间。无论陈述是平静地作出还是激动地作出，在描述的事件发生之后不久作出还是经过一段时间的回忆，向私人还是警察作出，低级法院都倾向于得出结论说，该陈述作出的情形提供了充分的可靠性保证。

我在1990年前后对对质权变得特别有兴趣。我当时正在研究一个传闻法的大项目，而且我开始确信对质权是打开传闻谜题的钥匙。因为对质权已经变得依赖于传闻法，传闻规则从总体上变得比它本应具有的更富有限制性。对我而言，变得很明显的是，虽然有罗伯茨案，但并不是任何传闻陈述都会带来对质问题；相反，只是那些在制作时期望能够有助于犯罪的侦查或起诉的陈述。罗伯茨案的问题在于，它认定，如果被认为充分可靠的话，即使这种陈述也不违反对质权；应该有一个明确的排除规则。但是我缺乏一种理论，在这种理论之下，这种陈述应当被认为是对质条款的焦点。但是，在

---

⑧ Pointer v. Texas, 380 U. S. 400（1965）.

⑨ 448 U. S. 56, 66（1980）.

⑩ See United States v. Inadi, 475 U. S. 387（1986）（认定共谋的陈述可以采纳来反对被告人，即使陈述人可以出庭作证但没有出庭作证）；White v. Illinois, 502 U. S. 346（1992）（认定当时的言论可以采纳来反对被告人，虽然陈述人可以出庭）.

⑪ 最高法院的监控是必要的，否则一个州法院在解释某一例外的时候会对政府方不适当地慷慨。在 Lee v. Illinois, 476 U. S. 530（1986），and Lilly v. Virginia, 527 U. S. 116（1999）这两个案件中，州法院都采纳了共同被告人向警察作出的自白，而且在这两个案件中最高法院因对质条款都拒绝接受政府方把该陈述界定为违背刑事利益的言论。在丽丽案中，相对多数派明确地说"将责任转嫁给或扩大到刑事被告人的共犯陈述"不属于"根深蒂固的"传闻例外。

20世纪90年代的牛津,我发现我背离了自己的初衷,被拉回到我刚刚总结过的遥远的历史。我十分有幸能够和迈克·麦克奈尔一起工作,他是一位特别博学的英国史专家,他对资料的理解远比我好。一切变得豁然开朗:对质条款并非简单地描述了一种严格地受制于证据排除规则的陈述。相反,它是一项基本的程序性规则,用来确保证言在适当的条件下,在被告人在场的情况下予以提供。履行证言功能的陈述,必然属于该条款的范围,对此,该条款提供了一个明确的排除规则——因为否则,我们的制度就在支持一种提供不利于被告人的证言却又不要求对质的方法。

我不是唯一的,也不是第一个(虽然我可能是最固执的)提出罗伯茨案因冲淡了对质权而犯下错误的学者——一方面给它提供了传闻法的宽度,却没有把握"不利证人"一词的含义,另一方面允许通过认定该陈述可靠就粉碎该权利。迈克尔·格拉汉姆、阿希尔·阿马尔和玛格利特·伯格都表述过在某种程度上与我很相似的理论,虽然每种表述同时也有相当大的差异。而且,美国政府发挥了重要的作用。在美国诉伊纳迪案中,在一份由年轻的副总检察长助理小萨缪尔·A·阿里妥担任共同执笔人的意见中,政府方提出,对质条款用来禁止书面证言的审判和类似的做法,"严密地规范着传闻的采纳,例如先前的证言,大体上可以与宣誓作证书或庭外证言类似"[12],但没有严格地限制采纳其他传闻。最高法院作出有利于政府方的裁判——认定属于共谋言论的传闻例外的陈述可以被采纳为不利于被告人的证据,甚至在没有证据证明陈述人不能出庭的情况下也是如此——没有触及政府方理由的核心。1992年,在怀特诉伊利诺伊案中,副总检察长办公室又一次尝试呈交一份法庭之友意见,提出对质条款应当只适用于"事实上提供当庭证言或者功能上等同于此的个人——即,宣誓作证书、庭外证词、先前的证言或者供述"[13]。最高法院在一份由首席大法官威廉姆·伦奎斯特起草的意见中说这个理由"来得太迟";最高法院说,"对对质条款这么狭窄的解读","实际上取消了它在限制采纳传闻陈述方面的作用",而且为最高法院的判例所禁止。[14] 但是克拉伦斯·托马斯大法官撰写了一份附议,安托宁·斯卡利亚大法官加入,说最高法院过于草率地拒绝了副总检察长的方案。虽然并不完全支持该路线,但托马斯表示"庭外陈述只有在包含于正式的证言性材料,例如宣誓作证书、庭外证言、先前证言或自白时才涉及对质条款问题"[15]。(但是,你会问,为什么自白必须是"正式的"?)

1998年5月,部分地是因为一点运气,我在牛津的一次宴会上坐在了斯蒂芬·布莱耶大法官的旁边。他抱有好感地谈了来自于学术界的法庭之友意见的价值。几个月后我想起了那次谈话,当时最高法院批准了丽丽诉弗吉尼亚案中的调卷令,在该案中,州法院认定对质条款并不阻止采纳向警察作出的指控陈述人的兄弟是谋杀案中开枪的人的陈述。玛格利特·伯格和我代表

---

[12] Brief for the United States 25, United States v. Inadi, No. 84-1580.

[13] Brief for the United States as Amicus Curiae Supporting Respondent, White v. Illois, 502 U.S. 346 (1992) (No. 90-6113), microformed on U.S. Supreme Court Records and Briefs 1991/92 FO, Card 4 of 7 (CIS).

[14] 502 U.S. at 352-53.

[15] 502 U.S. at 365.

美国民权联盟共同撰写了一份法庭之友意见,敦促最高法院抛弃罗伯茨案,并采纳一个对质条款可以明确适用于那些被认为是不利于被告人的证人作出的庭外陈述的规则(无论如何理解那个词)。最高法院以5比4的票数认定,被提出异议的陈述不应该被采纳为不利于丽丽的证据。(少数派同意定罪应当被撤销,但是应当留给弗吉尼亚法院决定是否存在可信性的特别化保障。)我发现最激动人心的是布莱耶大法官,多数派的成员之一,撰写了一份附议,相当明确地说他发现我们的意见中的理由很有吸引力。他的结论是,没有必要重新审查该案中传闻法和对质条款之间的联系,但是问题"仍留待他日"。

因此,这使得三位大法官表达了愿意考虑更新对质条款规则的意愿。但是,特别是鉴于罗伯茨案太具有操作的空间,它几乎总是允许最高法院得出任何它想要得出的结论,改变不可能在法庭之友的敦促下发生。除非有一位被告人提出申请意见,改良也是不可能发生的。

迈克尔和西尔维亚·克劳弗德,两人都21岁,婚后有一个小孩。但生活不是田园牧歌。他们在分居一段时间之后,最近才复合,两人都没有工作。在1999年8月5日下午,他们像往常那样和朋友们一起在华盛顿的奥林匹亚市中心喝酒。不知什么时候,他们决定找一位叫做肯尼·李的熟人算账。于是两个人动身去找他。他们大概首先去了肯尼常光顾的酒馆,但最后还是到了肯尼的公寓;西尔维亚以前在那待过,给迈克尔带路。

他们见到肯尼的时候,迈克尔马上提起了几百美元的事——毒资,也许?⑯——他说肯尼欠他的。至于这仅是一次艰难对话的开场白,还是与迈克尔和西尔维亚后来给警察的说法相反,这是迈克尔和肯尼之间唯一的过节,就不得而知了。无论如何,这次遭遇几乎一开始就演变成了暴力行动。迈克尔从他皮带的鞘里抽出一把刀,刺中了肯尼的腹部,肯尼身受重伤。迈克尔和西尔维亚迅速离开现场,但肯尼打了911,并告诉接线员充分的足以识别他们身份的信息,警察迅速找到了他们。

西尔维亚先是非正式地告诉警察,她、迈克尔和肯尼一起来到肯尼的公寓,迈克尔去商店买酒,在迈克尔离开的时候,肯尼对她实施性侵犯,把她按在地上去脱她的衣服;迈克尔回来看见肯尼在西尔维亚的身上就拔出刀子打了起来。晚上大约7点在警察局更为正式的讯问中她也是这么说的。这次讯问被录音,西尔维亚接受了米兰达警告,在讯问开始前被询问了一系列的身份问题。很快,迈克尔——警察把他和西尔维亚隔离开了——接受了类似的讯问,他的说法在很多方面与西尔维亚的都雷同,但不是全部:按照迈克尔的说法,西尔维亚曾提到过在西尔维亚和迈克尔分居的时候,肯尼曾对她进行过性侵犯,因此5号晚上发生的事是第二次。

因为不一致所以可疑,而且还有可疑的大概是迈克尔怎么会把妻子留下和一个据说侵犯过她的人在一起,警察对西尔维亚和迈克尔进一步讯问。他们都同意再作出一份陈述,又一次录音,相当正式。现在他们的叙述更加一致了,他们的行为更具有侵犯性:性侵犯发生在几周以前,在两个人失和期间,而且迈克尔当时不在现场。但是在那天下午喝酒时说起这件事,迈克尔

---

⑯ 一次与迈克尔的访谈有这样的话:问:……他显然欠你一些大麻或毒品的钱? 答:我(不会?)(听不见)细说。

说肯尼"需要修理一下"。于是他们动身去找肯尼。他们来到公寓的门前，那一架就发生在那里。但是，在一个关键问题上，迈克尔和西尔维亚的说法却有一点不一样。迈克尔表示，在扎他之前他觉得肯尼伸手到口袋里找什么东西，但他承认他不能肯定。西尔维亚似乎不相信在迈克尔扎肯尼之前肯尼在伸手找什么东西。但是西尔维亚承认很难回忆起事件的细节："我闭上眼睛没有看。我都惊呆了……"

在准备迈克尔的审判时，控方向瑟斯顿县高级法院的理察德·斯托菲法官申请了强制西尔维亚出庭作证的命令。但西尔维亚不想出庭作证。本来她可以援引第五修正案不去作证，因为政府正在考虑对她提出指控（而且最后确实提出了指控）。她从未正式地援引这一权利。1999年10月18日，在遴选陪审团之后，迈克尔的初审律师休·麦加克向法庭报告说西尔维亚要援引配偶特权。华盛顿的法律规定，配偶不得在刑事案件中提供对另一方不利的证言，除非成为被告人的配偶一方同意，因此更准确的说法——如果不考虑未被行使的第五修正案的权利的话——应该是迈克尔拒绝放弃阻止西尔维亚作证的权利。在审判阶段，没有人提出不同的争点，双方都同意西尔维亚不出庭作证。麦加克提出，出示西尔维亚的陈述来反对迈克尔侵犯了配偶特权和——主要根据是四个月之前判决的丽丽案——对质条款。在彻夜研读了丽丽案和陈述之后，法官裁定这些陈述可以采纳。他几乎没有花时间解释为什么他认为该特权不适用于向第三方作出的庭外陈述。但是，之后，他更详尽地说明西尔维亚的陈述具有充分的可靠性，所以裁定可以采纳。他的部分根据是她的陈述与迈克尔自己的陈述非常相似。他表示，如果他没有考虑迈克尔的陈述就作出判断，该案就九死一生了，而且他建议，为了避免产生上诉问题，控方应当考虑不在主诉过程中使用西尔维亚的陈述。

控方并没有注意到这个建议。它在审判中出示了西尔维亚的陈述。陪审团认定迈克尔有罪，他被判处14年监禁。

克劳弗德通过一位新律师托马斯·道尔将案件提交到华盛顿上诉法院。瑟斯顿县检察官办公室的斯蒂夫·谢尔曼——就是他后来在联邦最高法院出庭辩论——代表州政府。他提出，迈克尔通过不允许西尔维亚作证放弃了他的对质权。法庭拒绝了这种理由——迈克尔享有阻止西尔维亚在审判中出庭反对他的成文法权利，而且他不应该被迫在该权利和不被违反对质条款地定罪的权利之间作出选择。在实质问题上，法庭认定西尔维亚第一次陈述的可采性取决于第二次陈述是否可采，因为采纳第一次陈述不是为了证明其真实性，而是为了说明这对夫妇的推诿行为。至于第二次陈述，合议庭三位法官中的两位认为这部分太不可靠，不足以满足对质条款或华盛顿的违背刑事利益的传闻例外的要求。在得出这一结论时，该法庭试图适用一个华盛顿最高法院发展出来的九要素的标准。该结论还说这个错误不是无害的，法庭最终于2001年7月30日推翻了定罪。一位法官持异议，认为根据该州最高法院的另一个判决，多数派在评价可信性时没有考虑到西尔维亚的陈述与迈克尔自己的"相互印证"的事实，因此犯下了错误。

并不奇怪，政府方寻求州最高法院对判决进行审查，2002年3月5日，该法院决定受理案件。9月26日，由9位大法官组成的法庭签署了判决，一致推翻上诉法院的判决，恢复了对克劳弗德的定罪。州最高法院同意克劳弗德的说法，也认同上诉法院的观点，即他没有放弃对质权。但是，在实质问题上，这家最高法院的结论是西尔维亚的陈述的可靠性足以克服对质权。在这种情况下，该法院认为没有必要——检验它精心得出的可靠性标准的九个要素。相反，它把判决建立在这一事实基础上：西尔维亚的陈述是自我归罪性的，而且它与迈克尔自己的陈述基本上是重叠或互相锁定的。

这时杰夫·费雪介入了。作为西雅图一家大的事务所的年轻的合伙人，杰夫为全国刑辩律师协会提供无偿服务。他在一个专门寻找可以撰写法庭之友意见的可能很重要的案件的委员会任职。杰夫选中了克劳弗德案，并打电话给道尔，克劳弗德的律师，告诉他如果道尔准备调卷令申请的话委员会可以提供帮助。但是他发现道尔对准备调卷令申请不感兴趣；那会是胜算极小的吃力不讨好的事，而且也没有什么经济上的利益（鉴于道尔已经达到了该州对指定的上诉律师费用的上限即 2 000 美元）。以他背后的事务所的支持和资源作后盾，杰夫主动接手了这个案件。道尔很快就同意了。于是杰夫撰写了他 2003 年 3 月用电子邮件发给我的申请。

如果你要撰写一份调卷令申请，你总是想要找到低级法院之间的冲突，因为如果没有冲突，最高法院的结论很可能是没有介入的必要。杰夫找到了一个相当好的冲突。最高法院在适用罗伯茨案中的"个别化的可信性保障"标准时曾认定，法庭不能依赖对受质疑的陈述形成补强的证据，相反，必须把自己限于"围绕着陈述的制作和令陈述人特别值得信任的情况"[17]。在认定西尔维亚的陈述可靠时，该州的最高法院和初审法院一样，主要根据是和迈克尔自己的陈述的互相印证。这似乎是对非补强规则的公然违反，而且其他几家也这样认定。因此，可以合理地推断最高法院会愿意受理该案以澄清罗伯茨案的适用问题。

但杰夫并没有到此止步。正如我在故事的一开始就提到的，他的申请的第二部分要求最高法院抛弃整个罗伯茨规则，并代之以"证言性"路线。因此，我们不仅为最高法院批准调卷令申请打下了基础，而且也让它在批准调卷令申请时不局限于第一个问题，即罗伯茨案应当如何适用的狭窄而高度技术化的问题。政府方并不想费心去准备对调卷令申请的答辩，但最高法院提出了要求。这是一个好兆头；这意味着至少有人在注意了，而且正如杰夫向我解释的那样，最高法院如果不批准申请就不会要求答辩。6 月 9 日，我们得到了回复。最高法院批准了调卷令申请——一个简单的批准，不限于这个或那个问题。我们开始行动：现在，证言性路线要由一方当事人呈交给最高法院。

在杰夫准备实质问题上的意见时，他告诉我他正在考虑抛开这些争点，一开始就提出证言性路线是否应该取代罗伯茨案的宽泛问题，只在意见结尾的时候提出狭窄的技术性问题。我鼓励他这么做。我认为这样行得通，而且这也不会减少杰夫为他的委托人争取到撤销的机会。当然，我也有自己的考虑：我渴望证言性路线得到最高法院的考虑，而且我认为"相互印证"问题只是在完全不尽如人意的罗伯茨案的框架中的许多奇怪的问题之一。杰夫后来跟我说我是唯一一个建议他更换争点的人。一些他咨询过的更精明的人认

---

[17] Idaho v. Wright, 497 U. S. 805, 819 (1990).

为这么做——把重点放在要求最高法院完全抛弃一个确立已久的规则，代之以一个宽泛而明确的规则，而根据当时的主导观点，已经有一个狭窄而直接的寻求撤销的方式——是愚勇的行为。而且考虑到在很多问题上奥康纳大法官的投票总是摇摆不定，她不喜欢宽泛的规则，情况似乎更是如此。杰夫作了更换，这是勇气之举——特别是对一位准备他的第一个最高法院案件的年轻的新手而言。他的意见的第一部分，也是最长的一部分，在低级法院如何操弄罗伯茨标准方面给出了有力的证明，要求采纳证言性路线，只有在意见的结尾处杰夫才提出了互相印证的问题。

在此期间，我准备了一份法庭之友意见，从学术的观点论证为什么要采纳证言性标准。在草稿完成后，我向全国的法学教授询问他们是否愿意背书，其中8位同意了；韦恩州立大学执教的大卫·莫兰，我以前非常出色的学生，作了特别有价值的贡献，我指定他担任意见方面的律师。随着辩论日的临近，杰夫请我坐"第二把交椅"——也就是说，在辩论中在律师席上坐在他的旁边。我欣然接受；2003年11月10日，在证言性路线要在这个国家最高级别的法院讨论时我会坐在前排几乎正中间的位置。

最高法院的大法官们不是排成一队进入法庭的。他们几乎是同时从他们椅子后面的幕布中出现的，他们立即落座。在从他旧日的老板斯蒂文大法官那儿得到一个宽慰的微笑后，杰夫的神经放松了一些，但是当他起身辩论克劳弗德案时，他很快被尖锐的问题击中了。值得注意的是，虽然杰夫在一开始顺带提了一下相互印证的问题，但大法官们似乎对此不感兴趣。安东尼·肯尼迪大法官提出了一个我们没有预料到的聪明的假设：发生了严重的交通事故，保险调查员从证人那里提取到了陈述；如果后来对该起事故发起了刑事追诉，那这些陈述是不是证言性的？杰夫犹豫了，说这样的陈述"可能不是证言性的"，但如果该陈述是向警察作出的，那么情况"大不一样"。我对这样的回答并不满意。在我看来，即便保险调查员是私人，陈述大概也应该被视作证言性陈述，因为在制作时它被明确地期待在诉讼中使用。⑱首席大法官伦奎斯特抓住了杰夫的回答；如果是他在权衡，采纳证言性路线会取得多大的确定性？奥康纳大法官加入。罗伯茨案的框架难道运作得不够好吗？为什么要改变？（他后来在辩论中追问道："为什么隔山买老牛？"）杰夫卓有成效地辩论道，罗伯茨案实际上在低级法院导致了非常坏的结果。

布莱耶法官很快插嘴进来请杰夫澄清他的"证言性"标准。作为对政府方在怀特案中的意见的回应，杰夫谈到了"功能上等同于"当庭证言。但是，正如布莱耶大法官指出的，那有一点含糊。杰夫是否同意法学教授们在意见中表述的标准："一个处在陈述人位置上的合理的人是否会预料到这份陈述很可能被作为证据使用？"我屏住了呼吸。杰夫说，"功能上等同"是他的出发点，但是他认为"合理预期"标准是"个好的标准"。但是，为了让证言性路线显得不那么具有威胁性，他努力强调，也许有点过头，它的狭窄性。在"百分之九十九"的案件中，证言性陈述都是向执法机关作出

---

⑱ 我对这一问题有进一步的阐述，参见"Grappling with the Meaning of 'Testimonial'", 71 *Brook. L. Rev.* 241, 249 N. 26 (2005)。

的；只有"很少、很少的案件"中向私人作出的陈述可以被看作是证言性的。没有那么少，我在想——但是这是一个在后来的案件中可以被澄清的问题。

斯卡利亚大法官想知道，为什么陈述人的预期应该成为决定性的因素；如果陈述是向卧底警察作出的会怎么样呢？杰夫——因为担心影响多数派的形成，所以不想往任何一个方向走得超过必要的限度——表示这确实是一个难题。哦，我想，如果这么做就要把共谋犯向卧底警察或线人作出的陈述置于可疑的境地，那么最高法院就永远不会接受证言性路线。约翰·保罗·斯蒂文斯大法官问，说话者或接受陈述的人的意图是否重要？杰夫正确地指出，这是一个最高法院没有必要触及的问题，但是斯卡利亚大法官插嘴道："我真的不喜欢说……'让我们以后再担心这个吧'。我的意思是，如果日后有真正的问题出现，那么我就不打算放弃罗伯茨案。"

哎呀，这听起来可不是个好兆头——但我想斯卡利亚只不过在和杰夫一起扮演法学教授。杰夫努力地表示，如果说话人预料到会在刑事诉讼中使用陈述，那么陈述应该是证言性的，而且在某些情况下如果听取陈述的人这么认为的话，它也是证言性的。但这并没有解决问题。布莱耶大法官指出，根据主导性法律，线人关于共谋犯的陈述作出的证言是可以采纳的，还说他对一个似乎质疑这种结果的标准会感到"有点紧张"。但是没有必要这么做。他说，法学教授们似乎觉得"这并不难"。他提到了我们在意见中建议的标准，就是那个在陈述人的立场上的合理的陈述人的预期的标准，说："我认为他们在意见中写的这些话［是在考虑共谋犯向卧底警察或线人作出的陈述］。"作为第二把交椅，我不允许向法庭说一句话。但是当布莱耶法官和杰夫说话时我正好在他的视线里，他大概注意到了我在点头，很轻但大概在端庄得体的限度内是最有力的了。

而且让我出了一口气的是杰夫很快同意了布莱耶说的"法学教授们是对的"。我不能肯定斯卡利亚大法官关于为什么证人的视角是适当的视角的问题回答得是否令人满意，但是至少很明确的是，杰夫主张证人的视角就是适当的视角，还有共谋犯向卧底警察或线人作的陈述不是证言性的。当布莱耶大法官提到"新规则"时，在我看来他似乎已经得出结论，最高法院要采纳证言性路线了。

最高法院继续接二连三地就该路线的后果向杰夫发问。杰夫非常巧妙地让最高法院放心，采纳这个路线不会触动最高法院自己的大多数判决的结果。他一度似乎直截了当地说激情陈述不是证言性的。

让我们担心的只有另外一套问题：金斯伯格大法官指出西尔维亚不能出庭接受交叉询问的原因是迈克尔拒绝放弃他的配偶特权，以阻止她当庭作证。我们曾担心最高法院会拒绝触及实质问题，拒绝华盛顿法院关于迈克尔不能被强迫在对质权和配偶特权之间作出选择的观点。但事后证明，金斯伯格法官根本不是这个意思。如果迈克尔行使了阻止西尔维亚在审判中作证的特权，那么如果不把特权适用于作为当庭证言替代品的庭外陈述，这还有什么意义？这是一个好问题，但是向华盛顿州最高法院提出会更好，因为它只涉及州法问题，与联邦最高法院面前的争点没有关系。

然后，迈克尔·R·德里本，副总检察长和极其娴熟、有经验的最高法院律师，做了 15 分钟的发言。法庭之友一般不在最高法院作口头辩论，但是有一个大大的例外——美国。当迈克尔从双方各要求 7 分半钟时，双方别无选择只得同意，因为即使他们不同意，最高法院无论如何也会给这个时间。迈克尔提出对质条款的范围应当限于证言性陈述，但是在这个范围内该条款也不是绝对的；如果陈述人不能出庭，如果该陈述充分可靠，就应该被采纳。我曾经把这种立场称为去其精华，取其糟粕。让我感到轻松的是最高法院似乎并不买账。当迈克尔指出第六修正案中的其他领域并没有被绝对化解释时，斯卡利亚大法官给出了正确的回答——他说，那些判例是关于特定权利的适用范围问题，而不是允许其他考虑克服该权利在其正当适用范围内的行使的判例。迈克尔顺带指出，采纳证言性路线会要求发展出什么是"证言性"的法理。斯卡利亚大法官问道："你认为发展出确定什么构成证言性陈述的法理要难于发展出一个确定什么是可靠得足以克服对质条款文本的充分标志的法理吗？"我喜欢这个。斯卡利亚大法官似乎正在释放出信号：他会拒绝任何允许通过确定可靠就克服对质主张的理论。当迈克尔落座时，在我看来他似乎已经无路可走了。

斯蒂夫·谢尔曼代表州政府进行辩论，他甚至更艰难。在表达对可靠性标准的宪法有效性的怀疑时，布莱耶大法官加入到斯卡利亚大法官的立场。两位大法官表示，即使适用罗伯茨案，也不表示应当采纳西尔维亚的陈述。金斯伯格大法官对西尔维亚的陈述如何能被认为是可靠的表示不解，因为西尔维亚说过有一阵子她的眼睛闭上了——并表示，华盛顿最高法院仍然认为陈述可靠的事实反映了可靠性标准的专横。而且大法官们也怀疑她的陈述和迈克尔的陈述是否应该算作相互印证，因为在西尔维亚作出陈述的关键之点上他们发生了分歧，或者李诉伊利诺伊案中，一个涉及两个嫌疑人的自白的案件，为根据相互印证理论采纳西尔维亚的陈述留下了空间。斯蒂夫承认有点勉强，并无力地说华盛顿最高法院把李案解释为允许采纳。"哦，大概他们应该重新读一下这个判例"，奥康纳大法官说，法庭上响起了笑声。而且在那一刻我猜斯蒂夫·谢尔曼已经意识到维持迈克尔·克劳弗德的定罪的机会不大了。杰夫处理他的反驳时间的方式就如同一个领先 10 分的四分卫处理比赛最后的 30 秒；他没有抓住机会提供一个为什么可靠性标准不适当的历史性回顾。

我们在午餐中回顾辩论时，有理由感到自信。没有一个大法官倾向于维持定罪，但是，当然我们的兴趣远不止于此。更重要的是，没有一个大法官看起来对副总检察长的路线感兴趣。对杰夫的提问，几乎完全集中于证言性路线，让我们有理由相信多达 7 位的大法官会加入到采纳该路线的意见中：只有两位大法官，伦奎斯特和奥康纳对完全改变规则的必要性表达了怀疑；其他的人似乎主要对探讨规则的范围感兴趣。而且如果杰夫的一些探讨范围的回答不是我给出的那些（从第二把交椅的角度说起来很容易！），那是一个相对小的问题；很显然，虽然有斯卡利亚大法官的尖锐问题，但如果最高法院打算在本案中采纳证言性路线，它也不可能一下子解决全部的难题。我在午餐中对戴夫·莫兰说，大概伦奎斯特和奥康纳也会跟随采纳证言性路线的意见。戴夫可没有这么乐观。

现在我们只能等了。12 月 15 日，杰夫给我一个消息说大法官们在 11 月聆听了 9 个案子，所以他预计每位大法官会代表最高法院执笔一个案子——第一个判决刚刚作出，由伦奎斯特执笔撰写最高法院的意见！当案件一个一个地审结，我们就一个接一个地排除为克劳弗德案撰写意见的大法官，我们做了个小小的游戏，调高或调低我们关于最高法院采纳证言性路线的概率的判断。至 2 月 24 日发布了一系列的案件，只剩下了一个案件，克劳弗德案，也只剩下一位撰写多数派意见的大法官，斯卡利亚。杰夫猜测，这个判决花了这么长的时间大概是因为奥康纳正在撰写一长篇的异见。

最后，2004 年 3 月 8 日，判决下来了。确定无疑的是，最高法院无异议地推翻了对克劳弗德的定罪，斯卡利亚大法官撰写了最高法院的意见，其他 6 位大法官加入，首席大法官单独撰写了附议，只有奥康纳大法官加入。最重要的是，在这两位大法官的反对下，多数派的意见明确采纳了证言性路线。

在审查了对质条款的历史背景后，斯卡利亚大法官的结论是，"证言性传闻"是该条款关注的主要，如果不是唯一的，对象。而且，他写道："立法者不会允许采纳没有出庭的证人的证言性陈述，除非他不能出庭作证，而且被告人以前已经有了交叉询问的机会。"处于这两个命题核心的是该条款的证言性路线。斯卡利亚大法官写道，虽然最高法院判决的实际结果很大程度上是符合这些原则的，但最高法院在罗伯茨案中基于可靠性判断陈述的理由却是不合理的。对可靠性的司法判断不能取代宪法规定的程序，交叉询问——而且正如本案和低级法院的许多其他案件所表明的，对可靠性的司法判断是难以预测的，有时候会导致采纳那些被认为是处于对质条款关注焦点的陈述。对于不认为是证言性的陈述，最高法院没有判决罗伯茨案标准的命运应当如何，但对于证言性的陈述，最高法院的立场很明确：它们不能采纳来反对被告人，除非被告人已经有机会交叉询问证人，而且证人不能出庭作证。

但是，什么是证言性陈述呢？具有讽刺意味的是，杰夫特别喜欢说的，在口头辩论那天被斯卡利亚大法官批评过的："我们把探讨'证言性'的综合定义的努力留待来日。无论这一术语还有什么意思，它至少适用于预审中、大陪审团面前或者以前审判中的先前陈述；还有在警察讯问过程中作出的陈述。"而且这里的陈述，"明知是针对警察有计划的询问作出的，符合任何可疑理解的讯问定义"。我认为最高法院采用这个一般路线是很明智的——避免了在改革对质权法律的第一个判例中详细表述这个一般标准，而是重述了一些证言性陈述的显而易见的情形，并认定争议的陈述显然属于这些类型。至于这一路线在多大程度上是为了取得多数派意见而作出的必要妥协，以及在多大程度上它只是警示的结果，我就不得而知了。

在意见中还有一些其他的我乐于见到的观点（且不说对我的一篇文章的引用！）。最高法院说："证言性陈述在 1791 年［第六修正案通过时］是否曾因是当场作出的而可采，这是很有疑问的；如果假定当场言论的传闻例外确实存在，它要求陈述'在受到伤害后立即作出，而且在［陈述人］有时间为自己的利益作任何策划和设计之前'。Thompson v. Trevanion, Skin. 402, 90 Eng. Rep. 179（K. B. 1694）."我的感觉非常正确——而且各级法院应该注意到这样的话，即允许检察官根据控告人在激动情绪支配之下作出的控诉来证明他们的案件,而该控告人出于某种原因没有出庭作证。⑲最高法院指出,虽然传闻规则总是有例外,但确立于1791年的采纳证言性传闻的不利于被告人例外是临终言论。这一次又是非常正确。"如果出于历史原因必须接受这个例外的话",最高法院说,"它也是自成一格的"。我很高兴看到这一陈述的有条件性;最高法院保留了对质条款"是否合并了证言性的临终陈述例外"的问题,我认为答案应该是否定的。我相信许多临终陈述应该可采,理由是,如果证人不能出庭作证的原因是被告人把他给谋杀了,那么被告人就丧失了要求因缺少对质而排除陈述的权利。而且最高法院明确地保留失权的概念,不是根据可靠性的理由,而是根据基本上属于公平性的理由。

还有一些我希望能够改变的意见。有一些误入歧途的话,比如说除非陈述是向政府执法人员作的,否则就不可能是证言性的——一个糟糕的结果,而且你可以通过与接受证人陈述的私人组织协商,免除它们作证、接受对质的负担而打开侵犯对质权的大门。而且最高法院的重点显然放在控方的滥用上,这提高了这样的危险:如果没有这样的滥用,这些陈述就不被认为是证言性的,这会是一个最不幸的解释(而且因此是我无论如何也不相信最高法院会采纳的解释)。

虽然这些问题都很重要,但它们在这种背景下都是相对微不足道的,特别是因为以后还可以把它们拉回正轨。超越所有其他考虑的是,最高法院已经通过采纳证言性路线改革了对质条款。⑳

10月,斯卡利亚大法官在我们法学院待了两天。他参加了我向执教同仁作的一个午餐演讲,这篇论文写于克劳弗德案之前,发表于其后。我的主要论点是证据法论著过于依赖这样的观念:陪审团处理不好某些类型的证据。我举的例子之一就是克劳弗德案之前对质条款的适用。我指出,我在论文中提倡的改革"刚刚已经发生"。斯卡利亚先生似乎被逗乐了,我进一步指出,由于实现这个伟大变革的最高法院意见主笔人就在现场,我就应该有风度地承认他的贡献,再接再厉。但是作为一个学者,我不能放过对意见中我不喜欢的一个方面吹毛求疵的机会,显然我把重点放在了控方的滥用上。在提问环节,斯卡利亚大法官抓住了我的要害:为什么一份陈述是否是证言性的问题要从说话人而不是,比如,听取陈述的警察的视角来确定呢?这是我第二次听他提这个问题了,而且第一次——当我在克劳弗德案的辩论中坐在他们最高法院的前排时——我不被允许说一句话。现在我有机会了。我告诉斯卡利亚大法官,不能让政府的执法人员说了算有几个方面的理由。从历史上看,对质条款的出现先于警察和检察官的存在。可以分析得出,警察或检察官在被告人不在场的情况下接受证人的陈述并无不妥。警察的大量工作确实就是这样完成的。侵犯被告人权利的是法庭,是它们采纳了包含有罪信

---

⑲ 实际上,现在似乎很清楚的是,当场言论的传闻例外在1791年并不存在;这是杰夫和我在Davis v. Washington and Hammon v. Indiana案判决期间各自提出的观点;还有,虽然不太重要,在我出色的研究助手Josh Diehl的帮助下,我已经确定汤普森案发生于1693年,而不是1694年。

⑳ 我在这里插进一个纯属个人性的注释。在判决下来不久以前,我和我的父亲谈到这个案件,他刚刚过了95岁。他的理解力很有限,但他很渴望了解;他很难理解这个案件对于刑事司法的潜在影响,但他对他的儿子的职业生涯的关注和以前一样强烈。当判决签署不久以后,我和他谈起这个判决时,他的声音里流露出的骄傲和快乐就如同在他自己的盛年里那样。几周后,他快乐而平静地辞世。时间过得不算太快——但我很高兴这件事没有在两个月以前到来。

息的证言性陈述，而被告人没有机会交叉询问那些作出陈述的人。而且这导致了非常糟糕的结果：如果一个证人把一份宣誓作证书扔到法庭门口，警察或检察官都没有介入，说："这是我的指控，但我不想到法庭上说这些"，这个宣誓作证书显然是证言性的，但同样明显的是这份陈述不应当采纳。

由于最高法院推翻了对他的定罪，所以迈克尔·克劳弗德得以进行答辩协商，把刑期减少到10年。但显然克劳弗德的故事并没有结束；故事才刚刚开始。通过改变对质条款的法理，这个案件打开了一系列的问题。虽然在这个判决之前很常见的对对质权的最恶劣的侵犯——例如使用在大陪审团面前的或者答辩聆讯中没有经过交叉询问的陈述来反对被告人——在很大程度上已经没有了，但许多法院还是对该判决作出了恶意解释。一些法院把克劳弗德案中对证言性陈述的主要情形的列举当做其外延——于是采纳没有经过交叉询问的显然带着用于追诉的预期作出的陈述，只要是非正式作出的陈述。还有的法院说只有回答正式讯问的陈述才可以算做证言性的，而且拒绝把任何并非"计划好的"提问定性为讯问。[21]

一个经常出现的问题涉及在911报警电话中作出的指控性陈述。另一个相关的问题涉及在犯罪现场回答警察的问题时作出的指控性陈述。2005年10月31日，最高法院签署了一个911案件，戴维斯诉华盛顿案，和一个回答警察问题的案件，哈蒙诉印第安纳案的调卷令，杰夫·费雪和我分别担任两位申请人的律师。我们在2006年3月20日先后进行了辩论，提出，任何明知向警察或其他政府执法人员作出的涉及刑事犯罪的控告，都必然是克劳弗德案含义范围内的证言性陈述。这一命题具有很强的直觉上的吸引力，我希望最高法院能够接受。无论最高法院是否这么做，它都会在很大程度上勾画出克劳弗德故事的未来。

---

[21] 我已经开通了对质权博客（www.confrontationright.blogspot.com），to allow me to comment rapidly on significant developments, good and bad。

15

钱伯斯诉密西西比：
当新任大法官遇上老式的南方裁决

斯蒂芬·兰斯曼

饱经战乱的密西西比一个炎热的夜晚

1969年6月14日星期六的晚上，在密西西比的纳奇兹往南大约35英里、距路易斯安娜边境不远的一个小镇伍德维尔，天气很炎热。虽然伍德维尔和维尔金森县周边的绝大多数人都是黑人，但它的执法官员和选举出的领导人却几乎全是白人。这个县号称是担任过美国（南方）联盟总统的杰斐逊·戴维斯童年时代的家乡。这是一个彻底隔离的社区，它的公立学校里没有一个白人孩子，它的最后一个电影院为了避免融合也于20世纪60年代晚期关闭。

那天晚上两名警察詹姆斯·福曼和阿荣·李伯蒂（后者是非洲裔美国人），要执行一个逮捕一名叫做C.C.约翰逊的黑人年轻人的令状。[1] 在他们正要将约翰逊带走时，大约60位黑人居民在干草咖啡馆和水塘大厅门前聚集起来，威胁警察，不许他们带走犯人。警察打电话求助。另外三名警察赶到时，他们又一次尝试带走约翰逊。人群再一次抵制，但这一次开了好几枪。李伯蒂警官背上和侧面受到了好几次袭击。他转身对他的同事沃尔多·韦尔奇说他中枪了。韦尔奇大叫李伯蒂应该"杀了"袭击他的人。因此，李伯蒂转过身去朝着水塘大厅边上的小巷子用他的双管短霰弹枪开火。枪打得很高，但已经足够驱散人群了。然后李伯蒂做了一些旁观者所说的更仔细的瞄准，又开枪了。第二次开火击中了一个正在逃跑的黑人，里昂·钱伯斯，击中了头的后部，他倒在了地上，显然已经没有生命迹象了。

李伯蒂警官摇摇晃晃地走向附近的一辆警察，然后倒下了。同事赶紧把他送到密西西比的森特维尔的一家医院。一到那儿他就被宣布死亡。但是，他打中的那个人却还活着。一位路人詹姆斯·威廉姆斯在另外两个人盖博·麦克唐纳和伯克利·特纳的帮助下把受了重伤的钱伯斯放到威廉姆斯的车上送到了森特维尔医院，他在那里接受治疗，当天夜晚，根据县执法官的命令，被置于武装护卫之下。

这些枪击事件只不过是密西西比20世纪60年代的骚乱史上的另一篇章。这个州的公民的情绪，包括黑人和白人，都被当地的非洲裔美国人和来自北方的同情者为少数族裔居民争取——选举权、在公共机构服务的权利，更宽泛地说，是被平等对待——权利的努力点燃了。在枪击事件发生不到两年前，7名共谋犯，包括一名警察在所谓的"密西西比燃烧"案中，被认定犯有侵犯迈克尔·施沃纳、詹姆斯·钱尼和安德鲁·古德曼的公民权利的罪行，这些年轻人因为他们推动融合事业的努力而被杀害。

虽然非洲裔美国人进行的融合的主要推动力是非暴力的政治抗议，但是3K党和其他的白人仇恨团体的凶残导致这一地区的黑人组织起自卫性团体。最主要的这种团体大概是1964年成立于距维尔金森县不远的路易斯安娜的

---

[1] 本案中的案件事实，除非另外标明，均来自双方当事人向联邦最高法院案件登记处提交的摘要，Chambers v. Mississippi, 410 U.S. 284 (1973) (No. 71-5908)。引注中索引的文件除了审判笔录外，还包括被告人改变管辖的动议和被告人申请强制作证令的动议。对本文以及本文引用内容的更具体的引注可向作者索取。

琼斯伯勒的"自卫助祭人"(Deacons for Defense)。② 另一个分会成立于路易斯安娜的博加卢萨,在那里,一位助祭人向一群威胁性的白人暴徒开火。在最兴盛的时期,"助祭人"大概有遍布南方的50个分会。

钱伯斯面临追诉

里昂·钱伯斯和詹姆斯·威廉姆斯,那个把他送到医院的人,被指控谋杀了阿荣·李伯蒂警官,1969年10月7日被提起公诉。被告人于1970年3月16日受到传讯。他们由来自马林斯和史密斯的纳奇兹律师事务所的几位白人律师代理。传讯后辩护律师立即申请改变管辖地,主张被告人不可能在维尔金森县得到公正的审判,"因为在那里,已经存在不利于他们的对案件的预断和恶意"。辩护律师继续提出,当地一位特别有影响的律师克雷·塔克,"在这方面,其影响不可估量",已经被委托为特别检察官,而且当地的两家报纸(《纳奇兹民主报》和《伍德维尔共和报》)已经"颂扬了死者的事迹,谴责了被告人的行为",当地的执法官员也正在"竭尽全力"实现定罪。巡回法官詹姆斯·托瑞批准了被告人的申请,对每位被告人确定了15 000美元的保释金,审判被移送到阿米特县,维尔金森县正东边的一个司法区。

甚至在这些法律开始运作之前,辩护律师已经忙于准备他们的证据。他们发现,把钱伯斯送进医院的其中的一个人,盖博·麦克唐纳,跟好几个人说过,向李伯蒂开枪的是他,而不是钱伯斯。1969年11月初,一位名叫詹姆斯·斯托克斯的黑人社区领导人和纳奇兹加油站的所有人,及"自卫助祭人"组织一起,与麦克唐纳联系——此人在枪击事件发生后已经离开了这个地方——并说服他回来跟律师谈一谈。1969年11月10日,麦克唐纳出现在辩护律师的办公室,在斯托克斯敏锐的眼光下,对6月14日发生的事件提供了一份宣誓后的陈述。他说他在李伯蒂死亡的当天下午搭便车来到伍德维尔。一到那儿他就看见警察要抓C.C. 约翰逊。这些警察"很粗暴地抓着[约翰逊]"。当警察增援到达时,事态变得更加严重。李伯蒂警官据说之后就开了枪。麦克唐纳说,作为回应,他拔出了随身携带的0.22口径的手枪,向李伯蒂还击。然后麦克唐纳溜走了,后来又回来帮忙把钱伯斯送到了医院。那个夜晚他把杀人凶器交给"一位发言人"(显然是指"自卫助祭人"组织的一位领导人)处理。

麦克唐纳作出陈述后,他被送到了伍德维尔监狱,在那里他被关押到1969年12月9日。那是关于他的法律地位的预审举行的时间。在聆讯中,麦克唐纳由他父亲委托的一位律师代理。这位律师让麦克唐纳作出详细的陈述,在这份陈述中,他撤回了之前的自白,并提出,斯托克斯让他作虚假陈述,向他许诺不会进监狱,并让他分享钱伯斯向几个政府机构和官员提起的诉讼中的利益。现在麦克唐纳拒绝说到过枪击现场。麦克唐纳的律师结束询

---

② See Lance Hill, *The Deacons for Defense: Armed Resistance and the Civil Rights Movement* 63 (2004).

问之后，福曼先生对麦克唐纳进行交叉询问。他首先讯问证人他认识詹姆斯·斯托克斯多久了。麦克唐纳说大概两年了（从1967年到1969年），他曾"参加［助祭人］集会"，而斯托克斯是"发言人"或该组织的领导人。检察官问麦克唐纳他和斯托克斯是否是"有色人种促进会的成员"，两人显然都是。有了这一背景之后，检察官继续探讨麦克唐纳撤回陈述和斯托克斯在训练这位文盲证人作最初陈述中的作用。所有这些的意义在1969年的密西西比并不难搞清楚——斯托克斯作为一个军事和武装的民权组织的领导人曾命令不识字的麦克唐纳虚假地宣誓作证说他向李伯蒂警官开枪。这反过来又是精心策划的掩护真凶的计划的一部分，并给一个有利可图的诉讼做足了准备工作。预审后不久，法庭裁定麦克唐纳应当被释放。

1970年10月27日，钱伯斯和威廉姆斯因谋杀李伯蒂警官在阿米特县巡回法院受审。政府方的证明主要依赖于三位警察的证言。第一位赫尔曼·安东尼在异议下作证说，他看见李伯蒂警官在开枪前"有意地瞄准一下"，然后打中了钱伯斯。[3] 第二位，高登·吉特，说他看见钱伯斯对李伯蒂发射了"一连串子弹，我看大概有五六发"[4]。最后是沃尔多·韦尔奇作证说，虽然他没有看见钱伯斯手里有枪，但他确实看到"开枪时"他认为是射击的后坐力"弄伤了钱伯斯的右手"。韦尔奇还作证说他让李伯蒂"杀了"攻击他的人，这句话让受伤的警官开了撂倒钱伯斯的那一枪。虽然政府方在钱伯斯方面的证据显得很有力，但不利于威廉姆斯的证据却很少，法院最终批准了他提出的直接裁定的申请。

钱伯斯的证明与政府方提供的证据直接矛盾。被告人出示了半打多证人的证言。一些证人描述了他们对犯罪的直接观察，得出的结论是被告人没有向警官开枪。另外几个要么说他们看见麦克唐纳射击警察，要么就意识到了不利于他否定责任的信息。四个人自愿作证说他们听见麦克唐纳承认犯罪的话。被告人还传唤了盖博·麦克唐纳本人。

辩方的一个证人是萨缪尔·哈定，他说在麦克唐纳向李伯蒂开枪时他一直看着。根据传闻规则，哈定不能向陪审团说在枪击那天晚上麦克唐纳向他承认开枪。虽然辩方提出激烈的反对，哈定还是就他与"自卫助祭人"组织的关系接受了交叉询问，而且从他的证言可以得知，麦克唐纳和钱伯斯在枪击发生那天都持有枪支。

被告人接下来传唤了盖博·麦克唐纳。钱伯斯的律师这么做似乎有两个主要目的：首先为出示他在1969年11月10日的书面自白奠定基础；其次，为法庭提供补强那份自白的证据。一旦基础已经确立，他们就出示了书面自白。政府方没有提出异议，这份文件被提交陪审团。在出示的补强证据中有麦克唐纳拥有一只在枪击后不久就失踪了的0.22口径手枪的事实。

---

[3] 阿米特县巡回法院笔录，密西西比州，密西西比州诉钱伯斯和威廉姆斯，Index at 62, Chambers (No. 71-5908)。这份资料提出了难缠的意见证据问题。李伯蒂背部和侧面中枪，可能没有看见袭击者的事实加剧了这一点。

[4] 被告人会出示证据质疑吉特的说法，并表明"为了找出谁打中了钱伯斯，他在谋杀后第二天一天都在紧张地询问黑人社区的成员"（R. 304-06）；Brief for Petitioner in the United States Supreme Court at 7, n.6, Chambers v. Mississippi, 410 U.S. 284 (1973) (No. 71-5908)。

当麦克唐纳被交给控方交叉询问时，政府方的律师们没花多少时间就转向他们最喜欢的主题之一——"自卫助祭人"组织卷入了本案。麦克唐纳被问到他是怎么认识纳奇兹的加油站站主詹姆斯·斯托克斯的。他回答说斯托克斯"负责'自卫助祭人'组织"。控方不止两次地强调了这种联系，辩方显然带有几分警惕地提出反对。律师的异议被驳回，然后证人承认他是"'自卫助祭人'组织的成员"，詹姆斯·斯托克斯"负责这个组织"，还说斯托克斯是"黑人"，"作为该组织的首领他派出了[麦克唐纳]"。被告人再一次提出反对，法庭再一次驳回。

控方然后让麦克唐纳解释斯托克斯如何命令他来到纳奇兹（斯托克斯的家中），如何通过金钱和安全许诺诱骗证人作出陈述，训练不识字的证人具体怎么说，给被告人的律师打电话，在麦克唐纳作出自白时如何在一旁看着。控方对麦克唐纳第二轮的交叉询问结束于描述证人的父亲如何在羁押等候1969年12月9日的预审时找到他，并为他雇了一位律师。所有这些都说明了经验不足的麦克唐纳被不择手段的斯托克斯利用。这一环节结束之后，控方让麦克唐纳否认他射杀了李伯蒂。钱伯斯的律师们请求法庭允许他们把麦克唐纳作为敌意证人并对他进行交叉询问。法庭拒绝了这个请求，结果，麦克唐纳对自己自白的否认就成了定局。

辩方接下来传唤伯克利·特纳。麦克唐纳曾在预审中作证说，在伍德维尔大街上发生枪击时，他和特纳一起在格拉戴斯咖啡馆。特纳否认了麦克唐纳的不在场主张，进而描述了他和詹姆斯·威廉姆斯、麦克唐纳还有受伤的钱伯斯一起去森特维尔医院。但是，控方的异议阻止了他描述麦克唐纳在路上和后来作出的包含有罪信息的言论。接下来的两位证人重复了我们现在已经熟知的辩方的故事版本。首先，托马斯·拉斯说他在枪击现场，看见了钱伯斯，知道被告人没有对李伯蒂警官射击。其次，阿尔伯特·卡特，作证说麦克唐纳是他的邻居，两个人就枪击有过几次谈话。当卡特被要求复述一下这些谈话的内容时，控方提出反对，"因为这是他们在试图弹劾他们自己的证人，盖博·麦克唐纳"。法庭支持了异议。辩方最后一位证人是威廉姆·沃恩。他是李伯蒂警官的亲表兄弟，也是格拉戴斯咖啡馆的雇员。他作证说在枪击发生时麦克唐纳没有在咖啡馆，但是后来很快出现在咖啡馆的后门，手里拿着一把枪。钱伯斯没有为自己作证。⑤

陪审团认定里昂·钱伯斯谋杀罪成立，并确定他在州立监狱终身监禁。该案被上诉到密西西比最高法院，定罪被维持，一位法官持异议。多数派的判词始于详细讨论审判中出示的证据。法庭的注意力主要集中于在詹姆斯·斯托克斯的哄骗下麦克唐纳作出虚假自白的证据，这表示法庭相信控方提出的自白是编造出来的主张。然后法庭转向了初审法院对传闻资料的排除，几位证人提供这样的资料想要证明麦克唐纳跟他们说过他击中了李伯蒂。多数派首先指出，初审法官的行为比现行密西西比判例授权的更为自由，允许采

---

⑤ 彼得·韦斯顿，钱伯斯在联邦最高法院的律师，他在一次电话采访中说钱伯斯的伤很深，还说"我想这是他为什么不作证的原因。他的状况非常不好"。Telephone Interview by Sherry Barrett-Mignon with Peter Westen, Appellate Counsel for Leon Champers (August 26, 2004).

纳麦克唐纳1969年11月10作出的宣誓陈述⑥，由此开始分析传闻。然后多数派认定，根据密西西比的传闻规则，排除口头自白是合适的。多数派特别指出，麦克唐纳的证言对钱伯斯"没有不利的地方"，因此，先前的自白也可能因钱伯斯用所谓的不一致的陈述弹劾本方证人的不适当努力而被禁止。⑦该法院的结论是，"麦克唐纳与本案的关联已经被充分而认真地探讨"。该案不过是关于"冲突性证言"的一个例子。陪审员们作为事实审判者，拥有充分的信息，已经作出评价，已经选择相信政府方的证人。

罗杰斯法官在异见中并不关心事实问题，而是承认传闻规则的"违背刑事利益的言论"的适当性。在一份简洁而学术气息浓厚的意见中，他把拒绝这样一个例外的根源追溯到苏塞克斯贵族案⑧，以及联邦最高法院在唐纳利诉美国案⑨中的意见。他指出，现代的趋势是倾向于接受这一例外。在钱伯斯案中，他认为，一旦出示并补强了书面的麦克唐纳自白，案件就应该放开，充分地探讨其他的自白，没有这么做就犯了可撤销的错误。

■ 华盛顿的火热年代

在钱伯斯案经过一级级的法院时，华盛顿在那几年也非常炎热。1968年，理察德·尼克松当选为总统。在他获胜前的几个月，参议院中的共和党决议要阻止林顿·约翰逊总统将艾贝·福塔斯大法官提升为首席大法官，以代替行将退休的厄尔·沃伦。在一项涉及福塔斯和一位名叫沃尔夫森的金融家的丑闻事发时，参议院40年来第一次拒绝批准涉及最高法院的总统提名。福塔斯不仅没有赢得首席大法官的职位，而且由于各种不利的消息，他被迫从最高法院辞职。这意味着尼克松一就职就要填补两个最高法院法官的席位。

尼克松提名哥伦比亚特区巡回法官沃伦·伯格担任首席大法官——这是一个很难产生有效反对意见的选择。然后，他根据他在南方的选举胜利，试图用一个保守派的南方人填补最高法院的第二个席位。他的首选是杰出的第四巡回区法官克莱门特·海恩斯沃思。参议院的民主党恼怒于对福塔斯的攻击，报复性地攻击海恩斯沃思。似乎是针尖对麦芒，他们攻击海恩斯沃思的个人品格问题，理由是在一系列涉及他拥有股份的公司的案件中他没有回避。他们还批评他对工会显然气量不够的判决，还有面对他的老家南卡罗来纳的种族隔离他似乎显得很平静。1969年11月21日，参议院投票驳回了对海恩斯沃思的提名。尼克松败而不馁，再一次提名了一个南方人，佛

---

⑥ 把这归因于自由倾向也许是错误的。控方从来没有对这份书面自白提出异议，很可能这就是采纳它的原因。在联邦最高法院的口头辩论中，密西西比指出了这一点。

⑦ Chambers v. State, 252 So. 2d 217, 220 (1971). 本段中引用的剩余的资料，还有下一段，摘自密西西比最高法院判例。

⑧ 8 Eng. Rep. 1034 (H. L. 1844).

⑨ 228 U. S. 243 (1913).

罗里达上诉法院法官哈罗德·卡斯韦尔。总统的这一次选择是一个能力可疑的不出众的法官。他也被参议院否决。吃一堑长一智，尼克松向首席大法官伯格求助，后者推荐的是他在明尼苏达多年的朋友、联邦上诉法院法官哈里·布莱克曼。这一次提名获得了成功，但党派敌视和不信任的历史由此形成，这最终造成了博克提名的翻船并导致围绕克拉伦斯·托马斯的斗争。

在最高法院1971年开庭期开始之前，因为胡果·布莱克和约翰·马歇尔要退休，尼克松在短期内又有了两个最高法院空缺需要填补。尼克松还是急着试探美国律协领导人对他任命南方人和全国著名的弗吉尼亚里士满的律师小刘易斯·鲍威尔的态度。实际上，鲍威尔两年前就在尼克松准备的候选名单上，但他被拒绝了。这一次总统不想再得到一个"不"字。尼克松与鲍威尔联系并坚持说接受提名是他的"义务"。鲍威尔虽说不情愿，还是接受了，但就在总统打算宣布选择鲍威尔的前一天，鲍威尔还是顾虑重重，想要抽身，但未能如愿。

不好说鲍威尔为什么这么矜持。他被任命时已经64岁了——对于加入最高法院来说已经算是高龄。他从未当过法官，所以还得从头干起。最令人心烦的，很可能是在确认程序中，他还要面对那些关于他对种族隔离的态度和取消种族隔离的努力方面的深入的提问。由于一系列的原因，他在这个问题上是相当心虚的。他是里士满一家全部是白人的大型律师事务所的主要合伙人。他是多家种族隔离的乡村俱乐部的会员。最重要的是，他从1952年到1960年间担任里士满学校委员会主席，那是一个布朗诉教育委员会案⑩成为全国性法律的年代。说这个时期里士满的融合努力是中庸的，就有点轻描淡写了。在1960年秋季里士满23 000名黑人在校学生中，只有两名学生与白人学生一起上学。由于整个州都参与了学生分配，所以这不能归咎于鲍威尔。但是，鲍威尔在执行国家法律方面实际上什么也没做。

1960年，鲍威尔被任命到弗吉尼亚教育委员会。在那里，还是没有任何可以说明这位被提名人为融合而作出努力的公开记录。实际上，他和他教育委员会的同僚们还超越现行的弗吉尼亚法律为白人家长提供资金，帮助他们支付爱德华王子县的私立学校的费用，在这个地方为了避免融合，当地的公立学校已经关闭。1968年，鲍威尔还在斯万诉夏洛特—梅克伦堡教育委员会案⑪中执笔撰写法庭之友意见，在这份意见中，他和他事务所的同事尖锐地批评为了实现融合而用校车接送学生的行为。

但是，鲍威尔的确认聆讯比预想的要温和得多。鲍威尔与威廉姆·伦奎斯特同时被提名。后者在参议院吸引了大部分自由派的火力。而且，南方人对融合的态度问题已经在对海恩斯沃思和卡斯韦尔的斗争中消耗了大量的精力和政治资本。鲍威尔确实是一位杰出的律师和律协领导人。他娴熟地应付了聆讯程序。但是，程序应该也留下了一些印记。正如鲍威尔授权的传记作者约翰·杰弗里所说：

---

⑩　347 U.S. 483 (1954).

⑪　402 U.S. 1 (1971).

鲍威尔取代胡果·布莱克成为最高法院唯一的南方人。他在取消里士满学校的种族隔离中（没有）发挥的作用在确认程序中被批得体无完肤。在这一主题上，不管他说什么，人们都会带着怀疑去解读。[12]

鲍威尔本人也得出了同样的结论，1972年在最高法院受理的一个校车运送的案件的备忘录中，他说："许多人就算不把我的话看作是南方人的种族主义，也会看作是南方人的偏见。"[13]

钱伯斯案北

在小刘易斯·鲍威尔走上他的最高法院之路时，钱伯斯案也是如此。当地律师尽其所能。[14] 他们联系了华盛顿特区的民权律师委员会，并询问能否找到可以把案件上诉到最高法院的律师。按照其常规做法，律师委员会把案卷发出供评估。一位来自威廉姆斯和康诺利，华盛顿一家杰出的律师事务所的律师审查了案卷后得出的结论是，看不出有什么重要的联邦法律问题，因此缺乏上诉到最高法院的基础。但是，在钱伯斯案的审判中有种明显的不公正，而且被告人可能无罪，这种感觉困扰着律师委员会的职员们。他们第二次发布案件征求意见。这一次案卷到了彼得·韦斯顿手里，一个在宝维斯（Paul，Weiss，Rifkind，Wharton and Garrison）律师事务所的华盛顿办公室工作的年轻而有天分的律师。韦斯顿承认找到一个联邦法律主张有困难，但是感觉密西西比州的证据规则引起了严重的司法不公的问题。虽然州政府官员没有明显的不当行为，但总感觉一个无辜的人被错判有罪了。韦斯顿告诉律师委员会说可以提出一个第六修正案主张。这个案子被送到宝维斯的纽约办公室的志愿律师手中。但韦斯顿不停地想着钱伯斯案。他要求得到处理这个案件的机会，于是这个案件给了他。

若仅仅是为了纠正明显的司法不公，韦斯顿对最高法院颁发调卷令的可能性不抱幻想，特别是这个案件涉及的是谋杀警察。但是，他却想到长期的上诉也许对钱伯斯有利。韦斯顿希望联邦最高法院拒绝调卷令申请的同时能够有一位或几位更具有自由主义倾向的大法官的异见。这反过来有助于钱伯斯可能会以人身保护令的形式提出的对定罪的侧面攻击。

在这一点上钱伯斯作了一个重大而精明的决定。虽然闻所未闻，但韦斯顿还是向最高法院提交了申请，要求批准他的被定罪的监禁中的当事人保释。[15] 他这么做是因为他已经意识到钱伯斯还有一些没有写入笔录中的有利信息。这包括钱伯斯是一个有家有室的人，有妻子和9个孩子，在伍德维尔

---

[12] John C. Jefferies, Jr., *Justice Lewis F. Powell*, Jr. (Macmillan 1994), at 292.

[13] Id. at 294.

[14] 本部分的描述很大程度上取自与彼得·韦斯顿的电话访谈，见前注5。

[15] 经过不懈的研究，至1972年为止，最高法院一共在3个案件中考虑过保释的问题。所有这些案件都承认最高法院有批准保释的权力，但没有一个案件成功。See Carbo v. United States, 82 S. Ct. 662, 7 L. Ed. 2d 769 (1962); Ward v. United States, 76 S. Ct. 1063, 1 L. Ed. 2d 25 (1956); McKane v. Durston, 153 U. S. 684 (1894).

警察局服务过,是当地浸礼教堂的助祭人,没有过犯罪记录,是个退伍军人。这些材料可以通过附加于保释申请书的宣誓作证书提供给最高法院,但这些与案件中的争点没有关系。

韦斯顿联系了密西西比总检察长办公室,通知他们他打算提出保释申请。这个新奇的想法和长期以来极低的成功率让密西西比的律师们觉得没有必要就这个动议提交意见。相反,他们授权韦斯顿在申请文件中注明该州的反对意见。钱伯斯案距离提交最高法院考虑只有一步之遥了。由于韦斯顿不是最高法院律师成员,因而必须找到一名允许在最高法院执业的律师签署这些动议文件。拉姆奇·克拉克,一位退休的最高法院大法官的儿子和林顿·约翰逊总统执政时期的总检察长同意加入本案。虽然克拉克后来转变为激进政见者,但此时他还是给申请的提交提供了大量的帮助。

新任大法官遇到旧式南方裁决

小刘易斯·鲍威尔于1972年1月7日宣誓成为最高法院大法官。等待他的是许多棘手的案件。在他上班的第一天,大法官开了每周一次的例会。他们在会议上讨论的问题之一是是否在基思诉第一学区案中颁发调卷令,这是丹佛的一起提出在南方以外使用校车运送学生的适当性问题的案件。虽然鲍威尔反对,但最高法院还是受理了这个案件。鲍威尔于是知道,他在最高法院的第一年,必然会面对校车问题——那是他厌恶和反对的一种救济方法,虽然他知道这会导致他被批评为种族主义者。此后不久,1972年1月31日,钱伯斯的保释申请到了最高法院,附加在他的调卷令申请中(1971年12月23日提交)。

一加入最高法院,鲍威尔就被指定为第五巡回区的巡回法官(包括密西西比,还有其他许多州)。鲍威尔在这个职位上负责审查可能被最高法院聆讯的案件中大量的临时救济申请。他要考虑的问题之一就是保释申请。因此鲍威尔收到了钱伯斯案的材料。鲍威尔审查了文件,然后做了一件异乎寻常的事——他批准了保释申请。这个实际上史无前例的决定震惊了整个密西西比。该州展现出前所未有的高效率,在10天之内,也就是2月1日就命令提交复议申请。密西西比总检察长宣布钱伯斯案是"无聊的",并提出"他重返社区就给该社区的居民带来危险的氛围"[16]。该州提交了来自维尔金森县执法官和伍德维尔警察局局长等人的宣誓陈述书,宣称钱伯斯将会在"该社区造成爆炸性的局面",还有"流血"的风险。鲍威尔没有动摇。1972年2月14日,他撰写了一份意见,回复了密西西比的复议申请。他批评了该州最初的不作回应的态度,还有后来没有"具体事实"作支撑的"结论性"主张。他列举了韦斯顿提供的展现钱伯斯以前的荣誉历史的信息。对于该州而言,大概最糟糕的是鲍威尔指出,钱伯斯的调卷令申请提出了"两个并非无

---

[16] Application for Reconsideration of Order Admitting Petitioner to Bail, Index at 164, Chambers (No. 71-5908) (Opinion of Powell, J.). 本段引用的剩余资料也出自同样的文献。

聊的宪法性问题。"

这位新任大法官在上任后的第一个月就作出不同凡响的举动。他还把他的同僚们置于这样的境地：要么颁发调卷令，要么诋毁这位新成员关于提出"非无聊"的宪法性问题的书面判断。钱伯斯案已经从提出贫乏的宪法主张的成百上千个刑事案件中的一个转变为新任大法官释放出该案值得最仔细审查的信号的案件。

彼得·韦斯顿认为，保释的批准完全可能，而且最好被理解为一位新的没有经验的大法官的举动，而且，通过把自己的声望系于一线，鲍威尔给他的同僚们施加了巨大的压力，让他们支持他。韦斯顿认为鲍威尔的决定很可能是出于一个新人对于令人同情的背景信息，一个冠冕堂皇的关于不公正的理由和对前任总检察长（拉姆奇·克拉克）支持的反应。在韦斯顿看来，密西西比有点反应过度了，并因此刺激鲍威尔写下宣布钱伯斯案"并非无聊"的简短意见。韦斯顿的分析是有道理的。鲍威尔对他的工作并不熟悉。他没有刑事法方面的经验。保释申请是他处理的第一批事务之一。他的裁定充其量不过是毫无预先考虑的内心反应。但是，也有理由怀疑这个决定中不只是经验不足和直觉反应。

虽然在确认聆讯中没有过多强调，但小刘易斯·鲍威尔对制度性正义问题有一种深刻而真正的敏锐。一个被指控谋杀的人被阻止充分调查另一个人的自白的念头大概触动了他。虽然鲍威尔作过分内的宣扬法治的演讲，作为美国律协的主席，他还展现出为全体美国人在法庭争取真正公正的机会的忧思。他曾在保证联邦政府的法律服务公司（为穷人提供法律服务的公司）成功运作方面孜孜不倦地工作，而律师界很多人都希望这个项目倒台。1968年他接受了联邦办公室的全国法律服务项目经济机会贡献奖。他通过加入全国法律帮助和辩护人协会以及经常强调保障所有刑事被告人的律师权，表现出对刑事案件中公平的律师代理权的关切。所有这些都说明鲍威尔有一种强烈的遇到失衡竞赛时努力实现公平竞技场的倾向。J·哈维·维尔金森三世在鲍威尔担任大法官的第一年是鲍威尔的助手之一。维尔金森成为这位大法官的热烈崇拜者，并写了一本书描写了他和鲍威尔在一起的时光，书名是《实现正义》。这个书名精练地总结了维尔金森对鲍威尔在最高法院早期路线的评价。维尔金森在书中谈的第一个话题就是鲍威尔在刑事被告人提交于最高法院的洪水一样涌来的申请中对提出的主张保持适度敏锐方面所经历的困难。之后，维尔金森马上转向"了不起"的钱伯斯案，以及鲍威尔在追求正义方面作出的重要贡献。虽然他没有讨论为什么鲍威尔会批准保释，以及为什么最后会撰写推翻密西西比最高法院判决的意见，但他说：

> 来到最高法院面前的有许多钱伯斯们……这些案件的主角似乎经常是寻求更好交手机会的社会中不幸的人。鲍威尔大法官早期的意见中许多都涉及这样的人……[17]

这里强烈暗示了鲍威尔对公平竞技的敏感。维尔金森的话表明，无形中

---

[17] J. Harvie Wilkinson, III, *Serving Justice* 23 (Charterhouse 1974), at 27.

剥夺了贫穷公民的公平"交手"机会的案件极可能吸引鲍威尔的注意，得到他的同情。

鲍威尔对每个案件事实情况的格外留意强化了他对公正问题的敏感性。鲍威尔是一个处理过案件的律师。他有着初审律师对事实细节的敏锐。他的助手哈维·维尔金森和他的同事桑德拉·戴·奥康纳都对鲍威尔这方面的特点作过评论。维尔金森说："作为一个从业和诉讼律师，他对事实的重要性有种直觉；他喜欢事实；他重视它们。"[18] 在钱伯斯案中，案件事实及其意义让人对审判和裁决的公正性产生了疑问。为什么无辜的麦克唐纳在枪击后的不长时间里多次承认有罪呢？为什么检察官不停地提到"自卫助祭人"组织？如果警察们如此肯定钱伯斯是一个滥用枪支的谋杀者，为什么他们中没有一个人跑过去看看他是不是已经死了？如果陪审团无法得知一方的最佳证据，他们要从誓言竞赛中得出什么样的结论？这些以及类似的问题都从初审笔录中跳过了。它们本身不会产生宪法问题，但它们确实给钱伯斯案一种怪异的味道。

按照奥康纳的说法，鲍威尔不仅对事实问题很敏感，而且很容易沿着它们追踪到它们表现的公正性问题。她在《哈佛法律评论》中这样称赞鲍威尔：

> 在会议讨论时，他经常把注意力集中于个案的公正性问题，因为对他来说，这些案件中的当事人和问题都是活生生的。带着对那些其痛苦和伤害有时候已经淡出上诉视野的真实的人们的深刻的敏感，鲍威尔大法官努力在每一个案件中实现公正的结果。[19]

吸引鲍威尔注意的不是大而空的主张，而是带来公正或不公的事实方面的点点滴滴。很可能是钱伯斯案令人困惑的事实引起了这样一个人的注意。

这些本身足以解释鲍威尔的反应，但还有一个谜题需要考虑——该案的种族意味。鲍威尔刚刚走过他对非洲裔美国人的同情心备受质疑的确认程序。他担任过里士满学校委员会主席的记录平心而论是个麻烦。他的事务所甚至比他管理的学校更"白"，他所参加的乡村俱乐部也是种族隔离的。从他到最高法院上任的第一天起，很显然的是他就要被卷入校车接送问题的争论之中，这会在某种程度上给他的批评者提供新的指责他的种族主义倾向的理由。接着钱伯斯案就来到他的案前。这是个一位勤劳的、看起来受人尊敬的黑人莫名其妙地卷入一位黑人警官谋杀案的案件。该案在一个部分公民用暴力手段竭力维持种族隔离的时代发生于一个深受种族冲突困扰的州。正如美国律师协会主席鲍威尔所谴责的："南方工人挑衅的少数人仍然使用暴力和威胁来践踏黑人公民的法律权利。"[20]

所有反对钱伯斯的证人都是白人警察。向着他的大多数人都是与"自卫助祭人"组织或"有色人种促进会"有联系的黑人。在黑人不能投票的密西西比小城炎热的夏夜，许多人都带着武器到处走动，如果他们的孩子进了融

---

[18] J. Harvie Wilkinson, III, "The Powellian Virtues in a Polarized Age", 49 *Wash. & Lee L. Rev.* 271, 272 (1992).
[19] Sandra Day O'Connor, "A Tribute to Lewis Powell, Jr.", 101 *Harv. L. Rev.* 395, 395–396 (1987).
[20] Quoted in Jefferies, supra note 12, at 211.

合的学校，甚至去看电影的话。鲍威尔实际上一生都在南方度过。他能够读出这些事实背后的种族主义信息。钱伯斯案给这位大法官提供了表达他的信念的机会：南方的黑人配得上一次公平的"交手"。正在鲍威尔感到万分需要的时候，大概这个案件提供了一个难得的作出这种声明的机会。批准保释和表示有重要的宪法问题存在也许不是一位新法官天真的决定，而是一个对公正问题和种族压迫的信号极为敏感的人的反应，这个人新近才被授权并被激发要在这些问题上做点什么。

辩论和判决

最高法院于 1972 年 3 月 20 日颁发了钱伯斯案的调卷令。钱伯斯提交法院的书面理由可以被相当简单地概括为：

> 钱伯斯被拒绝了公正的审判，被侵犯了第六和第十四修正案权利。密西西比的传闻规则阻止了他出示有利于他的证人的开罪性证言。党派证人规则阻止他与不利证人对质。它们有效地阻止了他提出辩护。[21]

问题的核心是密西西比的规则阻止钱伯斯用关键的自白证言为自己开脱，以及由此剥夺了他的宪法权利的综合效果。最高法院以前曾在布兰迪诉马里兰案[22]中认定，政府方要告知被告人其他人的自白的存在。钱伯斯案提出了逻辑上的第二步——在确保可靠性的条件下，在审判中使用该自白的机会。被告方承认出示这种证据的正当程序权利不是漫无限制的，但认为政府方要禁止这一重要的开罪性证据需要一个强有力的理由。而且，钱伯斯的律师提出，根据华盛顿诉得克萨斯案[23]这样的判例，根据第六修正案的强制程序条款，被告人有权获得有利证人，有权出示涉及其他人自白的证言。

但是，最高法院 1913 年在多奈利诉美国案[24]中的判决对被告人的立场形成了严重的挑战。在那个案件中，最高法院判决道，在联邦审判中，违反刑事利益的陈述，包括就同一罪行开脱受审的刑事被告人的陈述，可以作为传闻被排除。它已经存在 60 年了，它允许的正是钱伯斯主张违宪的那种证据性裁定。在这一问题上的路线并不明了。如果最高法院认定宪法要求不受限制地采纳开罪性证据，那么不仅多奈利案和传闻规则，而且所有的证据规则都有可能被推翻，只要被告人想要出示开罪性证据。这是一种激进的观念，没有人会诉诸最高法院。钱伯斯案的关键在于主张密西西比州规则施加的各种限制的独特结合带来了独特和不合理的难题。

---

[21] Brief for the Petitioner at 12, Chambers (No. 71-5908).
[22] 373 U. S. 83 (1963).
[23] 388 U. S. 14 (1967).
[24] 228 U. S. 243 (1913).

虽然意见的主体集中在正当程序和强制程序问题，但钱伯斯对于密西西比的证人规则造成的司法不公问题也投入了一些注意力。这个规则剥夺了钱伯斯弹劾麦克唐纳的机会，就因为他是传唤麦克唐纳出庭作证的人。钱伯斯提出，这个证人规则在刑事案件中是陈旧而荒唐的，因为在刑事案件中对于需要传唤谁作证，被告人几乎没有选择余地。这个证人规则堵塞了钱伯斯用麦克唐纳以前的自白弹劾他的途径——现在不是被用来证明麦克唐纳有罪，而是他因作出了不一致的陈述而缺乏可信性。在钱伯斯看来，这触犯了第六修正案的对质条款。

密西西比提交给最高法院的意见只有13页长（大约是钱伯斯意见长度的1/3）。它的理由相当简单。多奈利案仍然是有效的法律，几乎和密西西比的传闻规则一模一样。拒绝承认违背刑事利益的传闻例外有着完全正当的目标：致力于挫败被告人和共谋犯的花招和欺骗行为，他们可能会串通编造传闻证据用于为有罪的被告人开脱罪责。说这些早已确立的规则侵犯了宪法权利就等于无视已经有60年历史的判例。至于弹劾问题，密西西比提出简单而机械的理由：麦克唐纳撤回自白并没有导致宣布钱伯斯有罪，麦克唐纳不是"反对"钱伯斯的证人，因此不适用第六修正案的对质权。密西西比州没有涉及布兰迪案的问题或它的规则的综合效果产生了特别的困难的主张。相反，该州坚持认为陪审团通过对自白以及后来撤回自白的细节的了解已经公正地评价了关于麦克唐纳的问题。

口头辩论安排在1972年11月15日。彼得·韦斯顿代表钱伯斯发言，他首先集中于案件事实。他的开场台词抓住了发言的要点：

> 本案的申请人，里昂·钱伯斯被定以谋杀罪，对于这起谋杀，有人看见是另一人实施，而且该另一人在枪击后的数小时内已经自发并反复地承认实施了这起谋杀。㉕

韦斯顿向最高法院说该案起因于"种族骚乱"，反对钱伯斯的证据"实际上并不存在"。大法官们顺着韦斯顿的思路友好地询问了关于"另一人"（麦克唐纳）的问题。钱伯斯面对的最棘手的初审证言是吉特警官说的看见被告人对李伯蒂开枪。韦斯顿对此提出激烈批评，蔑视吉特的说法，并强调，这个所谓的目击证人第二天被人看见"询问黑人社区的成员他们是否知道谁击中了李伯蒂"。

当韦斯顿把重点转向宪法问题后，他首先对布兰迪案和密西西比排除本案中关键性的开罪材料发表简洁的意见。虽然大法官们一直都很友好，但其中一位还是不明白为什么韦斯顿的辩论不直接攻击多奈利案宣布的传闻排除规则。韦斯顿对这个问题早有准备。他指出钱伯斯案与多奈利案不同。在钱伯斯案中，传闻证人还活着，而且在审判中作了证㉖，不是一个而是不同证人作出一系列的自发自白，还有大量的补强证据。这些差异大幅度地提高

㉕ Oral Argument of Peter Westen, Esq., On Behalf of the Petitioner at 3, Chambers (Nov. 15, 1972). 本段中引用的剩余资料摘自该文献的第3～6页。

㉖ 具有讽刺性的是，根据联邦证据规则第804条，违反刑事利益的陈述只有在庭外陈述人出现第804（a）条定义的"不能出庭"情形时才能够出示。

了钱伯斯案中提供的材料的可靠性,因此需要的是一个把判决局限于它的独特情形的裁定,而不是必须对多奈利案作全面的检讨。[27] 鲍威尔大法官一下子抓住了集中于特别情形的想法,问:"但是你的理由,据我的理解,实际上是考察总体情形,看一看该证据是否可以被采纳,它是不是内在地可靠?"[28]

韦斯顿并不想退让那么多,相反他强调了一种推定被告人的提供开罪证据的权利和政府方克服该推定的义务的理论。鲍威尔大法官的问题似乎是发出信号:该法院的某些成员正在摸索既能释放钱伯斯,又不必推翻数量巨大的刑事证据法的解决办法。

总检察长特别助理提米·汉考克代表密西西比进行辩论,他比对手遇到了多得多的尖锐问题。首席大法官伯格首先向汉考克提出了一个假设:

> 如果所有这三个证人都到检察官或者警察那里告诉他们有这个自白,根据布兰迪案,情况会怎样?而且我们还可以加上麦克唐纳本人到警察那儿告诉他们他向其他人说的话呢?
>
> 而且如果控方从未向任何人披露过,直到定罪后才发现。根据布兰迪案以及之后的判例,情况会怎样?[29]

汉考克别无选择只好承认控方有义务告知被告人有利的证据。到这里,距离承认密西西比阻碍钱伯斯使用可能非常关键的开罪性证据的严重性只有一步之遥。当询问转向事实问题时,汉考克的处境并没有得到改善。他迅速被质问,"为什么当局没有'及时地'逮捕钱伯斯?在一年的时间里都没有传讯他,也没有迅速地对他保释。"所有这些都说明该州对它自己提出的指控并不自信。

似乎是为了努力表明已经实现了正当程序,汉考克提出下面的决定是没有问题的,因为钱伯斯已经被允许传唤一系列的证人提出他对本案的说法,并出示了书面的自白。但是,一位大法官迫使汉考克承认,如果密西西比的法律被严格地执行,那么甚至是那份书面自白也是可以被禁止的。最高法院的一位成员步步紧逼,试图让汉考克承认口头自白本来可以比书面自白更可靠。汉考克这回没有妥协,无疑是认识到对密西西比的核心主张——被告人以外的个人作出的口头传闻自白内在地不可靠——形成了挑战。大法官们对此牢记在心,一位问道:

> 但是除非他主张,除非麦克唐纳主张他对之作过陈述的这其他三个人也向他许诺过金钱,否则他们就不会比说过为金钱承诺而陈述的那个人更有说服力、更可靠吗?

---

[27] 在联邦证据规则建议稿中,多奈利案的规则要在联邦法院被推翻,这个建议稿包括在第804条承认违反刑事利益的陈述的传闻例外。但是,这并没有改变州的证据规则,像密西西比,这些州的证据规则仍依赖于与多奈利案一样的路线,而且即使根据联邦规则,像麦克唐纳这样的陈述人必须不能出庭。

[28] Oral Argument of Peter Westen, Esq., On Behalf of the Petitioner at 3, Chambers (Nov. 15, 1972). (No. 71-5908).

[29] Oral Argument of Timmie Hancock, Esq., On Behalf of the Respondent at 25, Chambers (Nov. 15, 1972). 本段以及接下来的两段中援引的剩余的资料,摘自相同文献的第25~38页。

汉考克陷入了困境。一个出路就是主张阴谋论，大概是在初审中反复被提到的"自卫助祭人"组织，污染了所有这三份自白。显然这样一种挑衅性和猜测性的说法是不着边际的，至少在最高法院是这样。

接着，最高法院把话题转移到密西西比没有给钱伯斯询问麦克唐纳的机会的问题。汉考克说钱伯斯本来可以询问麦克唐纳的，只不过他没有这么做。大法官们根本不接受这种轻描淡写的说法。一经严密询问，汉考克就被迫承认没有允许钱伯斯进行交叉询问，而且被告人被他传唤作证的证人的"回答束缚住了"。似乎感觉到了最高法院的反感，汉考克最后试图尽量反复强调说，陪审团已经对钱伯斯关于麦克唐纳的主张进行了充分的考虑。他又加了一个其中隐含着退让的理由："但是，无论如何，我们认为，即便有错误，这也是个无害错误。"

1973年2月21日，最高法院宣布了它对钱伯斯案的判决。最高法院以7比2推翻了密西西比最高法院的判决。鲍威尔大法官发表了最高法院的意见。鲍威尔首先重述了我们现在已经很熟悉的逮捕未遂、人群混乱、开枪、死亡的过程。从这份意见一开始，鲍威尔就透露出对政府方证据的怀疑。接着，鲍威尔转向了盖博·麦克唐纳，将注意力集中于麦克唐纳可疑的举动和多次的自白。鲍威尔拒绝了政府方的说法，即陪审团已经对被告人的主张有了清晰的认识，他的结论是：

> 总之，这就是钱伯斯的处境。由于密西西比的"党派当事人"或"证人"规则和传闻规则的综合效果，他既不能对麦克唐纳进行交叉询问，也不能提出本方证人否定麦克唐纳的说法，证明他是共谋……如果没有赋予他对麦克唐纳的陈述进行交叉询问的机会，或者没有采纳其他的自白，钱伯斯的辩护就远不能说具有说服力。[30]

现在鲍威尔转向了宪法问题。他首先肯定了被告人针对政府方的指控为自己辩护的正当程序权利。这一权利有两个突出的特征：能够交叉询问或质问不利于他的证人和能够提供本方的证据。钱伯斯这两个方面的权利都遭到了侵犯。鲍威尔认定被告人被拒绝了"将麦克唐纳的否认言论和不在场证据置于交叉询问的机会"。虽然交叉询问的权利不是绝对的，但是在钱伯斯案中挫败它的不是重要的国家利益，而是古老而过时的证人规则。而且，密西西比甚至没有做到它的最高法院所说的"捍卫这一规则，或者解释它背后的原理"，相反却千方百计规避这一问题，说麦克唐纳对钱伯斯来说并非"不利"，因此不发生对质问题。鲍威尔不接受这样的说法，宣布："本案中适用的'证人'规则，明显妨碍了钱伯斯针对政府方的指控进行辩护的权利。"

谨慎起见，鲍威尔并没有仅根据这一理由就推翻判决，而是强调了它"与初审法院拒绝允许[钱伯斯]传唤其他证人的联系"。鲍威尔指出，在钱伯斯案中造成证言性障碍的传闻规则，通过排除不可靠证据发挥一种重要的作用。他还指出大多数州在1972年，仍然排除多奈利案禁止的违背刑事利益的陈述。虽然不是质疑所有情况下排除此类证据，但鲍威尔认定，在钱伯

---

[30] Chambers v. Mississippi, 410 U. S. at 294.

斯案中，因为陈述人仍在法庭上，而一系列同时的、独立的和有罪性陈述仍被排除时，被告人的正当程序权利就遭到了侵犯。所有这些因素结合在一起产生了"有说服力的可信性保障"，根据正当程序条款，需要跨越传闻规则的禁令，因为"传闻规则不能被机械地用于摧毁正义的目标"。通过限制于钱伯斯案的事实，鲍威尔试图限制这种可能包罗万象的正当程序原则，并否认最高法院正在确立任何"新的宪法原则"。

最高法院作出裁定后，密西西比州选择不再重审钱伯斯案。

钱伯斯案作为判例

鲍威尔限定他在钱伯斯案中宣布的原则的努力表明了他在担任最高法院大法官15年的生涯中一贯使用的路线。这是一个避开大问题而着眼于具体的案件事实的审慎的路线。在谈到"鲍威尔风格"时，哈维·维尔金森三世在1992年一篇文章中指出，这位大法官具有一种不把"法律原则处理为硬性的规定，而是处理为可以在适当的案件中反驳掉的推定"[31]。这种说法和鲍威尔在钱伯斯案中的路线几乎完全一致。

一开始，鲍威尔的限定路线似乎是胜出了，让钱伯斯案显得不过是拘泥于事实的奇怪的判例。在该判决撰写10年后，一位学者对于低级法院对钱伯斯的反应作出的结论是"纠结的"和"显然混乱的"[32]。最高法院在1987年以前也没有以任何严肃的方式回到钱伯斯案的原则。那个时候，它否决了阿肯色州在使用催眠证言方面的禁令，因为它妨碍了被告人通过自己的证言向最高法院提供对他自己的辩护而言非常重要的材料。[33] 从20世纪90年代开始，越来越多的分析家将钱伯斯案视为在适当的案件中为破除"州在传唤证人方面的限制"和提出开罪性证据的障碍提供正当理由的种子判例。

钱伯斯案有很多粉丝，也有很多批评者。彼得·韦斯顿，钱伯斯在最高法院的律师，在此案后不久就进入法学界，并就该判决中讨论的问题撰写了一系列出色的文章。[34] 他指出，就涉及的确切权利而言，他和最高法院的分析都有严重的问题，本案中真正的宪法问题不是正当程序或对质权，而是强制程序——传唤证人的第六修正案权利。其他学者也认为钱伯斯案只狭隘地锁定于提出辩护的权利问题。他们认为它过于相信证据规则，过于强调案件中特别和特定的事实。

但是鲍威尔在钱伯斯案中表述的原则却没有被简单地束之高阁。根据联

---

[31] Wilkinson, supra note 20, at 273.

[32] Steven G. Churchwell, "The Constitutional Right to Present Evidence: Progeny of Chambers v. Mississippi", 19 *Crim. L. Bull.* 131, 137-38 (1983).

[33] Rock v. Arkansas, 483 U.S. 44, 62 (1987).

[34] See Peter Westen, "The Compulsory Process Clause", 73 *Mich. L. Rev.* 71 (1974); Peter Westen, "Compulsory Process: A Unified Theory for Criminal Cases", 91 *Harv. L. Rev.* 567 (1978). （后文统称为"统一理论"。）

邦和州判例数据库,钱伯斯案自1973年以来被援引超过2 700次。㉟ 其中,有超过2 600次援引在其裁定中运用了本案阐述的规则。大体上说,有三个点得到了强调。第一,该案被视为这一命题的代表:证据和程序规则不能被机械地用来摧毁正义的目标(窜高到29%)。第二,该案被视为提倡具有相当大的可靠性保障的证据应当被采纳,即使违反了既有的证据规则(在20%

㉟ 为了得出钱伯斯案被接受为判例的总的统计数据,首先有必要找出提到这个案件的裁定(多数派判决)。West Publishing的在线数据库,以电子版的形式,储存了Westlaw的报告中公布的所有案件。案件的每次引用里都有一个允许使用者接触讨论原始判例的所有案件的清单的链接。这个清单区分了裁定和异见。利用这个链接,并剔除异见后会有一个对参考原始判例的所有裁定(多数派判决)的列举。有2 647个裁定参考了钱伯斯案。

West有一大批律师其主要任务是阅读之后的判例,并在其中找出提到在像钱伯斯这样的原始判例的批注中列出的要点的判例。然后,每个随后的案件都会被报告,其中有West的律师职员们评估的哪些批准中的要点被使用了,以及是积极的使用(遵循了批注中的要点)还是否定地使用(拒绝遵循或区别批注要点)。

这些信息的综合使得分析随后案件中使用钱伯斯案批注原则的百分比成为可能。这个案件和相关的信息都被录入一个Microsoft Excel的电子表格中供分析,然后就可以计算表现为案件总数百分比和肯定或否定性使用百分比的不同的批注原则的参考。接下来是就肯定和否定性地使用各种批注主张的结果的部分列举(对那些产生了两位数百分比的案件)。(不断膨胀的案件范围要求指出下列只是从当前到2005年8月1日的分析):

(1) 批注3:"对质和交叉询问证人的权利,还有传唤本方证人的权利是正当程序的基本要求。"肯定性引用:451个案件(案件总数的17%)。否定性引用:1个案件(0.1%)。

(2) 批注5:"对质和交叉询问的权利不是绝对的,在适当的情况下可以与刑事审判程序中的其他正当利益相协调,但是对它的否定和严重淡化引起事实发现程序的最终的完整性问题,并要求对竞争的利益进行严密的审查。"肯定性引用:504个案件(19%)。否定性引用:11个案件(0.4%)。

(3) 批注6:"在与提供不利证言的人对质或对他进行交叉询问的权利的意义上对被告人"不利的"第三人作出,但之后否认的证言、对被告人受到严重指控的谋杀的书面承认",虽然可以争辩说该第三人没有"指明"是该被告人,但在这种情况下,第三人的退缩就如同开脱自己一样,同样也陷被告人于罪,因此,当被告人传唤此人作为证人而政府方没有这么做时,适用密西西比的普通法的"证人"规则排除被告人的交叉询问,加上传唤该证人的一方受他所说的任何话束缚的要求,妨碍了被告人针对政府方的指控进行辩护的权利。肯定性引用:306个案件(11.6%)。否定性引用:52个案件(2%)。

(4) 批注8:"在行使提出本方证人的权利时,被告人,和政府方一样,必须遵守用来确保在查明有罪或无罪的过程中的公平性和可靠性的已经确立的程序性和证据性规则。"肯定性引用:539个案件(20.4%)。否定性引用:25个案件(0.5%)。

(5) 批注9:"如果第三人在谋杀发生后不久的不同的场合,分别向三个亲近的朋友自发作出自白,如果这些自白有本案的其他证据进行补强,如果这些自白无疑是违反利益的,如果这个人在被告人因同一罪行受审的法庭上出庭,并宣誓和接受交叉询问,那么就会涉及直接影响查明犯罪的宪法权利,而且传闻规则,正如密西西比的不承认违反利益陈述的例外一样,不能通过阻止被告人出示三个接受自白性陈述的人的证言,机械地被用于摧毁正义的目标。"肯定性引用:768个案件(29%)。否定性引用:109个案件(4.1%)。

(6) 批注10:"如果第三人在不同的场合分别向三个朋友承认了被告人被指控的谋杀,在具有相当的可信性保证的情况下,以及如果该人作出、但之后否认了书面自白的情况下,根据排除规则排除那些接受口头自白陈述的人的证言,加上政府方根据密西西比普通法的'证人'规则在被告人传唤该第三人作为证人后拒绝允许被告人对该第三人进行交叉询问,就违反了第十四修正案的正当程序条款,剥夺了被告人公正审判权。"肯定性引用:534个案件(20.2%)。否定性引用:93个案件(3.5%)。

West的数据也包括作出判决的法庭的注释。这些数据如下:
(1) 联邦最高法院。肯定性判决:18个(占全部案件的0.7%)。否定性判决:2个(0.1%)。
(2) 联邦上诉法院。肯定性判决:451个(17%)。否定性判决31个(1.2%)。
(3) 联邦地区法院。肯定性判决:422个(15.9%)。否定性判决:12个(0.5%)。
(4) 州最高法院。肯定性判决:649个(24.5%)。否定性判决:48个(1.8%)。
(5) 州上诉法院。肯定性判决:830个(31.4%)。否定性判决:46个(1.72%)。
(6) 州初审法院。肯定性判决:45个(1.7%)。否定性判决:1个(0.1%)。
(7) 混合。肯定性判决:66个(2.5%)。否定性判决:1个(0.1%)。

的案件中指出的要点)。第三,它被用于支持被告人享有提出有力辩护的正当程序权利的主张(在超过17%的案件中提出)。上诉法院也经常援引钱伯斯案。州最高法院的援引占1/4,联邦和州系统的中间上诉法院占48%。

钱伯斯案创造了一个——如果说轮廓不清的话——有力的宪法原则。它依赖于第十四修正案的正当程序条款来解决一个确立已久的证据规则引起的明显的不公平问题,由此开启了对排除任何一种刑事被告人的重要证据进行审查的道路。前面已经指出,它已经被用于推翻引入催眠证据的禁令,虽然也承认催眠具有令证据不可靠的风险。[36] 它也被用于推翻法庭拒绝允许接触儿童保护机构档案中可能很重要的信息的决定。[37] 在其核心意义上,钱伯斯案及其后来者似乎根植于关于给每位刑事被告人提供组织证据和提出本方证人的公平机会的强制程序条款的观念。但是,这些案件在大方向上显然没有强制程序可能包容一切的意义——那是可能被认定为不恰当地拒绝或者排除了所有形式的开罪性材料作为证据的判决的基础。相反,最高法院强调了每个个案中的公平性的正当程序问题。虽然这样一个含糊的规则提出了监督和可预测性的问题,但它发出的特别信号是,刑事审判不是一场竞技,为了充分和公正地得到所有重要的证据,检察官有时候必须拒绝适用排除性规则。

钱伯斯案称得上是介于宪法和证据法之间的一个种子判例。在这个案件中,在既有的证据规则似乎造成错误的情况下——一个可能是由种族主义驱动的错误——鲍威尔大法官为了实现正义而斗争。虽然鲍威尔大法官寻求的只是宪法原则方面最为谦和的变化,但他对辩护、对质和强制程序等正当程序权利的承认,却提供了一个保护刑事审判程序完整性的最重要的手段。

后记

钱伯斯案不是鲍威尔大法官以公平之名对既有规则下手的最后一个案件。1986年,当他执笔巴特森诉肯塔基案[38]的种子判决时这么做了。和钱伯斯案一样,在巴特森案中,被质疑的是由来已久的一些审判实践(允许漫无限制地使用无因回避)。又一次存在对种族歧视的关切。[39] 又一次,鲍威尔起草了一份审慎的、以事实为基础的意见。而且又一次,和钱伯斯案一样,鲍威尔坚持超越既有规则用宽广的视野和保护审判程序公平性的不变的关切为一个原则松绑。虽然也有批评,但巴特森案,和钱伯斯案一样,已经成为我们的审判的支撑点。它也形成了小刘易斯·鲍威尔留给我们的"公平交手"法理遗产的一部分——一份让我们庆幸的遗产。

---

[36] Rock v. Arkansas, 483 U. S. at 61.
[37] Pennsylvania v. Ritchie, 480 U. S. 39 (1987).
[38] 476 U. S. 79 (1986).
[39] 正如鲍威尔大法官所言:"检察官利用无因回避剔除了管辖地的所有的四个黑人,遴选出一个只有白人组成的陪审团。"Batson v. Kentucky, 476 U. S. at 83.

Evidence Stories, by Richard O. Lempert
Copyright © 2006 by Foundation Press
All Rights Reserved.

This reprint of *Evidence Stories*, (2006) by Richard O. Lempert, is published by arrangement with West, a Thomson Reuters Business.

Simplified Chinese version © 2011 by China Renmin University Press.

图书在版编目（CIP）数据

证据故事/（美）伦伯特（Lempert, R. O.）编；魏晓娜译．—北京：中国人民大学出版社，2011.11
（中国律师实训经典·美国法律判例故事系列）
ISBN 978-7-300-14661-4

Ⅰ.①证… Ⅱ.①伦… ②魏… Ⅲ.①证据-法律-审判-案例-美国-高等学校-教材 Ⅳ.①D971.25

中国版本图书馆 CIP 数据核字（2011）第 224600 号

中国律师实训经典·美国法律判例故事系列
证据故事
[美] 理察德·伦伯特（Richard O. Lempert）编
魏晓娜　译
Zhengju Gushi

出版发行	中国人民大学出版社		
社　　址	北京中关村大街 31 号	邮政编码	100080
电　　话	010-62511242（总编室）	010-62511398（质管部）	
	010-82501766（邮购部）	010-62514148（门市部）	
	010-62515195（发行公司）	010-62515275（盗版举报）	
网　　址	http://www.crup.com.cn		
	http://www.ttrnet.com（人大教研网）		
经　　销	新华书店		
印　　刷	北京溢漾印刷有限公司		
规　　格	185 mm×260 mm　16 开本	版　次	2012 年 3 月第 1 版
印　　张	18 插页 2	印　次	2017 年 6 月第 2 次印刷
字　　数	405 000	定　价	39.80 元

版权所有　　侵权必究　　印装差错　　负责调换